실용實用
시詩 창작법創作法
— 습작에서 등단까지 —

환영

저자 독자 질의 응답
독자 작품 첨삭 지도
ha2677@hanmail.net

이 책을 드는 순간, 당신은 시인이다

실용實用 시詩 창작법創作法

― 습작에서 등단까지 ―

문학박사 하상규 著

당신의
　재능을
　　계발하라.
　　　진정한 당신을
　　　찾아라.
　　　　새 삶을 찾아라.
　　　이 책을
　　드는 순간에
　당신도
시인이
될 수 있다.

새문화출판사

| 머리글 |

    이 책은 시를 공부하고자 하는 사람들에게 시를 짓는 방법을 손에 잡히도록 쉽게 그리고 구체적으로 안내하는 시 창작 방법(詩創作方法)의 길잡이이다.
    시작법(詩作法)이란 이름으로 시중에 나와 있는 기성의 여러 이론서(理論書)들은 시를 짓고 싶은 사람, 시인이 되고자 하는 사람들에게 시를 짓는 방법을 기초부터 안내하고 있다기보다는, 저자의 학식을 과시하기라도 하듯 현학적(衒學的)으로 쓰였거나, 뜬구름 잡는 듯한 이론에 치우치고 있어서, 시를 배우고자 하는 사람에게 시 짓는 방법을 친절히 안내하기보다는 오히려 '시는 이렇게 어려운 것이로구나.' 라는 인식을 심어주고, '시는 아무나 접하기가 어려운 것이로구나.' 라는 생각이 들도록 해서 - 길을 안내해주고 있다기보다는 - 오히려 머리가 아프게 하는 책들이 대부분이다.
    그 까닭은 대개의 시론서(詩論書)들은, 대학교수들이 대학에서 시학(詩學)을 강의하던 강의 자료나 학계에 발표한 학술 논문들을 모으고 엮어서 이를 시작법이란 책명으로 내어놓은 이론서들이 대부분이기 때문이다. 그래서 이런 책들은 대학에서 시학을 가르치는 교재로나, 기성 시인들이나 학자들이 시를 학문적으로 연구하는 데에는 유용하겠지만, 시 작법을 처음부터 공부하려는 사람들에게는 적합하지 않은 경우가 많다.
    그래서 필자는 오랜 세월 동안 중·고등학교에서 시를 가르친 경험과 대학·대학원에서 시를 공부하고 또 가르쳐온 경험들을 살려서, 그리고 사회교육 과정에서 시 짓는 방법을 기초부터 쉽게 구체적으로 가르쳐온 성과들을 바탕으로, 시 작법 공부를 처음 시작하려는 사람들이 쉽게 직접적으로 도움을 받을 수 있도록 하는, 시 작법 안내서를 만들기로 하였다.

그래서 이 책은 시 짓는 방법을 알고자 하는 시인 지망자들(중, 고, 대학생들은 물론 남녀노소를 불문한 사회인들)에게 자세하고 친절하게 시 짓는 방법을 안내해주고 가르쳐주는 좋은 친구, 좋은 선생님이 될 것이다.

나아가 이 책은 초, 중, 고, 대학에서 시를 가르치는 교원들에게 좋은 교재가 될 수 있을 것이다.

아울러 이론적 기초 없이 시를 쓰고 있는 기성 시인분들 중에서 자신의 시에 뿌리를 든든히 하고자 하는 분이나, 시에 대한 식견을 좀 더 넓히고자 하는 분들에게도 도움을 줄 것이다. 그럼으로써 자신의 시의 위치를 알고, 방향을 정립하게 하고, 격을 높일 수 있게 할 것이다.

아무쪼록 이 부족한 책이 시인 지망생들에게 좋은 길잡이가 되어 시를 짓고, 시인이 되는 꿈을 이루게 하는 데에 도움이 되어서, 메마르고 어지러운 세상을 따뜻하고 포근하게 가꾸는 데에 도움이 되었으면 하는 소망을 가져 본다.

어렵게 꿈을 가지고 시작(詩作) 공부를 하고자 하는 사람들이여! 당신의 입장에서 당신이 필요로 하는 내용으로 당신에게 도움을 주고자 마음을 다해서 엮어드리는 책이오니, 이 책을 길잡이, 동반자, 스승으로 삼아서 당신의 아름다운 시인에의 꿈을 이루시기 바란다.

부족한 책을 귀하게 보시어, 찾는 분들이 많으셨다. 다시 손질을 하여 세상에 내어놓는다. 이 책으로 공부하여 훌륭한 시인들이 많이 배출되시길 소망한다.

신축년 겨울
安樂齋 연구실에서

| 목차 |

머리글 · 3

Ⅰ장. 도입 ·· 11
1. 시를 쓰려면(시 창작의 정신) ··· 11
   1) 문장도(文章道) — 시도(詩道) ·· 11
2. 시인(詩人)이 되려면 ··· 14

Ⅱ장. 시(詩)의 정의(定義) ··· 19
1. 예술(藝術, Art) ··· 19
2. 문학(文學 Literature) ·· 20
   1) 문학의 기능(機能) ·· 21
3. 시(詩)의 정의(定義) ··· 24
4. 시의 요소(要素) ·· 27
   1) 음악적인 요소(音樂性) / 27   2) 회화적(繪畵的)인 요소(形象性, Image) / 28
   3) 의미적 요소〈思想〉/ 28
5. 그 밖의 시의 특성 ·· 30
   1) 시는 1인칭 현재 시제의 문학이다. ··· 30
   2) 시는 가장 짧은 형태의 문학이다. ··· 31
   3) 시는 언어 의식이 가장 날카로운 문학 양식이다. ······································· 31
   4) 시는 상상력에 의존도가 가장 높은 문학이다. ··· 32
   5) 시는 음악성을 지닌 문학이다. ·· 32
   6) 시는 진실한 문학이다. ·· 33
6. 시의 분류 ·· 34
   1) 내용상 분류 ·· 34
      (1) 서정시(抒情詩) / 34   (2) 서사시(敍事詩) / 35
      (3) 극시(劇詩) / 37
   2) 형식상 분류 ·· 38
      (1) 정형시 / 38   (2) 자유시(自由詩) / 41
      (3) 산문시(散文詩) / 41

    3) 목적상 분류 ·· 42
       (1) 순수시 / 42   (2) 목적시 / 42
    4) 태도상 분류 ·· 43
       (1) 주정시(主情詩) / 43   (2) 주의시(主意詩) / 43
       (3) 주지시(主知詩) / 43

Ⅲ 장. 시의 언어(言語) ·· 45

1. 글의 단위 ·· 45
  1) 단어 (單語, word) ·· 46
    (1) 단어의 정확한 뜻 ·· 46
    (2) 구체어(具體語)와 추상어(抽象語) ································· 47
    (3) 일반어(一般語)와 특수어(特秀語) ································· 48
    (4) 전체를 나타내는 말과 부분을 나타내는 말 ················ 48
    (5) 유사어(類似語) ·· 49
    (6) 동음 이의어 (同音異意語) ·· 49
    (7) 동의 이음어(同意異音語) ·· 51
    (8) 다의어(多義語) ·· 51
    (9) 반의어(反意語) ·· 52
    (10) 지시적(指示的) 의미와 함축적(含蓄的) 의미 ············ 52
    (11) 메타(meta) 언어 ··· 53
  2) 문장 (文章 sentence) / 55   3) 시어의 예외성 / 56
  4) 시어의 특성 / 58

Ⅳ 장. 시의 운율(韻律)과 음악성(音樂性) ······························· 59

1. 시의 운율(韻律) ·· 59
  1) 외형률(外形律, 外在律) ·· 60
    (1) 운(韻) / 60   (2) 율격(律格, meter) / 63
    (3) 시의 중요한 요소 음향(音響) / 79
  2) 내재율(內在律) ·· 81

Ⅴ 장. 시의 구조(構造) ·· 85

1. 시의 구상(構想)과 구성(構成) ·· 85
  1) 구성(構成)과 구조(構造) ·· 85

2) 구상(構想)과 구성(構成)의 개념 ··· 85
　　3) 구성(構成, 시상의 전개)의 실제 ··· 86

Ⅵ장. 표현 방법〈言術 形式〉·· 104
　1. 설명(說明) ·· 105
　　1) 지정(指定), 확인(確認) ··· 106
　　2) 정의(定義) ·· 107
　　3) 구분(區分)・분류(分類) 및 분석(分析) ··· 110
　　4) 비교(比較)와 대조(對照) ··· 114
　　5) 예시(例示) ·· 117
　2. 논증(論證)과 설득(說得) ··· 119
　　1) 논증(論證) ·· 120
　　2) 설득(說得) ·· 131
　3. 묘사(描寫)와 서사(敍事) ··· 134
　　1) 묘사(描寫) / 135　　　　　2) 서사(敍事) / 139
　　3) 정서(情緒)의 전달 / 144

Ⅶ장. 수사법(修辭法) ·· 145
　1. 비유법(比喩法) ·· 146
　　1) 직유법(直喩法) / 146　　　2) 은유법(隱喩法) / 147
　　3) 의태법(擬態法, 示姿法) / 156　4) 의성법(擬聲法) / 157
　　5) 활유법(活喩法) - 의인법(擬人法) / 160
　　6) 의물법(擬物法) / 162
　　7) 풍유법(諷喩法〈우유 寓論, allegory〉) / 166
　　8) 대유법(代喩法) / 167　　　9) 중의법(重義法) / 169
　2. 강조법(强調法) ·· 170
　　1) 과장법(誇張法) / 171　　　2) 영탄법(詠嘆法) / 172
　　3) 반복법(反復法) / 173　　　4) 점층법(漸層法) / 174
　　5) 대조법(對照法) / 175　　　6) 대구법(對句法) / 177
　　7) 미화법(美化法) / 179　　　8) 생략법(省略法) / 180
　　9) 연쇄법(連鎖法) / 182　　　10) 열거법(列擧法) / 183
　　11) 억양법(抑揚法) / 185　　12) 현재법(現在法) / 186
　　13) 원근법(遠近法) / 187　　14) 돈호법(頓呼法) / 188

        15) 명령법(命令法) / 190
    3. 변화법(變化法) ·· 191
        1) 도치법(倒置法) / 191   2) 설의법(設疑法) / 193
        3) 문답법(問答法) / 194   4) 인용법(引用法) / 195
        5) 경구법(警句法) / 198   6) 대화법(對話法) / 199
        7) 반언법(反言法) / 202

Ⅷ 장. 아이러니(irony) ·· 204
    1. 아이러니의 개념 ·· 204
    2. 아이러니의 구분 ·· 205
        1) 언어적 아이러니 ·· 205
        2) 구조적 아이러니 ·· 208
            (1) 상황적(狀況的) 아이러니 / 208   (2) 극적(劇的) 아이러니 / 210

Ⅸ 장. 역설법(逆說法, paradox) ·· 213
    1. 역설의 개념과 중요성 ·· 213
    2. 역설의 구분 ·· 214
        1) 모순 어법 / 215   2) 구조적 역설 / 215

Ⅹ 장. 상징(象徵, Symbol) ·· 218
    1. 상징의 개념과 중요성 ·· 218
    2. 상징의 종류 ·· 221
        1) 원형 상징 ·· 221
        2) 일상적(제도적, 사회적, 관습적) 상징 ·· 222
        3) 개인적(개성적) 상징 ·· 222
    3. 상징의 특성 ·· 223
        1) 동일성(同一性) / 224   2) 암시성(暗示性) / 225
        3) 다의성(多義性) / 226   4) 입체성(立體性, 形象化) / 228
        5) 문맥성(文脈性) / 228

Ⅺ 장. 시의 이미지(Image 心象) ·· 230
    1. 이미지의 개념 ·· 230

  2. 이미지의 기능 ··· 231
  3. 이미지의 표현 방법 ··· 233
   1) 묘사적 이미지 / 233   2) 비유적 이미지 / 234
   3) 상징적 이미지 / 235   4) 감각적 이미지 / 236

XII 장. 시적 표현 기법 몇 가지 ·· 247

  1. 감정(感情)의 이입(移入) ·· 247
  2. 공감각(共感覺)적 표현 ··· 249
  3. 펀(Pun) ··· 250
  4. 시적 허용(許容) ·· 255
  5. 객관적 상관물(客觀的相關物) ·· 256
   1) 객관적 상관물 ·· 256
   2) 언외의(言外意)와 경중정(景中情) ······································· 261
   3) 포진(鋪陳)과 영묘(影描) ·· 263

XIII 장. 화자(話者)와 어조(語調) ··· 268

  1. 화자(話者) ··· 268
   1) 화사의 개념 / 268   2) 화자의 기능 / 268
  2. 어조(語調 tone) ·· 269
   1) 어조의 개념 / 269   2) 어조의 유형 / 269
   3) 화자, 어조 용례 / 270

XIV 장. 심화 과정 ·· 274

  1. 낯설게 하기 ·· 274
   1) 낯설게 하기 개념 / 274   2) 낯설게 하기의 용례(用例) / 277
  2. 시어의 애매성(曖昧性) ··· 279
  3. 무의미시(無意味詩) ··· 291
  4. 패러디(parody) ·· 294
  5. 형태주의(형식주의) ·· 299
  6. 시의 논리적 모순 ·· 302
  7. 현대시에 영향을 끼친 경향 몇 가지 ·· 304

1) 다다이즘(dadaism) 시 ·· 304
　　2) 초현실주의(surrealism) 시 ································· 306
　　3) 다다이즘 시, 초현실주의 시의 가치와 감상법 ······· 308
　　4) 모더니즘(modernism) 시 ····································· 309
　　5) 포스트모더니즘(post modernism) ······················· 309
　8. 시와 영감(靈感 inspiration) ······································· 311
　　1) 영감(靈感)의 개념 ··· 311
　　2) 영감의 연원(淵源) ·· 312
　　3) 시와 영감의 관계에 대한 관점 ····························· 312
　9. 시와 상상력(想像力) ··· 318
　　1) 상상력의 개념 / 318　　2) 상상력의 유형 / 321
　10. 시(詩)의 난해성(難解性) 이해 ··································· 327

XV 장. 작시(作詩)의 실제(實際) ······································ 337

　1. 시창작의 동기와 유형 ··· 337
　　1) 동기(動機 motive), 동인(動因)의 개념 ················· 337
　　2) 시 창작의 동기(시는 왜 쓰느냐?) ························· 337
　2. 행(行)과 연(聯) 만들기 ··· 344
　　1) 시의 형태(形態) / 344　　2) 행(行)과 연(聯) 만들기 / 345
　3. 제목 붙이기 ·· 359
　　1) 제목 붙이기의 선후 문제 / 359　2) 제목 붙이기 / 365
　　3) 제목의 역할(중요도) / 370
　4. 작시(作詩)의 실제(實際) ··· 372
　　1) 예비 단계 / 373　　2) 실천 단계 / 374
　　3) 시를 쓴 뒤 / 375

XVI 장. 등단(登壇) ·· 376

　1. 등단의 종류 ·· 376
　　1) 문예지 추천, 신인상 / 376　2) 신춘문예 / 377
　　3) 동인활동 / 377　　4) 시집 출간 / 378

※ 부록 명시 감상 ·· 379

※ 후원자의 추천서 _ 하광룡 ·· 406

Ⅰ 장. 도입

1. 시를 쓰려면(시 창작의 정신)

　먼 길을 가고자 하는 사람은 길을 나서기 전에 길에 대한 사전 정보를 가져야 할 것이고, 그 길을 나서는 단단한 마음가짐과 자세를 가져야 할 것이다.
　마찬가지로 시를 짓고자 하는 사람, 곧 시인이 되고자 하는 사람이면 같은 이치로 시를 학습하기 전에 시(詩 글)에 대한 정보와 합당한 마음가짐과 태도가 필요할 것이다.
　일찍이 노산 이은상 선생은 글을 쓰고자 하는 사람들에게 글을 쓰기 전에 갖추어야 할 도(道)를 "문장도(文章道)"라는 글로 잘 일깨워 주고 있다. 주지하다시피 노산 이은상 선생은 불세출의 대(大) 시조 시인이셨다. 그러므로 이글은 시를 염두에 두고 썼다고 해도 과언이 아닐 것이고, 또한 시가 문예 장르들 중에 가장 대표적인 장르라고도 할 것이다. 그러므로 문필가가 되고자 하는 사람, 곧 시인이 되고자 하는 사람이면, 선생의 "문장도(文章道)"라는 글을 읽음으로써 시인이 알고 갖추어야 할 소중한 가르침을 얻을 수 있다.
　책머리에 장황하게 다른 분의 글을 요약 나열하는 것이 조금 어색하기도 한 일이지만, 시인 지망생들에게 더할 수 없이 소중한 안내의 글이므로, 이글을 요약 인용하는 것으로, 시인이 되고자 하는 이들이 알아야 할 가치와 마음가짐과 자세에 대한 안내를 대신한다.

1) 문장도(文章道) - 시도(詩道)

　(1) 문장(詩)은 근본 생명을 붙들어야 한다.
　곧 시는 시의 생명을 붙들어야 한다는 말이다. 이은상이 하는 말을 살펴보자. 적절한 비유로 "검도(劍道)와 검술(劍術), 문장도(文章道)와 문장법(文章法)은 다르다."

고 했다. 검도는 칼을 쓰는 데에 있어서 마땅히 갖추어야 할 도리 곧 칼을 함부로 써서는 안 된다든지 의롭게 써야 한다든지 꼭 칼을 써야만 할 경우에는 목숨을 두려워하지 말고 써야 한다든지 하는 법도를 가리키는 말이라면, 검술은 단순히 칼을 다루는 기술 곧 재주를 일컫는 말이다. 이처럼 문장도(文章道) 곧 시도(詩道)는 시를 지음에 있어서 마땅히 道(문장과 문장 짓는 일의 진수)를 갖추어야 한다는 말이 된다. 반면에 문장법(文章法) 곧 시법(詩法)은 시를 짓는 기술, 재주, 기교를 일컫는 말이 된다.

"Pen은 칼보다 무섭다."고 한 나폴레옹의 말은 글이 무력보다 우위에 있어서 글이 세상 곧 사람들에게 미치는 영향력이 더 크다는 말이다. 그러므로 글 중의 글인 곧 시(詩)는 마땅히 영향력, 곧 그 힘이 무력보다 더 우위에 있다는 말이 된다.

"문장은 사람이다."라고 한 뷔퐁(Buffon G. L. Leclerc de)의 말을 인용하고 있다. 글 곧 시에는 그 사람의 사상과 인격이 담겨 있다는 말이다. 곧 시에는 그 사람의 사상과 인격이 담겨 있는 진실한 글(시)이어야 한다는 말이다. 禮記에서도 그 글이 가지는 뜻이 중요함을 강조하고 있다.

결국, 시도(詩道)의 근본 진수와 핵심은 **그 사람의 진실(마음이 성실하게 표백된)한 사상과 인격임을 강조하고 있다.** 이것이 시의 근본 생명이요, 최고 계명이라 했다. 그를 때에 독자들에게 감동을 줄 수 있다고 했다.

"시를 쓰기 전에 사람이 되어야 한다." 라는 말도 있는데, 이 말은 우선 사람다운 사람이 되라는 뜻으로 인격적인 측면을 주문하는 의미가 있겠지만, 문화적인 상상 능력, 철학적인 상상 능력, 윤리적인 상상 능력, 종교적인 상상 능력, 역사적인 상상 능력 등을 도출해 낼 수 있는 사물 인식의 능력을 갖추라는 뜻도 포함된다고 하겠다.

(2) 문장(詩)의 표현기술을 알아야 한다.

이 책(실용 시 창작법)이 지향하는 바가 바로 이것이다. 표현기술 곧 시를 짓는 방법을 안내해 드리는 것이다. "난초를 그리는데 법이 있다는 것도 안 될 말이지만, 법이 없다는 것도 안 될 말이다."라고 한 阮堂 金正喜의 말은 시를 짓는 방법에도 그대로 적용되는 말이다. 시를 짓는 방법은 이것이라고 단정해서 말할 수 있는 일정하게 정해진 방법은 없지만, 시를 짓는 데에도 나름의 법이 있다는 말이 될 것이다. 결국, 시를 짓는 방법 곧 시의 표현기술이란, 시어를 선정하여 정돈하는 방법이니, 이를 건축에 비겨서 설명하고 있다. 건축물에 미관과 장관이 있어야 하듯 시에도 미관과 장관 곧 품위 품격이 있어야 한다고 했다. 곧 시가 시다워야 한다는 말일 것이다. 그러면서 이은상은 문장 곧 시의 품격, 품위의 바탕은 시인의 사상과 정신과 인격의 향기라 했다. 그래서 결국에는 시의 표현기술의 귀결점도 사상과 인격이라고 했다. 좋지 않은 비유일지 모르겠지만 호박에 아무리 줄을 잘 그어보아도 훌륭한 수박이 될 수는 없는 것과 같은 이치라는 말일 것이다. 결국, 훌륭한 표현기술도 훌륭한 사상과 인격과 정신이 갖추어졌을 때에 발휘가 된다는 말이다.

(3) 문장〈詩〉은 수련(修鍊)으로써 능숙해진다.

글〈詩〉은 근본 생명이 되는 핵심을 붙들어서 독자를 능히 감동하게 해야 한다. 이를 잘 전달하기 위해서 성실하고 정확한 표현방법(기술적인 조건)을 갖추어야 한다. 이렇게 조건을 갖추면 누구나 글을 쓰기에 거칠 것이 없어야 하나 그렇지 못한 까닭이 있으니, 그것은 수련을 해야 하는 일이라고 했다. 백 번 천 번 수련을 쌓지 않으면 시인의 사상과 정신 인격은 남의 것이라 했다.

그러면서 수련의 방법을 구양수(歐陽脩)의 3다(三多)로 설명하고 있다. 다독(多讀)하고 다작(多作)하고 다상량(多商量)하라고 했다. 결국, 많이 읽고 많이 생각하면 시(문장)의 근본 생명인 사상과 인격 정신이 도야 될 것이다. 그러므로 결국 수련도 문장의 근본 생명을 붙느는 일이 된다고 했다.

이은상이 말하는 문장도(文章道) 곧 시도(詩道)를 요약하면, 시는 생명이 있는 좋은 시를 써야 하며, 이를 위해 표현기술을 익히고, 수련을 해야만 한다고 한 것이다. 참으로 새겨서 듣고 실행해야 할 귀한 가르침이다.

시(글)는 나라를 살리고, 민풍을 순화하고, 문화를 창조하고 축적한다. 시(글)은 쓰지 않고는 못 견딜 지경에 이르러서야 쓰여지는 것이다. 억지로 쥐어짜서 쓰는 글에는 생명이 없다. 배지도 않은 알을 낳을 수는 없는 일이다. 다 자라지도 않은 알을 칼로 배를 가르고 꺼낼 수는 없는 일이다.

김용준은 '예술에 대한 소감'에서 "모든 위대한 예술은 결국 완성된 인격의 반영일 수밖에 없다."고 했다.

타조 알도 있고 메추라기 알도 있다.

♣ **실습** : 1. '시 창작' 공부를 시작한 의도와 각오를 진술하게 기록해 보자.
2. 시인이 되자면 먼저 내가 무엇을 갖추려고 노력해야겠는지 기록해 보자.

2. 시인(詩人)이 되려면

우리는 시인이 되고자 한다. 그래서 이 책을 길잡이로 삼아 시 창작법을 학습하고 있다. 그래서 먼저 '시를 쓰자면'이라는 앞 장(章)에서 세 가지의 시도(詩道, 文章道)를 학습했다.

이제 여기서는 시인이 되고자 하는 사람이면 가져야 할 마음가짐과 실행해야 할 삶의 자세 곧 태도에 대해 살펴보기로 한다.

1) 순수해져라. 단순해져라.

시인이 되고자 하는 사람은 우선 '순수하고' '단순한 사람'이 되라고 권하고 싶다. 성경에는 "어린아이와 같은 사람이 되지 않으면 천국에 들지 못한다."라는 말이 있다. 마찬가지로 세상사 인간사 수만 가지의 일과 번뇌로 생각과 삶이 복잡한 사람이 아름답고 맑고 고운 정서를 차분하게 시로 담아낼 수가 있을까? 어린아이들처럼 맑고 깨끗하며 단순한 사람이 되어야 비로소 시가 보이고 시가 쓰이어질 것이다.

2) 겸손하라.

교만한 눈, 거만한 마음가짐으로 신과 사람과 사물에 대한 경이감과 경외감을 가질 수가 있을까? 세상을, 사물을, 사람을 내려다보는 눈으로는 독자들의 마음에 감동을 줄 수는 없다. 겸손한 마음가짐이라야 범사에 감사하는 마음, 사물을 아름답게 보는 눈, 사람을 소중하게 여기는 삶을 가질 수 있다.

3) 인생과 세계에 대한 경이감(驚異感), 경외감(敬畏感)을 가져라.

시인은 인생을 노래하고 자연을 노래하고 세상을 노래한다. 세상을 이득(利得)이나 성공, 출세 등으로만 보고 생각하는 사람에게서 인생과 세상의 내면을 관통하는 진리나 아름다움을 기대하기는 어려울 것이다. 진정한 신앙인이 신(神)에 대해서 경이감 경외감으로 공경하고 흠모하듯, 사상가 철학자가 인생과 자연과 세상을 깊이 사색하듯, 시인도 세인들과 달리 인생을 자연을 세상을 경이롭게 보고 존중하고 두려워하는 눈을 가질 때에 진리와 미를 찾을 수 있을 것이다.

4) 사색(思索)하라. 관찰하라.

구양수의 삼다(三多) 중에서 다상량(多商量)하라는 말에 포함되는 일들이다. 시인은 늘 깊은 생각, 넓은 생각을 많이 할 일이다. 늘 시적 감정에 젖어라. 시인이 되고자 하기 이전에는 예사롭게 지나쳐버린 인생사, 세상사, 사물, 인간관계에도 의미를 두어 보기도 하고, 찾기도 하고, 의미를 두지 말아 보기도 할 일이다. 그래서 일반인들이 보지 못하고 듣지 못하고 맡지 못하는 것을 생각해내고, 보고, 듣고, 맡아야 경이로운 창의적인 감동을 자아낼 수 있다.

사물을 예사롭게 보지 말고, 작은 돌멩이 하나, 살랑거리는 바람결에도 의미를 찾아야 한다. 아름다움을 찾아야 한다.

5) 체험하라.

어린아이의 시와 어른의 시에 차이가 있다면 체험의 차이이다. 이처럼 시인과 일반인들 간에 사고와 정서에 차이가 있다면 이도 곧 체험의 차이라고 할 것이다. 여행이나 육체노동 등 삶의 다양한 직접 체험들도 쌓이면 시의 자양분이 되고, 독서를 통한 간접적인 체험도 그 시인의 사고(思考)의 집을 넓히게 되고, 시의 곳간을 풍요롭게 한다. 책을 많이 읽어라. 시를 읽어라.

6) 역사적인 문화유산(종교, 예술, 학문, 문학, 역사)에 심취하라.

위에서 말한 '체험하라'에 포함해서 이해해도 좋을 일들이다. 시는 결국 세상을 노래한다. 인생을 노래한다. 이 속에 역사적인 문화유산이 있고, 종교가 있고, 예술이 있고, 철학이 있고, 사회가 있고 학문이 있다. 이들에 대한 폭과 깊이가 넓고 깊은 이의 시와 그렇지 못한 이의 시가 같을 수가 있겠는가? 다보탑을 아는 이의 시와 모르는 이의 시, 불교를 아는 이의 시와 모르는 이의 시적 깊이를 생각해보자. 시인이 되려면 갖춰야 할 일들이 많다.

7) 통찰력을 길러라.

우리가 어떤 사물을 보게 될 때 '무엇'을 보느냐도 중요하겠지만, 어떻게 보느냐가 더욱 중요하다. 훌륭한 사진을 찍기 위해서는 어떤 피사체를 선택하느냐도 중요하지만, 피사체 선택 이전에 성능이 좋은 카메라에다 좋은 렌즈와 훌륭한 촬영기술이 요구되듯이, 좋은 시를 위해서는, 시인에게는 형상화의 능력도 중요하지만, 우선 같은 사물을 보더라도 세인들과 달리 사물을 인식하는 눈이라고 하는 통찰력이 요구된다. 사물을 통찰하는 능력이란 천부적으로 타고나는 면이 있다는 점은 부인하지 못할 일이다. 그러나 이 통찰력도 후천적으로 단련을 통해서 그리고 그 분야(시)에 관심을 갖기에 따라서 이것이 길러지기도 하고 지니게도 된다고 하겠다.

우리가 어떤 사물을 보고 인식할 수 있다는 것은, 그 대상적 사물이 지닌 바의 소성(素性)과 주체적인 자아(시인의)에 내재되어 있는 소성(素性)에 동질의 요소가 있기 때문에, 그 상사성(相似性)에 의해서 인식이 가능하다는 인식 논리가 성립되기 때문에 '어떻게' 보느냐와 '어느 정도'로 보느냐는 아무리 강조해도 지나침이 없다. 자아의 소성의 폭과 깊이를 넓히고 깊게 할 일이다.

8) 시의 바다에 빠져라.

아동들에게 영어를 빨리 쉽게 배우게 하자면 어릴 때에 미국이나 영국에서 자라게 하는 것이 가장 확실한 방안이다. 외국어 바다에서 생활하게 하는 것이다. 시인이 되고자 하는 사람은 시의 바다에 빠질 일이다. 신앙인이면 기도를 끊임없이 하여야 하듯, 야구선수의 머리에서는 일시도 야구에 관한 생각이 지워지지 않아야 하듯, 시인이 되고자 하는 사람은 늘 시에 관해서 관심을 가지고 한시도 그 끈을 놓지 않아야 한다. 그것이 삼다(三多)이다. 남의 시를 많이 읽어야 한다. 음미하면서도 읽고, 큰소리로 낭송하면서도 읽어라. 다음에는 많이 지어야 한다. 망설이지 말고 두려워하지 말고, 부끄러워하지 말고 짓고 또 지어라. 군계일학이라는 말이 있다. 많이 지어 보아야 시다운 시를 지을 수 있는 수준을 얻게 되고, 세인들의 사랑을 받는 대작을 얻을 수도 있다. 세계적인 농구선수는 밤잠을 자지 않고 공을 던지고 새벽잠을 자지 않고 수천 번 수만 번의 공을 던진 선수이다.

9) 메모하라.

정도의 차이가 있겠지만 사람들은 누구나 간에 간혹 정서적 시적 감정과 분위기에 젖을 때가 있다. 그리고 누구에게나 간간이 시적 영감이 스치는 경우가 있다. 그런데 시적 사고를 많이 하고, 시의 바다에 빠져서 생활하다 보면 시적 영감이 떠오르는 경우가 많아지기 마련이다. 시인은 이 시적 영감을 놓치지 말고 붙들어야 한다. 이 영감을 놓치지 않고 잡아야만 귀한 시를 얻을 수 있게 된다. 필자의 개인적인 경험에 의하면 어떤 경우에는 시 한 수 전체가, 어떤 경우에는 하나의 연이, 어떤 경우에는 문장 하나가, 시구 하나가, 어떤 경우에는 제목이 떠오르기도 한다. 그런데 이 영감은 잠을 잘 때에도, 밥을 먹을 때에도 떠올라서 때와 장소를 가리지 않는다. 그때 그 순간을 놓쳐버리면 다시 이를 회상해서 글로 옮기기가 쉽지 않아 후회한 경우가 많았다. 그런 영감이 언뜻 떠오르기라도 하면 그 순간을 놓치지 말고 메모를 해 둘 일이다. 그 영감을 흘려버리지 않고 붙잡는 이가 시인이다.

요즈음은 휴대전화에 녹음 기능이 있는 시대이다. 메모하기가 어려우면 녹음이라도 해두면, 그 귀한 영감을 잃어버리지 않고 잡을 수가 있다.

10) 공부하라.(지도를 받아라)

피겨스케이팅 선수는 천부적인 소질도 있어야 하겠지만, 그 소질을 계발해낼 수 있는 코치로부터 지도를 받아야 한다. 시에 천부적 재질이 있는 사람이라도 시인이 되려고 하는 사람은 시를 공부해야만 한다. 동서고금의 시인들은 모두 시를 공부했다. 공부하지 않고 시인이 된 사람은 없다. 독학으로 책을 통해서 공부하거나 혹은 스승으로부터 지도를 받고 공부를 해서 시인이 되었다. 여러분도 지금 이 책을 길잡이로 시 창작법을 공부하고 있다. 시 공부는 시인이 되고자 하는 사람도, 시인이 되어서 시를 짓고 있는 사람도, 혹은 대가로 평을 받고 있는 사람도 계속해서 시를 공부해야만 한다. 시 공부에는 끝이 없다. 그래야 내가 자라고 시가 자라게 된다.

논의한 것들을 유념해서 이런 여러 노력들을 하게 되면 스스로 일어서는 시인이 될 수 있게 된다. 멀게만 느껴지던 시인으로의 길이 열리게 된다. 그래서 자신의 시를 각종 매체에 투고도 할 수 있게 되고, 문단 활동도 할 수 있게 되고, 등단도 하게 되고, 자신의 시집도 내어서 시인으로서 활동할 수 있게 된다. 나아가 노력하기에 따라서는 그리고 능력과 운에 따라서는, 시인으로서 영향을 사회에 미칠 수도 있게 되고, 나아가 시사(詩史)에 문학사(文學史)에 이름을 남기는 사람이 될 수도 있게 된다.

서두르지는 말고 자신을 가지고 착실히 공부하자.

♣ **실습 :** 시인이 되려면 무엇을 어떻게 해야겠는지 이 장에서 와 닿는 항목들을 정리해보자.

Ⅱ 장. 시(詩)의 정의(定義)

시작법(詩作法)을 공부하자면 먼저 시가 무엇인지부터 알아보는 것이 순서일 것이다. 그리고 시가 무엇인지를 알기 위해서는 먼저 시가 속한 장르인 문학이 무엇인지를 알 필요가 있을 것이다. 아울러 이 문학을 알기 위해서는 문학의 상위 장르인 예술이 무엇인지를 먼저 살피는 것이 순리라고 할 것이다.

그런 뜻에서 시의 정의를 살피기 전에 우선 예술이란 무엇인지, 그리고 문학이란 무엇인지를 먼저 간략히 살펴보자.

1. 예술(藝術, Art)

학자들은 예술에 대해서 이렇게들 정의를 내리고 있다.

백기수는 "원래는 기술(技術)과 같은 의미를 지닌 어휘로서, 어떤 물건을 제작하는 기술능력을 가리켰으나, 오늘날에는 미적 작품(회화, 조각, 음악, 문예, 무용, 연극, 영화) 등을 형성시키는 인간의 창조적 활동을 말한다."라고 했고, 정한모는 "인간의 심령에 작용하여 우리 인간의 근원적인 힘이 되어 주는 것"이라고 했다. 사전에는 "'예술'은 '기예(技藝)'와 '학술(學術)'을 아울러 이르는 말이기도 하고, '특별한 재료, 기교, 양식 따위로 감상의 대상이 되는 아름다움을 표현하려는 인간의 활동 및 그 작품'을 모두 가리키기도 한다."라고 하고 있다.

백기수와 사전에서는 광의의 예술과 협의의 예술을 말하고 있고, 정한모는 협의의 예술을 말하고 있다. 18세기 이후부터 예술은 광의를 버리고 협의로 예술을 말하고 있다.

광의의 예술을 지칭하는 기술(技術)이니 기예(技藝)와 학술(學術) 같은 말이 조금 이해하기가 어려울 수 있겠다. 예를 들어보자 어떤 요리가가 맛도 있고 보기까지도 좋은 훌륭한 요리를 만들었다고 하자. 이 요리를 대하는 사람은 '아, 예술이다.'라고 감탄한다. 스페인의 건축가 아우디가 세운 건축물이나 유럽의 옛 성당 같은 품격 있는 건물을 대하는 사람도 '아! 예술이다.'라고 감탄한다. 얼음판을 활강하다 하늘을 나는 스키 선수며, 롤러스케이트를 타는 신출귀몰한 묘기는 그것이 바로 예술이다.

그러나 예술과 비예술이란 말이 있고, 예술적이다 비예술적이란 말이 있다. 이 말들에서 보듯 이들 양측의 구별에는 인공의 가미 여부와 추구하는 목적이 실용을 추구하느냐 미를 추구하느냐가 그 구분의 측도가 된다고 하겠다. 이런 면에서 볼 때 협의의 예술이란 '사람에 의해서 창조된 아름다움(美)을 담은 (문예, 회화, 조각, 음악, 무용, 연극, 영화 등) 작품과 그러한 활동'을 일컫는다고 하겠다.

이렇게 볼 때 일반적으로 예술이란 후자 곧 협의의 예술을 이르는 말이다.

2. 문학(文學 Literature)

문학은 예술의 하위 갈래 중의 하나이다. 그래서 여기에도 광의로 정의를 내리기도 하고 협의로 정의를 내리기도 한다. 아놀드 Matthew Arnold는 "문학은 하나의 위대한 글자다. 그것은 글자로 쓰이어지고 책으로 엮어진 것을 말한다."라고 해서 광의의 문학을 말하고 있다. 곧 지식(知識)의 문학(실용적 효용〈實用的 效用〉)과 힘의 문학(쾌락〈快樂〉 즉 감동〈感動〉)을 모두 포함한 문학의 정의를 내리고 있다. 반면 포스넷 Posnett은 "문학이란 시나 산문을 통하여 사실(事實)보다는 상상(想像)의 결과이며, 실제적 효용보다는 쾌락(快樂)을 목적으로 하며, 또 특수한 지식보다는 보편적인 지식에 호소하는 저술(著述)이다."라고 해서 협의의 정의를 내리고 있다.

Matthew Arnold가 말한 "글자로 쓰이어지고 책으로 엮어진 것"이란 광의의 문학의 경우를 생각해보자. 예를 들어 어느 대학 총장의 졸업식 치사가 졸업식장의 졸업생과 학부모와 내빈 모두에게 깊은 감동을 주는 명연설문이었다고 하자. 이 경우처럼 명문의 연설원고, 명 논설문, 명 판결문이 심금을 울린다면 이는 가히 예술이라고 할 것이 아닌가. 그렇다면 이것을 문학이라고 말하는 데에 주저하기가 어려울 것이다. 그러나 일반적으로 문학이란 말은 협의의 문학을 문학이라고 지칭하고 있다. 곧 문학이란 작자가 글로써 '독자들에게 기쁨과 즐거움과 행복 등 쾌락과 감동을 주려고 쓴 언어 예술'(시, 소설, 수필, 희곡 등)을 이르는 말로 쓰이고 있다. 곧 실용적인 글이 아니라 힘의 문학(快樂 즉 感動)을 일컫는 말이다.

이렇게 문학이란 정의를 협의로 축소하여 '작자가 글로써 독자들에게 기쁨과 즐거움과 행복 등 쾌락과 감동을 주려고 쓴 언어 예술'을 이르는 말로 내려놓으면, 어떤 면에서는 쾌락에 무게 중심이 있는 듯하여 문학을 충분히 설명하고 있다고 인정하기 어려운 측면이 있다.

예를 들어서 청소년용 만화나 거리의 육담 소설이나 얼굴 없는 사람들에 의해 쓰이어진 SNS상에 떠도는 낯 붉은 글들도 재미(쾌락)가 아니라고 말한다면 위선일 것이다. 이런 면에서 진정으로 문학은 쾌락(美)만을 추구하는 것이냐? 라고 한다면 올바른 답이라고 하기가 어려울 것이다.

톨스토이의 예술론에 의하면 인류가 미(美)에 관한 연구를 한 역사도 아직 일천하며, 러시아어에서는 미에 관한 개념을 어느 정도 갖게 된 것은 근래에 와서라고 했다. 아울러 미(美)라는 말의 의미에는 진(眞) 이라는 의미와 선(善)이라는 의미가 포함되었었고 이런 말들이 같은 혹은 유사한 개념으로 혼용되었었다고도 했다. 그리고 미 즉 쾌락은 진이나 선에서만 얻어지는 것도 아니라고 했다. 그 예로 셰익스피어의 작품들을 들었다. 로미오와 줄리엣은 진도 선도 아니라고도 했다.

반면에 세오르규 Constantin Gheorghiu는 "미(美)와 성(聖)은 하나이며 동질의 것이다. 성스러운 것은 아름답고 아름다운 것은 성스럽기 때문이다. 탁월한 미는 발가벗더라도 음란해 보이지 않는다."라고 했는데, 이는 내용과 형식을 두루 갖춘 경지의 작품에서 맛볼 수 있는 차원의 것을 말한다.

이렇게 미(美)에 관한 개념이 아직도 명확하게 정립되어 있지 않기는 하다.

그렇다면 문학의 기능이 무엇인지를 알아보는 것은 시의 기능, 시의 자리를 매기는 데에 유익할 것이다.

1) 문학의 기능(機能)

대개 교과서적인 이론으로, 문학의 기능을 교술적 기능(敎術的 機能, 敎示的, 敎育的, 敎化的)과 쾌락적 기능(快樂的 機能)으로 나누기도 한다.

교술적 기능이란 다른 말로 교시적, 교육적 기능으로도 말하고 있는 바와 같이 문학은 실용문이 가르치는 것처럼 실생활에 쓰일 수 있는 지식이나 기술이나 교양 등을 직접적으로 가르치는 것은 아니라고 할지라도 － 오늘날의 문학은 우리의 고전 문학들처럼 권선징악(勸善懲惡)적인 내용을 직설적으로 토로하지는 않는다고 하더라도 － 분명 문학은 독자들에게 우주를, 세상을, 인간을, 삶을 넓게 크게 복합적으로 암시적으로 간접적으로 깨우치게 하고, 습득하게 하고, 생각하게 하고, 강하게도 하고 혹은 부지불식간에 교양을 넓히고, 높이고 품성을 곱게 순화한다. 문학의 이런 기능을 교술적 기능(敎術的 機能)이라고 한다. 이런 기능이 있기 때문에 특히 자라나는 청소년들에게 독서를 많이 하라고 권장한다. 곧 폭넓은 독서 곧 직설적인 교양 도서나 지식을 전달하는 도서와 함께 문학 도서를 많이 읽으라는 것이다. 이는 곧 위에서 말한 문학이 주는 이런 교술적(교화적 敎化的) 기능을 알고 있기 때문이다.

그렇다면 쾌락적 기능이란 무엇인가.

분명 문학 작품에는 독자를 교화(敎化)시키는 힘이 있다. 그러나 문학 작품에는 이런 교화적 기능과 함께, 지식과 교양을 직접적으로 전하는 글들과는 달리 재미를 맛보고 즐거움을 느끼게 하고 감동을 하게 하는 기능이 있다. 이를 쾌락적 기능이라고 한다.

최재서(崔載瑞)는 쾌락의 종류를 세 가지 유형으로 나누고 있다.

(1) 관능적(官能的) 쾌락
(2) 감각적(感覺的) 쾌락, 혹은 미적(美的) 쾌락
(3) 지적(知的) 쾌락

관능적 쾌락이란 거리의 육전 소설(六錢 小說)이나 저급한 잡지 등에서 볼 수 있는 심심풀이용으로 쓰이어진 육적(肉的)인, 말초신경을 자극하는 쾌락으로, 하등 감각에서 오는 쾌락이다.

감각적 쾌락이란 시각으로나 청각으로 아름답다고 느끼는 쾌락을 말한다.

지적 쾌락이란 인간의 이지(理智)를 통해서 얻어지는 쾌락이다. 곧 몰랐던 것(이치나 진리)을 알게 되거나(得理) 이치를, 도를 깨달음(得悟)에서 오는 기쁨이다. 차원 높은 지적 쾌락에 열락(悅樂)이라는 차원도 있다.

필자는 최재서가 나눈 세 가지 쾌락 외에 두 가지 쾌락을 더 두고 싶다. 하나는 위에서 말하는 '(2) 감각적(感覺的) 쾌락, 혹은 미적(美的) 쾌락'과 '(3) 지적(知的) 쾌락' 사이에 **'감동적(感動的) 쾌락'**을 더하고 싶고, 이 위에 **'영적(靈的) 쾌락'**을 하나 더

추가하고 싶다.

감동적(感動的) 쾌락이란 물론 미적 쾌락에서 미(美)의 범주를 넓게 한다거나 지적 쾌락에서 지(知)의 범주를 넓게 한다면 이들에 포함될 수도 있는 쾌락이다. 그러나 이들의 범주를 조금 좁혀두고 감동적 쾌락을 더 설정하는 것이 쾌락의 종류를 더 잘 설명할 수 있을 것으로 본다. 우리는 음악을 듣거나, 소설을, 시를 읽으면서 감격해서 눈물을 흘리기도 하고 감동하고 행복해하기도 한다. 예컨대 지고지순한 사랑을 보거나 부모를 위해 자식을 위해 장기를 이식해주는 지극한 희생에, 나라를 위한 혹은 의를 위한 헌신과 희생에서, 악에 당하는 선의 억울한 처지와 상황에서 극도로 분노하기도 한다. 이런 감정, 어쩌면 숭고하다고 할 감정들 모두를 감동이라고 한다면 이들을 **감동적 쾌락**이라고 하겠다.

'**영적(靈的) 쾌락**'은 현세적 삶의 세계에서 가지는 쾌락의 단계를 넘어선 쾌락으로, 신앙적 깨달음에서 오는 인간의 이성과 감성을 초월한 고차원인적인 쾌락을 이름이다. 예컨대 부당함을 받아들이고 나를 내려놓을 수 있는 겸손과 내 것을 이웃을 위해 내어놓을 수 있는 기쁨, 곧 다른 이를 대신해서 죽을 수 있는 기쁨, 종교적 진리를 수호하기 위해 기꺼이 순교할 수 있는 기쁨, 이런 것이 영적인 쾌락이라 할 것이다.

이들 (1), (2), (3)의 쾌락들은 그 차원을 달리한다. 그중에서 (1) 관능적(官能的) 쾌락은 차원이 제일 낮은 쾌락으로 이를 문학에서 완전히 배제할 수는 없다고 할지라도 문학적 의의가 있는 쾌락, 곧 문학이 추구해야 할 쾌락이라고는 할 수는 없는 것이다. 그다음 차원의 (2) 감각적(感覺的) 쾌락, 혹은 미적(美的) 쾌락도 낮은 단계의 쾌락으로 문학에 활용되기는 하나 이도 또한 문학이 궁극적으로 추구해야 할 쾌락은 아니다. (함께 묶은 미적(美的) 쾌락이 그 범주를 어떻게 설정하느냐에 따라 차원이 다르기는 하겠지만 현대의 예술이 문학이 지향하는 쾌락이 아닐까 생각된다.) 그다음의 (3) 지적(知的) 쾌락은 앞의 두 쾌락보다는 차원이 높다. 그러나 이도 또한 문학이 지향하는 궁극적이 쾌락이라고는 할 수 없다. 이처럼 이런 부분적인 쾌락으로서는 문학에서 요구되는 보다 폭넓고 깊은 예술적 즐거움을 맛볼 수 없다. 문학에서의 쾌락은 이보다 폭넓고 깊은 예술적 즐거움을 추구하는 것이라 할 것이다. 문학에서의 쾌락은 말초적 순간적 단순한 쾌락의 차원이 아니라 가장 높은 질(質)과 영속성(永續性) 있는 쾌락을 지향한다. 그렇다고 최재서의 (1), (2), (3)에 필자가 첨가한 '영적 쾌락'은 이들보다 더 높은 차원의 쾌락임에는 틀림이 없으나 이것이 문학의 궁극적 지향점이라고 직설적으로 말하는 것은 아니다. 또한, 문학의 기능을 "문학의 공리성(功利性)과 오락성(娛樂性)"으로 구분해서 설명하기도 한다.

문학 작품은 독자들에게 지적 정서적 반응을 불러일으킨다. 그러므로 문학은 고대에는 미(美), 선(善), 진(眞)의 삼위(三位)가 하나를 이루는 것이 제일 좋은 것으로 여겼다. 그러나 포 Poe, Edgar Allan의 유미주의적 '詩學' 이후 아름다움, 곧 미(美), 곧 오락성, 곧 위에서 논의한 쾌락을 더욱 중하게 여기게 되었다.

살펴본 바와 같이 **문학은 교술적(敎術的, 敎示的) 기능을 가지고 여기에 쾌락적 기능(감동, 즐거움, 재미를 주는)을 가지면서, 그리고 이들이 조화를 이루어 보다 높은 차원의 것을 추구한다**는 것을 알 수 있었다.

동양(한국에서도)의 시론(詩論)도 살펴보면 시대에 따라 강조되는 것이 다르기는 하였지만 늘 재도론(載道論)과 사장론(詞章論)이 병행되어 왔었다. 즉 재도론(載道論)은 문자재도지기(文者載道之器)라고 하여 글 곧 문학, 시는 도를 담는 그릇이라 하였으니, 문학의 교술적 기능을 강조한 주장이다. 사장론(詞章論)은 문학은 아름다움, 감흥, 정서를 중시하여야 한다는 주장이었다. 곧 문학의 쾌락적 기능을 강조하는 주장이다. 그러면서도 어느 시대에도 어느 한 시론만이 통용되던 시기는 없었다. 예를 들면 당(唐)나라에서는 사장론(詞章論)이 송(宋)나라에서는 재도론(載道論)이 더 중하게 여겨지기는 해왔었다. 그러나 이 시기에도 어떤 주장을 더 중하게 받아들여지기는 해왔어도 이들 두 주장이 공용되어 왔었다.

이로 볼 때 동양에서도 이 두 기능을 인정해왔음을 살필 수 있다.

♣ 실습 : 1. 예술의 정의를 정리해보자.
　　　　2. 문학의 정의를 정리해보자.
　　　　3. 문학의 기능을 정리해보자

3. 시(詩)의 정의(定義)

지금까지 앞에서 우리는 '예술이란 무엇인가', '문학이란 무엇인가'를 살펴보았다. 그 까닭은 그 하위 갈래 중의 하나인 시(詩)를 알기 위해서였다.

우리가 무슨 일을 하려고 하면 그 일이 어떤 것인지를 먼저 알아야만 한다. 예컨대 누구나 간에 결혼을 하고자 하면 우선 배우자가 될 사람이 어떤 사람인지를 알아보기 마련이다. 이처럼 시를 쓰자면 먼저 '시(詩)란 무엇인지'를 알아보아야만 할 것이다. 그러므로 이제 지금까지 살펴온 예술과 문학에 관한 이론들을 바탕으로 하여, 우리가 이해하고 쓰고자 하는, **시란 과연 무엇인가**를 살펴보자.

먼저 시를 알기 위해서는 시란 무엇이라고 정의한 선철, 선학, 문인, 시인들이 내린 정의를 살펴보는 것이 시를 이해하는 첫걸음일 것이다. 그러하므로 우선 선인들이 말한 '시(詩)의 정의(定義)'들을 살펴보자. 시란 무엇인가에 대한 질문과 답은 오래전부터 있어왔다. 그러나 "시에 관한 정의의 역사는 오류의 역사다."라고 한 엘리엇 T. S. Eliot의 말처럼 시에 관한 정확한 정의를 내린다는 것은 불가능한 일이다. 그것은 시를 보는 시각과 입장 방법에 따라 다양한 정의를 내릴 수 있기 때문이다. 그러나 이들 정의들을 살펴보면, 이들에서 시가 지니는 보편적인 성질 어떤 특성을 축출해 낼 수 있고, 또 시를 공부하고 쓰고자 하는 사람이 자신이 쫓고자 하는 방향을 설정하는 데에, 도움을 얻을 수 있다.

- 시 삼백 편을 한마디로 말하면 사악함이 없음이다. (시삼백일언이폐지왈사무사 詩三百一言而蔽之曰思無邪) – 공자(孔子)
- 시는 뜻을 서술하는 것이다.(詩言志) – 서경(書經)
- 시는 율어(律語)에 의한 모방(模倣)이다 – 아리스토텔레스 (Aristoteles)
- 시는 가르치고 즐거움을 주려는 의도(意圖)를 가진 말하는 그림이다.
  – 필립 시드니(Philip Sidney)
- 시는 미(美)의 율어적(律語的)인 창조(創造)다. – 포(Allan Edgar Poe)
- 시는 강한 감정(感情)의 자연적(自然的)인 발로(發露)이다.
  – 워즈워스(William Wordsworth)
- 시는 체험(體驗)이다. – 릴케(Rainer Maria Rilke)
- 시란 우리의 상상 위에 환상을 불러일으키는 방식으로 언어를 사용하는 기술, 즉 화가가 색채로 하는 일을 언어로 하는 기술을 의미한다. – 매콜리(Macaulay)
- 시는 일반적 의미에서 상상의 표현이라고 정의할 수 있다. – 셸리(Shelly)
- 시는 상상력과 정열의 언어이다. – 해즐릿(Hazlitt)
- 시는 상상과 감정을 통한 인생의 해석이다. – 허드슨(K. H. Hudson)

- 시는 사상의 정서적 등가물이다. - 엘리엇(T. S. Eliot)
- 시란 지(知), 정(情), 의(意)가 합일된 그 무엇을 통하여 최초의 생명의 진실한 아름다움을 영원한 순간에 직관적으로 포착하여 이를 형상화한 것이다. - 조지훈

이상의 정의나 해석들을 살펴보면 공자와 서경은 시의 내용 곧 의미를 중시함을 볼 수 있고, 아리스토텔레스는 시의 음악성과 창작 방법에 관해서 말하고 있고, 시드니는 의미와 표현 방법에 관해서 말하고 있고, 포는 의미에 사상보다는 미를 표현해야 함을 주장하면서 음악성을 강조하고 있다. 워즈워스는 감정을 강조하면서 창작방법론을 말하고 있다. 릴케는 의미성과 시인의 자질과 태도를 강조하고 있고, 매콜리는 창작방법론과 표현기교로 이미지 곧 시의 회화성을 강조하고 있다. 셀리도 상상이란 창작 태도 및 방법을 강조하고 있고, 해즐릿, 허드슨, 엘리엇 등도 창작 태도 내지는 방법론, 의미를 말하고 있고, 조지훈을 이런 주장과 관점들을 종합적으로 정리하고 있다.

이를 종합해서 정리해보면

(1) 운율(韻律)을 중시하는 문학이다(음악성)
(2) 시는 사상도 담지만, 감정(感情) 정서(情緖) 곧 미(美)의 표현을 주로 하는 문학이다.(情趣)
(3) 단형(短形)이면서 압축(壓縮)된 형식(形式)의 문학이다. - 시의 표현은 예리하고 순간적인 감동을 표현할 경우가 많으므로, 자연히 길이가 짧고 압축적이다.
(4) 언어로 형상화한 그림이다.(회화성)

이렇게 정리할 수 있다. 이를 한 문장으로 정의를 내려 보면, '**시란 압축된 형식의 리듬감 있는 언어로, 작자가 상상한 사상, 감정, 정서를 언어로 그린 그림이다.**'라고 정의할 수 있을 것이다.

♣ **실습** : 1. 시의 정의를 정리해보자.

4. 시의 요소(要素)

글이 시가 되기 위해서는 몇 가지 구성 요소가 있어야 함을 알 수 있다. 시를 조금 더 이해하기 위하여 시의 요소들을 살펴보자.

1) 음악적인 요소(音樂性)

시를 시답게 하는 첫째 요소가, 시는 운문이라는 것이다. 곧 시어에는 리듬이 있어야 한다는 것이다. 고대에는 동서고금의 글들이 운문이었다. 그러다가 점차 분화가 되어오면서 오늘날에 와서는 시만이 운문으로 남았다. 그러니 아무리 산문시이니 서사시이니 하더라도 운문이 아니면 시라고 할 수 없음을 알 수 있다. 시는 운문으로 씌어져야 한다. 그래서 시의 첫째가는 요소는 음악적인 요소라고 할 것이다.

언어의 일상적인 의미를 보다 미묘하게, 오히려 암시적으로 말함으로써, 일상어에서는 못 느꼈던 언어의 부피를 느끼게 하려는 의도에서 리듬(언어의 음악성)이 중요하다. 19C 말의 상징파 시인들이 이런 음악성을 강조했는데 미국의 포 E. A. Poe는 그의 에세이에서 "인간 영혼이 시적 감상에 흥분될 때에 도달하고자 설레이는 위대한 목표에 가장 근접할 수 있는 것은 아마 음악 외에는 없을 것이다."라고 했다. Eliot T.S.은 "리듬은 아득한 원시의 감정까지를 암시해 줄 수 있는 것"이라 했다. 이탈리아의 미학자 크로체(Crosse)는 예술의 기원(*The Origins of Art*)이란 저서에서 "가장 정도가 낮은 문명에 놓인 서정시는 주로 음악적 성질을 가지고 있고, 시적 의미는 다만 제2차적으로 가짐에 지나지 않는다는 결론에 도달한다."라고 했다. 옛 시일수록 의미보다는 리듬이 더 중요했다는 말이다.

프랑스의 상징파 시인 베를렌(P. M. Verlaine)은 작시(作詩)라는 시에서 시는 음악(리듬)적인 요소가 절대적임을 다음과 같이 말하고 있다.

무엇보다 먼저 음악을, 그리고
아직 가락 고르지 않은 그것을 즐겨라.
다만 어렴풋이 녹아 내리듯
무겁게 덮누르는 것 없이

"다만 어렴풋이"란 대목은 음악에 의한 암시를 "무겁게 덮누르는 것 없이"라는 대목은 의미 전달에 너무 매이지 말 것을 말하고 있다.

이런 중요한 요소인 시의 리듬, 운율에 관해서는 다른 장에서 살필 것이다.

2) 회화적(繪畵的)인 요소(形象性, Image)

또한, 시가 비시(非詩)와 다른 점은 함축성(含蓄性)이 높다는 것이다. 이 함축성은 짧은 형식의 시어에서도 나오지만, 비유나 상징 등의 표현 기법을 통해서 얻게 된다. 곧 시상을 형상화(이미지화)한다는 것이다. 곧 시상(詩想)의 전체 혹은 일부가 감각적 직관적 형태로 형상화된 한 폭의 그림, 또는 그 일부분이 되도록 표현한다는 것이다.

이 요소를 학습하는 것 이것이 시 작법 학습의 거의 대부분이라고 할 수 있을 것이다. 그래서 아래에서 다루어질 표현 기법에서 세밀히 친절하게 학습할 것이다. 이 부분이 이 책의 장점이고 핵심이다.

3) 의미적 요소〈思想〉

아무리 시의 요소 중에서 음악성과 회회성을 강조하더라도 시는 언어 예술임을 부정할 수 없다. 언어는 의미를 전달한다. 의미 전달 없는 시는 상상할 수 없다. 서구에서 한때 일부 시인들에 의해 극단적인 초현실주의니 모더니즘이니 주지주의니 다다이즘이니 상징주의니 하면서 실험적인 시를 추구하기도 해서 심지어는 언어 파괴, 무의미시를 시도해 보기도 하였다. 그러나 이러한 노력들도 현대시에 영향을 미쳐서, 오늘날의 시가 이미지를 중히 여기고 회화성(繪畵性)을 강조하는 데에는 큰 영향을 미쳤지만, 결국 실험에 그쳤을 뿐이다. 의미는 시어에 담아 시인이 전하려는 Message 곧 담론(談論)이다. Image의 배후에 숨겨져 간접적 함축적으로 암시되고 호소 되는 작자의 사상이며 감정이며 정서이다.

리처즈는 '의미의 의미(*Meaning of meaning*)'란 책에서 의미에는 4가지가 있다고 했다. 그 하나는 사전적 의미로 흔히 우리가 의미라고 부르는 것(그는 이것을 sense 라고 하고 있다)이 있고, 다음에는 말하는 사람의 감정(그는 이것을 feeling이라고 하고 있다)이 있고, 그다음에는 어조(語調) (그는 이것을 tone이라고 하고 있다)

가 있고, 그다음에는 의도(意圖)(그는 이것을 intention이라고 하고 있다) 흔히 우리는 의미라고 하면 첫째로 든 sense만을 생각하기 쉬우나 이렇게 시에서의 의미는 아주 미묘하다.

4가지 의미를 간략히 이해해보기 위해서 예를 들면 '어머님, 어머니, 엄마, 오메'라는 시어들의 sense는 모두 같다. 그러나 어느 것을 그 시에 선택해서 어떤 환경에 배열하느냐에 따라서 그 감정과 어조와 의도가 달라질 수 있다.

또한, 의미는 물론 이미지에 의해 간접적으로 함축적으로 전해지기도 하지만 시어의 직접적인 진술로도 전해진다.

이렇게 시의 3요소를 **음악적 요소**, **회화적 요소**, **의미적 요소**로 설명하는 것이 보통이나 의미적 요소에서 정서를 떼어내어 네 번째 요소로 **정서적 요소**를 별도로 제시하는 경우도 있다. 실은 시는 정서의 표현을 중시하는 장르이다.

어느 것이 강조되느냐에 따라 의미가 강조되면 관념시, 철학시, 종교시, 사상시, 교훈시, 참여시, 행사시가 되기도 하고, 정서가 강조되면 서정시, 유미주의시라 하기도 하고, 회화적 요소가 강조된 시를 주지시, 이미지즘시, 상징시라 하기도 한다.

특히 포(E. A. Poe)가 유미주의(唯美主義)를 주창한 이후 현대시는 더욱 미(美)를 중시하게 되었는데, 미는 의미〈思想〉보다는 정서에 더 가깝다.

• 시의 내용

시의 내용은 정서와 사상(의미)이다. 정서는 감화적 요소로서 시의 주요소(主要素)이며 사상은 관념적 요소로서 종속적인 요소이다. 따라서 사상(의미)은 정서와 융합되어 나타난다.

이렇게 시의 요소를 3요소, 4요소로 나누기는 하나 모든 시가 이 요소들을 고루 같은 비중으로 지어지는 것은 아니다. 사람에 따라 시에 따라 그 요소의 비중을 달리할 수밖에 없다. 그러나 시는 그 비중을 달리해도 보편적인 구성 요소를 도외시하고서도 '이것이 시다'라고 우기지는 못할 것이다.

지금까지 한 말을 모두 묶어서 한마디로 말한다면, '**시는 아름다움이다.**', '**시는 美이다.**'라고 말할 수 있다. 결국, 시는 문학의 두 기능 중 교시적(敎示的) 기능보다는 쾌락적(快樂的) 기능이 더 중시되는 장르라 할 것이다.

∴ 시의 정의

위에서 살펴본 '**시의 정의**'와 '**시의 요소**'에서 살펴본 바를 다시 종합하여 필자는 시의 정의를 다시 이렇게 내리고 싶다. **詩는 의미적 요소, 음악적 요소, 회화적 요소를 지니고, 정서의 표현을 주로 함으로써, 아름다움을 추구하는 언어 예술(言語藝術)이다**. 라고

시를 짓고자 하는 사람은 이 정도이나마 시에 대한 개념을 우선 인식하고, 그 토대 위에서 시를 배우고 시를 지어야 할 것이다. 나아가 이런 보편적인 시관(詩觀) 위에서 자신의 개성과 독창성을 더한 시를 지어야만 할 것이다.

♣ **실습** : 시의 요소를 정리해보자.

5. 그 밖의 시의 특성

'시의 정의'와 '시의 요소'를 살피면서 시의 특성을 대부분 학습했지만, 또 다른 연구자들은 이런 요소들 외에 시가 지니는 특성들을 더 제시하기도 한다. 옳은 연구들이다. 이 또한 시를 학습하는 데에 필수적으로 도움이 되는 것들이기에 몇 특성을 소개한다.

1) 시는 1인칭 현재 시제의 문학이다.

시는 사람이 사물을 접해서 일어나는 감정(정서)을 표현하는 문학이다. 감정은 사물에 대한 개개인의 주관적 의식 반응이라고 볼 수 있다. 개개인의 주관인 만큼 그것은 객관적인 승인 여부에 대해 신경을 쓰지 않는다. 중요한 것은 감정 자체의 객관적 타당성이 아니라, 그런 정서를 발생하도록 한 감정 주체의 내적 진실이다. 그러므로 시에서의 감정 표현은 화자가 혼자 말하는 일종의 독백적 성격을 띠게 된다. 이때 독자는 그 독백을 몰래 엿듣는 사람이라고 할 수 있다.

독백은 1인칭 발언일 수밖에 없다. 그리고 그 독백을 통해 표현되는 감정은 현재의 의식 상태이다. 비록 과거의 추억을 회상하는 경우라 할지라도 그 추억으로 표현하고 있는 시점은 현재가 된다. "나는 일곱 살 어린 시절 누나와 손잡고 외갓집에 갔었지" 이런 시구가 있다면 '어린 시절' '갔었지'는 과거 시제이지만 시인이 표현하는 시점은 현

재이다. 그리고 독백이다. 그러므로 시는 시인의 내면적 정서의 주관적이고 은밀한 토로라 할 것이다. 따라서 시는 1인칭 현재 시제의 문학이다.

2) 시는 가장 짧은 형태의 문학이다.

· 시는 강한 감정(感情)의 자연적(自然的)인 발로(發露)이다.
  – 워즈워스(William Wordsworth)
· 아름다움을 영원한 순간에 직관적으로 포착하여 이를 형상화한 것. – 조지훈

이들 두 사람은 시작(詩作)의 태도 곧 방법으로, '축적된 감정의 폭발' '직관을 토로함'을 제시하고 있다.

이들 외 p. 25에서 본, 시에 대한 정의들을 보면, 구체적으로 시 창작의 태도·방법을 말하지는 않았지만, 깊은 사색과 숙고를 하여 절차탁마(切磋琢磨)하는 시작 태도를 말하고 있음을 행간에서 읽을 수 있다. 대비해 보면 중국의 이태백은 즉흥적 즉물적인 시작 태도를 가졌던 반면에 두보는 깊은 사고와 갈고 다듬는 절차탁마적 태도로 시를 지었다고 한다. 아무튼, 축적된 감정의 토로나 직관에 의한 시이거나 심사숙고히면서 짓는 시도, 논리적 사고에 의한 구성과 전개가 아니므로, 사언히 짧을 수밖에 없다.

이런 단형성은 내용의 단순성이 아니라 표현 자체의 압축성으로 보아야 한다. 곧 시는 절제된 언어와 압축된 형태로 되어 있다고 말할 수 있다.

3) 시는 언어 의식이 가장 날카로운 문학 양식이다.

뒷 '시의 언어 장'에서 다각도로 살펴볼 것이지만, 간략히 시어의 특성을 조금 살펴보면, 시는 언어 경제성을 넘어서 압축된 표현을 추구한다. 그래서 시는 높은 암시성을 지닌다. 시의 언어는 함축적이고 내포적이며 다의성이 있고 암시성과 상징성을 지닌다. 특히 시의 언어는 운율적인 언어이다. 이런 면에서 볼 때 시의 언어는 다른 문학에서의 언어보다 더욱 날카로운 언어 의식이 요구된다.

4) 시는 상상력에 의존도가 가장 높은 문학이다.

· 시란 우리의 **상상** 위에 환상을 불러일으키는 방식으로 언어를 사용하는 기술이다.
　– 매콜리(Macaulay)
· 시는 일반적 의미에서 **상상**의 표현이라고 정의할 수 있다. – 셸리(Shelly)
· 시는 **상상력**과 정열의 언어이다. – 해즐릿(Hazlitt)
· 시는 **상상**과 감정을 통한 인생의 해석이다. – 허드슨(K. H. Hudson)

앞에서 살펴본 시의 정의들에서 상상(想像)을 강조한 정의들을 가져와 보면, 많은 이가 시에서의 상상을 강조하고 있다.

상상력이란 눈앞에 없는 사물의 image를 만드는 정신 능력을 말한다. 상상력은 예술 또는 시를 창조하는 근원적 능력을 말한다. 에머슨은 이것을 시의 생명이라 말했고, 낭만파 시인들은 "시는 과학적 진실과 다른 미(美)이며, 그 미는 사물이 아니라 상상된 것 속에 있다."고 했다. 키츠는 "상상력이야말로 진실을 창조한다."고 했고, 콜리지는 "시 창작에 있어서 정밀한 사색의 결과 영원불변의 것을 유한한 인간 정신 속에서 창조하는 것"이 상상력이라고 했다. 이런 주장들을 종합해보면 시를 포함한 모든 예술은 상상력의 산물이라고 해도 과언이 아니다.

그런데 이 상상의 넓이와 깊이와 높이도 영감(靈感)처럼 그 시인의 체험에 비례한다. 초등학생의 상상력과 대학생의 상상력이 다른 것처럼. 이 폭과 깊이 넓이에 따라 시의 폭, 높이, 넓이가 다를 수밖에 없을 것이다.

서사문학의 경우도 상상력의 소산인 허구의 세계를 표현하고 있다. 그러나 그 표현의 세부적 실천은 객관성을 존중하는 기조 위에서 이루어진다.

반면에 시는, "나는 나룻배 / 당신은 행인" 이란 표현에서 보듯 나와 당신을 나룻배로, 행인으로 표현하는 것은 화자의 주관에 의한 구체적이고 특수화된 감정이다. 이처럼 시는 개인의 상상력에 대한 의존도가 높을 수밖에 없다. 뒤 다른 장에서 '시와 상상력'이라는 별도의 항으로 조금 더 깊게 학습할 것이다.

5) 시는 음악성을 지닌 문학이다.

'시의 요소'장에서 살핀 바 있다. 구체적인 논의는 '시의 리듬'을 다루는 장에서 자세

히 살피기로 한다. 시의 정의에서나 리듬의 중요성을 말하는 이들의 말을 살펴보면,
- 시는 운율적 창조다.' – 포(E. A. Poe)
- 시는 무용, 산문은 보행(步行)"이다. – 바레리(P. Valéry)
- 리듬은 아득한 원시의 감정까지를 암시해 줄 수 있는 것이다. – 엘리엇(T. S. Eliot)

라고 한 것들을 보아도 시는 리듬(운율)을 통해서 언어적 조형미(造形美)를 창조하고 의미 위의 의미를 갖게 해서 독자를 감동시킨다. 시는 음악성을 추구하는 문학이다.
　위에서 살핀 다섯 가지의 특성은 시와 다른 문학을 구분하는 기준이 된다. 그러나 모든 시가 이 다섯 가지의 특성을 같은 비중으로 고루 다 갖추어서 공유하는 것은 아니다. 특히 실험 의식이 강한 현대시에서는 음악성을 낮게 본다거나 다른 장르의 특성을 도입하는 시도도 또한 적지 않다. 그러나 여기서 살펴본 시의 특성들은, 개별 시들이 지니는 다양성에도 불구하고 이들에서 추출할 수 있는, 시라는 장르의 보편적 특성이다.

6) 시는 진실한 문학이다.

- 시는 그 사람이다. – 필립 시드니 (Philip Sidney)

이처럼 시드니도 진실성을 말하고 있다. 어느 문학이나 간에 진실하지 않아도 되는 것은 없겠지만, 시는 시인의 영혼에서 나오는 독백적인 글이다. 그러므로 그 어느 장르보다도 진실이 그 생명이다. 진실하지 않으면 감동을 줄 수 없다.

♣ 실습 :
1. 이항에서 말하는 시의 특성 중 가장 강하게 와 닿는 특성은 무엇입니까? 까닭은 무엇입니까?
2. 뒤의 부록 명시 감상 p.379에 있는 김수환 추기경의 시 '나는 행복합니다.'를 모작(模作)해 봅시다.
   ※ 모작요령 : 이 시에서 "나는 행복합니다."는 그대로 차용을 하고 다른 내용은 나의 시어로 바꾼다. 행의 길이나 연의 길이는 자유롭게 한다. "나는 불행합니다."와 같이 시상을 뒤집어도 좋다.

6. 시의 분류

오늘날의 시는 주로 자유시, 서정시, 순수시, 상징적인 시들이다. 그렇다면 시를 짓고자 하는 사람은 이들 용어가 어디에서 온 말이며 어떤 개념인가 하는 정도는 이해하고 시를 공부해야 할 것이다. 그래서 여러 분류기준에 따라 달리 불리는 시의 갈래를 분류해 본다. 독자들은 이를 통해서 오늘날의 현대시의 특성과 개념을 다소나마 조금 더 이해하기를 바란다.

1) 내용상 분류

(1) 서정시(抒情詩)

개인적인 정서 곧 사상·감정·심상의 상태를 현재적인 순간성에 있어서 직관적으로 표현하는 시를 말하며, 오늘날 대부분의 시가 여기에 속한다.

※ 서경시(敍景詩)

서정시에 개념적으로 대립되는 개념으로 서경시를 말할 수 있다. 서경시는 서경(敍景)이라는 글자 그대로 자연의 경치를 읊은 시이다. 서정적(抒情的) 자아(自我) 곧 시에서의 화자(話者)의 감정을 표출하지 아니하고 자연 경치의 아름다움만을 묘사한 시를 말한다고 할 것이다. 동양의 시론(詩論)〈시화(詩話)〉에서도 시작 태도(시의 내용)를 사장(詞章)과 재도(載道)로 나누고 이를 대립시켜서 사장은 자연 곧 외물을 표현하는 것이라 하여 서경(敍景)에 가까운 개념으로 사용했으며, 재도(載道)는 의미 곧 교훈적 내용을 담는 것으로 설명하기도 했다.

조선의 학자 중 신경준(申景濬 1712~1781)도 시작 원리를 영묘(影描)와 포진(鋪陳)으로 설명했는데, 영묘란 시인의 눈에 비친 정(情), 물(物), 사(事)의 영상을 회(繪)하는 것이라 하였고, 포진은 정(情), 물(物), 사(事)의 실상을 직접적으로 서술(敍述)하는 것이라 하였다. 여기서 영묘란 곧 서경과 같은 개념(원리)이라 할 것이다.

그러나 엄밀한 의미에서 사진기로 사진을 찍듯이 시인의 정서가 배제된 서경이란 존재하기가 어렵다. 경치를 객관적으로 그리고 있는 시(詩)도 '객관적 상관물'[1] 이란

---

[1] 작자가 의도를 표현하기 위하여 의도적으로 가져다 쓰는 제3자적 사물. T. S 엘리엇이 말하는 객관적 상관물이란, 시인이 의도한 정서, 관념, 사상 등을 그대로 표현하면 시가 될 수 없으므로, 이에 상

표현 방법을 들먹이지 않더라도 언어로 그린 경치에도 시인의 정서가 담겨있기 마련이다. 그래서 이를 서경적 서정시라고 표현할 수는 있겠지만, 이런 시들을 모두 서정시에 포함시킨다.

(2) 서사시(敍事詩)

전에는 민족적인 사건이나 신화, 전설, 민담, 영웅담 등을 소재로 하여 줄거리를 가진 이야기를 영웅의 행동(근대에는 등장인물의)을 중심으로 과거시제로 객관적으로 길게 서술한 시를 말한다. 근대에 와서 우리나라에서는 김동환의 '국경의 밤'을 대표적인 예로 들고 있다. 그 후대에 오면서 객관적인 사건을 서술한 장시(長詩)이면 이를 서사시라 부른다.

예,1   일천구백삼십 년
     지각(地殼)이 얼기 시작하던 첫날,
     내 집에 오는 길 전차(電車)에서 나는
     매우 침착한 소녀를 만났어라

     초승달 같은 그의 두 눈썹은
     가장 아름다워 그린듯하고
     포도주(葡萄酒) 빛 같은 그의 입술은
     달콤하게도 붉었었다.

     그러나 도람직하고 귀여운 그 얼굴에는
     맞지 않는 근심 빛이 떠돌아 있고
     웬 셈인지 힘을 잃고 떠보는 두 눈가에는
     도홍색의 어린 빛이 떠돌아라.

                              - 유엽(柳葉), '소녀의 죽음'에서 -

예,2   제 1 부
       [1]
     "아하, 무사히 건넛슬까,
     이 한밤에 남편은
     두만강을 탈업시 건넛슬가?

응하는 사물이나 이미지나 장면 등을 찾아내어 표현하는 방법을 일컫는 말이다. - 나중에 '표현법'에서 더 공부할 것임.

저리 국경 강안을 경비하는
외투 쓴 거문 순사(巡査)가
왔다 - 갔다 -
오르명 내리명 분주히 하는데
발각도 안 되고 무사히 건넛슬가?"

소금실이 밀수출 마차를 띄워 노코
밤새가며 속테이는 젊은 안악네
물네 젓던 손도 맥이 풀녀저
파! 하고 붓는 어유(漁油) 등장²⁾만 바라본다.
북국(北國)의 겨울밤은 차차 깁허 가는데,

　　　[2]
어대서 불시에 땅 밋흐로 울녀나오는 듯
"어 - 이" 하는 날카로운 소리 들닌다.
저 서쪽으로 무엇이 오는 군호³⁾라고
촌민(村民)들이 넉을 일코 우두두 떨 적에
처녀(妻女) 만은 잽히우는 남편의 소리라고
가슴을 쓰리며 긴 한숨을 쉰다 -
눈보래에 늦게 내리는
영림창(營林廠)⁴⁾ 산촌(山村) 실이 벌부(筏夫)⁵⁾ 떼 소리언만.
　　　　　　　　　　　　　　　- 김동환, '국경(國境)의 밤'에서 -

　예,1은 우리나라 최초의 근대 서사시라고 보는 유엽의 '소녀의 죽음'이라는 서사시의 일부이다. 신문에 실린 임신한 여인의 자살 기사를 시인이 읽고 받은 충격을 전차 안에서 만난 소녀와 결부를 시켜서 온갖 생각을 하는 내용이다.
　예,2는 우리 시문학사상 최초의 장편 서사시이다. 전체가 3부 72장으로 이루어지고, 일정한 플롯(Plot)에 의해 사건이 전개되고 줄거리가 있고, 등장인물이 있고, 대화와 서술이 적절히 구사되어 극적 긴장감을 유지하고 있다. 다만 이 두 예는 주인공이 등장하지만 옛 서사시에서처럼 영웅도 초인간적인 사람도 아니다. 다만 평범한 소시민이다. 이 시들은 서사시의 요건인 설화성과 신화나 민요를 보여주는 데는 미

---

2) 물고기 기름으로 불을 켜는 등잔.
3) 순라군(巡邏軍) 사이에 서로 주고 받으며 위험을 막는 신호
4) 구한말 압록강 두만강 연안의 삼림을 관장하던 관청
5) 뗏목을 물에 띄워 타고 물건을 나르던 일꾼

흡하다. 이 점이 옛 서사시와 확연히 다른 점이다. 그러나 근대서사시의 요건은 갖추고 있다.

오늘날에는 거의 짓는 이가 없어 유사한 예를 찾기가 어렵다.

(3) 극시(劇詩)

극시(dramatic poetry)는 희곡적〈演劇的〉내용을 표현하는 시를 말한다. 좁은 의미로 극(劇)의 형식을 취하거나 혹은 극적 수법을 사용한 것이다. 희극에서의 대사가 시적 언어로 이루어진 것이다. 극시는 그 내용에 따라 비극시와 희극시로 나뉜다. 이 극시도 우리나라에서는 예를 들기가 어렵다.

예,1 "아부지 그동안 안녕하시는기요
　　　아들놈 없어서 고생했지예?"
　　　"오냐, 이놈아, 내사 괜찮다.
　　　객지서 고생했제?
　　　그래 공장에는 잘 댕기나?"
　　　"예 저야마 걱정 마이소.
　　　맨날 떠신 데서 안전하게 있심더."
　　　"아부지."
　　　"와."
　　　"이돈 가이고 논마지기나 사이소."
　　　"야 이놈아, 이 큰돈을 니가 우째 벌었노?"
　　　'쓸개는 접어놓고
　　　지 몸 하나 안 애끼모
　　　모두가 돈이지예.'
　　　요 소리가 목구멍까지 나왔다.

　　　"아부지 목욕하러 가입시더."
　　　"야, 이놈아, 섣달 그뭄날도 아인데
　　　목욕이 다 머꼬, 그것도 오뉴월에"
　　　"질이나 가적나
　　　삼십리 뻐수 타고
　　　읍내까지 우째 가노?"
　　　"아입니더 가입시더.
　　　꼭 가시야 됩니더."

"아부지 누우시이소. 지가 밀어드리께예."
"아이다. 괜찮다. 니나 씩거레이."
"아입니더. 지는 예
공장에서 맨날 씩심더."

"뻐수야. 어서 가재이
돈 많고 살찐 사람들 밀어주구로이."

인자는, 인자는!
'우리 아부지도
요래 매매 안 밀어죠봤다.'
요 생각은, 요 생각은, 안 해도 되는 기라.　　　　　　- 하상규, 때밀이 -

극시를 의식하고 쓴 시는 아니다. 그러나 시의 전문이 대화와 독백으로만 쓰여 있다. 등장인물이 있고, 장면이 세 장면으로 바뀌어서 이어진다. 극적(劇的)인 수법을 사용한 면이 있다고 하겠다.

2) 형식상 분류

(1) 정형시

정형시라 함은, 대표적인 정형시인 한시(漢詩)를 예를 들면, 오언 절구(五言 絶句), 칠언 절구(七言絶句), 오언 율시(五言律詩, 칠언 율시(七言律詩)처럼 자수(字數)나 행(行)의 수(數)이나 연(聯)의 수(數) 등, 시의 구조나 형식에 일정한 제약을 받으면서, 평측법(平仄法), 압운법(押韻法) 등으로 리듬과 운율에서 규칙성을 요구하는 시를 말한다. 우리나라의 민요, 가사, 시조는 음수(音數)나 음보(音譜)를 행(行)과 장(章)에서 정해진 규칙에 맞추어서 써야만 한다. 이런 시들을 정형시라 한다. 오늘날에는 규칙에서 자유로운 자유시를 주로 쓴다. 참고로 한시의 정형성을 살펴서 운률(韻律), 리듬에 관한 이해를 돕기로 한다.

① 한시(漢詩)의 정형성(定形性)
　ㄱ. 자수(字數)와 행(行)
정형시의 예로 한시 중 근체시 절구와 율시를 살펴본다. 한시란 원래 음악적 가락에 맞추어 읊조리던 것이다. 그래서 정형성이 철저하다. 한시는 행(行)마다 자수를 맞추어야 하고, 행의 수를 맞추어야만 한다. 오언 절구(五言絕句)는(아래 그림 참조 둥근 모양은 1자(字)이다) 1행을 5자로 4행, 오언 율시는 1행이 5자로 2행을 1연으로 한 4연으로 짜여 진다. 칠언 절구(七言絕句)는 1행을 7자로 하여 4행이고, 칠언 율시(七言律詩)는 1행을 7자로 하여 2행을 하나의 연으로 하는 4연으로 구성된다.

ㄴ. 평측법(平仄法)

평측법은 평성과 측성의 글자를 규칙에 따라 배열하는 규칙이다.

고체시(古體詩)는 압운(押韻)만 지키고 평측(平仄)에는 자유로우나 근체시(近體詩)는 평측법과 압운법을 엄격히 지킨다. 오언 절구에는 정격(正格) 측기식(仄起式)과 편격(偏格) 평기식(平起式)이 있고, 오언 율시에는 정격 측기식과 편격 평기식이 있다. 칠언 절구에는 정격 평기식과 편격 측기식이 있다. 오언 율시에는 정격 측기식과 편격 평기식이 있고, 칠언 율시에는 정격 평기식과 편격 측기식이 있다. 아래 그 몇 예만 보인 것인데, 이런 모양은 각각 ◐은 平聲 혹은 仄聲, ●은 仄聲, ○은 平聲, ◎ 韻字를 표시한다.

● 측성(仄聲)은 높은 소리 글자를 ○ 평성(平聲)은 낮은 소리를 ◎ 운자(韻字)는 같은 운통(韻統)의 글사를 놓아야만 한다는 것이다. 참고로 평기식(平起式)은 아래 칠언 절구의 예에서처럼 첫 행의 둘째 글자가 평성(○ 낮은 소리)으로 시작되는 것을 말하고, 측기식(仄起式)은 아래 예의 오언 절구에서처럼 첫 행의 둘째 글자가 측성(● 높은 소리)로 시작되는 것을 의미한다.

五言節句 正格(仄起式)

待客客未到(대객객미도) 손님을 기다려도 손님은 오지 않고　　◐●○○● 기구(起句)
尋僧僧亦無(심승승역무) 스님을 찾았으나 스님 또한 없네　　◐○○●◎ 승구(承句)
惟餘林外鳥(유여림외조) 오직 저 숲 밖에 새들만 있을 뿐　　◐○○●● 전구(轉句)
款款勸提壺(관관권제호) 술병이나 들라고 간곡히 당부하네　　◐●●○◎ 결구(結句)

※ 고려 후기의 문신 이인로의 題天尋院壁(제천심원벽)이라는 오언절구이다.
　오언 절구의 예로 든 것일 뿐, 측기식이기는 하나 정격은 아니고 변격인 듯하다.
　無와 壺가 운자이다.

ㄷ. 압운법(押韻法)

위 그림에서 보듯 ◎ 자리에는 운자(韻字)를 맞추어 넣어서 운율을 맞추어야만 한다. 이처럼 정해진 자리에 같은 운통(韻統)의 글자를 놓아서 운률을 얻는 시작법을 압운법이라고 한다. 그리고 이런 글자를 운(韻)이라고 한다. 참고로 같은 운통이란 한자의 초, 중, 종성 중 초성은 다르지만, 중성과 종성이 같은 글자를 말한다.(同音異字) 예를 들면 작, 각, 삭, 막 같은 자는 초성은 달라도 중, 종성은 같으므로 같은 운통이다. 그러므로 운자로 쓸 수 있다.

앞에 예로 든 한시에서 보는 바와 같이 한시에 있어서는 절대로 무시되어서는 안 되는 악보(樂譜)와 같은 규칙들이 있다.

또 다른 규칙으로는 오언(五言)이든 칠언(七言)이든 간에 율시(律詩)의 경우는 함련(頷聯)과 경련(頸聯)은 반드시 대련(對聯)이어야 한다는 등 복잡한 규칙들이 있기도 하다. 이렇게 정해져 있는 규칙에 맞추게 되면 자연히 정해진 형식에서 오는 리듬 곧 음률과 운률을 갖기 마련이다. 이런 리듬을 정형률이라고 한다.

정형시는 한시가 그 대표적인 예라고 할 것이다.

참고로 한시의 절구(絕句)는 첫 행부터 차례로 기구(起句), 승구(承句), 전구(轉句), 결구(結句)라고 하고, 율시(律詩)는 첫 연(聯)부터 차례로 기련(起聯), 함련(頷聯), 경련(頸聯), 미련(尾聯)이라고 한다.

② 민요의 정형성

우리의 민요도 자수와 음보가 규칙적으로 반복되는 정형시인 것을 볼 수 있다.

새야새야 파랑새야
녹두낭게 앉지마라.
녹두꽃이 떨어지면
청포장수 울고간다.
· · · 하략 · · ·
― 민요. 파랑새야 일부 ―

예처럼 민요는 대개 4 자(간혹 3 자, 5 자도 섞임)로된 음보 둘이 이어져서 한 행(1 句)을 이루어서 제한 없이 반복되는 음수율, 음보율을 보이는 규칙성을 지녔다.

가사(歌詞)도 3 자(字) 혹은 4 자를 1 음보(音譜)로 해서, 2 음보가 1 구(句)를 이루고, 이 구가 둘이 이어져서 1 행을 이루는데, 이런 행(行)이 제한 없이 반복되는 규칙성을 지니고 있다.

```
강호에   병이깊어  죽림에   누었더니
관동    팔백리에   방면을   맛디시니
어와    성은이야   가디록   망극하다
연추문   드리다라   경회남문  바라보며
하직고   물너나니   옥절이   압패셨다
・・・・・・ 하략 ・・・・・・
```
— 정철, '관동별곡' 일부 —

③ 시조의 정형성

시조도 평시조를 예로 살펴보면, 평시조 한 수(首)는 3자, 4자를 1 음보(音譜)로 하고, 두 음보가 한 구(句)를 이루고, 2구가 1장(章)을 이루며, 이 장 셋이 초, 중, 종 장으로 이어져서 시조 한 수를 이룬다. 곧 시조는 3장(章), 6구(句), 12 음보(音譜)로 이루어지는 규칙성을 지니고 있다.

```
바릿밥 남 주시고    잡숫느니 찬 것이며,
두둑이 다 입히고    겨울이라 엷은 옷을
솜치마 좋다시더니   보공되고 말아라.
```
— 성인보, 慈母思 40 수 중 12번째 수 —

(2) 자유시(自由詩)

자유시는 정형시가 지니는 운율적, 형식적 제약에서 벗어나서 자유롭게 표현하는 시를 말한다. 오늘날 우리가 쓰고 있는 대부분의 현대시가 여기에 속한다.

(3) 산문시(散文詩)

산문시는 산문으로 표현한 시를 가리킨다. 곧 시적인 내용을 산문적 형식으로 표현한 시이다. 따라서 산문시는 겉으로 드러나 보이는 운율은 없지만, 형태상의 압축과 응결이 필요하고, 시정신의 결정(結晶)이 요구된다.

오늘날에는 산문시적 표현이라 할 시들을 많이 짓고 있다.

저문다는 것 날 저문 다는 것은 마땅
히 만상이 서서히 자신의 색을 지우며

서로의 속으로 스미는 일이라 했다 알
게 모르게 조금씩 서로의 그림자에 물들
어가는 일이라 했다 그렇게 한 결로
풀어졌을 때, 흑암의 거대한 아궁이 속
으로 함께 걸어가는 일이라 했다.

너를 바래다주고 오는 먼 밤, 제몫의
어둠을 족쇄처럼 차고 앉은 하늘과 땅을
보았다. 개울 은 개울의 어둠을 아카시아
는 아카시아의 어둠을 틀어 안고 바윗덩
어리처럼 딱딱하게 굳어가고 있었다 누구
도 제 어둠의 단애 밖으로는 한 발짝도
내딛지 못하고 있었다 한 어둠을 손 잡
아주는 다른 어둠의 손 같은 건 볼 수
없었다.
                          - 유인서, 그는 늘 왼쪽에 앉는다 -

    외할머니 집 뒤안에는 장판지 두 장만큼한 먹오딧빛 툇마루가 깔려 있습니다. 이 툇마루는 할머니의 손때와 그네 딸들의 손때로 날이날마닥 칠해져온 것이라 하니 내어머니의 처녀때의 손때도 꾀나 많이 묻어 있을 것입니다마는, 그러나 그것은 하도나 많이 문질러서 인제는 이미 때가 아니라, 한 개의 거울로 번질번질 닦이어져 어린 내 얼굴을 들이 비칩니다. 그래, 나는 어머니한테 구지람을 되게 들어 따로 어디 갈 곳이 없이 된 날은, 이 외할머니네 때거울 툇마루를 찾아와, 외할머니가 장독대 옆 뽕나무에서 따다주는 오디열매를 약으로 먹어 숨을 바로합니다. 외할머니의 얼굴과 내 얼굴이 나란히 비치어 있는 이 툇마루까지는 어머니도 그네 꾸지람을 가지고 올 수 없기 때문입니다.
                          - 서정주, 외할머니의 뒤안 툇마루 -

3) 목적상 분류

(1) 순수시
  순수시란 예술성을 중시하는 시로 개인적 정서를 주로 드러내는 시를 말한다. 현대시의 대부분이 순수시라고 할 것이다.

(2) 목적시
  목적시란 시를 정치적 사회적 종교적 역사적 교육적 목적 전달의 수단으로 쓴 시를 말한다. 행사시도 이에 속한다.

4) 태도상 분류

(1) 주정시(主情詩)

주정시란 인간적인 감정이나 정서를 중심으로 전개되는 시를 말한다. 보편적인 시 곧 서정시가 여기에 속한다고 하겠다.

(2) 주의시(主意詩)

주의시란 강렬한 주관적 의지와 정신세계의 표현에 중점을 두고 전개되는 시를 말한다. 예를 들면 종교적인 시나 애국적인 시나 행사시, 철학적인 시나 교훈적·교육적인 내용을 주로 담은 시들은 이에 속한다.

(3) 주지시(主知詩)

인간의 감정보다는 지적인 측면을 중시하여 관념, 의식 등을 드러내며 전개되는 시를 가리킨다. 감정을 전달하려 하기보다는 생각 지성을 전달하려 한다. 느끼게 하는 시가 아니라 생각하게 하는 시이다. 귀보다 눈을 중시하는 시이다. 그래서 주로 표현 기법으로 이미지에 의한 표현, 형상화라는 표현기교를 중시한다. 실제로는 내용보다는 이런 표현 기법을 중요시해서 주로 쓰는 시를 주지시라고 일컫기도 한다. 시작 태도로 보면 주정시는 영감에 주로 의존하는 시, 곧 자연 발생적인 시라면, 주지시는 영감에 의존하는 시, 되는 시가 아니라, 만들어가는 〈정신적 노력〉, 지성 및 기교가 필요한 시이다.

    월
     화
      수
       목
        금
         토
하낫 둘
하낫 둘
일요일로 가는〈엇들〉 소리……

자연의 학대에서

너를 놓아라
역사의 여백(餘白)
영혼의 위생(衛生)데이······
일요일의 들로
바다로······
― 김기림의, 일요행진곡 일부 ―

오늘날의 시각으로 보면 조잡한 수준의 시이다. 그러나 당시의 안목으로 보면 1연에 형태주의적 기교를 부린 것이나 시어의 선택이나 배열이나 기교가 의도적이고 작위적임을 볼 수 있다.

차단-한 등불이 하나 비인 하늘에 걸려 있다.
내 호올로 어델 가라는 슬픈 신호(信號)냐.

긴 여름에 황망히 나래를 접고
늘어선 고층(高層) 창백한 묘석(墓石)같이 황혼에 젖어
찬란한 야경(夜景) 무성한 잡초인양 헝컬어진 채
사념(思念)벙어리 되어 입을 다물다.
― 김광균, '와사등' 일부 ―

비정한 현대문명 속에서 방향의식을 상실한 존재로서 실체를 상실한 슬픔과 고독을 노래한 회화적인 시이다. 영감에 의존한, 되어진 시가 아니라 만들어가는 정신적인 노력이 부여된 시, 이미지를 동원해서 형상화하려고 노력한 시임을 볼 수 있다.

♣ **실습 :** 1. 오늘날 일반적으로 시인들이 주로 창작하는 시는 어떤 시인가?
    답   1) 내용상 : 서정시   2) 형식상 : 자유시   3) 목적상 : 순수시
         4) 태도상 : 주정시. 주지시

Ⅲ장. 시의 언어(言語)

시는 고도의 언어 예술이다. 언어가 그 생명을 이룬다. 루이스 C. D. lewis는 "언어는 시의 가장 근원이 되는 자료"라 했으며, 폴 발레리 P. Valery는 "시는 언어의 연금술"이라 했고, 김기림은 "시는 언어의 건축"이라 했다. 이 말들은 시인의 제일 과제는 언어를 다룰 줄 아는 언어 심리학자와도 같이 언어의 속성 곧 시어의 속성을 잘 알아서 그것을 갈고 다듬어 효과적인 표현을 해내는 일이라는 말이다.

이렇게 시에 사용되는 언어를 시어(詩語)라고 한다. 시어란 시에 동원되는 낱말과 어구라는 뜻으로 다른 언어들과 구별하여 쓰는 것을 의미한다. 그러나 시에만 쓰이는 특수한 언어가 별도로 따로 만들어져 있는 것은 아니다. 고려가요에서 "릉긔엇더ᄒ니잇고" 고시조에서 "아희야", "어즈버", "두어라" 등과 같이 시에서만 쓰인 특수한 시어가 있기는 했고, 지금도 시적 허용이라 해서 "노오란", "파르라니" "차단-한" 등과 같이 의도적인 변형을 하거나 토속적인 사투리를 사용하거나 극히 개인적인 구어(口語)나 비속어(卑俗語)를 사용하는 경우가 있기는 하다. 그러나 시의 언어도 일상의 언어와 같은 언어를 사용한다. 다만 시어는 일상의 언어이면서도 일상의 언어 속에 용해될 수 없는 독자성(함축적 특성, 정서적 기능, 모호성)을 갖는 언어이다.

시의 언어를 이해하려면 언어에 관한 기초적인 상식도 필요하므로, 시어의 특성을 살피기 전에 먼저 언어에 관한 용어들을 간략히 정리해본다.

1. 글의 단위

시도 글이다. 글은 단어, 문장, 문단, 글이라는 단위를 가진다. 이런 단위의 개념을 간략히 정리 습득해 두자. 이들 중에서 단어와 문장만 상술한다.

1) 단어(單語, word)

단어란 뜻이나 생각을 나타내는 말의 단위 중에서 가장 작은 단위이다. 곧 의미를 지닌 언어의 최소 단위를 단어(어휘)라 한다. 산, 집, 어머니, 강 등과 같은 명사도 있고, 간다, 입는다, 사랑한다, 등과 같은 동사도 있고, 예쁘다, 높다, 푸르다 등과 같은 형용사도 있다. 그 외에 감탄사, 부사, 관형사, 대명사, 조사도 있다. 이러한 단어들이 일정한 언어 규칙에 따라 나열되어서 문장을 이루고 시를 이루게 된다.

그런데 "사고(思考)의 폭은 단어의 폭에 비례한다."고 한다. 사람은 언어로 사고한다. 언어를 사용하지 않고 사고해 보라. 이것은 불가능하다. 언어가 우리의 두뇌에 들어오고 난 뒤부터는 사고가 언어의 장벽을 넘어설 수가 없다. 어린이는 그 어린이가 아는 언어(단어, 어휘)의 폭만큼만 사고한다. 대학생은 그 대학생이 아는 언어의 폭만큼 사고한다. 이처럼 풍부한 어휘를 사용하는 사람은 그만큼 사고의 폭도 넓기 마련이다. 역설적으로 언어는 그 사람의 사고의 폭을 제한한다고 말할 수 있다. 그러므로 폭넓은 사고를 해야 하는 시인은 단어의 폭을 넓혀야만 할 것이다. 그렇다면 그 단어의 폭은 어떻게 넓힐 수 있는가? 그 길은 독서에 있다. 그래서 독서의 필요성과 중요성이 여기에 있는 것이다.

포 E. A. Poe는 "시어 하나하나는 마치 탑을 구성하고 있는 돌 하나하나와 같다."고 했다. 이 말은 곧 시에 쓰이는 어휘 하나하나는 그 자리에 다른 어휘가 놓일 수 없고, 그 어휘가 그 자리에 반드시 있어야만 할 정도로 적확(的確)한 어휘를 사용해야만 한다는 말이다. 그만큼 단어 곧 어휘 선택의 중요성을 강조해 마지않았다. 시를 구성하는 단어 하나하나를 신중하게 선택하라는 말이다.

(1) 단어의 정확한 뜻

시에서는 단어의 뜻을 사전적 의미로만 사용하지 않고 어느 면에서는 오히려 이미지로, 주변적 의미로, 비유적 의미로, 함축적 의미로 사용하는 경우가 더 많다고 할 것이다. 그러나 시인이 시적인 표현 효과를 살리기 위해서 의도적으로 의미를 비틀어서 사용하는 것과는 달리 단어의 뜻을 바르게 알지 못하고 잘못 사용하는 경우는 없어야 한다.

단어를 잘 못 사용한 예

예,1 국군 아저씨의 건강과 <u>명복</u>을

명복(冥福)이 아니라 무운(武運)이란 단어를 써야 할 자리다.

예,2 그 친구와 나 어려서부터 같이 자란 <u>막연한</u> 사이

막연(漠然)이 아니라 막역(莫逆)이란 단어를 써야 할 것을 잘못 쓴 예이다. 다른 어구로는 지기지우(知己之友)나 죽마고우(竹馬故友)와 같은 것이 어울릴 법한 곳이다.

예,3 <u>아침 조회</u>를 시작하다.
예,4 서울역 <u>앞 역전</u>에서는

조회(朝會)라는 단어 앞에 아침이란 단어는 불필요한 단어이다. 역 앞이 역전(驛前)이다. 불필요하게 겹쳐서 쓴 말이다. 시적 허용이라 할 수 없는 무식한 표현이다.

(2) 구체어(具體語)와 추상어(抽象語)

우리는 일상 언어생활에서 그리고 시에서도 구체어와 추상어를 함께 사용한다. 시인은 그러한 개념은 알고 있어야만 할 용어이다. 그 개념을 알아야 시에 활용을 할 수 있다.

예,1 바위, 산, 강, 의자, 책상
예,2 혼란, 평화, 사랑, 실존주의
예,3 발갛다, 둥글다, 고요하다, 착하다

예,1은 구체어이고 2와 3은 추상어이다. 그러나 산문에서도 예,1과 같은 구체어도 비유적으로 상징적으로 쓰이기도 하지만, 특히 시에서는 비유적 상징적 의미로 쓰여서 추상적 의미를 띠는 경우가 많다.

예,4 내 마음은 <u>호수</u>요.   – 김동명. '내 마음'에서 –

비유적으로 쓰인 호수는 추상적 의미를 가진다.

예,5 잊혀지지 않는 하나의 <u>눈짓</u>이 되고 싶다.　　　　　　– 김춘수, '꽃'에서 –

역시 상징적인 시어로 쓰인 눈짓은 추상적 의미로 쓰였다.

(3) 일반어(一般語)와 특수어(特秀語)
(상위 개념어와 하위 개념어라고도 함)

예,1　생물 - 식물, 동물, 균류
　　　동물 - 무척추동물, 척삭동물(우렁쉥이), 척추동물
　　　척추동물 - 어류, 양서류, 파충류, 포유류, 조류,
　　　포유류 - 소, 말, 개, 돼지‥‥‥‥
　　　개 - 풍산개, 진돗개, 불도그, 세퍼드‥‥‥‥
예,2　식물 - 종자식물, 무종자식물(포자식물)
　　　종자식물 - 겉씨식물(은행, 침엽수), 속씨식물
　　　속씨식물 - 외떡잎식물(벼, 보리), 쌍떡잎식물
　　　쌍떡잎식물 - 배추, 완두
예,3　수필가는 예술과 음악과 연극, 무용, 문학, 소설, 시에 대한 교양을 갖추어야
　　　한다.

예,1과 예,2에서 -의 좌측 단어는 일반어(상위 개념어)이며, -의 우측 단어는 좌측 단어에 비해 상대적으로 특수어(하위 개념어)이다. 예,3은 일반어와 특수어를 혼동(상·하위 개념 무시)하여 사용하는 오류를 범한 문장이다. 시에서도 의도적인 표현이 아닌 경우에는 이런 오류는 주의를 요한다.

(4) 전체를 나타내는 말과 부분을 나타내는 말

예,1　집 : 뜰, 담, 벽, 지붕, 대문
예,2　방 : 창문, 바닥, 천장, 벽
예,3　강 : 상류, 중류, 하류

집, 방, 강은 우측 부분 단어들에 비해 전체를 나타내는 말이다. 언어생활에서 제유법(提喻法)[6]이라 하여 의도적으로 부분을 나타내는 말을, 전체를 의미하는 말로 쓰는 경우가 있다. 시에서는 이런 표현을 의도적으로 하는 경우가 많다. 시에서 의도

적으로 혼용한 경우가 아니면 좌우를 혼용하는 것을 주의해야 한다.

예1, <u>약주</u>를 많이 드셨다.
예2, 사람은 <u>빵</u>만으로는 살 수 없다.
예3, 불을 밝힌 <u>창문</u> 불을 밝히지 않는 <u>창문</u>
예4, 빼앗긴 <u>들</u>에도 봄은 오는가.

약주는 술의 여러 종류 중의 하나로 특수어(하위 개념어)이다. 여기서 약주는 술을 의미한다. 빵은 양식, 음식, 먹고 사는 일을 의미한다. 창문은 방을 의미하기도 하고, 하나하나의 집을 의미하기도 한다. 들은 국토나 나라의 한 부분이다. 예들 모두는 부분으로 전체를 나타내는 제유법(提喩法)이란 표현이다.

(5) 유사어(類似語)

유사어 (類似語)는 곧 비슷한 말이다.

예,1 길 - 도로, 사람 - 인간, 나무 - 수목, 바다 - 해양, 마을 - 부락 - 동내, 아빠 - 아버지, 집 - 주택 - 가옥, 좋아하다 - 사랑하다, 감사하다 - 고마워하다, 좋아하다 - 행복해 하다, 즐기다 - 좋아하다.

유사어의 개념은 알아둘 일이나, 시에서 의도적으로 유사어를 활용하는 경우는 흔하지 않은 듯하다. 다만 같은 시어를 같은 시에서 반복적으로 사용하는 것을 의도적으로 피하고자 할 경우에는, 같은 의미어 곧 유사어로 달리 표현하는 경우는 있을 수 있다. 예, 들을 밭이나 논으로 표현할 수도 있다.

(6) 동음 이의어 (同音異意語)

음은 같으나 뜻이 다른 단어이다.

예,1 겨울에는 북쪽에서 무수한 <u>조류</u>가 날아온다.(鳥類)
예,2 <u>조류</u>가 밀려오면 바다가 된다. (潮流)
예,3 해저에는 울긋불긋한 산호가 <u>조류</u>들과 함께 자라고 있다.(藻類)

---

6) 뒤에서 공부할 표현 기법에서 상세히 공부할 것임.

예,4 눈(眼), 눈(眼目), 눈(雪), 눈(식물의 싹) 눈(저울의 단위)
     배(舟), 배(腹), 배(梨), 배(갑절)
     애(愛), 애(哀), 애(창자), 애(아이의 준말), 애(근심에 싸인 마음속)

예,5 눈은 살아 있다.
     떨어진 눈은 살아 있다.
     마당 위에 떨어진 눈은 살아 있다.

     기침을 하자.
     젊은 시인이여 기침을 하자.
     눈더러 보라고 마음 놓고 마음 놓고
     기침을 하자.   - 김수영, '눈' 일부 -

  예,1, 2, 3, 4에서 동음이의어(同音異意語)의 예들을 보았다. 예,5에서 김수영은 '눈'의 뜻을 다양하게 쓰고 있다. 이처럼 시에서는 의도적으로 동음어를 혼용하는 경우도 있다.

     예,1 청산리 벽계수(碧溪水)야 / 명월(明月)이 만건곤할 제   - 황진이 -

     예,2 北窓(북창)이 맑다 커널 雨裝(우장) 없이 길을 나니
          산에는 눈이 오고 들에는 **찬비**로다
          오늘은 **찬비** 맞았으니 **얼어** 잘가 하노라.
                                       - 임제가 寒雨라는 기생에게 준 寒雨歌 -

     예,3 이 강물 먹고 자란 / 東夷는 똥이 / 한국은 肛國   - 박진환, 이름 바꾸기 -

  예,1 벽계수는 푸른 계곡에 흐르는 물이면서 벽계수라는 호를 지닌 선비의 호이다. 명월은 밝은 달이면서 황진이의 호이다. 예,2의 찬비는 겉으로는 차가운 비이지만 속으로는 한우(寒雨)라 불린 기생의 이름이기도 하다. 예,3에서 동이 똥이, 한국 항국(肛國)이란 표현은 난개발로 인한, 그리고 무분별한 경제개발로 인해서 우리나라의 자연과 환경이 오염되어가는 것을 비판하려는 의도를 지닌 시적 표현이다.
  이렇게 말을 희롱하는 언어 유희적 시를 쓰는 경우도 있다. 뒤에서 다시 학습할 것이다.

(7) 동의 이음어(同意異音語)
뜻은 같으나 음이 다른 단어들이다.

　　　자다 - 주무시다, 먹다 - 드시다, 넘기다 - 마시다
　　　넘기다 - 살다 - 목숨을 부지하다, 할배 - 할애비 - 할아버지
　　　엄마 - 오매 - 어미 - 에미 - 어마이 - 어머니

　　예,1　제 어미가 제 에미인 줄을
　　　　　몰랐던 도령

　　　　　절 뺏아서 아들 삼은 상전을
　　　　　아버지 어머니라 공경하고
　　　　　제 생모 유모로 여겨
　　　　　저, 어마이 어마이라 해왔으니

　　　　　그 통한의 아픔이 과일까 죄일까?

　　　　　안 계시는 어머니를
　　　　　천만 번
　　　　　어머니! 어머니! 내 어머님~! 이라
　　　　　목메어 불러본들 ～～　　　　　　　　　　－ 하상규, 대(代)물림 －

이런 동의 이음어도 특정 시에서 의도적으로 시에 활용되는 경우도 있다. 이해를 돕기 위해 지어본 시이다.

(8) 다의어(多義語)
동음이의어와는 달리 한 단어가 문맥에 따라 다른 의미를 가지는 경우이다. 중심적 의미 외에 다양한 주변적 의미를 갖는 경우가 있다.

　　예,1　이 길을 따라 서쪽으로 두 시간 달리면 (중심적 의미)
　　예,2　살아가는 데는 여러 길이 있다. (주변적 의미 - 방법이나 수단)
　　예,3　남을 얕보는 것이, 사회생활을 하는 올바른 길인가. (주변적 의미 - 태도나 방법)
　　예,4　구원의 길, 생명의 길, 행복의 길, 멸망의 길 (주변적 의미 - 삶의 모습)

다의어는 시에서 많이 활용되는 것이다. 함축성을 요하는 시에서는 중심적 의미(사전적 의미, 표면적 의미)로 보다는 주변적 의미로 더 많이 쓰인다고 할 것이다.

(9) 반의어(反意語)

예,1 넓다 - 좁다, 길다 - 짧다, 젊다 - 늙다
예,2 참 - 거짓, 열다 - 닫다, 죽다 - 살다, 자유 - 억압(구속)
예,3 아들 - 딸, 아버지 - 어머니

시에서 반의어는, 뜻을 강조하기 위해 표현하고자 하는 뜻을 오히려 반대로 표현하는 경우가 있는데, 이를 반어법이라 하고 시에 많이 쓰인다.

예,4 겨자씨같이 조그맣게 살면 돼
　　　복숭아가지나 아가위가지에 앉아
　　　배부른 흰 새 모양으로
　　　잠깐 앉았다가 떨어지면 돼
　　　연기 나는 속으로 떨어지면 돼
　　　구겨진 휴지처럼 노래하면 돼　　　　　　　　　- 김수영, '長詩1'에서 -

김수영은 여기서 반어법으로 말하고 있다. 사람은 그런 존재가 아니라는 말을 하고 있는 것이다.

(10) 지시적(指示的) 의미와 함축적(含蓄的) 의미

단어들은 지시적(指示的) 의미와 함축적(含蓄的) 의미를 갖는다. 시어는 함축적 의미를 갖는다고 강조한다. 시어의 특징을 말할 때 가장 강조해서 말하는 것이 이것이다. 우선 두 의미의 차이점을 살펴보자.

단어의 지시적 의미란 달리 말하면 사전적 의미라고도 하는데, 그 단어의 의미를 사전에서 설명하고 있는 의미를 말한다. 이를 다르게 '표면적 의미', '외연(外延)적 의미'라고도 하는데, 글자 그대로 겉으로 드러난 의미를 말한다. 달리 말하면 1차적 의미, 중심적 의미라고도 말하는 것으로, 그 낱말의 소리를 들을 때에 일차적으로 떠오르는 의미를 말하는 것이다.

단어의 함축적 의미란 '내포(內包)적 의미', '주변적 의미', '문맥적 의미', '비유·상징적 의미',라고도 하는데, 그 낱말이 지니는 지시적 의미로부터 연상되는 의미, 곧 언어를 사용하는 집단이나 문맥에 따라 달리 표현되는 의미를 말한다.
 지시적 의미는 주로 논설문, 설명문, 법률의 문장, 계약서 등의 실용문에 주로 쓰인다. 반면에 함축적 의미는 문예문(文藝文)에 주로 쓰이어지는데, 특히 詩에서는 이 함축적 의미가 주로 쓰인다.

예,1 태백산에 사는 곰이
예,2 할아버지는 곰이다.

예,1의 곰은 지시적 의미로 쓰인 것이다. 예,2의 곰은 함축적 의미로 쓰인 것으로, 그 뜻이 읽는 사람마다 쓰는 경우마다 다를 수 있다. 곧 일반인이거나, 폭력집단, 한약사, 사냥꾼, 곰을 갑자기 만난 경험이 있는 사람에게 있어서는 사람마다 각각 그 연상되는 곰은 다르다. 이 다른 각각의 의미를 함축적 의미라고 한다.
 시어는 주로 함축적 의미가 많이 쓰인다고 하지만 모든 시어가 모두 다 함축적 의미로만 쓰이는 것은 아니다. 다만 많은 시어들이 함축성을 갖는다는 것이다.
 시에서 '어머니'는 간혹 조국·모국을, 국토를 대지를 농토나 고향을 의미하는 상징으로 쓰이기도 한다. 이처럼 시어가 일으키는 잔잔한 파문(波紋)은 시의 맛을 살리는 활력소이다. 파문을 일으키자면 외연(外延)과 내포(內包)가 팽팽한 긴장을 유지할 수 있도록 해야 한다. 그럴 때에 시어의 탄력도가 높은 시가 된다. 외연(外延)과 내포(內包)가 긴장도를 높인다는 말이 지금은 어려울 것이다. 그러나 차차 학습을 해 나가면 이해가 되고 활용을 할 수 있게 될 것이다.

(11) 메타(meta)언어
 시어의 특성을 말하는 여러 가지 중에 메타(meta)언어라는 말이 있다. 시어의 특성을 이해하는 한 부분적인 것이 되겠기에 소개한다. 시를 이해하고 나아가 시를 창작하는 데에 참고하고 활용할 일이다. 메타(meta)란 '넘어서, 초월적'이란 뜻을 지닌 접두어이다. 따라서 '메타언어'란 밖으로 드러난 언어가 아니라 안에 감추어진 뜻의 언어를 가리키는 말이다. 달리 말하면 축어적(縮語的) 의미를 넘어서 초월적(超越的) 의미를 말한다. 그러므로 '메타언어'는 암시적이고 상징적인 것이 특성이며, 암시적 상징적 의미와 함께 비의(秘義)·초월적 의미를 동시에 지니게 된다.

메타언어는 비유나 상징 등에 의해서 형성된다. '붉다'라는 말은 색깔을 나타내는 말인데, 이것이 태양·불·피·꽃·적기(赤旗)로 전이되고 이것이 다시 뜨거움을 나타내는 의미가 되거나 강렬함의 의미나 정치이념 등의 의미를 지닐 수 있게 된다.

시는 축어적 의미로 압축해서 사실적(事實的)으로 진술하는 것이 아니라, 본래의 뜻을 은폐, 왜곡, 날조, 위장하여 기존의 의미를 해체함으로써, 사실의 기록이 아닌 새로운 사실의 창조를 도모하는 것이라 할 수 있다. 그러기 위해서는 암시와 상징을 동원할 수밖에 없다.

    예,1 모래밭에서
          受話器
          여인의 허벅지
          낙지 까만 눈동자   - 조향, '바다의 층계'에서 -

    예,2 한 뼘도 물러서지 않는 안개
          은빛으로 빛나는 단절의 칼   - 서정학, '안개'에서 -

    예,3 나는 시방 위험한 짐승이다.
          나의 손이 닿으면 너는
          미지의 까마득한 어둠이 된다.

          존재의 흔들리는 가지 끝에서
          너는 이름도 없이
          피었다 진다.   - 김춘수, '꽃을 위한 서시'에서 -

예,1, 2, 시들의 시어들에서 보듯 시어들이 비유와 상징을 통해서 암시성, 상징성을 띤다. 그래서 외연적 의미를 넘어서 비의(秘義), 초월적 의미를 지니고 있다. 예,1에 쓰인 '모래밭', '受話器', '여인의 허벅지', '낙지 까만 눈동자' 같은 시어들은 이미지들만 나열된 상태라서 의미적 연결이 잘 안 된다. 예,2의 '안개'와 '칼'은 보조관념으로 쓰인 시어들이어서 외연적 의미로는 의미 전달이 안 된다. 예,3에서도 '나의 손이 닿으면', '너', '어둠' '짐승' 같은 시어들은 상징적 시어들이다. 그래서 이들 시어들은 암시성 초월성을 지닌 시어들이어서 새로운 세계를 창조하고 있다. 그래서 이런 시어들을 '메타언어'라고 한다.

♣ **실습** : 1. 단어의 지시적 의미와 함축적 의미를 예를 들어서 설명해보자.
2. 단어의 중심의미와 주변적 의미의 개념을 예를 들어서 설명해보자.
3. 시어가 외연적 의미를 넘어서 초월적 의미를 가지기 위해 주로 어떤 표현법을 동원하는지 말해보자.

2) 문장(文章 sentence)

문장이란 뜻을 언어학에서는 "하나의 완결된 생각을 표현하는 언어의 최소 단위"라고 하고, 또 "하나의 아물린 사상을 전달함에 있어서 가장 기초적인 언어의 단위이다."라고 정의한다.

그렇다면 이런 문장을 이루는 성분에는 어떤 것들이 있을까? 우리말에서는 아래와 같은 성분이 있다.

1. 주요 성분 – 주어, 서술어, 목적어, 보어
2. 부속 성분 – 부사어, 관형어, 독립어

문장을 이루기 위해서는 이와 같은 성분들이 갖추어지고 성분들 간에 상호 문법적인 호응을 이루어야만 한다.

1) 눈은 살아 있다.   – 김수영, '눈'에서 –
2) 나는 시방 위험한 짐승이다.   – 김춘수, '꽃을 위한 서시'에서 –

1)은 주어(눈은)와 서술어(살아 있다)가 갖추어지고, 성분들 간에 호응이 잘되고 있는 완전한 문장이다. 2)도 주어(나는)와 부사어(시방) 관형어(위험한) 서술어(짐승이다)가 갖추어지고 성분들 간에 호응이 잘되고 있는 완전한 문장이다.

이렇게 글이 갖추어야 할 성분을 갖추고 그 성분들이 문법적으로 잘 배열되어 성분 간에 호응을 잘 이룸으로써, 하나의 완결된 생각을 잘 표현할 때 이를 문장이라고 한다. 그렇지 못하고 문장이 갖추어야 할 성분을 갖추지 못했거나 성분 간에 호응이 되지 않거나 완결된 생각을 잘 전달하지 못하면 이를 비문장(非文章) 줄여서 비문(非文)이라고 한다.

예문 1)에서 '눈은 살아'라고만 쓴다거나 혹은 '살아 있다.'라고만 쓴다면 이는 성분을 고루 갖추지 못했고, 완결된 생각을 전하지 못하므로 비문(非文)이다. 2)에서도 마찬가지 '시방 위험한 짐승이다.' 혹은 '나는 시방 위험한'이라고만 쓴다면 이도 앞의 것은 주어가 뒤의 것은 서술어가 갖추어지지 못했고, 하나의 아물린 생각을 전달하지 못하고 있다. 따라서 이들은 비문(非文)이다.

이는 실용문, 산문의 경우에는 철저히 문장 성분들을 갖추어서 바르게 표현해야만 한다.

3) 시어의 예외성

그러나 시는 이들과 달리 완전한 문장으로만 써야 하는 것은 아니다. 시는 의도적으로 압축성, 함축성, 간결성, 애매성을 얻으려 하고 낯설게 하기의 효과를 얻고자 하는 문학 장르이다. 그래서 이들을 확보하기 위해서 의도적으로 형태론적으로 완전한 문장을 오히려 파괴하는 경우가 많다.

시는 말을 다 하기보다 최대한 적게 하여서〈언어 경제성을 높여서 (압축, 간결한 표현)〉7) 최대한의 함축성을 얻으려고 한다. 말을 압축하고 간결하게 표현함으로써, 모호성과 애매성, 낯설게 하기의 효과를 얻고자 한다.

주어가 생략되는 경우가 많다는 점이 우리말의 특성 중의 하나이기도 하다. 이점 외에도 우리말은 시어로서의 장점을 많이 지니고 있는 언어이다. 그런데 문법적 관계어가 극히 적은 고립어(孤立語)8)인 중국어가 시어로는 가장 훌륭한 언어라고 한다. 이는 시사하는 바가 있다. 시에서는 문장의 성분을 줄일 수 있는 한 최대한으로 줄이려고 한다. 곧 시의 경우는 줄여도 문장이 되는 한(의미 전달이 오히려 효과적인 경우에는 더욱더), 성분을 최대한으로 줄이는 것이 상식이다. 시는 시적 표현 효과를 위해서 생략법을 쓰는 경우가 많다. 문법적 관계를 맺어주는 조사나 어미까지도 가급적이면 줄여서 모호성 애매성을 얻으려고 하기도 한다. 그래야 시적 감흥을 높일 수가 있고 리듬을 얻을 수도 있다. "문장은 하나의 완결된 생각, 하나의 아물린 생각을 완전히 전달한다."는 것을 시에서 기대하기란 오히려 어렵다.

---

7) 언어 경제성 : 경제란 "최소한의 투자로 최대의 이익을 획득하는 것."이다. 그러므로 최소한의 언어로 최대한의 전달을 한다면 경제성이 있다는 말이다.
8) 고립어 : 언어의 형태적 분류의 한 가지. 단어는 실질적 의미만 지닐 뿐 어미 변화나 접사가 없고, 문법적 기능은 주로 어순(語順)에 따라 나타내는 언어(중국어, 타이어, 티베트어 등)

예를 들면 "나는 세월을 먹는다."라는 표현은 "나는 과자를 먹는다."와는 달리 산문에서는 전후에 많은 말이 서술된 맥락에서가 아니면 완결된 생각, 하나의 아물린 생각을 말하고 있다고 말하기 어려운 문장이다. 그러나 시에서는 충분히 가능한 문장이다. 가령 "나는 한 마리의 새"라는 시구가 있다면 시에서는 충분히 쓸 수 있는 문장이지만 산문에서는 완결된 생각을 표현했다고 말하기는 어렵다.

특히 모더니즘 시 주지시에서는 형태를, 언어가 지닌 지시적 의미를 의도적으로 파괴하는 경우가 많다.

산문에서는 특히 실용문에서는 최소한 문장이 바르게 표현되어야 한다. 이를 때에 문장 간의 긴밀성이 확보되고 나아가 글의 통일성・완결성을 기할 수 있어서, 문단을 구성할 수 있게 되고, 주제를 효과적으로 표현할 수 있게 된다.

그러나 **시에서는 문장을 바르게 표현하여 긴밀성 통일성 완결성을 기할 필요가 없다. 오히려 이들을 파괴하여 시가 표현하고 있는 주제의 파악을 어렵게 하거나 독자로 하여금 자유롭게 개개인이 느끼게 하는 것이 더욱 시적이라 할 수 있을지도 모른다.**

산문에서는 **文章三易**를 말한다. ― 문장이 마땅히 갖추어야 할 3가지 요건으로, 곧 **보기 쉽게, 읽기 쉽게, 알기 쉽게** 써야 한다는 말이다. 너무나 당연한 말이다. 그러나 시에서는, 오늘날에 와서는 오히려 이 三易를 三難으로 표현하는 것이 시라는 인식이 팽배한 시대이다.

물론 필자는 이런 시대 인식과는 달리, 시도 三易로 쓰이어지되 시적 효과를 내는 시를 써야 한다는 입장이다. 곧 어렵게 쓰기 위한 어려움, 난해함을 위한 난해함을 추구해서는 안 된다는 입장이다. 그러나 이런 입장이 시적인 표현까지도 가볍게 인식한다는 말은 아니다.

산문과는 달리 시어와 시적인 문장이 일으키는 잔잔한 파문 그리고 강한 긴장과 충격은 시의 맛을 살리는 활력소이다. 외연(外延)과 내포(內包)가 팽팽한 긴장을 유지할 수 있도록 언어의 탄력도를 최대한 높일 일이다.

    예,1 지금의 내 마음은 아무런 근심이나 걱정이나 불안이나 어려움도 없이 평온하고 평화롭고 아늑하고 고요하고 안정된 상태이다.
    예,1-1 내 마음은 <u>호수요</u>.

    예,2 나는 아무런 구속이나 제약을 받지 않고 명예나 지위나 재물을 탐하지 않고,

그 어떤 이념이나 사상이나 가치에도, 그리고 그 어떤 인간관계에도 얽매임
이 없이 자유분방하게 살아가고 싶다.
예,2-1 나는 한 마리의 새

예,1)은 예,1-1의 '호수'의 내포적 의미이고, 예,2는 예,2-1의 '새'의 내포적 의미라고 할 수 있을 것이다. '물이 담긴 큰 연못(湖水, lake)'이 1-1의 호수의 외연(外延)이고, a bird(鳥)가 예,2-1의 '새'의 외연이다. 시어의 잔잔한 파문이니, 강한 충격이니 하는 말의 의미를 이해할 수 있을 것이다. 이러한 표현법을 차차 배워갈 것이다.

시는 논리가 아니라 비논리성의 암시적 언어라 할 때 함축적 내포적 의미를 더 중시하는 까닭이 여기에 있다.

4) 시어의 특성

지금까지의 시어의 특성을 논의한 요점을 재정리해보면 다음과 같이 정리할 수 있을 것이다.
1) 산문의 언어와는 달리 독특한 운율, 즉 음악성을 지닌다.
2) 지시적 의미 외에 함축적 의미를 더 중히 여긴다.
3) 다양한 의미를 내포하는 다의성(애매성)을 지닌다.
4) 어조를 통해 시적 화자의 정서를 나타낸다. 그리고 미적으로 세련된 정서적 언어여야 한다.

♣ **실습** : 1. 문장이란 무엇인가?
        2. 비문이란 무슨 말인가?
        3. 산문에서의 문장과 시에서의 문장에서의 완결성 문제를 말해보자.

Ⅳ 장. 시의 운율(韻律)과 음악성(音樂性)

1. 시의 운율(韻律)

시는 운문이다. 음악성을 지닌 장르이다. 운율이란 오늘날에는 언어의 규칙적인 배열에서 오는 리듬을 가리키는 즉 음악성 모두를 지칭하는 포괄적인 용어로 사용한다.

실은 운율이란 운(韻 rhyme)과 율(律)이라는 두 가지 요소를 합한 한자어로서, 운은 곧 압운(押韻, rhyme, rime), 율은 율격(律格, meter)이라고 하는데, 포괄적으로 말하면 전자는 같은 소리 또는 비슷한 소리를 반복하는 것을, 후자는 소리의 고저, 장단, 강약 등의 주기성을 가리키는 개념이다.

> 그리스어와 라틴어의 고전 시는 장단에 의하여, 영·독 등의 게르만계는 강약에 의하여, 이탈리아어와 프랑스어 등의 로망스어 계는 음절에 의하여, 한편 우리말과 일본어도 음절에 의하여 각각 리듬(rhythm)이 성립된다. 이리하여 분할되는 rhythm의 최소 단위를 시각(詩脚 foot), 음보(音步 versfuss)라 하고 시각(詩脚 foot)이 반복되어 시행(line, verszeile)을 만들며 시행에서 시각의 규칙적인 배열형식을 meter라고 한다. 시각(詩脚 foot)은 장단 또는 강약의 음절의 결합으로 이루어진다.9)

서양의 고전 시는 소리의 고저, 장단, 강약 등의 배열과 주기성에서 리듬을 주로 얻었음을 말하고 있다. 한시의 평측법(平仄法)은 고저음의 규칙적 배열에 의해 리듬을 얻는 경우임을 앞에서 설명한 바가 있다.

시의 생명력은 운율에 있다고 할 수 있다. T. S. 엘리엇은 "리듬은 아득한 원시의 감정까지를 암시해 줄 수 있는 것" 이라 해서 리듬의 중요성을 강조했다. 그러나 현

---

9) 장백일이 투고한 '문학예술 2016 가을호 p.157'

대시에 와서는 주로 이미지를 중시하기 때문에 운율은 대체로 내재화되어 크게 주목받지 못하고 있다. 그러나 현대시도 낭독을 할 경우에는 리듬감이 느껴지게 마련이다. 시를 시답게 만드는 일차적인 요소는 운율이라 하겠다.

시의 운율은 크게 외형률(외재율)과 내재율로 나눈다. 이들을 세밀히 살펴보자.

1) 외형률(外形律, 外在律)

외형률이란 정형시의 운율이 대표적이며, 자유시라도 시어에 의한 외면적·청각적인 율격을 지닌다. 자세히 살펴보고 시 창작에 활용하자.

(1) 운(韻)

운이란 같은 소리 또는 비슷한 소리를 반복함으로써, 리듬감(음악성)을 내는 것을 말한다. 대표적인 것이 한시의 압운법(押韻法)이다. 이에 대한 대략적인 개념은 시의 분류(형식상의 분류에서 정형시 부분 - 본서 p.40)에서 상세히 설명했다. 운에는 놓이는 자리에 따라 두운(頭韻), 요운(腰韻, 母韻, 中間韻), 각운(脚韻) 등으로 나뉘고, 한시는 각운(脚韻)뿐이고, 서양 시에는 두운이 있으나 각운(脚韻)이 중심이 된다. 이를 음위율(音位律)이라고도 한다.

원래 운(韻)이란 한시(漢詩)나 영·독시(英獨詩)에서는 동음이자(同音異字, 한시에서는 이를 같은 운통(韻統)이라 함)를 구의 첫머리에나 끝에 규칙적으로 배치하는 것이다.

우리 현대시에서는 동음이자(同音異字)로 된 운을 찾아볼 수는 없고, 동음동자(同音同字)로 되어 있을 뿐이다. 그리고 이런 규칙적인 압운법이라는 것이 고정되거나 일반화되어 있는 것은 아니다. 실은 시(詩) 작자가 이런 압운을 의식하고 시를 썼느냐 하는 점도 의문이지만 결과적으로 압운이 보이는 경우가 있다.

예.1 **나 두 야 간다.**
　　　나의 이 젊은 나이를
　　　눈물로야 보낼 거**냐.**
　　　나 두 야 가련**다.**

　　　아득한 이 항군들 손쉽게야 버릴 거**냐.**

안개같이 물 어린 눈에도 비치나니
골짜기마다 발에 익은 묏부리 모양
주름살도 눈에 익은 아아 사랑하던 사람들.

버리고 가는 이도 못 잊는 마음
쫓겨가는 마음인들 무어 다를 거냐.
돌아보는 구름에는 바람이 회살짓는**다**.
앞대일 언덕인들 마련이나 있을 거**냐**.

나 두 야 가련**다**.
나의 이 젊은 나이를
눈물로야 보낼 거**냐**.
나 두 야 간**다**.　　　　　　　　　　　　　　　　－ 박용철, 떠나가는 배 －

　박용철의 이 시는 두드러지게 압운이 많이 씌었다고 말할 수 있겠다. 의식했든 의식하지 않았든 간에 두운으로 느껴지는 '**나**'라는 음이 반복되고 있고, 각운으로 '**다**', '**냐**'가 반복됨으로써 리듬감이 발생되고 있다.

　　예,2　섬은 날 가두**고**
　　　　　회오리바람으로 날 가두**고**

　　　　　원산도 앞에는 삽시**도**
　　　　　삽시도 앞에는 녹**도**

　　　　　파도가 날 가두**고**
　　　　　피몽둥이 바람으로 날 가두**고**　　　　　－ 홍희표, '섬에 누워서' 일부 －

　시에서도 **고**, **도**가 반복되고 있다. 한시에서 같은 운통(韻統)[10]이라 할 수 있는 'ㅗ'가 각운으로 쓰였다고 하겠다.

　시조에서도 한 예를 보면

　　예,3　**나**비야 청산가**자** 범나비 너**도** 가**자**.

---
10) 본서 p.40에서 설명함.

가다가 저물거든 꽃에 들어 **자**고 **가자**.
　　꽃에서 푸대접하거**든** 잎에서나 **자고 가자**.　　　　　　　　　－ 작자 미상, 고시조 －

　이 시조에서도 초장의 '**나**', 중장의 '**가**'에서 'ㅏ'가 두운으로 쓰였고, '**든**'이 중, 종장에서 요운으로 쓰였고, '**자**'가 각운으로 반복되고 있음을 볼 수 있다. 초, 중, 종장의 '**도**', '**고**', '**고**'에서도 'ㅗ'가 요운으로 반복되고 있다.

　　예,4　**산**에는 꽃 피**네**.
　　　　꽃이 피**네**.
　　　　갈 봄여름 없**이**
　　　　꽃이 피**네**.

　　　　산에
　　　　산에
　　　　피는 꽃은
　　　　저만치 혼자서 피어 있**네**.

　　　　산에 사는
　　　　작은 새여
　　　　꽃이 좋아
　　　　산에서 사노라**네**.

　　　　산에는 꽃 지**네**.
　　　　꽃이 지**네**.
　　　　갈 봄여름 없**이**
　　　　꽃이 지**네**.　　　　　　　　　　　　　　　　　　　　－ 소월, 산유화 －

　예,4에서도 '**산**'이라는 두운이, '**네**'라는 각운이 쓰였다. 리듬을 살리고 의미에도 기여하고 있다. 다른 것으로 '꽃', '이'도 두운, 각운의 효과를 내고 있음을 본다.

　그러나 우리 시에서는 한시에서와 같이 일정하게 정해진 자리에 같은 운통의 글자를 배치해서 운을 얻어야 하는 규칙이 있는 것도 아니고, 보편화 된 것도 아니다. 다만 시인에 따라, 시에 따라 이런 운이 보이는 것이 있을 따름이다.
　이렇게 한시에서처럼 일정한 정해진 자리에 같은 운통의 소리를 내는 글자를 놓는 것을 운이라 하고, 이런 작법을 압운법이라 한다고 학습했다. 우리는 이들을 동일한 말소리가 일정한 위치에 규칙적으로 반복된다고 하여 음위율이라 함도 학습했다. 그러나 우리 시에서는 보편적으로 사용되는 규칙적인 양식이 아니다. 시를 창작하면서 리듬을 얻기 위해서 시에 따라서는 적극 활용할 일이다.

(2) 율격(律格, meter)

율(律)은 율격(律格, meter)이라고 하는데, 포괄적으로 말하면 소리의 고저, 장단, 강약, 등의 주기성(규칙적 반복)을 가리키는 개념이다. 한시에서는 평측법(平仄法)[11])이라 하여 음의 고저를 일정한 규칙에 따라 일정한 자리에 배열함으로써, 리듬감(음악성)을 얻는다고 앞에서 학습했다. 서구 시에서도 나라마다 언어마다 조금씩 다르나 고저율(tonal), 강약률(dynamic), 장단율(durational) 등을 살려야 하는 규칙성과 강제성을 지니기도 했으나, 나라마다 언어마다 지금은 많은 변화가 있고, 규칙성이 약해지는 것이 일반적이며, 경향에 따라서는 이를 의도적으로 파괴 무시하려는 사조(思潮)가 있기도 했다. 우리 시에서는 이런 율격들을 말하지 아니하고, 자수율(字數律)〈음수율(音數律)〉 혹은 음보율(音步律)을 논의한다.

① 자수율(字數律)

민요는 철저히 자수율을 지키려 했음을 볼 수 있다. 예를 들면,

예,1 바다 겉은 이 논배미
　　　반달 겉이 　남았구나.
　　　니가 무신 반달이고
　　　그뭄 초생이 반달이지.　　　　　　　　　　　　　　　- 민요, 모내기 노래 -

예,2 이리저리 　흩어질제
　　　처자를 　　돌볼소냐
　　　어제 한 집 없어지고
　　　오늘 한 집 또 나간다
　　　남쪽으로 　운력 가고
　　　북쪽으로 　징병 가네　　　　　　　　　　　　　　- 일제시대 민요, 일부 -

---

11) 본서 p.39에서 설명함.

예,1 예,2 민요의 예와 같이 민요는 4자, 3자의 글자 수를 맞춘 것이 많다. 노래할 때 리듬을 위해서이다.

  예,3 술 익는 마을 마다
     타는 저녁놀

     구름에 달 가듯이
     가는 나그네.   - 박목월, '나그네' 일부 -

  예,4 꽃 지는 그림자
     뜰에 어리어

     하이얀 미닫이가
     우련 붉어라.

     묻혀서 사는 이의
     고운 마음을
     아는 이 있을까
     저허하노니

     꽃이 지는 아침은
     울고 싶어라.   - 조지훈, '낙화' 일부 -

예,3과 예,4는 7·5조의 자수율을 기조로 한 시의 일부이다. 7·5조는 일본 시의 영향을 받은 것이라고 주장을 하는 이도 있다. 여하튼 신체시에서 현대시(자유시)로 발전해오면서 잔재하던 정형성의 흔적들이라고도 하겠다. 우리 시에서는 이러한 자수율을 위한 음절의 배열이 한시(漢詩)에서처럼 엄격하지 않았고, 작자에 따라서 자기 시에 일부분 시도해 보았던 것에 지나지 않았다. 그러나 현대시에서도 시인에 따라서는 애용하는 시인도 없지는 않다.

  예,5 갈꽃 머리 이마 위에 앉은 늦가을
     눈물 도는 하늘 밑에 그만 물들다
     물든 단풍 잎소리에 그만 아물다
     아문 이삭 낟알 속에 그만 영글다
     영근 갈대 갈꽃 안에 잠든 늦가을   - 임성조, 늦가을 -

예,5 임성조의 시도 자수가 약간 벗어나는 경우가 있기는 해도 근본적으로는 7·5조의 자수를 맞추어서 리듬을 얻고자 노력하고 있음을 볼 수 있다.

시조는 우리 시의 대표적인 정형시이다.

예,6 추산이 석양을 띠고 강심에 잠겼는데　　3, 4(3)　3(4), 4(3)
　　　일간죽 둘러메고 소정에 앉았으니　　　3, 4(3)　3(4), 4(3)
　　　천공이 한가히 여겨 달을 조차 보내도다. 3, 5　　4(3), 3(4)

시조의 기본형식을 김사엽 박사는 통계적 방법으로 축출하여 예,6과 같이 자수율을 지닌 시가라고 그 형식을 제시하기도 했다.

그러나 지금은 시조를 자수율로 논의하기보다는 음보율을 지닌 시가라고 논의한다.

② 음보율(音步律)

대게 시조는 위와 같은 자수율을 지닌 정형시라고 했다. 대개의 시조가 이와 비슷한 형식(字數)을 갖고 있음도 사실이다. 그러나 학계에서는 이런 주장을, 시조나 가사는 노래, 창(唱)을 하던 문학이있음을 간과한 연구라고 지적하면서 소금 벌리하는 연구가 되었고, 그 후에는 '시조는 3장 6구 12음보를 지닌 정형시'라고 설명하면서, 규칙적인 음보율(音步律)을 지닌 정형시라고 설명한다. 앞의 ①항 예,6을 참조하면, 시조는 글자 수를 맞추어서 짓던 정형시라기보다는, 1구(句)가 5자이든 4자이든 3자이든 2자이든, 그 1구를 같은 길이로 소리 내는 등가성(等價性)을 지닌 음보를 의식하면서 지었던 정형시라는 것이다.

전통시가인 가사(歌辭)도 음보율을 지녔던 것은 마찬가지이다.

예,1　이몸　　　삼기실 제　　님을 조차　　삼기시니
　　　한생　　　연분이며　　하날 모랄　　일이런가
　　　나하나　　점어 잇고　　님 하나　　　날 괴시니
　　　이 마음　 이 사랑　　　견줄 대　　　노여 업다
　　　늙거야　　므사 일로　　외오 두고　　글이난고
　　　………　　…………　　…………　　…………
　　　　　　　　　　　　　　　　　　－ 정철, '사미인곡'에서 －

가사도 예,1에서 보듯 대개 3자(字), 4자(字)를 1음보로 하여, 4음보가 1행을 이루어 제한 없이 반복되는 시가이다. 이런 가사도 1행이 3자(字), 4자(字)의 자수율을 지닌 정형 시가라고도 할 수 있겠다. 그러나 가사는 읊기도 하였지만 노래하던 시가였다. 그래서 가사도, 자수율로 말하기보다는 주로 3자, 4자(간혹 2자)가 1음보를 이루고, 이 음보 둘이 1구(句)를 이루고, 이 구(句) 둘이 1행을 이룬다. 곧 등가성을 지닌 4음보가 1행을 이루어, 이 행이 제한없이 이어지는 정형시이다. 1음보는 자수와 관계없이(심지어 1구가 생략되어도) 1구를 같은 길이로 노래했으므로, 음보율을 지켰던 정형시이다.

예,2 꿈 속의 오롯한 크낙한 사랑
　　　크낙한 사랑 속의 관음이거라
　　　크낙한 사랑 안의 보살이거라　　　　　　　　　　- 임성조, 山에 가시거든 -

　　　물든 단풍 잎소리에 그만 아물다
　　　아문 이삭 낱알 속에 그만 영글다
　　　영근 갈대 갈꽃 안에 잠든 늦가을　　　　　　　　- 임성조, 늦가을 -

예,2도 현대시이지만 3음보의 음보율을 지니고 있음을 볼 수 있다. 달리 자수율로 보아도 좋을 정형성을 지니고 있다.

③ 의성어 의태어의 반복에 의한 리듬 얻기

예,1 보리피리 불며
　　　봄 언덕
　　　고향 그리워
　　　피 ― ㄹ 닐니리

　　　보리피리 불며
　　　꽃 청산(靑山)
　　　어린 때 그리워
　　　피 ― ㄹ 닐니리

　　　보리피리 불며
　　　인환(人環)의 거리

인간사(人間事) 그리워
　　피 —ㄹ 닐니리

　　보리피리 불며
　　방랑의 기산하(畿山河)
　　눈물의 언덕을 지나
　　피 —ㄹ 닐니리.　　　　　　　　　　　　　　　　　　　　– 한하운, 보리피리 –

　예,1에서는 '**피 —ㄹ 닐니리**'라고 하여 피리 소리를 본뜬 의성어를 반복함으로써 리듬감을 얻고 있다. 우리말은 의성어 의태어가 발달 되었는데, 이를 반복함으로써 리듬감을 얻을 수 있다. (이를 다음의 표현법에서 음성 상징으로 설명한다.)

　④ 일정한 음(音)의 반복으로 리듬 얻기
　음이란 언어학에서 말하는 음운(音韻)을 말하는 것으로, 쉽게 말해서 개개의 자음(예, ㄱ,ㄴ,ㄷ,ㄹ…)하나 하나와 모음(ㅏ,ㅑ,ㅓ,ㅕ,ㅗ,ㅛ…) 하나 하나를 이르는 말이다. 시에서 이런 음운을 반복함으로써 리듬을 얻을 수 있다.

　　예,1　어제도 하로 밤
　　　　　나그네 집에
　　　　　까마귀 **가**왁**가**왁 울며 세었소.

　　　　　오늘은
　　　　　또 몇 十里
　　　　　어디로 **갈까**

　　　　　산으로 올라**갈까**
　　　　　들로 **갈까**
　　　　　오라는 **곳**이 없어 나는 못 **가**오.

　　　　　말마소 내 집도
　　　　　定州 **郭山(곽산)**
　　　　　車 **가**고 배 **가**는 **곳**이라오.

　　　　　여보소 공중에
　　　　　저 **기러기**
　　　　　공중엔 길 있어서 잘 **가는가**?

<u>여보소 공중에</u>
　　저 **기러기**
　　열 十字 복판에 내**가** 섰소.

　　갈래갈래 갈린 길
　　길이라도
　　내게 바이 **갈 길**은 하나 없소.　　　　　　　　　　- 김소월, 길 -

　예,1에는 다른 음악적 요소들이 많다. 그러나 여기서는 **고딕체**로 **굵게** 표해놓는 음절의 초성에 'ㄱ'(ㄲ포함)음이 의도적으로 많이 쓰였음을 볼 수 있다. 'ㄱ'은 무성음이지만 무성음도 이렇게 시에 반복해서 놓게 되면 음악성을 발휘한다는 것을 소월은 의식을 했고, 이를 위해서 의도적으로 이에 합당한 시어들을 선택하였음이 분명하다.

　　예,2 **나**는
　　　나는
　　　죽어서
　　　파랑새 되어,

　　　푸른 하늘
　　　푸른 들
　　　날아다니며

　　　푸른 **노**래
　　　푸른 울음
　　　울어 예으리.

　　　나는
　　　나는
　　　죽어서
　　　파랑새 되리.　　　　　　　　　　　　　　　- 한하운, 파랑새 -

　예,2에서는 의도적으로 'ㄴ', 'ㅍ' 음을 반복함으로써 리듬을 얻고 있음을 볼 수 있다.
　이렇게 예,1에서처럼 'ㄱ'이나 예,2에서처럼 'ㄴ', 'ㅍ'과 같은 자음도 반복이 되면 리듬을 얻을 수 있음을 보았다. 더구나 모음과 유성자음(ㄴ,ㄹ,ㅁ,ㅇ)의 반복은 더 말할 나위가 없다. (아래 ⑬ 항에서 자세히 살펴보자.)

⑤ 일정한 음절(音節)12)의 반복으로 리듬 얻기

또한 일정한 음절을 반복하면 이의 반복으로도 리듬을 얻을 수 있음을 볼 수 있다. 예,2에서는 'ㄴ', 'ㅍ'이라는 음만 반복된 것이 아니라 '**나**'라는 음절과 '**푸**'라는 음절과 '**파**'라는 음절이 반복되고 있다. 다음에 드는 ⑧항의 예,2의 3연에서는 같은 음절 '**천**'이, 4연에는 같은 음절 '**그**'가, 5연에는 같은 음절 '**고**'가 반복되고 있어서 리듬을 얻고 있음을 볼 수 있다.

⑥ 일정한 단어의 반복으로 리듬 얻기

뿐만 아니라 일정한 단어도 이를 반복하게 되면 리듬을 얻을 수 있음을 볼 수 있다. ③항의 예,1 한하운, '보리피리'에서는 '**보리피리**', '**불며**', '**그리워**' 같은 단어가 반복해서 놓임으로써 리듬을 얻고 있음을 볼 수 있다.

예,1 먼 훗날 당신이 찾으시면
　　그 때에 내 말이 '**잊었노라**'

　　당신이 속으로 나무라면
　　'무척 그리다가 **잊었노라**.'

　　그래도 당신이 나무라면
　　'믿기지 않아서 **잊었노라**.'

　　오늘도 어제도 아니 잊고
　　먼 훗날 그 때에 '**잊었노라**.'
　　　　　　　　　　　　　　　　　　　　　　　－ 김소월, 먼 후일 －

예,1에서 '잊었노라'가 반복됨으로써, 의미도 강조가 되고, 리듬을 얻고 있음을 볼 수 있다. '나무라면'도 마찬가지로 단어가 반복되어서 리듬을 얻고 있음을 본다.

---

12) 모음을 중심으로 한, 소리의 한 덩어리. 쉽게 말해서 우리말의 글자 하나를 말한다.

⑦ 일정한 어절(語節)의 반복으로 리듬 얻기

어절(語節)이란 하나 이상의 단어가 모여서 하나의 단어같이 하나의 성분을 이룰 때 이를 어절이라 한다. 우리말은 어절 단위로 띄어 쓴다. 곧 띄어 쓴 말의 덩어리를 어절이라 한다. 시에서 의도적으로 같은 어절을 반복함으로써 리듬을 얻을 수 있음을 볼 수 있다. ④항 예,2 한하운의 '파랑새' 에서는 '**나는**', '**나는**'이라는 어절이 반복되어 있고, 이어서 예로들 ⑧항의 예,1의 김현승의 '가을의 기도' 에 '**가을에는**'과 ⑧항의 예,2의 2연과 4연에서는 같은 어절 '**그리도**'가 반복됨으로써 리듬을 얻고 있다.

⑧ 같은 통사구조(형태)의 반복으로 리듬 얻기

같은 통사구조(형태)란 문법적 구조(짜임새)가 같은 어절, 어구, 문장을 말한다. ③항의 예,1 한하운, '보리피리'에 보면 예,1에서 '**인환의 거리**', '**방랑의 기산하**'에서 처럼, 그리고 ④항 예,2 한하운 '파랑새' 에서 '**푸른 하늘**', '**푸른 들**', '**푸른 노래**', '**푸른 울음**'에서처럼, 그리고 아래 예,2 하상규 '본성'에서 '**너의 선 / 너의 자태 / 너의 빛깔**'과 같이 같은 형태의 어구, 문장을 반복함으로써 리듬을 얻고 있음을 볼 수 있다.

예,1 가을에는
　　기도하게 하소서 …
　　낙엽들이 지는 때를 기다리며 내게 주신
　　겸허한 사람을 택하게 하소서.

　　가을에는
　　사랑하게 하소서 …
　　오직 한 사람을 택하게 하소서.
　　가장 아름다운 열매를 위하여 이 비옥한
　　시간을 가꾸게 하소서

　　가을에는
　　홀로 있게 하소서 …
　　나의 영혼,
　　굽이치는 바다와
　　백합의 골짜기를 지나,
　　마른 나뭇가지 위에 다다른 까마귀같이.　　　－ 김현승, 가을의 기도 －

밑줄 친 부분은 '통사구조(형태)가 같다. 반복에 의해서 리듬을 얻고 있다. 같은 어절 '가을에는'이 반복되어 리듬을 얻는 것은 ⑦항에서 살핀 바 있다.

   예.2 **너**의 선
        너의 자태
        오! **너**의 빛깔

        지상의 그 어떤 장인이 있어
        진주나 비취며 다이어로도 너와 견주**랴**.
        천상의 과일이랴, **천**사들이 즐겨서
        그리도 곱고, **그리도** 향기로우**냐**?

        그 빛깔 **그** 자태 **그** 향으로
        인류에게 죄를 덧씌운
        너, 복숭아**야**!

        그런데 **너**는
        꽃이 지고 맺으면서부터
        왼 벌레라는 벌레는 **그리도 그리도** 너를 찾느**냐**?

        감고 안고 보살펴 산신히 자란 너를
        두고 보고 맡고 음미하고 즐길라치면
        또 **너**는
        사흘을 멀다 하고 상해서 썩어지는구**나**.

        "처녀 젖가슴 같은 수밀도" 소리만 들어도
        가슴 설레지 않는 사내가 있으랴만,

        벌레를 끌어들이고, 쉬 문드러지는
        네 그 감추어진 본성을
        보는 눈이 적구**나**!
                                    - 하상규, 본성 -

   예.2에서도 외형률을 살펴보면 두운적 효과를 내는 것으로 '**너**'가 반복되고 있고, 같은 운통이라 할 '**야, 냐, 나**'가 반복되어서 각운과 같은 리듬을 얻고도 있다. 그 외에 같은 어절 '**그리도**'가 반복됨으로써 리듬을 얻고 있고, 그리고 같은 음절 '**고**'가 반복 되는 데서 리듬을 얻기도 하고, 또한 '**두고, 보고, 맡고, 음미하고**'와 같이 같은 형태의 어절이 반복됨으로써, 리듬을 얻고 있기도 하다.

    예,3 늦은 저녁때 오는 눈발은 말집 호롱불 밑에 붐비다.
          늦은 저녁때 오는 눈발은 조랑말 발굽 밑에 붐비다.
          늦은 저녁때 오는 눈발은 여물 써는 소리에 붐비다.
          늦은 저녁때 오는 눈발은 변두리 빈터만 다니며 붐비다.   - 박용래, 저녁눈 -

    예,4 갈꽃 머리 이마 위에 앉은 늦가을 a
          눈물 도는 하늘 밑에 그만 물들다 b
          물든 단풍 잎소리에 그만 아물다 b
          아문 이삭 낟알 속에 그만 영글다 b
          영근 갈대 갈꽃 안에 잠든 늦가을 a   - 임성조, 늦가을 -

예,3의 밑줄 친 부분들은 행의 문법적 형태(통사구조)가 같다. 예,4도 행 뒤에 a라 표한 두 행과 b라 표한 세 행의 문법적 형태가 각각 같다. 이런 같은 형태의 어절이나 어구, 문장, 행을 반복시키면 리듬을 얻을 수 있다

  ⑨ 같은 문장의 반복으로 리듬 얻기
  같은 문장을 반복함으로써 리듬을 얻을 수 있다.

    예,5 차단한 등불이 하나 비인 하늘에 걸녀 잇다.
          내 호올노 어델 가라는 슬픈 신호냐

          내 어듸로 어떠케 가라는 슬픈 신호기
          차단한 등불이 하나 비인 하늘에 걸녀 잇다.
                                    - 김광균, 와사등 5연 중 1연과 5연 -

    예,6 엄마야 누나야, 강변 살자.
          뜰에는 반짝이는 금모래 빛
          뒷문 밖에는 갈잎의 노래
          엄마야 누나야, 강변 살자.   - 김소월, '엄마야 누나야'에서 -

    예,7 님은 갔습니다. 아아. 사랑하는 나의 님은 갔습니다.
                                    - 한용운, '임의침묵'에서 -

예,5에서는 1연의 첫 행과 5연의 끝 행에 같은 문장을 반복함으로써 리듬을 얻고 있다. 그리고 예,6에서는 첫 행과 끝 행에 같은 문장을 배치함으로써, 마찬가지로 예,7에서 '님은 갔습니다.' / '님은 갔습니다.'라고 같은 문장을 반복함으로써 리듬을 얻고 있다.

⑩ 같은 행의 반복으로 리듬 얻기

위에서 ⑥, ⑦, ⑧, ⑨항의 예들에서 보듯, 단어가 1행을 이루면 단어가, 어절이 1행을 이루면 어절이, 어구가 1행을 이루면 어구가, 문장이 1행을 이루면 그 문장이, 같은 행으로 반복됨으로써, 이들의 반복에 의해 리듬을 얻을 수 있음을 볼 수 있었다.

예,1 <u>"오메, 단풍 들것네."</u>
　　 장광에 골 붉은 감잎 날아오아
　　 누이는 놀란 듯이 치어다보며
　　 <u>"오메, 단풍 들것네."</u>

　　 추석이 내일 모래 기둘리니
　　 바람이 자지어서 걱정이리
　　 누이의 마음아 나를 보아라.
　　 <u>"오메, 단풍 들것네."</u>　　　　　　　　　 - 김영랑, 오메 단풍들것네 -

예,1 줄 친 부분은 간결한 문장이 한 행을 이루고 있다. 역시 행이 반복되게 한 것이다. 이런 반복은 의미도 강조되고 있고, 리듬을 살리고 있음을 볼 수 있다.

⑪ 같은 연의 반복으로 리듬 얻기

뿐만 아니라. ④항 예,2 한하운 '파랑새'에서는 1연에 '나는 / 나는 / 죽어서 / **파랑새 되어**'라고 노래하고는, 같은 연을 4연에 다시 '나는 / 나는 / 죽어서 / **파랑새 되리.**' 하고 반복해서 배치함으로써, 연의 반복에 의해서도 리듬을 얻을 수 있음을 볼 수 있다.

예,1 누가 하늘을 보았다 하는가
　　 누가 구름 한 송이 없이 맑은
　　 하늘을 보았다 하는가.

Ⅳ장. 시의 운율(韻律)과 음악성(音樂性)

```
            - 중략 -
    누가 하늘을 보았다 하는가
    누가 구름 한 자락 없이 맑은
    하늘을 보았다 하는가.                    - 신동엽, '누가 하늘을 보았다 하는가' -
```

전(全) 9연 중 1연과 9연을 인용한 것이다. 이처럼 시에 따라서는 하나의 연을 반복함으로써, 리듬도 얻고 다양한 시적 효과를 얻기도 한다.

⑫ 감탄사 사용으로 리듬 얻기

```
    예,1 님은 갔습니다. 아아. 사랑하는 나의 님은 갔습니다.      - 한용운, 임의 침묵 -
```

예,1에서도 '아아.'와 같은 감탄사를 씀으로써, 리듬을 얻을 수 있음을 볼 수 있다. ⑧항 예,2에서 '오! 너의 빛깔'이라 한 것처럼 '오!', 아! ,어! 와 같은 감탄사를 사용하면 가슴 일렁이는 강한 리듬을 얻을 수 있다.

⑬ 유성음(모음, 유성자음)의 의도적인 사용으로 리듬 얻기

```
    예,1 돌담에 속삭이는 햇발같이
         풀 아래 웃음 짓는 샘물같이
         내 마음 고요히 고운 봄길 위에
         오늘 하루 하늘을 우러르고 싶다.

         새악시 볼에 떠오는 부끄럼같이
         시의 가슴에 살포시 젖는 물결같이
         보드레한 에메랄드 얇게 흐르는
         실비단 하늘을 바라보고 싶다.         - 김영랑, 돌담에 속삭이는 햇발같이 전문 -
```

이 시를 읽어보면 시인이 의도적으로 리듬을 중시한 시임을 알 수 있다. 그러므로 이런 시는 낭송을 잘 못 하는 사람이 의식적으로 딱딱하게 낭송을 해보려고 애를 쓴다고 해도, 그렇게 낭송되지 않을 정도로 리듬감이 높은 시이다.

그 까닭은 우선 유성음인 시어들을 의도적으로 많이 썼다는 것이다. 우리말의 유

성음에는 모음과 유성자음 ㄴ, ㄹ, ㅁ, ㅇ이 있다. 시인은 이 시를 지으면서 의식적으로 유성음을 지닌 시어를 선택해서 많이 썼음을 단번에 알 수 있다.

그리고 이 시가 음악성이 높은 리듬감 있는 시가 된 요소들을 찾아보면 이러하다. 첫째로 '돌' '풀'은 두운의 역할을 하고 있다. '늘', '눌'은 중성과 종성이 같은 운통이다. '같이' 그리고 '싶다'가 반복되어서 각운의 역할을 한다. '고요히', '고운'에서 같은 음절 '고'를 반복함으로써, '하루', '하늘을'에서 같은 음절 '하'를 반복함으로써 리듬감을 얻고 있고, '아래', '위에' '웃음', '오늘', '우러르고', '에메랄드', '얇게' 등에서 의도적으로 'ㅇ'음이 반복됨으로써 리듬감을 얻고 있기도 하다. 그리고 '새악시', '살포시'에서처럼 'ㅅ'음이 반복됨으로써 리듬감을 얻고, '새악시', '살포시', '보드레한', '에메랄드'와 같은 시어를 의도적으로 리듬감 있게 변형을 함으로써, 리듬감을 더욱 살리고도 있다.

'햇발같이', '샘물같이', '부끄럼같이', '물결같이'처럼, 같은 형태의 어절을 반복하고, 각 연의 1, 2행과 각 연의 4행을 같은 통사구조를 가진 행으로 대구(對句)로 반복 배치함으로써 리듬감을 극대화하고 있다. 그리고 1연과 2연을 4행으로 맞춤으로써 여기서 오는 규칙성으로 리듬을 얻고 있고, 그리고 이 시는 행마다 3음보의 음보율을 지녔고, 7, 5조의 음수율을 바탕으로 하고 있다.

또한, 나음에 논의할 내새율(內在律)을 지니고 있다. 이 시는 글의 내용과 정서에서 오는 밝고 맑고 조용한 일렁임이 있다. 낭만적인 분위기와 정서에서 오는 감흥의 리듬에다 시각적 이미지와 여성적 소망을 담은 어조에서 오는 내재율이 있다.

이 시는 외재율(外在律), 내재율(內在律)이 밝게 일렁이는 음악성 높은 시다.

⑭ 행과 연의 변화에서 오는 리듬 얻기

예)1a 한 송이의 국화꽃을 피우기 위해
　　봄부터 소쩍새는
　　그렇게 울었나 보다.

　　한 송이의 국화꽃을 피우기 위해
　　천둥은 먹구름 속에서
　　또 그렇게 울었나 보다.

그립고 아쉬움에 가슴 조이던
머언 먼 젊음의 뒤안길에서
인제는 돌아와 거울 앞에 선
내 누님같이 생긴 꽃이여.

노오란 네 꽃잎이 피려고
간밤엔 무서리가 저리 내리고
내게는 잠도 오지 않았나 보다.   - 서정주, 국화옆에서 전문 -

예)1b 한 송이의 국화꽃을 피우기 위해 봄부터 소쩍새는 그렇게 울었나 보다. 한 송이의 국화꽃을 피우기 위해 천둥은 먹구름 속에서 또 그렇게 울었나 보다. 그립고 아쉬움에 가슴 조이던 머언 먼 젊음의 뒤안길에서 인제는 돌아와 거울 앞에 선 내 누님같이 생긴 꽃이여. 노오란 네 꽃잎이 피려고 간밤엔 무서리가 저리 내리고 내게는 잠도 오지 않았나 보다.

예,1b는 예,1a를 연과 행의 구분을 없애고 일반 산문과 같이 이어서 써놓은 것이다. 시가 서정성을 지니고 음악성을 지니도록 다양한 장치를 해놓았기 때문에 이렇게 배열해도 리듬감이 어느 정도 느껴진다. 그러나 이렇게 배열함으로써 시각적으로 갑갑함이 느껴진다. 더구나 예,1a에서와 같이 호흡과 휴지(休止)가 분명하지 않음으로 해서, 읽는 데에 호흡이 곤란하고 정서적 의미 덩어리가 두리뭉실하여 리듬감 있게 와닿기가 어렵다. 그래서 음악성 곧 리듬의 느낌이 예,1a보다 못함을 느낄 수 있다.

이렇게 행을 구분해 줌으로써, 의미(정서)의 전달과 그 강약이 달리 느껴진다. 그리고 리듬이 살아난다. 연의 구분에서도 마찬가지이다. 연의 구분은 행의 구분보다 휴지가 더 길다. 정서적 호흡적 길이와 깊이가 달라진다.

이렇게 행과 연의 구분은 리듬감을 갖게 하는 데에 큰 역할을 한다.

♣ **실습** : 1. 예,1a에 보이는 외재율을 위한 표현 기법들을 찾아보자.
 답 1. 1연 2연의 첫 자로 '한'을 반복한 두운이 있다.
   2. 1연 2연의 끝 자로 '해'를 반복한 각운이 있다.
   3. 1, 2, 4연의 3행의 끝마다 '다'를 반복하는 각운이 있다.
   4. 2연, 3연의 끝 자로 '서'를 반복함으로써 역시 각운의 효과를 내고 있다.
   5. 1, 2연의 3행의 중간에 '울었나', 4연에 '않았나'를 반복함으로써 '울'과 '나'를 반복하는 요운의 효과를 얻고 있다.
   6. 1연, 2연에서 1, 3행을 같은 문장으로 반복함으로써 리듬을 얻고 있다.

7. 3음보의 음보율이 바탕이 되어있다.
8. 7·5조의 음수율이 바탕이 되어있다.
9. '머언 먼'으로 반복함으로써 리듬을 얻고 있다.
10. '머언', '노오란'으로 변형함으로써 리듬을 얻고 있다.
11. 3연은 4행이지만 1, 2, 4연은 같이 3행으로 반복함으로써 같은 수의 행들을 반복하는 데에서 오는 리듬을 얻고 있다.
12. "머언 먼 젊음의 뒤안길에서 / 인제는 돌아와 거울 앞에 선"
    "간밤엔 무서리가 저리 내리고"
    이런 시행들을 보면 의도적으로 유성음을 많이 사용함으로써 리듬을 얻고 있다.
13. "돌아와 거울" "무서리가 저리 내리고" 이는 단순히 유성음을 많이 사용했다는 차원을 넘어서 '돌' '울'이 이어서 발음됨으로써 리듬감을 돋우고 '서리, 저리, 내리'에서처럼 비슷한 음을 지닌 단어들, 그리고 같은 음절 '리'를 반복되게 해서 리듬감을 얻고 있다.

예, 2 나는 여기가 좋습니다.
　　나는 지금이 좋습니다.

　　　손님 득에 이밥이라고
　　　귀한 지인들이 오신다는 연락에
　　　다소 자유로웠던 공간을 쓸고 닦았습니다.

　　나는 여기, 지금이 좋습니다.

　　　책이 있습니다.
　　　난이 있습니다,
　　　몇 몇 화초가 있습니다.
　　　몇 점 수석이 있습니다.

　　　간혹 전화도 옵니다.
　　　간혹 음악 소리도 들을 수 있습니다.

　　　그 누군가가
　　　"삶은 소유가 아니라 순간 순간의 '있음'이라" 했던가.

　　나는 지금이 좋습니다.
　　　　　　　　　　　　　　　　　　　　　　－ 하상규, 여기 －

♣ **실습** : 2. 예,2 시가 리듬을 위해 사용한 장치들을 살펴보자.
   답 1. 3음보의 음보율이 주조를 이룬다.
        2. 같은 문장 그리고 통사구조가 같은 문장을 반복했다.
        3. 두운으로 '나', 각운으로 '다'가 쓰였다.
        4. 행의 구분, 연의 구분을 했다
        5. 몇 몇, 간혹 간혹, 순간 순간 같은 단어의 반복이 있다.
        6. 삶, 소유, 순간, 순간에 ㅅ음이 반복됨.

♣ **실습** : 3. 다음 시에서 작자가 의도한 음악적 장치들을 찾아보자.

밤이도다.
봄이다.

밤만도 애닮은데,
봄만도 생각인데,

날은 빠르다.
봄은 간다.

깊은 생각은 아득이는데,
저 바람에 새가 슳히 운다.

검은 내 떠돈다.
종소리 빗긴다.

말도 없는 밤의 설음.
소리 없는 봄의 가슴.

꽃은 떨어진다.
님은 탄식한다.   - 김억, 봄은 간다 -

   답 1. 압운으로 두운 - 밤, 봄의 의도적 반복
        2. 압운으로 각운 - 다, 데의 반복, 음·슴은 같은 운통의 반복
        3. 압운의 요운적 효과로 볼 수 있는 - 도, 은, 는의 반복
        4. 같은 형태의 반복 - 4연을 제외한 모든 연이 대구적으로 병행되어 있다.
        5. ㅂ음, ㄱ음의 반복

6. 같은 자수의 반복에 의한 자수율
7. 같은 음보의 반복에 의한 음보율

이 시는 실은 신체시에서 겨우 벗어난 조악한 시라고 할 것이다. 그러나 이 시인은 서구 시의 영향을 받아서 새로운 시를 시도하려는 입장에서 서구 시의 리듬 곧 압운(押韻, rhyme, rime), 율 곧 율격(律格, meter)을 의도한 점이 분명해 보인다. 그래서 여러 음악적 장치들을 시도한 듯하다.

♣ 실습 : 4. 실습1. 2. 3.에서 제시해준 답들 외에 찾지 못한 음악적 장치들을 하나씩 찾아보자.

(3) 시의 중요한 요소 음향(音響)

어감(語感)이라고 하면, 의미를 염두에 두고 어떤 언어의 의미를 통하여 시인이 표현하고자 하는 시적 의도를 드러내려고 할 때 쓰이는 어휘이다. 음향(音響)은 이와는 다르다. 의미를 직접적으로 염두에 두지 않고(일단은 의미와는 관계없이) 어떤 음이 자아내는 분위기를 통해서 정서나 기분을 보다 근사하게 드러내려고 할 때 쓰이는 어휘이다.

에드거 앨런 포(E. A. Poe)는 "헬렌에게"(To Helen)이라는 시를 썼지만, 호머(Homer)의 일리아드(Iliad)에 나오는 헬렌은 아니라고 한다. 실재한 인물도 아니고 단지 부드럽고 품위 있는 울림을 통하여 부드럽고 품위 있는 한 여인의 모습을 암시하려는 의도에서 선택된 어휘라고 한다. 독자는 시를 읽어가면서 헬렌이란 어휘가 나올 때마다. 부드럽고 품위 있는 여인을 연상할 수 있으면 된다.

마돈나! 지금은 밤도 모든 목거지에 다니노라,
피곤하여 돌아가련도다.
아, 너도 먼동이 트기 전으로
수밀도의 네 가슴에 이슬이 맺도록 달려 오너라.

마돈나! 오러무나,　　　　　　　　　　　　　　　　　- 이상화, 나의 침실로 -

〈마돈나〉는 이탈리아어 Madonna 즉 성녀(聖女) 마리아를 가리킨 것이다. 시에 나오는 〈마돈나〉는 사랑하는 사람을 성녀 마리아를 섬기듯 섬기고 싶다는 열렬한 사모의 정이 담긴 말이기는 한데, 신앙(가톨릭)과는 아무런 관련이 없다. 다만 그 음색이 성스럽고 귀한 사람, 사랑하는 사람으로 느껴지도록 하려는 작자의 의도에 의해서 선택된 시어일 뿐이다.

    목마를 타고 떠난 숙녀의 옷자락을 이야기한다.
    목마는 주인을 버리고 그저 방울 소리만 울리며   - 박인환, 목마와 숙녀 -

〈목마〉는 상징어로서 서구적 이미지를 준다. 이 시에서는 현실에 정착하지 못하고 허공을 헤맬 수밖에 없는 인간의 슬픈 운명을 상징하는 시어이다. 시인은 의도적으로 이미지와 음색을 의식해서 선택한 시어일 것이다. 이를 빗자루나 도끼로 치환해보았을 때 그 이미지나 음색에 차이는 확연할 것이다.

    순아, 너 참 내 앞에 많이 있구나.   - 서정주, 부활 -

〈순〉이라는 음향은 몹시 순박하고도 퍽 흔하다는 느낌을 준다. 시인은 이런 음색을 생각하고 쓴 것이지 특정의 어느 인물을 염두에 두고 쓴 것은 아니다.

    삐이 삐이 삐 삣종 삣종   - 박두진, 향현(香峴) -

우리말은 의성어 의태어가 발달된 언어이다. 멧새의 울음소리를 사실 그대로 의성어로 옮김으로써 생동감이 넘친다. 이처럼 의성어 의태어는 시의 분위기를 돕는데 효과를 낸다.

    모란이 피기까지는
    나는 아직 나의 봄을 기다리고 있을 테요.
    모란이 뚝뚝 떨어져 버린 날,   - 김영랑, 모란이 피기까지는 -

〈모란〉을 목단꽃으로 혹은 철쭉꽃으로 바꾸어 놓는다면 이 시가 가지는 음향적 효과는 어떻게 될까? 음향의 역할을 직감하게 한다.

    돌담에 속삭이는 햇발같이

풀 아래 웃음 짓는 샘물같이
내 마음 고요히 고운 봄길 위에
오늘 하루 하늘을 우러르고 싶다.
새악시 볼에 떠오는 부끄럼같이
시의 가슴에 살포시 젖는 물결같이
보드레한 에메랄드 얇게 흐르는
실비단 하늘을 바라보고 싶다.   - 김영랑, 돌담에 속삭이는 햇발 -

작자가 의도적으로 모음과 유성자음을 많이 사용하고, 새악시, 보드레한, 에메랄드 같은 리드미컬한 어휘를 의도적으로 사용하고 '고요히 고운' 같이 무성자음이라도 같은 음을 반복하는 등으로써, 어휘들이 주는 의미를 도외시하더라도 봄의 밝고 맑고 깨끗하고 경쾌한 느낌을 잘 살리고 있다. 음향을 살려서 음악성을 최대한 높여서 성공한 시라 하겠다.

음색을 동원한 시의 음악성을 높인 예들이다.

2) 내재율(內在律)

시의 표면에 드러나지 않고, 내용이나 시어의 배치 등으로 인해 느낄 수 있는 시의 내면에 존재하는 주관적, 정서적인 운율, 곧 잠재적인 운율을 내재율이라고 한다.

다시 말해, 시인이 형상화하고자 하는 주제의식에 의하여 이루어지는 주관적인 운율로서 개개의 시(詩) 속에 흐르는 시인 특유의 맥박과 호흡이라 할 수 있다.

그러니, 내재율이란 말소리보다는 내면적·유기적 질서를 바탕으로 한 의미자질의 자율적인 리듬을 이르는 것이다.

현대시는 내재율을 가져야 한다.

예.1 외할머니네 집 뒤 안에는 장판지 두 장만큼 먹오딧빛 툇마루가 깔려있습니다. 이 툇마루는 할머니의 손때와 그네 딸들의 손때로 날이날마닥 칠해져 온 것이라 하니 내 어머니의 처녀 때의 손때도 꽤나 많이 묻어 있을 것입니다마는, 그러나 그것은 하도나 많이 문질러서 인제는 이미 때가 아니라, 한 개의 거울로 번질번질 닦이어져 어린 내 얼굴을 들이 비칩니다.
그래, 나는 어머니한테 꾸지람을 되게 들어 따로 어디 갈 곳이 없이 된 날은, 이 외할머니네 때거울 툇마루를 찾아와, 외할머니가 장독대 옆 뽕나무에서 따다 주는 오디 열매를 약으로 먹어 숨을 바로합니다. 외할머니의 얼굴과 내 얼굴이 나란히 비치어 있는 이 툇마루에까지는 어머니도 그네 꾸지람을 가지고 올 수 없기 때문입니다.

- 서정주, 외할머니의 뒤안 툇마루 -

예,1은 서정주의 산문시이다. 이 시가 묘사하는 정경이나 시대적 배경이나 상황을 경험하지 못한 독자는 이 시를 끝까지 읽지도 않고 지나칠 가능성이 높은 산문성이 강한 시이다.

외재율적 요소는 거의 찾기가 어렵다. 시적 표현을 한 곳이래야, "오디 열매를 약으로 먹어", "꾸지람을 가지고 올 수 없기 때문" 정도가 시적 장치라면 장치이다.

전적으로 내재율에 의존하고 있다고 하겠다. 우선, 어린 시절에 외할머니나 할머니의 애틋한 사랑을 받은 추억이 있는 독자라면 '외할머니'라는 단어에서 정서에 일렁임을 느낄 것이다. 그리고 손때로 반질반질하게 된 옛 한옥의 추억을 지닌 이라면, 또 한번 가슴의 일렁임을 느낄 것이다. 거기에다가 어머니에 대한 그리움과 추억은 어머니가 그리운 독자로 하여금 일렁인 가슴(정서)을 다시 한번 더 일렁이게 한다. 외할머니와 어머니의 얼굴, 외할머니와 어머니는 물론 이모들의 손때가 묻은 툇마루, 세월이 있고 추억이 있는 툇마루, 오디 열매들이 나의 어린 시절과 병치 되면 독자들의 가슴에 내면적 유기적 질서가 어울려 일렁임을 독자들은 느낄 수 있다. 이것이 이 글이 시가 되게 하는 음악적 요소이다. 이것이 내재율이다.

예,2 머언 산 청운사(靑雲寺)
　　　낡은 기와집,

　　　산은 자하산(紫霞山)
　　　봄눈 녹으면

　　　느릅나무
　　　속잎 피어나는 열두 구비를

　　　청노루
　　　맑은 눈에

　　　도는
　　　구름

- 박목월, 청노루 -

예,2 작자 박목월은 동시 시인으로 출발한 사람이다. 그래서 그의 시는 언어경제가 이룩한 최고의 시라고 평한다. 시어를 극히 경제적으로 사용하여 간결하게 압축해서 표현함으로써, 시적인 함축성을 얻고 리듬을 얻고 있다.

시인은 이 시에 음악성을 위한 외재율적 장치를 많이 하고 있음을 볼 수 있다. 주된 리듬은 7·5조의 음수율과 4음보의 음보율이다. 그 외의 장치들을 살펴보면 행의 변화이다. 아무리 간결하게 압축해서 서술했다고 하더라도 이 시를 산문처럼 한두 줄로 이어서 썼더라면, 지금 같은 리듬을 누리지 못한다. 행을 바꾸고 연을 만들어 띄워서 호흡을 쉬게 하고, 끊어 읽게 함으로써, 의도한 리듬과 의미 전달과 정서를 유발하고 있다. 예를 들어 "속잎 피어나는 열두 구비를" 한 행으로 둠으로써, 쉬지 말고 휘몰아서 읽게 했고 "도는 / 구름"을 행을 바꿈으로써 끊어 읽게 하여 힘을 줌으로써, 리듬을 얻고 있다. 또한, 모음과 유성자음을 의도적으로 많이 씀으로써, 시가 리드미컬(rhythmical)하게 읽혀지게 했다. 그 외에 "머언"으로 변형을 한 것도, "산"을 의도적으로 반복해서 사용함으로써 리듬감을 얻기도 했다.

그런데 이런 외재율들의 도움을 받고 있으면서도 시 속에서 내재율을 느낄 수 있다.

1연에서, 어서 가보고 싶은, 푸른 구름에 둘러싸인 먼 산에 보이는, 유서가 깊을 듯하고, 아늑할 것 같고, 포근할 것 같은 산사는 나지막하고 고요함 속의 일렁임을 갖게 한다. 자색의 안개빛을 띤 산에 봄눈이 녹는다. 맑은 물이 흐르는 듯한 작은 약동감과 희망적 정서가 일렁이려 한다. 봄을 맞아 속잎이 피어나는 느릅나무가 굽이굽이 늘어선 곳, 달려가고픈 숲길, 정서가 고조되고 호흡이 가빠지고 크게 일렁인다. 다시 "청노루 / 맑은 눈"으로 일렁임이 잦아들고 진정이 되어서는, 도는 구름으로 안정을 찾는다.

물론 읽기에 따라서, 느끼기에 따라서 일어나는 정서의 일렁임을 일률적으로 말할 수는 없을 것이다.

이러한 정서의 일렁임은 시어가 지닌 의미나 이미지에서만 얻어지는 것이 아니고, 앞에서 말한 외재율적 장치들의 도움을 받고 있음도 간과할 수 없다.

이렇게 의미적 이미지적 요소들에 의해 그리고 외재적 장치들의 도움을 받기도 하여 독자들의 가슴(정서)에 일렁임을 가져다주는 것을 내재율(內在律)이라고 한다.

따라서 예,2는 다양한 외재율의 도움을 받으면서, 조용하고 평화롭고 동적이며 싱

그러운 이상적 세계를 형상화함으로써, 독자의 가슴에 잔잔한 파도(일렁임)를 일으켰다가는 다시 호흡을 다독여 나지막하게 잠재우고 있다.

♣ **실습 :** 1. 본서 p.295 심순덕의 시 '엄마는 그래도 되는 줄 알았습니다.'를 모작해 보자. (모작 요령 : '엄마는 그래도 되는 줄 알았습니다.'는 차용하면서 다른 내용은 자신의 생각으로 채운다. 연의 수는 자유임.)

Ⅴ 장. 시의 구조(構造)

1. 시의 구상(構想)과 구성(構成)

1) 구성(構成)과 구조(構造)

구성(構成)이란 말의 사전적 의미는 "'몇 개의 부분이나 요소를 얽어서 하나로 만드는 일', 혹은 '예술 작품을 이루는 여러 요소를 결합하여 전체적인 통일을 꾀하는 일'이라 하였고, 또한 '그렇게 해서 짜여진 것'"을 의미한다. 이를 시에 적용하면 시를 이루는 여러 요소를 결합 (배열)하여 전체적인 통일을 꾀하는 일을 말한다.

구조(構造)란 말의 사전적 의미는 "어떤 물건이나 조직 따위의, 전체를 이루고 있는 부분들의 서로 짜인 관계나 그 체계"라고 하고 있다. 이를 시(詩)에 적용하면 시를 이루고 있는 부분들의 서로 싸인 제계라고 하면 되겠다. 결국, 구성은 어떻게 짜느냐(배열하느냐) 하는 문제이고, 구조는 어떻게 짜여(배열되어) 있느냐의 문제이다. 그러니 우리는 분석가 비평가가 아니라 창작하려는 사람들이므로 구성(構成)이란 용어로 용어를 통일한다.

2) 구상(構想)과 구성(構成)의 개념

시를 구상(構想)한다는 것은 시를 창작할 때 주제나 내용이나 재료나 표현형식 등에 대하여 생각을 정리하는 일을 말하고, 구성(構成)이란 시상을 효과적으로 표현하기 위하여 작품을 이루는 여러 요소들을 결합하여 전체적인 통일을 꾀하는 통일원리라 할 것이다.

가령 꽃을 소재로 하여 인생의 허무를 주제로 시를 창작해야겠다고 생각하고 꽃의 생태나 외양이나 미적 요소 등을 조사하고 살피고 사람의 생태나 외양이나 삶의 가치나 의미 등등을 생각하고 조사하고 살펴서 꽃과 인생의 유사점이나 차이점 등등을 생각하여 시에서 표현하고자 하는 요소들을 선정하고 취사 선택하는 등 머릿속에 그리는 일을 **구상**(構想)이라 한다면, 주제 곧 시인이 표현하고자 하는 의미(사상) 정서를 효과적으로 표현하기 위하여, 재료와 생각들을 선택하여 불필요한 것 산만한 것들을 제거하고 선택된 재료들을 구체적으로 배열하여 형상화하는 일을 구성(構成)이라 하겠다.

건축에 비기면 어떤 집을 짓겠다. 이런 집을 짓기 위해서 이런 모양으로 이런 재료들을 써야지 하는 설계의 단계를 구상이라 한다면, 이런 집을 짓기 위해 주춧돌을 놓고 기둥을 세우고 지붕을 덮고 벽을 바르는 일을 구성이라 할 것이다.

이렇게 볼 때 시를 창작함에 있어서는 표현하고자 하는 내용을 머릿속에서 그리는 일에서 시작하여 구체적인 작품으로 형상화하기에 이르기까지 실로 구상과 구성은 뗄 수 없는 불가분의 관계에 있다.

3) 구성(構成, 시상의 전개)의 실제

위에서 말한 구성의 개념은 일반론 적이고 넓은 의미의 구성이라 하겠다. 여기서 살피고자 하는 구성이란 좀 더 구체적이며 좁은 의미의 구성을 상정하고 이를 모색해보기로 한다. 다른 말로 하면 시의 구성을 곧 **배열**, **짜임새**, **전개 방법이란** 의미로 해서 살펴보기로 한다.

실제로 시를 창작하고 싶은 사람이 처음에 근본적으로 질문하는 것은 아마도, 첫 번째가 '무엇(주제)'을, 두 번째가 어떻게 표현(구성, 전개)하느냐일 것이다. 실로 이 물음에 답해서 익히게 하면 시인이 되는 것일 것이다.

그런데도 지금까지 '무엇'에 관해서 이야기하기보다는, 실은 '어떻게'에 관해서만 주로 공부해왔다. 그 까닭을 소극적으로 책임 회피적으로 말하면 그 '무엇'은 세상의 삼라만상(森羅萬象)과 사람이 생각하고 느낄 수 있는 모든 것이 그 '무엇'이 될 수 있는 것이라고 여겼기 때문에, 달리 말해 이런 '무엇'에 대해서는 시를 공부하고자 하는 사람이면 이미 이를 인식하고 있다고 생각했기 때문이라고 하겠다.

그런 면에서 여기서 다루고자 하는 구성(배열, 짜임새, 전개 방법)도 후자 곧 '어떻게'에 해당되는 공부이다. 어쩌면 그 '어떻게'는 시 창작법 중에서도 가장 근본적인 문제인 데도, 한시(漢詩,) 시조, 가사와 같은 정형시에서와는 달리 자유시에 와서는, 어느 시 창작 이론서에서도 이를 깊이 있게 다루고 있는 곳을 찾기가 어렵다.

그러나 필자는 시도 글이라는 점을 강조하는 입장이다. **글은 곧 궁극적으로 설명하는 일**이라는 것이다. 그런 면에서 시도 시인의 감정, 정서, 사상, 생각을 독자들에게 설명해서 독자가 이를 공감하고 이해해 주기를 바라는 것이라고 할 것이다.

그런 면에서 시도 다른 글들이 가지는 구성 방법을 지닌다는 관점에서 시의 구성을 살피고 설명하고자 한다.

흔히 수필의 구성 곧 형식을 "무형식의 형식"을 지닌 문학 장르라고 한다. 그렇다면 하물며 시(자유시)에서 형식 곧 구성(構成) 구조(構造)를 말하는 것은 합당하지 않다고 보는 것이 일반적인 인식인 듯하다. 그러나 필자는 앞에서 말한 것처럼 시는 다른 장르들보다 더 자유롭고 파격적일 수 있을 따름이지, 사람들이 지금까지 가져 온 언어 활동에서 가지는 논리적인 인식과 표현이라는 논리 전개 과정을 초월한 구조요, 장르라고는 보지 않는다. 다시 말해서 시도 동서고금의 인류가 가져온 논리 전개 방법 하에서 지어지는 글일 따름이라는 관점이다. 다만 시에서의 논리는 합리적 판단이나 실증적 논증을 위한 논리가 아니고, 예술적 감흥을 주기 위한 논리임은 더 달리 말할 것이 없다.

미국의 시인이며 비평가인 J. C. 랜섬은 "시인은 두 가지 말을 동시에 하지 않으면 안 된다. 즉 하나는 논리적 구조를 만드는 일이며, 다른 하나는 운율을 만드는 일이다. 논리적 구조란 보통 시인이 처음 착상한 일이며, 그것에 적합한 구조를 가진다."라고 했다. 시의 논리성을 긍정한 말이고, 구조라는 것은 논리의 전개임을 말하고 있다. 시인이 시를 쓰면서 일일이 구조를 따져 계산하면서 조립하는 것은 아닐 수 있겠다. 그러나 시뿐만 아니라 모든 문학은 무질서한 관념을 구체적으로 질서화시키는 작업이라고 하겠다. 시의 구조란 시의 논리적인 의미, 곧 산문으로 고쳐 쓸 수 있는 합리적인 내용을 담는다는 것이다. 다만 시의 조직은, 시에 있어서는 산문적 의미와 모순되는 이질적인 의미도 담는다는 것이다. 랜섬은 이를 확정적 의미와 불확정적 의미로 부르고 있다. 이렇게 볼 때, 시에서는 논리성과 비논리성을 함께 지니며, 나아가 초논리성을 지닌다고도 하겠다. 그러나 이 비논리성과 초논리성도 그 심층은 역시 논리임도 부정하지 못할 것이다.

이처럼 필자도, 시에서도 다른 장르들에서의 구성 방법들이 그대로 쓰이어지고 있고, 또 그렇게 구성해야 한다는 주장을 하고 싶다. 다시 말해서 사람들은 무슨 글에서와 마찬가지로 시에서도 인류의 보편적 사고의 틀은 3단 구성이었다. 곧 기(起), 본(本), 결(結)로 전개하거나 혹은 서론(序論), 본론(本論), 결론(結論)으로 전개를 하거나 변증법에서처럼 정(正), 반(反), 합(合)으로 전개하거나 달리 삼단 논법(귀납적, 연역적 전개)적 논리 구조로 전개해 왔다. 인류는 사고를 대개 3단 구성으로 해왔다.

그 외에 한시(漢詩)에서는 기(起) 승(承) 전(轉) 결(結)로 4단으로 전개하기도 하고, 소설 등 서사문(敍事文)에서는 발단, 전개, 위기, 절정, 결말의 구조로 5단 구성을 하기도 한다. 그러나 이들 4단 구성이나 5단 구성도 따지고 보면 궁극적으로는 3단 구성의 변형임은 주지하는 바이다. 시도 언어 예술이기 때문에 이들처럼 3단, 4단, 5단 구성이란 형식을 취할 수밖에 없다고 할 것이다. 다만 시(詩)는 이들보다 자유자재로 사고의 틀을 변형하거나 순서를 바꾸거나 그 어느 부분을 생략하거나 할 뿐이라는 것이다.

더욱이 귀납적 연역적이라 하는 것처럼, 글의 일반적인 전개 방법인 미괄식, 두괄식, 중괄식, 양괄식 등으로 전개하기도 하고, 병렬식 전개도 한다는 것이다. 이것이 인간의 사고의 기본 틀이고 체계이기 때문이다.

예를 들어서, "장미꽃이 아름답다."라는 시구(詩句)는 한 행으로 된 구조이지만, 이 명제 곧 결론적인 표현도 전후에는 논리적 전개가 있어서 이런 결론에 이른 것임을 알 수 있다. 유추해 보건대 여러 대전제를 생각할 수 있으나, 한 예를 들면 '꽃들에는 아름다움의 차이가 있다.'가 소전제이고 '많은 사람들이 장미꽃을 아름답다고 한다.'를 대전제로 하여, 그러므로 나도 보니 역시 "장미꽃이 아름답다."는 결론에 이른 것이라고 할 것이다.

이런 관점으로 본다면 시에서도 그 짜임새 구조를 살펴볼 수 있을 것이다. 그리고 시를 창작하는 사람은 어떤 구조로 표현하는 것이 더욱 효과적인 표현이 될 것인가를 구상해야만 할 것이다.

시들을 예로 들어서 시의 구성 곧 전개 방법들을 살펴보자.

(1) 3단 구성

예.1 어머님 여의온 지 어제런 듯 십여 년   **(초장)**
    꿈에도 뵙지 못해 그리운 울 어머니   **(중장)**
    가까이 하느님 뫼셔 영원한 삶 누리소서. **(종장)**   - 하상규 -

고시조나 현대시조는 전형적인 삼단 구성이다. 주제 의식이 종장에 있는 경우가 대부분이나 경우에 따라서는 중장에 있거나 초장에 있는 경우도 있다. 여하튼 사고의 틀은 삼단구성이다. 연시조의 경우는 이런 한 수의 평시조 하나하나가 이어져서, 현대시에 있어서 연과 같은 역할을 한다. 연시조는 평시조가 2수 이상 3수, 4수, 5수가 이어지기도 하는데, 평시조가 몇 수로 이어진 연시조이건 간에 통계를 내보지는 않았지만, 연시조도 대게 의미상 3단 구성이 대부분이고, 두괄식, 미괄식으로 이어져 전개되는 경우가 많다.

예,2 내 버디 몃치나 하니 수석(水石)과 송죽(松竹)이라
　　　동산(東山)의 달 오르니 긔 더옥 반갑고야
　　　두어라 이 다삿 밧긔 또 더하야 머엇하리

　　　구룸빗치 조타 하나 검기랄 자로 한다
　　　바람 소래 맑다 하나 그칠 적이 하노매라
　　　조코도 그츨 뉘 업기난 믈뿐인가 하노라

　　　고즌 므스 일로 퓌며서 쉬이 디고
　　　플은 어이 하야 프르난 닷 누르나니
　　　아마도 변티 아닐산 바회뿐인가 하노라

　　　더우면 곳 피고 치우면 닙 디거
　　　솔아 너난 얻디 눈서리랄 모라난다
　　　구천(九泉)의 불희 고단 줄을 글로 하야 아노라

　　　나모도 아닌 거시 플도 아닌 거시
　　　곳기난 뉘 시기며 속은 어이 뷔연난다
　　　뎌러코 사시(四時)예 프르니 그를 됴하 하노라

　　　쟈근 거시 노피 떠서 만물을 다 비취니
　　　밤듕의 광명(光明)이 너만하니 또 잇나냐
　　　보고도 말 아니 하니 내 벋인가 하노라
　　　　　　　　　　　　　　　　　　　　　　　　　－ 윤선도, 오우가 －

윤선도의 오우가(五友歌)이다. 여섯 수의 평시조가 이어진 연시조이다. 첫수가 중심인 두괄식이다. 3단 구성으로 시상을 마무리하는 한 수가 더 있어도 좋겠다. 그러나 번거로움과 사족이 될 우려가 있어서 약했다고도 볼 것이다. 근본은 3단 구성이

다. 그런가 하면 그의 '어부사시사'처럼 병렬적인 전개를 하는 경우도 있다.

    예.3 나의 지식이 독한 회의를 구하지 못하고
          내 또한 삶의 애증(愛憎)을 다 짐지지 못하여
          병든 나무처럼 생명이 부대낄 때
          저 아라비아의 사막으로 나는 가자.   (起)

          거기는 한번 뜬 백일이 불사신같이 작열하고
          일체가 모래 속에 사멸한 영겁의 허적(虛寂)에
          오직 알라의 신만이
          밤마다 고민하고 방황하는 열사(熱沙)의 끝.   (本)

          그 열렬한 고독 가운데
          옷자락 나부끼고 호올로 서면
          운명처럼 반드시 '나'와 대면ㅎ게 될지니
          하여 '나'란 나의 생명이란
          그 원시의 본연의 자태를 다시 배우지 못하거든
          차라리 나는 어느 사구(砂丘)에 회한 없는 백골을 쪼이리라. **(結)**
                                              - 유치환, 생명의 서 -

  3연의 자유시이다. 사고와 정서의 흐름이 삼단 구성이라 하겠다, 중심연이 3연(結)에 있다.

    예.4 푸른 산이 흰 구름을 지니고 살 듯
          내 머리 위에는 항상 푸른 하늘이 있다.   (起, 序)

          하늘을 향하고 산삼(山森)처럼 두 팔을 드러낼 수 있는 것이 얼마나 숭고한 일이냐?

          두 다리는 비록 연약하지만 젊은 산맥으로 삼고
          부절(不絕)히 움직인다는 둥근 지구를 밟았거니……,

          푸른 산처럼 든든하게 지구를 디디고 사는 것은 얼마나 기쁜 일이냐?

          뼈에 지리도록 생활은 슬퍼도 좋다.
          저문 들길에 서서 푸른 별을 바라보자!   (本, 展開)

푸른 별을 바라보는 것은 하늘 아래 사는 거룩한 나의 일과이어니……．　**(結)**
　　　　　　　　　　　　　　　　　　　　　　　　　　　- 신석정, 들길에 서서 -

　6연 9행의 자유시이다. 연이 여럿으로 나누어져 있으나, 정서적 의미적 전개를 보면 1연에서 시상을 일으키고, 2, 3, 4, 5연에서 전개를 하고, 6연에서 결론을 내리는 구조로 구성하고 있음을 볼 수 있다.

　　예,5　마음이 어지러운 날은
　　　　　수를 놓는다.

　　　　　금실 형실 청홍실
　　　　　따라서 가면
　　　　　가슴속 아우성은 절로 갈안고

　　　　　처음 보는 수풀
　　　　　정갈한 자갈돌의
　　　　　강변에 이른다.

　　　　　남향 햇볕 속에
　　　　　수를 놓고 앉으면

　　　　　세사번뇌(世事煩惱)
　　　　　무궁한 사랑의 슬픔을
　　　　　참아 내올 듯

　　　　　머언
　　　　　극락정토(極樂淨土)가는 길도
　　　　　보일성 싶다.　　　　　　　　　　　- 허영자, 자수(刺繡) -

　6연으로 구성된 시이지만 세 문장으로 되어 있다. 따라서 세 개의 의미 단락으로 나누어 볼 수 있겠다. 1연에서는 화자는 마음이 어지러울 때면 수를 놓는다. 2, 3연에서는 수를 놓다 보면 번민이 가라앉고 아름다운 심성의 경지에 이르게 된다. 4~6연에서도 수를 놓으면 사랑의 슬픔도 참아내고, 번뇌로부터 완전히 벗어날 수도 있을 듯하다. 고 노래했다. 3단 구성이다. 그러나 1연을 起로 보면 2~6연이 本이라고 할 수도 있고, 結은 생략되었다고도 볼 수 있겠다. 結로 1연을 다시 끝에 한 번 더 배열했다면 완전한 3단 구성이 될 시이다.

    예,6 선(禪)이라고 하면 선(禪)이 아니다.
         그러나 선(禪)이라고 하는 것을 떠나서는 별로히 선(禪)이 없다. 는 것이다.(正)
         선(禪)이면서 선(禪)이 아니요,
         선(禪)이 아니면서 선(禪)인 것이 이른바 선(禪)이다.   (反)

         …… 달빛이냐?
         갈꽃이냐?
         흰 모래위에 갈매기냐?   (合)
                             – 한용운, 尋友莊 2 –

2연 7행의 자유시이다. 정반합의 변증법(辨證法)적 구성이다. 3단 구성이다. 변증법에 대해서는 뒷(7)항에서 논의할 것이다.

(2) 4단 구성

시의 의미와 정서를 전개하면서 4단으로 하는 경우가 있다.

    예,1 임이 부르시면 달려 가지요.
         금띠로 장식한 치마 없어도
         진주로 꿰맨 목도리가 없어도
         임이 오라시면 나는 가지요   (起)

         임이 살라시면 사오리다.
         먹을 것 메말라 창고가 비었어도
         빗덤이로 옘집 채찍 맞으면서도
         임이 살라시면 나는 살아요.   (承)

         죽음으로 갚을 길이 있다면 죽지요.
         빈손으로 임의 앞을 지나다니요.
         내임의 원이라면 이 생명을 아끼오리
         이심장의 온 피를 다 빼어 바치리다.   (轉)

　　　　무엔들 사양하리 무엔들 안 바치리
　　　　창백한 수족에 힘나실 일이라면
　　　　파리한 임의 손을 버리고 가다니요.
　　　　힘 잃은 그 무릎 버리고 가다니요.　　　　　　　　　　**(結)**
　　　　　　　　　　　　　　　　　　　　　　－ 모윤숙, 이 생명을 －

　위에 예로 든 시는 4연으로 된 시인데, 시상 전개가 한시(漢詩)에서처럼 기, 승, 전, 결로 4단 구성이 되어있음을 볼 수 있다. 이런 경우에는 대게 4연으로 전개하지만, 반드시 4연이어야 하는 것은 아니다. 여러 필요에 따라서 더 많은 연으로 시를 전개하더라도 의미상 4단 구성일 수도 있다.

　　예,2　매운 계절(季節)의 채찍에 갈겨
　　　　마침내 북방(北方)으로 휩슬려 오다.　　　　　　**(起)**

　　　　하늘도 그만 지쳐 끝난 고원(高原)
　　　　서릿발 칼날진 그 위에 서다.　　　　　　　　　　**(承)**

　　　　어데다 무릎을 꿇어야 하나
　　　　한 발 재겨 디딜 곳조차 없다.　　　　　　　　　**(轉)**

　　　　이러매 눈감아 생각해 볼 밖에
　　　　겨울은 강철로 된 무지갠가 보다.　　　　　　　　**(結)**
　　　　　　　　　　　　　　　　　　　　　　－ 이육사, 절정 －

　예,2도 기, 승, 전, 결의 한시적 4단 구성 방법을 취한 시이다. 1연에서는 현실적 한계 상황(수평적)을 노래하고, 2연에서는 1연의 시상을 이어서 역시 현실적 한계 상황(수직적)을 노래한 뒤에 3연에서는 시상을 뒤집어서 극한 상황에서의 화자의 심리를 노래하고, 4연에서는 극한 상황에서의 초극의지를 노래해서 주제를 드러내고 있다.

　서정주의 시 '국화 옆에서'(p.75 참조)는 4연이 기승전결로 된 전형적인 4단 구성의 시이다.

　시(漢詩)적 4단 구성은 대게 주제가 結에 담겨 있는 경우가 많고, 의미상 구성으로는 미괄식 구성이다.

(3) 5단 구성

시들의 용례를 살펴보면 의미상 5단 구성인 시들을 흔히 찾을 수 있다.

   예,1 남들은 자유를 사랑한다지마는, 나는 복종을 좋아하여요.
         자유를 모르는 것은 아니지만, 당신에게는 복종만 하고 싶어요.
         복종하고 싶은 데 복종하는 것은 아름다운 자유보다도 달콤합니다. 그것이
         나의 행복입니다.

         그러나 당신이 나더러 다른 사람을 복종하라면 그것만은 복종할 수가 없습니다.
         다른 사람을 복종하려면 당신에게 복종할 수 없는 까닭입니다.
                                        - 한용운, 복종(服從) -

이 시는 2연으로 되어있지만 6문장 5행으로 배열된 시이다. 의미상 논리 전개는, 소설에서처럼 '발단, 전개, 위기, 절정, 결말'과 같은 전개는 아니지만 분명한 5단 구성이다. 1문장 한 행을 행별로 배열하지 말고 다른 이들처럼 여러 행으로 배열하면서 5개 연으로 배열을 해도 무방할 정도로 논리적 전개가 5단 구성이다. 그러나 이 시도 한용운 시의 특징인 변증법적 3단 구성이라 해도 무방해 보인다. 1연은 正으로 복종하고 싶은 데에 복종하는 것이 나의 행복이다, 反은 2연 1행으로 다른 사람을 복종하라면 복종할 수 없다. 合은 5행, 다른 사람을 복종하려면, 당신에게 복종할 수 없기 때문이다. 3단 구성이다. 5단 구성은 3단 구성의 변형이거나 확장이라 할 수 있을 것이다.

(4) 병렬식 구성

   예,1 내 마음은 호수요.
         그대 노 저어 오오.
         나는 흰 그림자를 안고 옥(玉)같이
         그대의 뱃전에 부서지리다.

         내 마음은 촛불이요.
         그대 저 문(門)을 닫아 주오.
         나는 그대의 비단 옷자락에 떨며, 고요히
         최후(最後)의 한 방울도 남김없이 타오리다.

내 마음은 나그네요.
그대 피리를 불어 주오.
나는 달 아래 귀를 기울이며, 호젓이
나의 밤을 새이오리다.

내 마음은 낙엽(落葉)이요.
잠깐 그대의 뜰에 머무르게 하오.
이제 바람이 일면 나는 또 나그네같이 외로이
그대를 떠나오리다.   - 김동명, 내 마음은 -

  이 시는 어느 연도 중심 연이라 할 수 없는 유사한 구조와 비슷한 시상을 병행 나열하고 있다. 굳이 따진다면 1, 2연은 사랑의 기쁨을, 3, 4연은 사랑의 애달픔을 노래하는 것으로 볼 수 있고, 1연 2연이 대구를 이루고 3연 4연이 대구를 이루며 1, 2연과 3, 4연은 대조를 이룬다고 할 것이다. 아무튼, 이 시를 3단 구성, 4단 구성으로 생각하면 기(起, 序)와 결(結)은 생략되고, 3단 구성에서의 본(本)만, 그리고 4단 구성에서라면 승(承) 전(轉)만 제시되었다고 할 수 있을 것이다.

예,2 넓은 벌 동쪽 끝으로
     옛이야기 지즐대는 실개천이 회돌아 나가고
     얼룩백이 황소가
     해설피 금빛 게으른 울음을 우는 곳,

     - 그 곳이 참하 꿈엔들 잊힐리야.

     질화로에 재가 식어지면
     뷔인 밭에 밤바람소리 말을 달리고,
     엷은 졸음에 겨운 늙으신 아버지가
     짚벼개를 돋아 고이시던 곳,

     - 그 곳이 참하 꿈엔들 잊힐 리야.

     흙에서 자란 내 마음
     파란 하늘 빛이 그립어
     함부로 쏜 화살을 찾으려
     풀섶 이슬에 함추름 휘적시던 곳,

― 그 곳이 참하 꿈엔들 잊힐 리야.

　　전설 바다에 춤추는 밤물결 같은
　　검은 귀밑머리 날리는 어린 누의와
　　아무러치도 않고 여쁠 것도 없는
　　사철 발 벗은 안해가
　　따가운 햇살을 등에 지고 이삭 줍던 곳,

　　　― 그 곳이 참하 꿈엔들 잊힐 리야.

　　하늘에는 성근 별
　　알 수도 없는 모래성으로 발을 옮기고,
　　서리 까마귀 우지짖고 지나가는 초라한 지붕
　　흐릿한 불빛에 돌아 앉어 도란도란거리는 곳,

　　　― 그 곳이 참하 꿈엔들 잊힐 리야.　　　　　　　　― 정지용, 향수 ―

　역시 5연으로 짜인 병렬식 구성의 시이다. 그리운 고향의 전경이 각 연마다 제시되고, 이것을 잊을 수 없다고 노래하고 있다. 의미상 중심 연이 따로 없다.

(5) 두괄식, 미괄식 구성

　시의 주제가 응축되어 있는 중심 연이나 중심 행을 어느 부분에 두느냐의 문제이다. 표현하고자 하는 중심적 의미나 정서나 사상을 첫머리에 제시하고 시를 전개하면 두괄식이요, 끝에 결론적으로 제시하면 미괄식 구성이다. 윤선도의 '오우가'는 두괄식 구성이고 아래 예는 미괄식 구성이다.

　　예,1　유리에 차고 슬픈 것이 어른거린다.
　　　　열없이 붙어서서 입김을 흐리우니
　　　　길들은 양 언 날개를 파다거린다.
　　　　지우고 보고 지우고 보아도
　　　　새까만 밤이 밀려 나가고 밀려와 부딪치고,
　　　　물먹은 별이, 반짝, 보석처럼 박힌다.
　　　　밤에 홀로 유리를 닦는 것은
　　　　외로운 황홀한 심사이어니,

고운 폐혈관(肺血管)이 찢어진 채로
아아, 늬는 산(山)새처럼 날아 갔구나!　　　　　　　　　－ 정지용, 유리창 －

　이 시의 서정적 자아는 어린 아들의 죽음을 슬퍼하며 그리워하는 심정을 형상화하고 있다. 연의 구별이 없는 단연의 시이다. 그러나 마지막 9~10행에 서정적 자아의 심정이 강하게 표현되고 있다. 미괄식 구성을 했다.

(6) 양괄식 구성

　첫 연에 주제를 담은 중심 행이나 연을 배열하고는, 시상을 아래 연들에서 전개한 후에 다시 끝 연에서 같은 연이나 조금 어휘를 줄이거나 달리하되 주제를 강조하는 구성방법이다. 수미상관법(首尾相關法)이라고도 한다. 그렇게 하면 주제가 선명하게 드러나서 강조되기도 하고, 행이나 연의 반복에서 오는 리듬을 얻게도 된다. 몇 연으로 구성하든 중심 연을 머리와 끝에 두는 것이니, 양괄식 구성은 3단 구성, 5단 구성의 일환이라고도 하겠다.

　역으로 **중괄식**을 생각해 볼 수 있다. 3단 구성에서 중심 연을 본(本, 중간)에 두는 경우이다. 시작(始作)을 가볍게 하고 끝을 가볍게 하여, 주제가 담긴 중심 연을 중간에 두는 형식이다.

(7) 변증법(辨證法)적 구성

　시상을 전개하는 방법 중에 변증법적 구성(전개)은 하나의 전형적인 3단 구성이다. 또한 변증법(辨證法)적 구성은 심오한 시적 깊이를 가진 시를 쓰기에 적합한 방법이다.

　변증법(辨證法)이란 동일률(同一律)을 근본원리로 하는 형식논리에 대하여, 모순 또는 대립을 근본 원리로 하여 사물의 운동을 설명하려고 하는 논리이다.[13] 변증법은 그리스 철학에서부터 유래하여 칸트, 헤겔을 거쳐 변증법적 유물론에 이르러 마르크스, 레닌, 엥겔스, 스탈린에 의해 다각도로 변용 응용되어 온 논리이다. 헤겔은 인식이나 사물을 정(正,정립)·반(反,반정립)·합(合,종합)의 3단계를 거쳐서 전개된다고 생각했다. 정(正)의 단계란 그 자신 속에 실은 암암리에 모순을 포함하고 있음

---

[13] 동아세계대백과사전(동아출판사) p.247

에도 불구하고 그 모순을 알아채지 못하고 있는 단계이며, 반(反)의 단계란 그 모순이 발각되어 밖으로 드러나는 단계이며, 합(合)의 단계는 정(正)과 반(反)이 종합 통일된 단계이다. 이 합에서 정과 반에서 볼 수 있었던 두 개의 규정이 함께 부정되면서 또한 함께 살아나서 통일된다.

다소 어려운 논리이나 쉽게 이해하면, 어떤 주장을 하고(正), 다시 그 주장을 뒤집어서(反) 이를 종합함으로써 결론에 이르는 논리 전개 방법이라는 정도로 이해해 두면 되겠다. 쉬운 예로 "(正) 사람은 밥을 먹어야 산다. 그러나 (反) 사람은 밥을 먹기 위해서만 사는 것은 아니다. (合) 이렇게 볼 때 밥이란 사람이 사는 목적은 아니지만, 삶을 이어가기 위해서는 없어서는 안 되는 필수불가결한 요소이다."와 같은 전개를 하는 것이다. 시들에서 그 예들을 살펴보자.

예,1 아아 임은 갔습니다. (正) 그러나 나는 임을 보내지 아니하였습니다.　　(反)
- 한용운 임의 침묵 -

예,1에는 正 反만 있지만, 合은 생략되었다. 그 合은 이러하다. '임은 비록 내 곁에서 떠나갔지만, 그러나 나는 내 마음속의 임은 내게 남아 있습니다'. 이다. 변증법적 전개이다.

예,2　나는 당신을 사랑하고 당신의 행복을 사랑합니다. 나는 온 세상 사람이 당신을 사랑하고 당신의 행복을 사랑하기를 바랍니다.　　　　　　　　(正)
　　그러나 정말로 당신을 사랑하는 사람이 있다면 나는 그 사람을 미워하겠습니다.
　　　　　　　　　　　　　　　　　　　　　　　　　　　　　　　(反)

　　그 사람을 미워하는 것은 당신을 사랑하는 마음의 한 부분입니다.
　　그러므로 그 사람을 미워하는 고통도 나에게는 행복입니다.　　(合)

　　만일 세상 사람들이 당신을 미워한다면 나는 그 사람을 얼마나 미워하겠습니까.
　　만일 온 세상 사람이 당신을 사랑하지도 않고 미워하지도 않는다면 그것은 나의 일생에 견딜 수 없는 불행입니다.　　(正)
　　만일 온 세상 사람이 당신을 사랑하고자 하여 나를 미워한다면 나의 행복은 더 클 수가 없습니다.　　(反)
　　그것은 모든 사람의 나를 미워하는 원한의 두만강이 깊을수록 나의 당신을 사랑하는 행복의 백두산이 높아지는 까닭입니다.　　(合)
- 한용운, 幸福 -

예,2도 연마다 正, 反, 合의 변증법적 논리로 전개되고 있음을 볼 수 있다.

예,3 천추에 죽지 않는 논개여   (正)
      하루도 살 수 없는 논개여   (反)
      그대를 사랑하는 나의 마음이 얼마나 즐거우며(正) 얼마나 슬프겠는가.(反)
      나는 웃음이 겨워서 눈물이 되고(正) 눈물이 겨워서 웃음이 됩니다.   (反)
      용서하여요. 사랑하는 오오. 논개여.

                            - 한용운, 논개의 애인이 되어서 그의 묘에 -

예,3도 合은 생략되었다. 1, 2행의 合을 유추해보면 '논개는 우리 청사에 영원히 기록되어 잊혀지지 않을 이름이지만, 그녀는 산 논개로서가 아니라 의로운 죽음을 한 논개로서 만이 존재하는 논개다.'라는 말(合)이 독자들의 몫으로 돌려두고 생략되었다.

그다음 3행도 "즐겁다, 슬프다"가 정, 반(正, 反)이다. 합은 무엇일까. '논개의 그 충혼을 생각하면 너무나도 거룩한 마음이 들지만, 한 사람의 죽음을 생각하면 안타깝고도 슬프다.'라는 심정을 토로한 것이다. 변증법적 전개이다.

그다음 행도 합이 생략되었다. 바로 위의 행과 마찬가지로 논개의 높은 뜻이 아름다우나 나이가 어렸던 한 인간으로서의 논개의 죽음은 슬프다. 라고 하는 합(合)은 생략되었다.

끝 행의 용서와 사랑도 마찬가지로 변증법적 표현이다.

예,4 밤 근심이 하 길기에
      꿈도 긴 줄 알았더니
      님을 보러 가는 길에
      반도 못가서 깨었구나.   (正)

      새벽꿈이 하 짧기에
      근심도 짧을 줄 알았더니
      근심에서 근심으로
      끝 간 데를 모르겠다.   (反)

      만일 님에게도
      꿈과 근심이 있거든

   차라리
   근심이 꿈이 되고 꿈이 근심되어라.   (合)   - 한용운, 꿈과 근심 -

예,5 선(禪)은 선(禪)이라고 하면 선(禪)이 아니다.   (正)
   그러나 선(禪)이라고 하는 것을 떠나서는 별로이 선(禪)이 없는 것이다.(反)
   선(禪)이면서 선(禪)이 아니요,
   선(禪)이 아니면서 선(禪)인 것이 이른바 선(禪)이다.   (合)
                 - 한용운, 尋友莊 2 -

 위의 예,1, 2, 3들은 시의 부분들이 정, 반, 합으로 변증법적 표현을 했다면, 예,4는 시 한 수가 3연을 이루면서 각 연이 정, 반, 합으로 변증법적 전개가 되어있고 예,5는 연은 하나이지만 정, 반, 합으로 변증법적 전개를 하고 있음을 볼 수 있다.

 (8) 삼단 논법적인(연역적, 귀납적) 구성
 논리학에서 말하는 삼단 논법적인 구조(귀납적 전개, 연역적 전개)를 의식하고 시를 짓는 방법을 말하는 것으로 다음 장에서 학습한다.

 (9) 시 구조의 논리성
 현대시는 자유시이라 그 구조에 논리성이 없을 줄로 알았는데 이렇게 살펴보면 놀라울 정도로 시상 전개가 일반 논설문에서처럼 서, 본, 결 식으로 논리적인 전개를 하거나, 소설이나 희곡에서처럼 발단, 전개, 위기, 절정, 결말처럼 분명한 구조를 보이는 것이 아니라고는 하더라도, 다시 말해서 산문에서나 서사적인 글에서 보듯 형태론적 문법상의 아귀가 맞는 논리적 문장으로 짜여 있지는 않다고 하더라도 대부분이 3단, 4단, 5단 구성으로 그리고 병렬식, 두괄식, 미괄식, 양괄식 혹은 변증법적으로 구성되고 있음을 볼 수 있었다.
 시의 구성 구조라는 측면에서 현대시의 구조를 살펴보면 시적 표현이어서 기(起), 본(本), 결(結)의 구조를 갖추고 있다 하더라도 명확한 논리성을 지니고 있다고까지 말하기에는 어려운 점도 있다고 할 것이다. 그러나 **다음 장에서** 시적 표현방법(언술형식)을 설명하는 곳에서 논리학에서 말하는 삼단 논법적인 구조(귀납적 전개, 연역적 전개)를 의식하고 시를 지을 수도 있음을 살펴보도록 하겠다.

(10) 시간의 흐름에 따른 전개

시상을 전개하면서 논리적 구조보다는, 시간(세월)의 경과가 있는 시는 그 시간의 흐름에 따라 전개하는 경우가 있다. 여기에는 시간(세월)의 흐름에 따라 순차적으로 전개하거나 혹은 역순으로 전개할 수도 있고, 의도적으로 그 시간의 흐름에 변화를 줄 수도 있다. 즉 과거, 현재, 미래를 의도에 따라 뒤바꾸어 배열할 수도 있다. 다음에 학습할 수사법 장(章) 원근법에서도 다루고 있다.

 예,1 물레방아 도는구나
    물레방아 도는구나

    내 어릴 적 아버지
    약주 한잔하신 날
    긴소리 육자배기로
    부르시던 노래 !

    물레방아 도는구나
    물레방아 도는구나

    내 나이 아버지 나이 되니
    약주 한잔한 날이면
    그 노래 내가 부르는구나 !

    물레방아 도는구나
    물레방아 도는구나 !   - 하상규, 물레방아 -

예,1은 과거에서 현재로 순차적 전개한 시이다. 이를 역순으로 전개할 수도 있겠다.

 예,1-1 물레방아 도는구나
     물레방아 도는구나

     내 나이 아버지 나이 되니
     약주 한잔한 날이면
     그 노래 내가 부르는구나 !

물레방아 도는구나
물레방아 도는구나 !

이 노래
내 어릴 적 아버지
약주 한잔하신 날이면
긴소리 육자배기로
부르시던 그 노래를 !

물레방아 도는구나
물레방아 도는구나 !   － 하상규, 물레방아 －

이렇게 시간을 역순으로 전개해도 무방하다. 시상에 따라 의도에 따라 선택할 일이다.

    예,2 오늘 아침
　　　　동태탕을 먹는다.

　　　　겨울을 먹는다.
　　　　또 한 해를 먹는다.

　　　　들큼한 무 삐져 넣고
　　　　벌건 고춧가루 적당히 푼
　　　　시원한 동태탕을

　　　　그 옛날
　　　　예쁜 엄마가 끓여주시던
　　　　생태탕 먹던 때가 엊그제인데

　　　　그 엄마보다 더 나이가 많은
　　　　당신이 끓인 동태탕을
　　　　어머니 얼굴 어른거리는
　　　　생태탕처럼 먹는다.

　　　　겨울을 먹는다.
　　　　또, 또 한 해를 먹는다.   － 하상규, 동태탕 －

예,2도 시간의 흐름에 따른 전개인데, 현재-과거-현재의 순으로 전개하고 있음을 볼 수 있다. 시간의 흐름에 변화를 준 전개이다.

(11) 공간의 이동(시선의 이동)에 따른 전개

서경적인 시의 경우에 근경에서 점차적으로 원경으로, 원경에서 점차적으로 근경으로 공간(시선)을 이동하면서 전개하는 방법이다. 파노라마처럼 좌에서 우로 우에서 좌로 上下로 下上으로 공간(시선)을 이동하면서 전개할 수도 있겠다.(뒤에 학습할 수사법 장(章)의 원근법에서 예를 보면서 학습하자.)

(12) 대상의 이동에 따른 전개

예를 들어서, 축제에서 악대며 기마병이며 가장행렬 같은 그룹들이 지나가는 모습을 보고 시를 짓는다면, 북극에서 오로라가 이동하며 변하는 모습을 시로 묘사한다거나 자동차경주, 경마, 어린이 운동회 등에서 대상이 이동하는 모습을 노래하는 경우에 활용하면 좋을 전개법이다.

(13) 어조의 변화 등에 따른 전개

대개 한 수의 시에서는 어조가 바뀌지 않는 것이 일반적이다. 가급적 어조를 바꾸지 않아야 한다.

그러나 경우에 따라서는 어조를 바꾸는 경우도 있다. 어떤 연에서는 봄바람같이 부드러운 여성적 어조이다가 어느 연에서는 노도와 같이 강하고 격정적인 남성적 어조로 휘몰아칠 수도 있다. 또 어떤 연에서는 간절히 호소하다가 또 어떤 연에서는 강하게 청하거나 권유할 수도 있겠다.

이렇게 어조가 바뀌는 경우에는 그 어조의 변화에 따라 전개에 변화를 줄 수도 있다.

♣ **실습** : 1. 각 항(3단 구성, 4단 구성, 5단 구성, 두괄식 구성, 미괄식 구성, 양괄식 구성, 병렬식 구성, 변증법적 구성으로 된 시)의 예가 될 만한 시들을 여러 시집에서 찾아보자.
2. 시간의 흐름, 공간의 이동, 대상의 이동, 어조의 변화에 따른 전개를 하고 있는 시들을 찾아보자.
3. 위의 구성 방법들 중 2~3 방법을 선택해서 각각의 방법을 적용한 시를 지어보자.

Ⅵ장. 표현 방법 <言術 形式>

  인간은 언어라는 수단으로 자신의 의사를 표현한다. 우리는 문자언어로 자신의 의사를 효과적으로 표현하기 위해서 여러 가지의 표현 방법(언술 형식)을 사용한다. 언술 형식에는 설명, 논증, 묘사, 서사가 있다. 이들은 독자적(獨自的)인 성질을 가지면서도 서로 관련된다.
  이해를 시키는 것이 목표인 설명에는 지정, 정의, 비교, 대조, 예시, 구분, 분류, 분석, 과정 등이 있다.
  논증은 논리적인 호소로서 어떤 주장이나 진리를 자신의 의도대로 현실화하는 것을 목표로 하면서 증거에 의한 객관적 논리로 확인시키는 형식이다.
  설명과 논증 사이에 설득이 있는데, 설득은 독자들의 태도, 감정, 정서의 공통적인 바탕에 호소하여 발화자의 의도를 현실화하는 언술 형식이다. 묘사는 사물이나 현상이 지닌 성질, 인상을 감각적으로 표현하는 언술 형식이라면, 서사는 사건의 시간적 과정을 제시하는 언술 형식이다.
  시(詩)는 시가 가지는 장르의 특수성 때문에 산문(실용문)에서와 같은 비중으로 설명과 논증, 서사와 같은 표현방법(언술 형식)이 구체적으로 두드러지게 적용되지는 않는다. 그러나 이러한 표현의 방법은 산문에서만 적용되는 것이 아니라, 시(詩)에서도 활용, 원용되고 있음을 알 수 있다.
  J. C. 랜섬처럼 '시를 논리적으로 모순된 것, 논리성을 초월하는 것이라고 주장하는 이도 있지만, Y.윈터즈는 시의 구성방법을 일곱 종류로 나누고 제2타입으로 논리적 방법을 제시했다. "논리적 방법이란 하나의 세부(細部)에서 또 다른 하나의 세부(細部)로 나아가는, 명백히 합리적인 진행 방법이다. 이 경우, 시가 명료한 설명적 구성을 가지는 것은 명백한 일이다."라고 했다. 여기에서 '세부(細部)에서 세부로'라는 말은 언어의 명료성과 질서화 곧 논리성을 필요로 한다는 말이다. 이렇게, 시도 산문처럼 논리적 구조를 가지고 있다고 주장하는 이도 있다.

그러나 우리는, 시라는 장르가 가지는 특성에 함몰되거나 선입견을 가짐으로써, 시도 언어 예술이므로 산문에서와 같은 표현 방법(언술 형식)들이 적용, 원용되고 있고, 논리성도 있다는 점을 살피거나 논의하기보다는 외면하거나 간과해 온 것이 사실이다.

시는 논리성과 비논리성의 양면성을 지니면서, 이 두 양면성의 창조적 조화에서 현대시의 매력이 살아난다고 하겠다. 시에 있어서 논리적 방법과 비논리적 방법 곧 논리에 모순되는 초월적 표현은 서로 상치되는 듯한 성격의 것이면서도 보다 나은 시를 위해서는 불가피하게 두 측면이 다 차용되어야 하는 것이다. 형이상학적, 초현실적 세계를 창출하기 위해서는 논리에만 매일 수는 없는 일이기 때문이다. 그렇지만 초월적 표현도 그 근본 뿌리는 논리를 바탕으로 한다는 것은 부정 못 할 일이다. 초월은 곧 논리를 뒤집은 것 파괴한 것이기 때문이다.

이런 면에 관심을 두고 필자는, 이런 표현방법들이 적용된 시들을 예로 들어 살피면서 시작법으로서의 한 가지 방법론을 모색해 본다.

1. 설명(說明)

'설명(說明)'이란 어떤 사실에 대해 자신이 알고 있는 사실이나 정보, 지식 등을 독자에게 전달하여 이해시키는 것을 뜻한다. 예를 들면, 전문 용어의 개념을 규정하거나, 사물의 유래를 밝히거나, 사건의 발생 원인을 규명하고 경위를 밝힌다거나 혹은 기계의 구조와 성능과 취급 방법 따위를 알기 쉽게 풀이하는 것을 가리킨다.

설명하는 방법에는 지정(확인), 정의, 구분·분석, 분류, 예시, 비교, 대조, 과정 등이 있다.

시(詩)도 넓은 관점에서 보면 시인이 자신의 감정과 정서 그리고 생각과 사상을 독자들에게 설명하는 것이라고 말할 수 있을 것이다. 이런 면에서 보면 시를 창작하는 데에도 설명을 하는 여러 표현방법들이 시에 적용되고 있음을 볼 수 있다. 이들을 한 가지씩 살펴보기로 하자.

1) 지정(指定), 확인(確認)

지정은 설명이라는 기술 양식 가운데서 가장 단순한 것으로, 어떤 사물이 무엇인가를 확인하는 설명 방법이다.

이를테면, '그는 누구인가?', '책이란 무엇인가?'와 같은 질문에 객관적으로 대답하는 것과 같은 설명 방법이다.

    예,1 연암 박지원은 조선조 후기의 문학인이다.
       2 밥은 음식이다.
       3 우리나라 국호는 대한민국이다.
       4 그분은 나의 어머니이시다.

위 예,1은 '박지원은 누구인가?'에 대한 지정을 하고 확인하는 설명이다. 예,2는 밥이 무엇인지 모르는 이에게 음식이라고 확인해 주고 있다. 예,3과 예,4도 국호를, 그분을 확인 지정해서 이를 모르는 이에게 설명해주고 있다.

이러한 설명의 방법은 시에서도 많이 원용되고 있음을 본다. 다만 실용문에서는 설명이 객관적이어야 하겠지만, 시에서는 객관적일 필요는 없고 오히려 주관적이라고 할 것이다.

※ 수사법(修辭法 – 뒤에서 상세히 학습할 것임)에서는 이런 구조를 은유(隱喩)라고 한다.

    예,5 나는 나룻배
          당신은 행인   – 한용운, '나룻배와 행인'에서 –

    예,6 내 마음은 호수요.
          내 마음은 촛불이요.
          내 마음은 나그네요.
          내 마음은 낙엽이요.   – 김동명, '내 마음은'에서 –

    예,7 하늘 아래 내가 받은
          가장 큰 선물은
          오늘입니다.

오늘 받은 선물 가운데서도
가장 아름다운 선물은
당신입니다.   - 나태주, 선물 -

예,8 밤이도다.
     봄이다.   - 김억, 봄은 간다 -

예,9 사랑은/안절부절 // 사랑은/설레임 // 사랑은/서성댐 // 사랑은/산들 바람 //
     사랑은/나는 새 // 사랑은/끓는 물 // 사랑은/천의 마음   - 나태주, 사랑은 -

예,10 당신은 빛 // 당신은 진리 // 당신은 생명 // 당신은 구원   - 성경의 '시편'에서 -

이 시구들은 지정(확인)이라는 설명의 구조를 취했다. 지정(확인)만으로도 훌륭한 시적 표현이 되는 것을 보았다.

♣ **실습** : 1. 지정(확인)하는 문장을 3 문장 만들어보자.
           2. 지정(확인)의 방법을 써서 간결한 시 한두 연을 지어보자.

2) 정의(定義)

정의도 역시 설명의 기초로, 물음에 대한 답변의 형태를 취한다. 예컨대, '이것이 무엇이냐?'라는 물음에 대한 답변으로 'S는 P다.'와 같은 등식(等式) 관계로 표현하는 것을 지정(확인)이라 했다면, 정의는 사전(辭典·事典)에 실려 있는 뜻풀이, 즉 개념 규정(概念規定) 따위의 설명을 정의라 한다. 그 구조는 아래와 같다. 정의가 지정(확인)과 다른 점은 정의 항에 종차(種差)가 있다는 것이다. 이런 구조를 수사법에서는 역시 은유라 한다.

구조 : 피정의 항(S) = 정의 항(P)(종차 + 범주)

예,1 밥이란 쌀에 물을 부어서 삶은   음식이다.
예,2 빵이란 밀가루를 반죽해서 찐   음식이다.
      피정의 항   **종차**   **범주**

예,1과 예,2의 범주는 같은 '음식'이다. 차이점을 드러낸 것이 종차(種差)임을 볼 수 있다.

  예,3 노예란, 다른 사람에게 법적으로 소유되어 부림을 당하는 인간이다.
  예,4 일식(日蝕)이란, 달(月)이 지구와 태양 사이에 끼여서 태양의 일부 혹은 전부
    를 가리는 현상이다.

 예,3에서 '노예란'이 피정의 항이고, 그 아래가 정의 항인데 '다른 사람에게 법적으로 소유되어 부림을 당하는' 이 종차이고 인간이다' 가 범주이다. 예,4에서 '일식이란' 이 피정의 항이고, 그 아래가 정의 항인데, '달(月)이 지구와 태양 사이에 끼여서 태양의 일부 혹은 전부를 가리는' 이 종차이고 '현상이다.' 가 범주이다.

 이와 같이, 정의는 '노예'나 '일식'과 같이 개념이 규정되는 쪽(피정의 항)과 개념을 규정하는 쪽과(정의 항)의 두 개의 항(項)으로 성립되는데, 개념을 규정하는 쪽은 종차와 범주로 구성된다. 여기서 개념을 규정하는 쪽(정의 항)의 진술(陳述)이 곧 설명인 것이다.
 위에 든 낱말이나 술어의 뜻풀이는, 비교적 단순하고 명쾌하여, 그것이 옳은가 아닌가가 곧 드러나지만, 다음과 같은 정의는 그 옳고 그름의 판단이 어려워진다.

  예,5 인간은 이성을 가진 동물이다. ………… <아리스토텔레스>

 위의 예문은, 정의가 비유로써 내려졌기 때문에, 객관적이라기보다는 직관적(直觀的)이며, 동시에 주관적이어서, 또 다른 정의를 불러일으킬 수 있는 바탕이 된다.

  예,6 인간은 사회적 동물이다. ………………… <아리스토텔레스>
  예,7 인간은 생각하는 갈대다. ………………… <파스칼>
  예,8 인간은 상징(象徵)을 다루는 동물이다. … <카시러>

 이와 같이 비유로써 규정되는 정의는 매우 수사적(修辭的)이며 문학적인데 그 특징이 있다.
 그런데, 실용문에서는 정의라는 '설명'에서 주의해야 할 일이 있다. 그것은, 피정의 항(被定義項)과 정의항(定義項) 사이에 개념의 크기나 범위가 같아야 하며, 그 어느

쪽이 크든지 작아서 양 항(兩項)의 균형이 깨지면 안 된다는 것이다.

    예,9 등(燈)은 전기의 힘으로 방을 밝히는 기구다.
    예,10 망치는 사람이 사용하는 도구다.

예,9와 10은 피정의 항 (등, 망치)에 대하여 정의 항(기구, 도구)의 범위가 서로 맞지 않아서 설명이 잘못된 경우다. 예,9는 피정의항이 전등이어야 할 것이며, 예문 10은 도구라는 범주가 너무 넓어서 피정의 항 망치를 충분히 설명하지 못하고 있다.

그런데 시에서는 오히려 정의라는 구조의 설명의 방법만을 택할 뿐 피정의 항과 정의 항 사이의 범위를 고려할 필요가 없다. 오히려 수사적이며 문학적인 표현을 하는 것이 더 장려된다고 할 것이다.

    예,11 당신은 나를 이 세상에 존재하게 하는 이유이다.

예문 11에서 '당신은'이 피정의 항, '나를 이 세상에 존재하게 하는'이 종차이고 '이유'가 범주이다. 정의라는 구조의 설명의 방법만을 택했을 뿐, 피정의 항과 정의 항 사이의 범위가 일치한다고 할 수가 없다.

    예,12 이것은 소리 없는 <u>아우성</u>
        저 푸른 해원(海原)을 향하여 흔드는
        영원한 <u>노스탤지어의 손수건</u>.
        <u>순정</u>은 물결같이 바람에 나부끼고
        오로지 맑고 곧은 이념의 푯대 끝에
        <u>애수</u>는 백로처럼 날개를 펴다.
        아! 누구인가?
        이렇게 슬프고도 애닯은 <u>마음</u>을
        맨 처음 공중에 달 줄은 안 그는.   - 유치환, 깃발 -

예,12에서 '이것(깃발)은'이 피정의 항이고, '소리 없는' 이 종차이며, '아우성'이 범주이다. 그 아래에도 생략된 이것(깃발)이 피정의 항이고 '저 푸른 해원(海原)을 향하여 흔드는 영원한'이 종차이고, '<u>노스탤지어의 손수건</u>'이 범주이다. '물결같이 바람에 나부끼는' 이 종차이고, '<u>순정</u>'이 범주이며, '오로지 맑고 곧은 이념의 푯대 끝에 백로처럼 날개를 편'이 종차이고 '애수'가 범주이다. '맨 처음 공중에 단 슬프고도 애닯은' 이 종차이며, '마음'이 범주이다. 역시 설명의 방법 중 정의라는 구조만 취했을 뿐, 피정의 항과 범주를 이어주는 종차가 명확하다고는 할 수 없고, 시인의 의도에 따라 통사 구조가 P.108의 예문처럼 분명하지는 않다.

예,13 구름은
      보랏빛 색지 위에
      마구 칠한 한 다발 장미   - 김광균, 뎃상 -

예,14 나는 시방 위험한 짐승이다.   - 김춘수, 꽃을 위한 서시 -

예,15 내 고장 칠월은
      청포도가 익어가는 시절   - 이육사, 청포도 -

예,16 그냥 줍는 것이다

      길거리나 사람들 사이에
      버려진 채 빛나는
      마음의 보석들   - 나태주, 시 -

예,13, 14, 15는 정의라는 설명의 방법으로 설명하고 있는 구조가 보일 것이고, 16은 정의 두 문장으로 된 시이다. 피정의 항은 생략이 된 (시는)이다. '그냥 줍는'이 종차이고 '것이다'가 범주이다. 2연의 1, 2행이 종차요, '마음의 보석'이 범주이다.

예,11에서 16까지의 시들에는 밑줄 친 부분을 범주로 하는, 정의라는 설명구조로 되어있다. 시를 쓰면서 이렇게 정의라는 설명의 방법을 원용하면, 훌륭한 시적 표현이 될 수 있음을 본다.

♣ 실습 : 1. 정의 구조를 가지는 문장 셋을 만들어보자.
            2. 정의라는 방법을 써서 간결한 시 한두 연을 지어보자.

3) 구분(區分) · 분류(分類) 및 분석(分析)

인간의 사고(思考)는 흐리멍덩하고 착잡한 것보다는 명석하고 질서 있는 것을 좋아하는 경향이 있다. 이와 같은 심리(心理)에 의하여, 인간은 어떤 사물을 대할 때, 그것을 분석하거나 분류하는 일이 있다.

　구분이나 분류는, 둘 이상의 사물을 종류별로 가르는 것을 뜻한다. 이때, 계층적으로, **위에서 아래로 내려가는 것**, 예를 들어서 생물에는 동물과 식물이 있고 동물에는 척추동물과 무척추동물이 있고 식물에는 쌍떡잎식물과 홑떡잎식물이 있다.와 같이 설명하는 것을 구분이라 하며, 반대로 체계나(體系) 계층으로 보아 낮은 단계에 있는 작은 개개의 물건을 종류에 따라 묶어가며, 위 단계로 점차 옮겨가는 것, 예를 들어서 연필, 지우개, 자, 분도기, 컴퍼스 등을 학용품이라고 한다, 와 같은 방법으로 설명하는 경우에 이를 분류라고 한다.

　한편 **분석**(分析)은, 한 사물을 이루고 있는 성분을 추출해 내는 것을 뜻한다. **분해**(分解)는 시계 같은 기계를, 부품을 뜯어내어 해체하는 행위를 일컫는 말로, 구조를 밝히기 위한 것인데 대하여, **분석**은 화학(化學) 실험 같은 데서, 물질의 성분을 추출하는 경우에 쓰이는 용어이다. 요즈음에는 사회학 분야에서도 쓰이게 되었다.

　그런데 시에서는 이러한 설명의 방법을 의도적으로 많이 사용한다고 말할 수는 없을 것 같다. 그 용례를 흔하게 찾기가 쉽지 않다.

　　예,1　내 마음은 호수요.
　　　　내 마음은 촛불이요.
　　　　내 마음은 나그네요.
　　　　내 마음은 낙엽이요.　　　　　　　　　　　　　－ 김동명, '내 마음은'에서 －

　이 시는 내 마음의 하위 갈래를 호수, 촛불, 나그네, 낙엽이라고 설명하고 있으므로, 구분(區分)이라는 설명의 방법을 원용한 것이라고 할 수 있겠고, 또한 내 마음을 구성하고 있는 성분을 추출해 내고 있다고도 볼 수 있으므로, 분석(分析)이라는 설명의 방법을 활용한 시라고도 할 수 있을 것이다.

　　예,2　돌아가신
　　　　울 엄마 가슴을
　　　　외과 의사를 시켜
　　　　해부를 한다면…

돌이 한 섬
숯이 한 섬
멍이 한 섬
한이 한 섬
눈물이 한 섬
골병이 열 섬 나왔다.

저 돌은 내가 젊을 때 던진 돌이라고
아버지가 우시고,
저 숯은 내가 태운 것이라고
큰 누나가 가슴을 친다.
저 멍은 아마도 내가 드린 것…
아! 엄마

한이며 눈물 하며 골병은
모두 제가 드린 것이라고,
아!
아! 아! 엉! 엉!
온 가족
모두가 운다.

엄마! 엄마! 우리 엄마!   - 하상규, 엄마 엄마 우리 엄마! -

 엄마의 마음을 구성하고 있을 요소들을 분석한 시이다. 의도적으로 분석이라는 설명의 방법을 활용해서 시를 지어본 것이다. 졸작이지만 방법은 되는 것 같다.

 예,3 계절이 지나가는 하늘에는
   가을로 가득 차 있습니다.

   나는 아무 걱정도 없이
   가을 속의 별들을 다 헬 듯합니다.

   가슴 속에 하나 둘 새겨지는 별을
   이제 다 못 헤는 것은
   쉬이 아침이 오는 까닭이요,
   내일 밤이 남은 까닭이요,
   아직 나의 청춘이 다하지 않은 까닭입니다.

별 하나에 추억과
별 하나에 사랑과
별 하나에 쓸쓸함과
별 하나에 동경과
별 하나에 시와
별 하나에 어머니, 어머니

어머님, 나는 별 하나에 아름다운 말 한 마디씩 불러 봅니다.
소학교 때 책상을 같이했던 아이들의 이름과 패, 옥, 이런 이국 소녀들의 이름과, 벌써 아기 어머니 된 계집애들의 이름과, 가난한 이웃 사람들의 이름과, 비둘기, 강아지, 토끼, 노새, 노루, '프랑시스 잼', '라이너 마리아 릴케', 이런 시인의 이름을 불러 봅니다.

이네들은 너무나 멀리 있습니다.
별이 아스라이 멀 듯이

어머님
그리고 당신은 멀리 북간도에 계십니다.

나는 무엇인지 그리워
이 많은 별 빛이 내린 언덕 위에
내 이름자를 써 보고
흙으로 덮어 버리었습니다.

딴은 밤을 새워 우는 벌레는
부끄러운 이름을 슬퍼하는 까닭입니다.

그러나 겨울이 지나고 나의 별에도 봄이 오면
무덤 위에 파란 잔디가 피어나듯이
내 이름자 묻힌 언덕 위에도
자랑처럼 풀이 무성할 거외다.　　　　　　　－ 윤동주, '별 헤는 밤'에서 －

1연은 분석적 표현이다. 다만 하늘을 채우는 성분이 '가을'이라는 한 성분일 뿐이다.
3연은 구분을 활용한 표현이다. 도표로 그려보면 쉽게 눈에 들어온다.

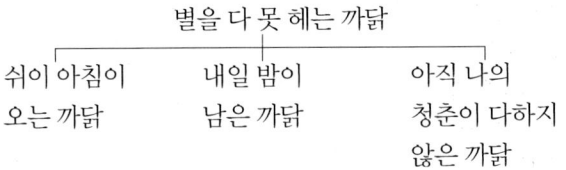

5연도 도표로 그리면 구분이라는 표현법이 활용되었음을 볼 수 있다.

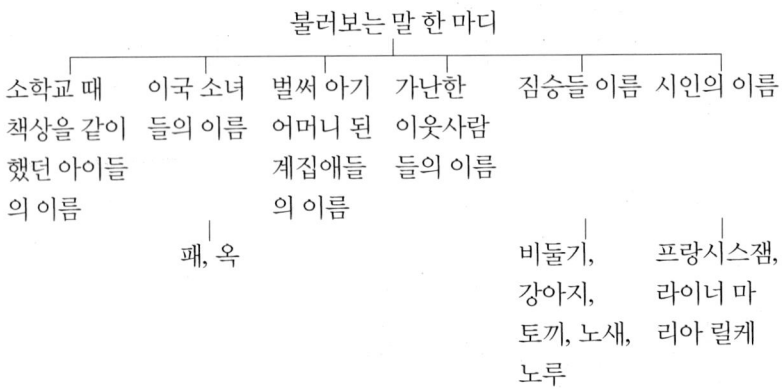

♣ **실습** : 1. 구분(區分)하는 문장 둘을 작성해 보자.
　　　　 1-1. 구분이 활용된 연을 하나 만들어보자.
　　　　 2. 분류(分類)하는 문장 둘을 작성해 보자.
　　　　 2-1. 분류가 활용된 연을 하나 만들어보자.
　　　　 3. 분석(分析)하는 문장 둘을 작성해 보자.
　　　　 3-1. 분석이 활용된 연을 하나 만들어보자.

4) 비교(比較)와 대조(對照)

　설명의 방법으로 많이 쓰이는 것들이다. 그런데 비교와 대조라는 용어는 대부분의 사람들이 일상 언어생활에서 그 의미를 명확하게 구별해서 사용하기보다 의식을 하지 않고 혼용(혼동)해서 사용하고 있다. 그러나 비교와 대조는 엄연히 다른 설명의 방법이다.
　비교는 설명하고자 하는 사물을 독자가 이미 알고 있는 사물을 들어서 그 둘 간의 유사성(類似性)을 보여줌으로써, 몰랐던 사물을 이해시키려는 설명의 방법이다.

예,1 국수를 냉면으로, 빵을 떡으로, 음료수를 차로, 백두산을 태산으로, 영화를 연극으로 설명하는 것 - (비교)

반면에 대조는 오히려 차이점을 보여줌으로써 몰랐던 사물을 이해시키려는 설명의 방법이다.

예,2 어린이와 노인, 밤과 낮, 전쟁과 평화, 남자와 여자를 대비시켜서 설명하는 것 - (대조)

설명을 할 때, 필자는 비교와 대조를 적절히 구사하되, 이 경우 독자가 이미 알고 있음 직한 사물을 예로 들어야 효과를 얻을 수 있다.

비교와 대조를 보다 체계적으로 분석해 보면 다음과 같은 방법들이 있음을 알 수 있다.

- 한 사항(事項)을 설명하고자 할 때는 그것을 이미 독자들이 알고 있는 사항과 관련시킨다.
- 두 사항을 설명하고자 할 때는 두 사항에 적용되는 일반 원리와 관련시킨다.

그런데 이 두 설명의 방법은 궁극적으로 유사한 사물이나, 차이가 나거나 상반되는 사물을 제시하여 녹자가 모르는 사물을 이해시켜 알게 하는 데에 그 목적이 있다. 그러나 **시(詩)에서는 비교와 대조로 독자들을 이해를 시키려고 한다기보다는, 오히려 의미를 효과적으로 표현하고 강조하거나 두드러지게 함으로써, 정서를 유발하고자 하는 데에 그 목적**이 있다.

이런 비교와 대조는 시에 많이 활용되는 표현법이다.

예,3 당신은 우리 엄마를 아십니까?
당신은 심청이란 이름을 아십니다.

당신은 논개를 아십니까?
그분이 우리 엄마를 닮았습니다.

당신은 춘향이를 보시지 않았습니까?
그분이 우리 엄마 아닙니까?

<u>신사임당</u>이란 분을 들어는 보셨지요.
아! 아!
그분이 바로 우리 <u>엄마</u>셨습니다.

엄마 엄마 우리 엄마!　　　　　　　　　　　　　　- 하상규, 울 엄마 -

어머니를 설명할 길이 없다. 흠모하고 공경하고 기릴 길이 없다. 효성은 심청이요, 이웃 사랑과 나라 사랑은 논개로나 비길까? 어려움에도 굴하지 않으신 강직함과 정숙함은 춘향이로나 설명을 할까? 글에 능하시고 기예에 능하시며 자녀 교육에 더할 수 없는 열정을 가지셨던 분을 신사임당과 비교를 함으로써, 긴 말로써가 아니라 비교를 하는 표현법으로 훌륭하셨던 어머니를 추모 흠모하고 있다.

　　예,4　거룩한 <u>분노</u>는
　　　　　<u>종교</u>보다도 깊고
　　　　　불붙는 <u>정렬</u>은
　　　　　<u>사랑</u>보다도 강하다.
　　　　　 아 ! <u>강낭콩꽃보다도 더 푸른</u>
　　　　　 그 물결 위에
　　　　　 <u>양귀비꽃보다도 더 붉은</u>
　　　　　 <u>그 마음 흘러라.</u>

　　　　　아리땁던 그 아미(蛾眉)
　　　　　높게 흔들리우며
　　　　　<u>그 석류 속 같은 입술</u>
　　　　　죽음을 입맞추었네!
　　　　　 아 ! <u>강낭콩꽃보다도 더 푸른</u>
　　　　　 그 물결 위에
　　　　　 <u>양귀비꽃보다도 더 붉은</u>
　　　　　 <u>그 마음 흘러라.</u>

　　　　　<u>흐르는 강물은</u>
　　　　　길이길이 푸르리니
　　　　　그대의 꽃다운 혼
　　　　　<u>어이 아니 붉으랴.</u>
　　　　　 아 ! <u>강낭콩꽃보다도 더 푸른</u>

　　　　　그 물결 위에
　　　　　양귀비꽃보다도 더 붉은
　　　　　그 마음 흘러라.
　　　　　　　　　　　　　　　　　　　　　- 변영로, 논개 -

　1연에서 '분노'를 '종교'에 대조하고, '정렬'을 '사랑'에 대조하고 있다. 각 연마다 '강낭콩'과 '물결'을 대조하고, '양귀비꽃'과 '마음'을 대조하고 있다. 각 연마다의 후렴이라 할 5, 6행과 7, 8행은 엇비슷한 구조로 댓구이다. 이도 비교라 할 것이다. 또한 '강낭콩 꽃보다도 더 푸른 물결'과 '양귀비꽃보다도 더 붉은 그 마음'은 색조의 대조가 있다.
　1연에서 1, 2행과 3, 4행은 대구(對句)[14]로 엇비슷한 내용이므로 비교이다. 2, 3연의 1, 2행과 3, 4행은 구조상 선명하지는 못하나 대구로 비교이다. '석류 속 같은 입술', '그대의 꽃다운 혼'에서 석류와 입술을, 꽃과 혼을 유사성으로 설명하고 있다. 비교이다.[15]
　비교와 대조라는 설명의 방법은 시에 많이 쓰인다. 다음에 공부할 수사법(修辭法)에서도 대구법(對句法) 대조법(對照法)으로 공부하고 익힐 것이다.

♣ **실습** : 1. 비교하는 문장을 두 문장 만들어보자.
　　　　　　1 -1. 비교를 활용한 연을 만들어보자.
　　　　　　2. 대조하는 문장을 두 문장 만들어보자.
　　　　　　2 -1. 대조를 활용한 연을 만들어보자.

5) 예시(例示)

　설명을 효과적으로 하기 위해서 설명하고자 하는 개념과 관련된 구체적인 예를 제시하여 글 전체의 의미를 분명하게 이해시키는 방법을 **예시**라고 한다.
　다음의 예문은 예시를 통한 설명에 해당한다.

　예,1　어머니는 장가간 아들 생일상을 많이도 차리셨다. 미역국에 소불고기, 조기구이, 육전에 생선전, 새우튀김, 잡채며 해물찜에 야채쌈 각종 나물 반찬들…. 아마도 갓 시집온 며늘아기에게 보고 배우게 하시려는 뜻인가 보다.
　　　　　　　　　　　　　　　　　　　　　- 하상규, '어머니 생각'에서 -

---
[14] 다음 단원 수사법에서 구체적으로 학습할 것임.
[15] 이를 수사법에서는 직유라 한다. 다음 단원 수사법에서 구체적으로 학습할 것임.

예,2 태양(太陽)을 의논(議論)하는 거룩한 이야기는
항상 태양을 등진 곳에서만 비롯하였다.

달빛이 흡사 비오듯 쏟아지는 밤에도
우리는 헐어진 성(城)터를 헤매이면서
언제 참으로 그 언제 우리 하늘에
오롯한 태양을 모시겠느냐고
가슴을 쥐어뜯으며 이야기하며 이야기하며
가슴을 쥐어뜯지 않았느냐?

그러는 동안에 <u>영영 잃어 버린</u> 벗도 있다.
그러는 동안에 <u>멀리 떠나 버린</u> 벗도 있다.
그러는 동안에 <u>몸을 팔아 버린</u> 벗도 있다.
그러는 동안에 <u>맘을 팔아 버린</u> 벗도 있다.

그러는 동안에 드디어 서른 여섯 해가 지내갔다.
다시 우러러 보는 이 하늘에
겨울밤 하늘이 아직 차거니
오는 봄엔 분수처럼 쏟아지는 태양을 안고
그 어느 언덕 꽃덤불에 아늑히 안겨보리라.

— 신석정, '꽃덤불', 해방 기념 시집 —

예,1 밑줄 친 부분은 예시이다. 예,2 밑줄 친 부분은 분석적인 표현이라고 할 수도 있겠으나, 일제 치하에서 우리 민족에게서 일어났던 일들을 예로 들고 있다.

예,3 별 하나에 추억과
별 하나에 사랑과
별 하나에 쓸쓸함과
별 하나에 동경과
별 하나에 시와
별 하나에 어머니, 어머니

— 윤동주, '별 헤는 밤' 4연 —

예,3도 별을 하나하나 세어가면서 회상하는 것들을 나열했으니, 예시라 하겠다. 예시도 다음에 공부할 '수사법'에서 열거법으로 공부할 것이다.

♣ **실습** : 1. 예시를 활용한 한두 연이나 한 수의 시를 써보자.

2. 논증(論證)과 설득(說得)

Y. 윈터즈는 시의 구성 방법을 일곱 종류로 구별하여 나누고 있는데 그중 제2의 타입이 논리적인 방법이다. "논리적인 방법이란 하나의 세부(細部)에서 또 다른 하나의 세부로 나아가는, 명백히 합리적인 진행 방법이다."라고 그는 말한다. 여기에서 세부(細部)에서 또 다른 하나의 세부로 나아가는, 명백히 합리적인 진행 방법이란 바로 논증과 설득 곧 추론적 구성과 전개를 말하는 것이다. 곧 언어의 명료성과 질서화를 필요로 한다는 말이다.(앞에서 인용하기도 했음)

시인 중에는 자기가 써놓은 시를 설명해 보라고 하면 말하지 못하는 무책임한 이를 보는 경우가 있는데, 이런 시인들에게는 이러한 논리적인 방법의 차용을 권할 일이다.

시(詩)는 실상, 논증과 설득과 같은 논리적인 글은 아니다. 오히려 논증과 설득과는 거리가 먼 장르라고도 할 수 있을 것이다. 그러나 Y. 윈터즈가 분류했듯 논리적 방법으로 구성하는 방법이 엄연히 존재하고 있다.

그리고 시가 기계적인, 외적인 면에서는 논증과 설득과는 거리가 멀어 보여도 시도 글로 표현하는 예술이므로, 결국은 시(詩)도 '나의 생각은 이렇다. 나의 정서는 이렇다'고 주장하는 것이며, '나는 이렇게 느낀다, 그러니 독자들도 나와 같이 공감해주기를 바란다.'라는 마음으로 쓰는 것이라고 할 것이다.

이러한 면을 인정할 수밖에 없다면, 논증과 설득이라는 기술방식을 이해해 두는 것이 시 창작에 도움이 될 수 있을 것이다. 역으로 논증과 설득의 원리를 이해해 둠으로써 반사 이익으로, 시는 비 논증적이고 비 설득적이라는 점을 이해하는 데에도 도움이 될 것이다.

이를 이해 학습하여, 시가 원숙한 경지에 이르게 되면, 논리가 글을 구속하기보다 초 논리적인 수준에까지 도달하게 된다. 논리를 초월하려고 하는 자유로움은 예술의 속성인 동시에 시의 본질적 요소이기도 하다. 그러나 논리 위에라야(논리가 심층에 존재해야) 초 논리가 나올 수 있음도 자명한 일이다.

이런, 면에서 논증과 설득이란 어떤 기술방식인지 알아보자. 논증(論證)과 설득(說得)은 필자의 의견이나 신념을 독자가 받아들이거나 믿도록 하고 공감하게 하는 기술 양식이다.

흔히, 논증과 설득을 구별하지 않고 '논설(論說)'이라고 부르는 일이 있다. 논설문에는 실상 논증과 설득이 혼동되어 있다. 논증과 설득을 구별한다면, 논증은 필자가 논증을 할 때에는 객관적 근거에 따라야 하되, 설득에서는 독자의 이성에 호소할 뿐 아니라, 때로는 주관에 따라서 감정에 호소할 수도 있다는 점이 차이점이다.

1) 논증(論證)

논증은 아직 명백하지 않은 어떤 사실이나 **명제(命題)에 대하여, 그 진실 여부를 밝히는 것**을 말한다. 논증은 독자의 이성에 호소하는 기술 양식으로, 언제나 명제에 관해서만 행해질 수 있되, **논거(論據)가 있어야** 하며, 개념상의 분규나 갈등은 추론(推論)에 의해 해소된다.

참고로 **논거(論據)**란 무엇인가를 알아보자.

논거(論據)란 논증을 하거나 추론을 할 때, 자신의 의견(주장, 판단 등)을 뒷받침해 줄 근거(根據)를 **논거(論據)**라고 한다. 독자를 설득하려면 논거가 있어야 한다. 논거는 권위자의 말이나 역사적 사실이나 객관적인 사례 등과 같이 자기의 의견을 뒷받침할 만한 것이어야 하는데, 이는 자신의 주장을 진술하고 관철하는 데 큰 도움이 된다.

(1) 명제(命題)와 판단(判斷)

논증은 '무엇은 무엇이다.'와 같은 명제에서 출발한다. **명제란**, '사람은 사회적 동물이다.'라거나, '인간은 생각하는 갈대다.'와 같이 **판단을 언어로 나타낸 것**을 가리키는 용어이다.

논증은 주장하는 명제가 참이라는 것을 **논거로 보여서 이를 증명해야** 한다. 실용문에서는 논증은 어디까지나 공정하고 타당성 있는 객관적 사실에서부터 출발해야 하며, 전개 과정에서도 논리적인 비약(飛躍)이나 오류를 범해서는 안 된다.

그러나 **시(詩)에서는 논증의 형식은 차용을 하되, 과장이나 비약이나 어쩌면 억지라 할 정도(오류라고 할 정도)까지도 허용될 수 있다고도 하겠고, 오히려 이를 더 권장하고 애용한다**고도 하겠다.

시에 있어서는 논리(1)와 비논리(2), 비논리의 논리(3)라는 말이 있다. 논리(1)은 모든 사람의 얼굴의 구조가 같다는 보편성의 진리를 말한다면, 비논리(2)는 사람들의 얼굴은 생김새가 모두 다르다는 특수성을 가리킬 수 있다. 비논리의 논리(3)는 그러면서도 동일한 구조로 이루어져 있다는 귀결점을 말한다. 시의 논리는 이 두 논리를 다 수용하되 후자 (2), (3)이 더 성한 것이라 할 것이다.

논증의 방법을 시에 원용한 예를 살펴보자.

　　예,1　명제 – 부인은 사랑을 먹고 사는 사람이다.
　　　　　논거 – 밥만 있다고 살 수 없다.
　　　　　　　　옷이 있다고 살 수 없다.
　　　　　　　　집이 있다고 살 수 없다.
　　　　　　　　시부모가 있고, 자식이 있어도 살 수 없다.
　　　　　결론 – 한 눈 팔지 않고 오직 나만을 사랑하는 남편의 사랑이 있어야 산다.

　　예,1-1 <시적으로 변용한 예>
　　　　부부는 아내는
　　　　무엇을 먹고 사노?

　　　　산해진미, 고대광실,
　　　　비단옷 있고,
　　　　자상한 시부모며,
　　　　토끼 같은 자식 보고 살라고?

　　　　너는 살래?
　　　　나는 못 산다.

　　　　춥고 배고프고 지지리도 가난하고
　　　　온갖 고생으로 골병이 든다 한들…,

　　　　아! 아!
　　　　행복하잖으냐?
　　　　날 위해 사는 사람,
　　　　그이
　　　　있음에…
　　　　　　　　　　　　　　　　　　　　　　　　　– 하상규, 부부 –

1연은 부인(아내)은 사랑을 먹고 사는 사람이다. 라는 명제를 간결하게 변용한 것

Ⅵ장. 표현 방법〈言術 形式〉| 121

이다. 2연 3연은 논거이다. 4연 5연은 결론이다. 시에도 논리적 전개가 가능함을 볼 수 있다.

    예.2 나 하늘로 돌아가리라.
         새벽빛 와 닿으면 스러지는
         이슬 더불어 손에 손을 잡고,

         나 하늘로 돌아가리라.
         노을빛 함께 단둘이서
         기슭에서 놀다가 구름 손짓하면은,

         나 하늘로 돌아가리라.
         아름다운 이 세상 소풍 끝내는 날,
         가서, 아름다웠더라고 말하리라 …   - 천상병, 歸天 -

이 시를 논증으로 되돌리면 이러하다. 두 가지 논증이 혼재해 있다. 그 하나는 아래와 같다.

    명제 : 사람은 누구나 죽는 존재이다.
    논거 : 부자도 죽는다.
          가난한 사람도 죽는다.
          귀한 사람도 죽는다.
          큰일을 이룩한 사람도 죽는다.
          나처럼 하잘 것 없는 사람도 죽는다.
    결론 : 나도 죽는다.

그리고 또한 논증은 이것이다.

    명제 : 사람은 짧게 사는 존재이다.
    논거 : 아침 이슬 같은 존재이다.
          저녁 노을빛 같은 존재이다.
          한나절 소풍놀이 같은 삶을 사는 존재이다.
    결론 : 그러나 인생은 이렇게 찰라 같은 삶이지만 행복하다.

이렇게 분석해 보면 이 시의 논증(論證) 곧 담론(談論)은 '사람의 일생 곧 나의 일생은 짧고 대수롭지 않은 삶이지만 행복하다.'라는 주장을 하고 있는 것이다. 이러한 논증의 세세한 것들을 과감히 생략하고 진술하는 것이 곧 시(詩)라고 할 수 있다. 어쩌면 수많은 시들이 이러하다고 해도 과언이 아닐 것이다.

   예.3 한송이 국화꽃을 피우기 위하여
        봄부터 소쩍새는
        그렇게 울었나보다

        한송이 국화꽃을 피우기 위하여
        천둥은 먹구름 속에서
        또 그렇게 울었나보다

        그립고 아쉬움에 가슴 조이던
        머언 머언 젊음의 뒤안길에서
        인제는 돌아와 거울 앞에선
        내 누님같이 생긴 꽃이여

        노란 네 꽃잎이 피려고
        간밤엔 무서리가 지리 내리고
        내게는 잠도 오지 않았나보다   - 서정주, 국화(菊花) 옆에서 -

이 시도 논증의 방법이 원용된 시이다. 분석해 보면 이러하다.

  명제 : 세상 만물은 (곧 국화꽃 한 송이까지도) 천지 만물의 조화의 기운이 모여서
        만들어지는 존재이다.
  논거 : 한 송이 국화꽃을 피우기 위해 천둥이 먹구름 속에서 그렇게 울었다.
        (노란 네 꽃잎이 피려고) 간밤엔 무서리가 저리 내렸다.
        내게는 잠도 오지 않았다.
  결론 : 미물인 국화꽃 한 송이가 피는 데에도 천지 만물의 조화의 기운이 모여야만
        필 수 있다. (세상 만물은 우연히 이루어지는 것이 없이 천지 만물의 기운이
        응결되어서 만들어지는 존재이다.)

이렇게 분석해 보면 이 시는, 논증을 시인이 의식했든, 하지 않았든 간에 논증의 방법을 원용한 시임을 분명히 보여주고 있다. 대부분의 시는 이렇게 주장을 하고 논거

를 대고 결론을 낸다고 할 수 있다. 명제(주장)나 결론을 생략하는 경우는 많을지라도.

  꽃 피는 봄 사월 돌아오면
  이 마음은 푸른 산 저 넘어

   그 어느 산 모퉁길에
  어여쁜 님 날 기다리는 듯

  철 따라 핀 진달래 산을 넘고
   먼 부엉이 이름 끊이잖는

  나의 옛 고향은 그 어디런가
   나의 사랑은 그 어디멘가

  날 사랑한다고 말해 주렴아 그대여
   내 맘속에 사는 이 그대여

   그대가 있길래 봄도 있고
  아득한 고향도 정들을 것일레라
                 - 박화목, 망향 -

 이 시도 논증적이다. 시적 표현으로 미사여구를 많이 동원했지만 결국 내용을 요약하면 '봄이 오면 아름다운 고향이 그리워진다. 고향에는 푸른 산 진달래꽃이 아름답고 부엉이 소리가 정겨운 곳이다. 그러나 아무리 꽃피는 봄이 오고 아름답고 정든 고향일지라도, 내가 고향을 진정으로 그리워하는 까닭은 계절과 정경(情景)들 때문만이 아니라, 내가 사랑하는 임이 고향에 있기 때문이다.'
 이를 도식화 해보면,

  명제 : 봄이 오면 고향이 그리워진다.
  논거 : 고향은 푸른 산, 진달래, 부엉이 울음이 아름답고 정답다.
     고향에는 내가 잊지 못하고 그리워하는 임이 있다.
  결론 : 고향이 그리운 까닭은 봄이 오고 고향의 정경이 아름다워서이기도 하지만,
     이보다 더 내가 고향을 그리워하는 까닭은, 그 고향에 내가 잊지 못하는 임
     이 있기 때문이다.

이 시도 자신이 고향을 그리워하는 까닭을 논증적으로 주장하고 있음을 볼 수 있다.

♣ **실습** : 1. 논증적인 한두 연이나 한 수의 시를 써보자.

(2) 추론(推論)

논리적인 표현 방법에 삼단 논법이 있다. 이를 추론이라 한다. 추론(추리〈推理〉)이란 밝혀진 사실을 근거로 하여 아직 밝혀지지 않은 일을 미루어 헤아리는 것을 말한다. 곧 몇 가지 전제에서 결론을 끌어내는 일을 말한다. 가설(假說)의 정당성을 입증하거나, 자신의 소론(所論)을 전개하기 위해서는 이런 추론에 의존한다. 추론의 방법에는 보통 귀납적(歸納的) 추리와 연역적(演繹的) 추리의 두 가지가 있다.

Y. 윈터즈 같이 논리적 방법을 주장한 이도 있긴 하지만, 추론(추리)은 어감에서부터 시(詩)와는 거리가 먼 것으로 보이는 선입견을 갖게 하는 단어이기도 하다. 이는 딱딱한 논리학에서나 철학, 언어학 등에서나 다루는 용어로만 여겨지는 것이 일반적인 우리의 편견이요 고정관념이다. 그래서 시인들이나 시를 논하는 학자들이 이를 시에 적용해보는 방법론으로는 아예 접근할 생각도 해보지 않았다. 그런데 우리 인간들은 매사를 사고하는 과정에는 의식을 하든 하지 않든 추론(추리)의 과정을 거치고 있다는 것을 간과하고 있다.

예를 들어보자.

예,1 오늘은 영희가 올 것이다.
예,2 철수는 배가 부르다.
예,3 비가 온다.

이런 문장들도 추론에 의한 표현임을 알 수 있다.

예,1-1
(대전제) 어느 곳을 방문하려는 사람들은 대개 자신의 방문 의사를 미리 알린다.
(소전제) 영희는 오늘 방문하겠다는 의사를 미리 알려 왔다.
(결 론) **오늘 영희가 올 것이다.**

예,2-1
(대전제) 사람이 음식을 먹으면 배가 불러진다.
(소전제) 철수는 밥을 먹었다.
(결 론) **철수는 배가 부르다**.

예,3-1
(대전제) 하늘에서 물방울이 떨어지는 것을 비라고 한다.
(소전제) 하늘에서 물방울이 떨어진다.
(결 론) **비가 온다**.

예,3-2
(대전제) 찬 공기와 습기를 지닌 더운 공기가 만나면 비가 온다.
(소전제) 오늘 찬 공기와 습기를 지닌 더운 공기가 만났다.
(결 론) **비가 온다**.

이처럼 예,1, 2, 3도 예,1-1, 2-1, 3-1, 3-2에서처럼 전제가 있는 말이지만 이들이 생략되어 있는 문장임을 볼 수 있다.

이에서 보듯 시도 언어 예술이다. 그러므로 이런 관점으로 필자가 자세히 살펴보니, 시에서도 이미 추론적 방법을 활용하여 창작해 왔음을 흔히 볼 수 있었다.

그러면 우선 추론의 두 가지 방법인 귀납적(歸納的) 추리와 연역적(演繹的) 추리가 어떤 것인지를 살펴보고, 이런 추론의 방법을 원용한 시들의 예를 살펴보자.

① 귀납적 추리
귀납적 추리(歸納的 推理)란 개개의 특수한 경험적 사실에서 일정한 공통점을 찾아내어, 그것을 토대로 하여 보편적 원리나 일반적 결론을 끌어내는 추리를 말한다.
예컨대, 다음과 같은 논리의 전개 방법이다.

예,1 공자는 죽었다. 석가모니도 죽었다.   (A=B) …… <개개의 구체적 사실>
    공자·석가모니는 사람이다.   (A=C) …… < 공통점>
    그러므로, 모든 사람은 죽는다.   (∴C=B) …… <일반적 명제>

이와 같은 귀납적 추리는 자연 과학이나 실증적(實證的) 연구에서 잘 쓰인다. 귀납적 추리를 채택할 때는, 자연 과학이나 실증적(實證的) 연구에서는 대상이 되는 사물을 우선 정밀(精密)하게 관찰・조사・실험・분석해야 한다.

 그러나 **시에서는 실용문에서처럼 이러한 정밀을 요구하지는 않고 다만 그 전개 방법론만 원용한다고 보면 된다.** 오히려 그 정밀함이라는 면에서는 자유롭다고 할 것이다. 그러나 시인이 하는 정서적인 사고도 이런 논리적 사고의 틀 속에서 시상(詩想)이 싹트고 전개되어서 결말에 이르게 된다는 것이다.

 예를 들어보자.

 예,2 징기스칸은 영웅으로 아시아에서 유럽에 이르도록 넓은 땅을 정복했다. 알렉산더 대왕도 영웅으로 유럽에서 아시아에 이르도록 넓은 땅을 정복했다. 그런 영웅들도 그 업적을 보존하지 못하고 당대에 혹은 그 자식 대에 허물어져 버렸다. 이것으로 볼 때에 부귀나 공명도 한때의 것이고 영원한 것은 없다.

이를 간략하게 논리적인 문장으로 정리해 보자.

 예,2-1
   징기스칸은 큰 업적을 이루었고, 알렉산더 대왕도 큰 업적을 이루었다.　(A=B)
   징기스칸의 업적도 오래 지속되지 못했고, 알렉산더 대왕의 업적도 오래 지속되지 못했다.　　　　　　　　　　　　　　　　　　　　　(A=C)
   그러므로, 영웅이 이룬 업적일지라도 영원히 지속되는 것은 아니다. (세상의 부귀공명은 영원하지 않다.)　　　　　　　　　　　　　　(B=C)

다시 이를 시적인 표현으로 변용해보자.

 예,2-2 제 타죽는 줄을 모르고
     불을 향해 날아든다. 부나비들

     못 이루었다고 못 하리라.
     징기스칸 알랙산더, 그들의 업적을
     누리지 못했다고 말할 이 없으리라. 그들이

     지금 그들의 대지는 어디에 가고
     지금 그들의 궁궐은 어디로 가고
     지금 그들의 무덤은 어디에서 찾을꼬?
     지금 그들의 자손들은 어디에서나 산다 하더냐?

악다구니만 할 건가 그래도
쌓고 감추고 휘감고 처바르고 번들거리기만
할 건가
그래도

또, 그래도.　　　　　　　　　　　　　　　　　　　　- 하상규, 악다구니 -

또 다른 예들을 보자

예,3　환욕(宦慾)에 취한 분네 앞길 생각하소.
　　　옷 벗은 어린아이 양지 곁만 여겼다가,
　　　서산에 해 넘어가거든 어찌하자 하는다?　　　　　　　　- 김수장 -

예,4　공명(功名)을 즐겨마라 영욕(榮辱)이 반이로다.
　　　부귀(富貴)를 탐치 마라 위기(危機)를 밟나니라.
　　　우리는 일신(一身)이 한가(閑暇)하니 두려운 일 없어라.　- 김상현 -

예,3, 4 이 시조들도 모두 예,2-1 귀납적 추리에서 나온 생각과 정서를 간결하게 표현한 작품들이다.
예,3을 귀납적 전개로 되돌려보자.

　　　이판서는 환욕에 취해 앞길 생각을 하지 않았다. 김판서도 정판서도 환욕에 취해
　　　앞길 생각을 하지 않았다.　　　　　　　　　　　　　(A = B)
　　　이들은 옷 벗은 아이처럼 양지 곁만 지속할 것으로 여겼다.　(A = C)
　　　∴ 양지 곁만 계속될 줄로만 알고 있던 사람들은 해가 넘어가는 처지를 맞게 되었다.
　　　(벼슬을 물러나서 곤경에 처하게 되었다.)　　　　　　∴ (B = C)

♣ **실습** : 1. 귀납적 추리를 활용한 한두 수의 시를 써보자.

　② 연역적 추리(演繹的 推理)
　연역적 추리(演繹的 推理)는 귀납적 추리와는 반대로, 먼저 보편타당한 일반적 원리를 제시하고, 그 원리를 개개의 사실에 적용하는 경우다.

예,1 대전제 : 모든 사람은 죽는다.　　　　　(A=B) <일반적 명제>
　　　소전제 : 소크라테스는 사람이다.　　　　(C=A)
　　　결　론 : 그러므로, 소크라테스는 죽었다. ∴ (C=B)

 이와 같은 연역적 추리는 사회 과학 분야에서 잘 쓰인다. 그러므로 시에서 무슨 연역적 추리이냐고 말할 수도 있다. 그러나 그렇지 않을 수도 있다. 일반적 원리(명제)가 시인의 가슴에 머리에 먼저 떠오를 수 있다. 이를 먼저 제시하고는, 다음으로 이어서 왜 그런 생각을 하게 되었는지를 차근히 제시하는 경우가 적지 않다.

<연역적 추리로 지은 시의 예>

　예,2 (대전제) : 여자는 시집을 간다.
　　　 (소전제) : 순이도 여자이다.
　　　 (결　론) : 순이도 시집을 가야 한다.

　예,2-1 시집을 가야만 하나? 여자로 나면
　　　　 낯설고 물선 곳 시집을 가야만 하나?　　　(A <여자> = B <시집>)

　　　　 순이도 열세 살 시집을 갔고, 명숙이도 열네 살 시집을 가네,
　　　　 은숙이 숙자도 열세 살, 열네 살 시집을 간다네. (C <나, 순이> = A <여자>)

　　　　 엄마! 엄마!
　　　　 병든 울 엄마
　　　　 나도 인제 열다섯
　　　　 어쩌면 좋을꼬?　　　　　　　　　　　(C <나, 순이> = B <시집>)
　　　　　　　　　　　　　　　　　　　　　　　- 하상규, 시집을 간다 -

 예,2는 보편적인 연역적 추리이다. 이를 시로 변용해본 것이 예,2-1이다. 병이 드신 어머니를 버려두고서라도 시집을 가야만 하는 여성의 슬픈 처지를 노래했다. 앞에서 연역적 추리를 말하고, 예,2와 같은 예문을 보고 난 다음이라서 예,2-1이 다소 어색해 보일지 모르겠으나, 예,2-1은 흔히 볼 수 있는 시들 중의 하나로 볼 수 있다고 생각된다.
 아래 예,3-1은 예,3의 연역적추리를 시적으로 변용한 시이다.

Ⅵ 장. 표현 방법<言術 形式>

예,3 (대전제) 자유를 누리는 이는 행복하다.　　　　　(A = B) <자유 = 행복>
　　　(소전제) 순이네는 가난해도 자유를 누린다.
　　　　　　　훈이는 몸이 불편해도 자유를 누린다.
　　　　　　　옥이는 못 배워도 자유롭다.　　　　(C = A) <순, 훈, 옥 = 자유>

　　　(결　론) 그러므로 순이 훈이 옥이는 행복하다. ∴ (B = C) <순, 훈, 옥 = 행복>

예,3-1 (대전제) 새장 속의 새에게는 좋은 옷이 필요하고,
　　　　　　　어항 속의 물고기에게는 명예가 절실할까?
　　　　　　　맛있는 먹이보다 훨훨 날고 헤엄치는 것
　　　　　　　그것이 행복일 터.　　　　　　　　(A = B) <자유 = 행복>

　　　(소전제) 순이네는 없이 살아도 제 하고 싶은 일을 하고 산다.
　　　　　　　한 다리를 절룩거리는 친구 훈이는
　　　　　　　제 생각대로 사유하고 노래한다.
　　　　　　　옥이는 배운 게 없다. 그러나
　　　　　　　땀으로 자녀들을 우뚝하게 키워냈다.
　　　　　　　남들이 우러르도록.　　　　　　　(C = A) <순, 훈, 옥 = 자유>

　　　(결　론) 새장 속의 순이, 어항 속의 훈이
　　　　　　　배급받는 옥이도 웃고 살 수 있을까?
　　　　　　　　　　　　　　　∴ (B = C) <순, 훈, 옥 = 행복>
　　　　　　　　　　　　　　　　　　　　　　　　　　　– 이향선, 자유 –

예,4 내가 그의 이름을 불러주기 전에는
　　　그는 다만
　　　하나의 몸짓에 지나지 않았다.

　　　내가 그의 이름을 불러 주었을 때
　　　그는 나에게로 와서
　　　꽃이 되었다.

　　　내가 그의 이름을 불러 준 것처럼
　　　나의 이 빛깔과 향기에 알맞는
　　　누가 나의 이름을 불러다오.
　　　그에게로 가서 나도
　　　그의 꽃이 되고 싶다.

우리들은 모두
무엇이 되고 싶다.
나는 너에게 너는 나에게
잊혀지지 않는 하나의 눈짓이 되고 싶다.   - 김춘수. 꽃 -

이 시는 연역적 추리를 바탕으로 한 시이다. 이를 간략하게 정리해 보자.

   예,4-1 (대전제) 2연 - 사물은 명명(인식)에 의해 의미 있는 존재가 된다.
              [A(명명된 사물)] = [B(의미 있는 존재)]
     (소전제) 1연 - 사물은 대상을 인식하기 전에는 무의미한 존재이다.
              [C(나, 인식하기 전 사물)] = [B(무의미한 존재)]
   (결   론) 3, 4연 - 나에게 합당하게 명명(인식)이 되어서 나의 본질이 구현되고 싶다. 이 말은, 나는 아직 명명(인식)되지 않았으므로, 본질이 구현되지 않았다. 이 말은, **나도 명명(인식)이 되어야 의미 있는 존재가 (본질의 구현) 된다.**
      ∴ [C(나, 인식하기 전 사물)] = [A(명명된 사물)]

이 시는 철학에서의 존재론, 인식론을 바탕으로 한 시이다. 이 시를 예,4-1과 같이 분석해 보면, 연역적 추리의 전형이 될 만하다고 할 만큼 연역적 추리로 전개된 시이다. 그런데 여기까지 학습한 독자로는 이 시를 충분히 이해하지 못할 수 있으므로, 이 시가 연역적 추리의 구조로 되어있다는 설명도 잘 이해되지 못할 수가 있겠다. 그러나 이 책으로 학습을 다 하고 나면 충분히 이해가 될 것이니, 조급해하지 마시라는 당부를 드린다.

♣ **실습** : 1. 연역적 추리를 활용한 시를 한두 수 지어보자.

2) 설득(說得)

설득은 남을 설복(說伏)하려는 기술 양식이다. 어떤 문제를 들고나와 자기의 견해를 밝히고 주장을 펴되, 이에서 끝나지 않고 독자들로 하여금 자기 주장에 동조하도록 하려는 기술 양식이다.

설득은 자신의 주장을 펴서 다른 이가 자신의 주장에 공감해서 동조해 주기를 바라되 객관적인 논거를 제시하지 않아도 되는 기술 양식을 설득이라 한다.

 시(詩)는 정서적 파동을 일으켜서 감동을 주려는 문학 장르이다. 그러나 목적시(目的詩) 곧 참여시, 행사시, 종교시, 철학시, 사상시 같은 시들은 다분히 설득을 하려는 시라고 할 것이다.

  예,1 눈은 살아 있다.
    떨어진 눈은 살아 있다.
    마당 위에 떨어진 눈은 살아 있다.

    기침을 하자.
    젊은 시인이여 기침을 하자.
    눈 위에 대고 기침을 하자.
    눈더러 보라고 마음 놓고 마음 놓고
    기침을 하자.

    눈은 살아 있다.
    죽음을 잊어버린 영혼과 육체를 위하여
    눈은 새벽이 지나도록 살아 있다.

    기침을 하자.
    젊은 시인이여 기침을 하자.
    눈을 바라보며
    밤새도록 고인 가슴의 가래라도
    마음껏 뱉자.   - 김수영, 눈 -

  예,2 시(詩)를 쓰되 좀스럽게 쓰지 말고 똑 이렇게 쓰랏다.
    내 어쩌다 붓끝이 험한 죄로 칠전에 끌려가
    볼기를 맞은 지도 하도 오래라 삭신이 근질근질
    방정맞은 조동아리 손목댕이 오물오물 수물수물
    뭐든 자꾸 쓰고 싶어 견딜 수가 없으니, 에라 모르겠다
    볼기가 확확 불이 나게 맞을 때는 맞더라도
    내 별별 이상한 도둑이야길 하나 쓰것다.
    옛날도, 먼 옛날 상달 초사훗날 백두산아래 나라선 뒷날
    배꼽으로 보고 똥구멍으로 듣던 중엔 으뜸
    아동방(我東方)이 바야흐로 단군아래 으뜸
    으뜸가는 태평 태평 태평성대라

그 무슨 가난이 있겠느냐 도둑이 있겠느냐
포식한 농민은 배터져 죽는 게 일쑤요
비단옷 신물나서 사시장철 벗고 사니
고재봉 제 비록 도둑이라곤 하나
공자님 당년에고 도척이 났고
부정부패 가렴주구 처처에 그득하나
요순시절에도 시흉은 있었으니
아마도 현군양상(賢君良相)인들 세상 버릇 도벽(盜癖)이야
여든까지 차마 어찌할 수 있겠느냐
서울이라 장안 한복판에 다섯 도둑이 모여 살았겄다.
남녘은 똥덩어리 둥둥
구정물 한강가에 동빙고동 우뚝
북녘은 털빠진 닭똥구멍 민둥
벗은 산 만장아래 성북동 수유동 뾰죽
남북간에 오종종종종 판잣집 다닥다닥
게딱지 다닥 코딱지 다닥 그 위에 불쑥
장충동 약수동 솟을 대문 제멋대로 와장창
저 솟고 싶은 대로 솟구쳐 올라 삐까번쩍
으리으리 꽃궁궐에 밤낮으로 풍악이 질펀 떡치는 소리 쿵떡 국
예가 바로 재벌(狾䂫), 국회의원(匊獪猏猿), 고급공무원(趶磋功無源), 장성
(長狌), 장차관(瞕搓瞳)이라 이름하는,
간땡이 부어 남산하고 목질기기가 동탁배꼽 같은
천하흉포 오적(五賊)의 소굴이렸다.　　　　　　 － 김지하, '오적(五賊)' 일부 －

　예,1은 4, 19를 전후한 시대적 배경을 가진 저항시인 김수영의 시이다. '젊은 시인'으로 표현된 당시 시대의 지성인들에게 눈을 뜨고 시대적 모순을 직시하여 저항하고, 대안을 제시하는 역할을 하자고 호소를 하고 있다. '풀' '폭포' 등 그의 대표 시들이 저항적인 목적시로 설득적인 시라 할 것이다.

　예,2는 70년대라는 시대적 배경 속에서 군사독재에 저항하며 사회적 모순에 저항하기를 독려하는 도발적인 담시(譚詩)[16]이다. 그의 시 '타는 목마름으로'라는 제목의 시도 마찬가지이다. 목적시 참여시 저항시로 설득을 넘어서 호소 반발 절규하는 시들이다. 강한 설득이다.

---

16) 시인 자신이 붙인 말 - 곧 이야기詩라는 뜻

예,3 일신(一身)이 당(當)한 관계(關係) 제 각기(各其) 알 것마는
   전국(全國) 생령(生靈) 큰 관계(關係)는 어이 전(全)혀 모르난고
   동포(同胞)야 동포(同胞)라 하난 뜻을 깊이 생각하소서.
   － 작자 미상, 1910. 1. 20 매일 신보 －

예,3의 시대 배경은 안중근 의사가 이등방문을 살해한 지 몇 개월 뒤이고, 한일 합방 수개월 전이다. 나라의 앞날을 염려하는 지사(志士)들은 죽음을 두려워하지 않고 주권 수호 운동을 해가는 데도, 살아가기에 바쁜 동포들은 나라를 구하고 겨레를 지키는 일에 동참하려는 열성이 미흡했나보다, 이런 동포들에게 나라 일을 자신이 당한 일처럼 여겨서 동참하기를 호소하는 시조이다. 강한 설득이다.

예,5 지아비 밭갈러 간데 밥고리 이고가
   반상을 들오되 눈썹에 맞추이다.
   친코도 고마오시니 손이시나 다라실까   － 주세붕 －

예,6 아버님 날 나으시고 어머님 날 기르시니
   두 분 곳 아니면 이 몸이 살았으랴
   하늘같은 은덕을 어찌 다해 갚사오리.   － 정철 －

예,5는 남편 공경을 예,6은 효도를 설득 권장을 하고 있다. 고시조는 교훈적인 것이 많다. 그래서 설득적인 것이 많다.

♣ **실습** : 1. 설득적인 시 한두 수를 지어보자.

3. 묘사(描寫)와 서사(敍事)

묘사는 어떤 물건이나 정경을 그림을 그리듯이 글로 그려내는 기술방식, 곧 사물이나 현상이 지닌 성질, 인상을 감각적으로 표현하는 언술양식(言術 樣式)이며, **서사**는 사건의 경과를 서술하는 기술방식이다. 묘사가 대체로 정적(靜的)인 것임에 대하여, 서사는 시간의 흐름을 배경으로 한 사건의 전말을 기술하는 것으로 동적(動的)이라 할 수 있다. 시란, 사물이나 현상에 대한 느낌을 직접 제시하는 언술(言術)이므로,

묘사가 주로 쓰이고, 서사는 주로 소설에 쓰이나 서사적 표현도 시에 간혹 쓰인다.

특히 시의 3요소 중 하나가 회화성이다. 회화성은 묘사와 관련 있는 것이다. 형상화(形象化)는 묘사에 의해서 획득된다.

앞에서 학습한 설명과 논증과 설득이 이론적 성향의 언술(표현법)인 데 비하여 묘사와 서사는 감각적 암시적 성향의 표현법이다.

1) 묘사(描寫)

설명이 독자의 지력(知力)이나 사고(思考)의 기능에 호소하여, 이해시키는 데 역점(力點)을 두는 것이라면, **묘사**는 상상력에 호소하여 독자의 머리 속에 물건이나 정경(情景)의 심상(心像)을 떠올리게 하려는 기술 양식이라 할 수 있다. 즉, **묘사**는 기술하려는 대상을 독자로 하여금 마음의 눈으로 보게 하고, 마음의 귀를 통하여 듣게 하고, 마음의 코로 냄새 맡게 하는 등, 감각적으로 파악하게 하는 데 그 특성이 있다고 하겠다. 가령, '민들레꽃은, 색깔이 노랗고 모양은 동그랗다.' 라 한다면, 이것은 설명에 해당한다. 이에 대하여 '민들레꽃은 모양과 빛깔이 흡사 한 개의 금화(金貨)였다.'라고 했다면, 이것은 묘사인 것이다.

시를 쓰는 사람이 만일 묘사의 중요성을 모른다면, 그것은 마치 그림을 그리는 사람이 데생(dessin)이 미술에서 어떤 의미를 지니는지 모르는 것과 유사하다. 묘사를 살펴보자.

예,1 한 구비 맑은 강은 들을 둘러 흘러가고
   기나긴 여름날은 한결도 고요하다.
   어디서 낮닭의 소리는 귀 살포시 들려오고

   마을은 윗뜸 아래뜸 그림같이 놓여 있고
   읍내로 가는 길은 꿈결처럼 내다뵈는데
   길에는 사람 한 사람 보이지도 않아라.   - 이호우, 강(江) 있는 마을 -

예,2 수풀 속은 햇빛으로 가득 넘치고 있고, 어디를 보나 기쁜 듯이 속삭이는 나뭇잎 사이로 파란 하늘이 눈부시게 빛나 보였다. 구름은 기쁨에 날뛰는 바람에 쫓겨 자취를 감추고, 하늘은 맑게 개어 있었다. - 이반 투르게네프, '밀회'에서 -

예,1은 청각과 시각에 호소한 묘사인데 한가롭고 고요하고 평화로운 서경을 그림처럼 그린 시(시조)이다. 예,2는 주로 시각적 묘사인데 밝고 상쾌한 인상을 준다. 이와 같이, 묘사는 심상(心象 Image)을 형성하는 과정에서 독자에게 어떤 정서(情緒)를 유발하게 하는, 즉 정서적 반응을 일깨우는 면이 있다.

　　예,3　線은
　　　　　가날핀 푸른 선은 -
　　　　　아리따웁게 구을려
　　　　　菩薩같이 아담하고
　　　　　날신한 어깨여
　　　　　四月 薰風에 제비 한 마리
　　　　　방금 물을 박차 바람을 끊는다.

　　　　　그러나 이것은
　　　　　千年의 꿈 高麗靑瓷器!

　　　　　빛갈 오호! 빛갈
　　　　　살풋이 陰影을 던진 갸륵한 빛깔아
　　　　　조촐하고 깨끗한 翡翠여
　　　　　가을소나기 마악 지나간
　　　　　구멍 뚤린 가을 하늘 한 조각
　　　　　물방울 뚝뚝 서리어
　　　　　곧 흰 구름장 이는 듯하다.　　　　　　　　　　　　　　　　　　－ 박종화, 靑磁賦 －

　　예,3은 고려청자를 잘 모르는 사람이거나, 보지 못한 사람이라 할지라도 청자의 날렵한 모양과 빛깔과 문양을 눈으로 보고 있는 듯 그 형상을 떠올릴 수 있을 정도로 잘 묘사하고 있다. 잘 그린 정물화를 보는 듯하다.

　　예,4　들마다 늦은 가을 찬바람이 움직이네
　　　　　벼 이삭 수수 이삭 으슬으슬 속삭이고
　　　　　밭머리 해그림자도 바쁜 듯이 가누나.

　　　　　무 배추 밭머리에 바구니 던져 두고,
　　　　　젖 먹는 어린아이 안고 앉은 어미 마음
　　　　　늦가을 저문 날에도 바쁜 줄을 모르네.　　　　　　　　　　　－ 이병기, 저무는 가을 －

예,5　풍지(風紙)에 바람 일고 구들은 얼음이다.
　　　조그만 책상(册床)하나 무릎 앞에 놓아두고
　　　그 뒤에 한 두 숭어리 피어나는 수선화(水仙花).

　　　투술한 전복껍질 바로달아 등에 대고
　　　따뜻한 볕을 지고 누워 있는 해형수선(蟹形水仙)
　　　서리고 잠들던 잎도 굽이굽이 펴이네.

　　　등에 비친 모양 더우기 연연하다.
　　　웃으며 수줍은 듯 고개 숙인 숭이숭이
　　　하이얀 장지문 위에 그리나니 수묵화(水墨畵)를　　　　　　　- 이병기, 수선화 -

예,4와 예,5는 가람 이병기의 시조이다. 4에는 옛 어려운 시대의 우리 농촌의 풍경이 쉬운 언어, 신선한 감각적 언어로 사실적으로 그려져 있다. 농촌 생활의 분주한 모습과 쓸쓸한 모습, 자식을 돌보는 어머니의 사랑의 모습이 그려져 있다. 다음에 공부할 경중정(景中情)17)의 표현이다. 영묘(影描)18)적인 표현이다.

예,5는 첫수에서는 찬 방안에 놓인 수선화의 엷고 고운 모습을 묘사하고, 둘째 수에서는 수선화의 구체적인 모양을 묘사하고, 셋째 수에서는 장지문에 비친 수선화의 그림자를 그리고 있다. 속에 담긴 수선화의 고결하고 굳센 의지와 생명력 등은 감추어서 드러내지 않으면서 말하고 있다. "더우기 연연하다"같이 서정적자아의 주관적 서정을 드러낸 표현도 있기는 하다.

예,6　녀석의 하숙방 벽에는 리바이스청바지 정장이 걸려있고
　　　책상위에는 쓰다만 사립대 영문과 리포트가 있고 영한 사전이 있고
　　　재떨이엔 필터만 남은 켄트 꽁초가 있고 씹다 버린 셀렘이 있고
　　　서랍 안에는 묶은 푸레이보이가 숨겨져 있고
　　　방 모서리에는 파이오니아 엠프가 모셔져 있고
　　　레코드 꽂이에는 레오나드 코헨, 존레논, 에릭 클랩튼이 꽃혀 있고
　　　방바닥엔 음악 감상실에서 얻은 최신 빌보드 차트가 팽개쳐 있고
　　　쓰레기통엔 코카콜라와 조이 워커 빈 병이 쑤셔 박혀 있고
　　　그 하숙방에, 녀석은 혼곤히 취해 대자로 누워 있고
　　　죽었는지 살았는지, 꼼짝도 않고　　　　　　　　　　　　　- 장정일, 하숙 -

---

17) 본서 p.261 참조
18) 본서 p.265 참조

예,6도 묘사를 주로 한 시이다. 화자는 "녀석"의 방을 무심한 척 하나하나 열거하며 묘사하고 있다. 작가는 감정의 토로를 하지 않고 한 발짝 떨어진 체 관찰자의 자리에서 무심하게 바라보듯 묘사하고 있다. 이미지로 전하려고 했고, 형상화하려고 했다. 그래서 독자들로 하여금 비판적 사고를 할 기회를 제공하고 있다.

예,7 비가 억수로 쏟아지는 초저녁
여인숙 입구에 새빨간 새알 전등
급행열차가 쉴새없이 간다
완행도 간간이 덜컹대며 지나다가
생각난 듯 기적을 울리지만
복덕방에 앉아 졸고 있는
귀먹은 퇴직 역장은 듣지 못한다
멀리서 화통방아 돌아가는 소리
장이 서던 때도 있었나 보다
거멓게 썩은 덧문이 닫힌 송방(松房) 앞
빗물 먹은 불빛에 맨드라미가 빨갛다

늙은 개가 비실대며 빗속을 간다.
가는 사람도 오는 사람도 없다
— 신경림, 廢驛 —

예,7도 객관적 묘사를 하고 있는 시이다. 주관적인 표현은 "장이 서던 때도 있었나 보다" 뿐이다. 인구의 도시 집중으로 승객이 없어 폐역이 된 상황을 객관적으로 묘사하고 있다. 이 시는 묘사를 통해서 전달에 치중한 보고 형식의 서술로 화제 지향적이다. 곧 폐역에 대한 자기의 태도를 그림으로 표현한 것이다.

예,8 검은 망토 자락이
서서히 미끄러져 내려가는
산등성이만한
실팍한 등어리에
純度 높은
빛과
소리를
한 짐 짊어지고
都市의 골목으로
걸어 들어오는
싱싱한 얼굴.
— 정한모, 새벽·3 —

이 시는 시적 대상인 추상적인 '새벽'을 추상이 아니라, '망토자락', '산등성이', '등어리', '도시의 골목', '얼굴' 등 구체적 이미지들 곧 시각적 감각적 이미지로 구상화(형상화)함으로써, '새벽'을 신선하게 드러내 주고 있다. 특히 '해'를 '싱싱한 얼굴'로 형상화하여 해의 의미를 새롭게 제시하고 있다.

예,9 날이 저문다.
       먼 곳에서 빈 뜰이 넘어진다.
       無天空 바람 겹겹이
       사람은 혼자 펄럭이고
       조금씩 파도치는 거리의 집들
       끝까지 남아 있는 햇빛 하나가
       어딜까 어딜까 都市를 끌고 간다.   – 강은교, 自轉 1 –

이 시도 일몰의 정경을 시각적 이미지로 제시하여, 그 인상에서 도회인의 삶의 고단함이란 추상을 이미지 곧 묘사로써 형상화하고 있다.

예,10 가을밤의 싸늘한 감촉
       밖을 나섰더니,
       볼그레한 달이 울타리 너머로 보고 있었다.
       나는 말을 걸지 않고, 고개만 끄덕였다.
       주위에는 생각에 잠긴 별들이 있어
       도회의 아이들처럼 얼굴이 희었다.   – 흄 –

흄의 이 시는 대단히 회화적이다. 주제 의식을 가지고 독자에게 감동을 주려고 하지 않는다. 정경을 그려서 독자들이 생각하게 하고자 한다.

♣ **실습** : 1. 묘사를 주로 하는 시를 한두 수 지어보자.

2) 서사(敍事)

서사는 주지하는 바와 같이 산문 그중에서도 소설의 바탕이 되는 표현법이다. 시에서는 서사시에서 주로 사용하는 표현법이다. 지금은 서사시를 쓰는 이나 경우가 드물다. 그러나 일반 서정시에서도 서사적 표현법을 원용하는 경우가 있다. 시 창작에 활용해 봄 직한 표현법이다.

서사는 움직임이나 동작, 또는 동작의 연속으로 이루어지는 사건의 기술을 가리키는 용어다. 서사도 묘사와 마찬가지로 독자의 상상력에 호소하며, 어떤 인물의 행동이나 혹은 많은 사람들이 빚어내는 어떤 상황을 심상으로 떠오르게 하는 경우가 있다. 기술하는 정경이 심상으로 재현되는 경우에는 묘사에서와 마찬가지로 어떤 인상(印象)과 더불어 정서적 반응을 일깨우기도 한다.

> 예,1 최 상병은 기관차를 향하여 철모를 힘껏 던졌다. 철모가 차체에 부딪혔다고 느껴지는 순간 기관차 속에서 자동 화기의 연발 총성이 10여 발 엉뚱한 방향으로 요란하게 울렸다. 그는 엉겁결에 머리를 풀 속에 묻었다. 다시 벌떡 일어난 최 상병은 작업복 주머니에서 수류탄을 꺼내 안전핀을 물어 뽑고 기관차 속으로 던져 넣었다. 잠시 후 엄청난 폭음이 울렸다.
>
> — 홍성원, '기관차와 송아지'에서 —

위의 예문은 재빠른 동작의 연속으로 이루어진 짧은 순간의 사건을 다룬 서사문이다.

서사는 동작과 사건을 다루므로, 그 속에 시간과 과정과 순서가 있게 된다. 서사는 독자로 하여금, 자신이 실제로 그러한 사건에 말려들어 참여하고 있는 듯한 느낌을 갖게 한다. 위의 예문이 주는 긴장감은 바로 서사문의 효과인 것이다.

☆ 보충 해설 ☆

※ 묘사의 관점 : 묘사하는 대상을 어떠한 위치나 방향에서 바라보는가를 나타내는 것을 묘사의 관점이라 한다. 묘사의 관점은 크게 나누어 다음과 같이 분류된다.
  ㉮ 객관적 입장 : 묘사하고자 하는 대상과 관찰자의 관점이 중시되며, 대상을 있는 그대로 그려내고자 하는 입장이다.
  ㉯ 주관적 입장 : 대상의 내용성이 중시되며 묘사하고자 하는 대상의 본질을 그려내고자 하는 입장이다.
※ 서사의 요소
  ㉮ 움직임 ㉯ 시간 ㉰ 의미

[요 약]

※ 묘사 : 어떤 물건이나 정경을 그림을 그리듯이 글로 그려내는 것.
※ 서사 : 움직임이나 동작 또는 동작의 연속으로 이루어지는 사건의 기술.

예,1   第1景
　　　행길 위에 머슴애들이 우 몰려가 수상한 차림의 여인 하나를 에워싼다.
　　　돌팔매를 하는 놈, 쇠똥, 말똥을 꿰매달아 막대질을 하는 놈.
　　　"양갈보" "양갈- 보" "양갈- ㄹ보"
　　　더럽혀진 母性을 향하여 이들은 저희의 律法으로 다스리는 것이다.
　　　"내가 늬들 에미란 말이냐. 양갈보면 어때? 어때?"
　　　거품까지 물어 발악하는 여인을 지나치던 미군 짚이 싣고 바람같이 흘러간다.
　　아우성만 남고.

　　　第2景
　　　짙게 양장한 여인이 지나간다. 꼬마들은 눈을 꿈벅꿈벅한다.
　　　한 녀석이 살 살 뒤를 밟아 여인의 뒷잔등에다
　　　"一金 三千圓也" 라는 꼬리표를 재치 있게 달아 붙인다.
　　　"와하" "와하하" "와하하하"
　　　자신들의 抗拒로서는 어쩔 수 없음을 깨달은 꼬마들이 자학을 겹친 모멸의 哄
　　笑를 터뜨린다.
　　　여인은 신 뒤축을 살펴보기도 하고 걸음새를 고쳐보기도 한다.
　　　그러나 그녀가 사라지기까지
　　　'와하" "와하하" "와하하하"는 그치지 않는다. 　　　－ 구상, 焦土의 시 6 －

예,2　어미가 아이를 출산하기 일주일 전
　　　심한 독감이 들었데.
　　　아이를 낳았는데 태가 다 녹았다지.
　　　태어난 지 백 일이 되어도 갓 태어난 아기만도 못했데.
　　　그 아이 이름은 아기.
　　　호적 더럽힌다고 올리지도 않았데.
　　　두 돌이 되던 해
　　　동사무소에서 호구조사가 있었데.
　　　동사무소 직원이
　　　"이 세상에 태어났는데
　　　호적에는 올렸다가 보내야 저승길을 찾아가지 않겠냐."고
　　　그러면서 직접 이름을 지어 호적에 올려 주었데.

그렇게
그 아기
8살, 학교 갈 나이가 되었지.
그때까지 아무도 동사무소 직원이 지어준 이름을 기억하지 않았다지.
입학통지서가 나오고 그 아기 처음으로 이름이 불리어졌어.
이 아무개
낯선 이름으로 불리어지는 것도 어색하고
새로운 친구들도 어색했던 학교생활
맨 앞에서 선생님이 어깨에 손을 얹으며 "앞으로 나란히" 소리치면
한없이 움츠려 멀뚱히 서 있던 작고 작았던 아이,
영리하고 총명하게 초등학교 졸업하고 중학교, 고등학교 잘 다녔어.
스무 살이 갓 넘은 어느 날
사주라는 걸 봤다지.
아이구나, 글쎄!
"그 아이가 그 이름 때문에 목숨을 연장해서 잘 살고 있다."는 거야.
"이름 지어준 분께 술 한 잔 올리고 감사하다고 꼭 전해라."는데
그분을 찾을 수가 있나.
이름 덕분에 나이 차도록 잘 살았고
이젠 나이가 차고 넘쳐 늙어가고 있으니 참 감사한 일이구나.

 - 이인숙[19], 출생 -

예,3 고장난 시계를 고치려고 시계점엘 들렀더니 잃어버린 시간들이 그곳에 다 있었다. 그 집주인은 낡은 내 시계를 열어 보더니 건전지를 갈아 끼워야 한다고 했다. 내 시계의 건전지를 갈아 끼우는 동안 그 집의 뻐꾸기 시계가 뻐꾹, 뻐꾹 크게 울었다. 아슴푸레 뻐꾸기 소리를 따라가다가 나는 그만 길을 잃고 만다. 뻐꾸기 소리의 길은 고장난 시계 속의 길, 그 길은 小路다. 나는 몸을 구부려 그 길로 들어섰다. 긴긴 회랑 끝에서 한 아이가 걸어 나왔다. 산 밑으로 가는 길에는 우유빛 안개가 끼어있고 아직은 찔레순이 어리다. 찔레순을 잡는 아이의 손등에 투명한 이슬이 맺힌다. 주인은 웃으며 야구르트를 권한다. 야구르트의 빨대 속으로 찔레꽃 향기가 빨려 나왔다. 주인은 가느다란 핀셋으로 낡은 내 시계 속에서 찔레꽃 한 잎을 들어냈다. 내 시계의 건전지를 갈아끼우는 동안 내가 만난 아이의 몸에는 찔레꽃이 피고 있었다. 꽃피는 시간 속으로, 시간을 맞추어 드릴까요? 건전지를 교환한 내 시계를 그 집 주인이 건네줄 때 뻐꾸기 소리의 밖으로 문을 열고 나오지만 나는 길을 잃는다.

 - 권운지, 고장난 시계 -

---

19) 필자의 시작법 강좌를 수강한 문하생

예,1은 소년들이 미군에게 몸을 파는 소위 양공주들을 괴롭히는 연출 장면으로 되어있다. 6·25 당시 생존을 위해 몸을 파는 시대적 아픔을 서사적 표현으로 시화했다. 잃어버린 여인, 잃어버린 어머니, 더럽혀진 어머니 곧 공산 침략자들로 인해 망가진 삶, 상실된 조국을 표현하고자 했다고 보인다. 극미(劇美)가 있다. 예,2도 스토리가 있고 시간의 경과가 있고 등장인물이 있고 활동이 있다. 극미(劇美)는 적지만 서사적인 표현을 해보려는 의식을 하고 쓴 작품이다. 시적 감동을 준다.

예,3도 역시 설명문처럼 쓴 산문시이지만 설명에만 그치지 않고 무엇인가를 암시하고 있다. 자신과 시계수리포 주인이 등장하고 행동이 있다. 1과 2와는 달리 극미(劇美)는 적지만 현실과 상상 속의 세계를 오가며 입체적 암유로 표현하고 있다. 서사성이 있는 산문시라 하겠다.

> 예,4 신부는 초록 저고리 다홍 치마로 겨우 귀밑머리만 풀리운 채 신랑하고 첫날 밤을 아직 앉아 있었는데, 신랑이 그만 오줌이 급해서 냉큼 일어나 달려가는 바람에 옷자락이 문 돌쩌귀에 걸렸습니다. 그것을 신랑은 생각이 또 급해서 제 신부가 음탕해서 그 새를 못 참아서 뒤에서 손으로 잡아당기는 거라고, 그렇게만 알고 뒤도 안 돌아보고 나가 버렸습니다. 문 돌쩌귀에 걸린 옷자락이 찢어진 채로 오줌 누곤 못 쓰겠다며 달아나 버렸습니다.
>
> 그러고 나서 40년이가 50년이 지나간 뒤에 뜻밖에 딴 볼일이 생겨 이 신부네 집 옆을 지나가다가 그래도 잠시 궁금해서 신부방 문을 열고 들여다보니 신부는 귀밑머리만 풀린 첫날 밤 모양 그대로 초록 저고리 다홍 치마로 아직도 고스란히 앉아 있었습니다. 안쓰러운 생각이 들어 그 어깨를 가서 어루만지니 그때서야 매운 재가 되어 폭삭 내려 앉아 버렸습니다. 초록 재와 다홍 재로 내려 앉아 버렸습니다.
> — 서정주, 신부 —

예,4는 서정주의 '질마재 신화'의 맨 첫머리에 실린 시인데, 서사로 전개한 산문시이다. 신랑의 사려 깊지 못하고 경망한 행동으로 인하여 한 여성의 삶을 짓밟아버린 안타까운 이야기이다. 신화를 옮겨놓은 듯한 스토리가 있는 이야기이다. 여성의 한스러운 삶과 정절을 서사로 형상화하고 있다.

예,3과 4는 예,1과 2와는 달리 내적인 정서적 충격(일렁임)은 주지만, 외적인 음악성은 극히 적다. 형태적인 면에서도 시적인 의식을 하지 않고 산문처럼 서술하고 있다.

이런 산문시에 대한 필자의 생각은 조금 다르다. 시인들이 자신의 이런 글을 시라고 발표하고 자신들의 시집에 담고 있으니 독자들도 평론가들도 너그럽게 이들을 산문시라고 인정해주고, 하나의 실험적인 시라고 인정해주어서, 시라고 보아주고는 있다. 하지만 예3,과 4(서정주의 다른 산문시들도 마찬가지로)는 오히려 소설 장르(掌篇)에 넣는 것이 어떨까 하는 생각이 든다. 이는 소설 중에서도 짧은 형식인 장편(掌篇)에 넣으면 아주 적합할 듯도 하다. 단순히 내용이 짧고 내용에 감동을 주는 정도로는 이들을 시로 분류해 주는 것은 생각해볼 여지가 있다고 본다. 필자의 단견일지도 모르겠지만 말이다.

그러나 이들 예로 든 예,1 예,2 시들도 서사성이 보이는 작품이라고 보여서 선정해 보았으나, 서사적인 시로서 표지가 되는 시들은 못 된다. 다만 등장인물이 있고 동작이 있고 대화가 있어서 서정을 직접 토로하는 시들과는 달리 서사성이 있다는 것이다.

♣ **실습** : 1. 서사적인 시를 한 수를 써보자.

3) 정서(情緒)의 전달

어떤 사물을 보거나 상상을 하였을 때 시각, 후각, 촉각, 미각, 청각 등 여러 가지 감각적 요소나 감수성이 종합되어서 아름답다든지, 슬프다든지, 쓸쓸하다든지, 정열적이라든지, 사랑스럽다든지, 존경스럽다든지, 허무하다든지 하는 등등의 감흥이 일어난다. 이러한 감흥을 감정(感情) 또는 정서(情緒)라고 한다.

간략히 말하면, 정서는 모습이나 사건을 보거나, 모습이나 사건이 마음에 떠오를 때(회상, 상상) **마음에 일어나는 느낌**이다. 일상생활에서 늘 경험하지 않는 특수한 모습이나 움직임을 볼 때 정서가 발생한다. 마음에 떠오르는 모습이나 움직임도 정서를 일으킨다.

느낌이나 정서를 전달하는 방법에는 **묘사**와 **서사**가 있다. 묘사는 느낌이나 정서가 일어나도록 **모습을 말로** 나타내는 것이고, 서사는 느낌이나 정서가 일어나도록 **사건을 말로** 나타내는 것이다. 묘사나 서사는 모습이나 사건을 보게 하는 것이 아니고, **상상하게 하는 것**이다. 독자는 묘사된 모습이나 서사 된 사건을 상상하고, 상상된 모습이나 사건 때문에 감각적 느낌과 **비슷한 경험을 하거나 정서를 경험**한다.

Ⅶ 장. 수사법(修辭法)

글은 사상, 감정, 의지를 정확하고 온당하게만 전하면 되는 것이지만, 같은 값이면 다홍치마라고, 아름답게, 힘 있게, 맛있게 꾸밀 필요가 있다. 시(詩)는 더욱더 그러하다. 그리고 글이란 인간의 사상과 감정을 충분히 표현하기에는 충분하지 못한 것이다. 그래서 효과적인 표현을 위해서는 다양한 표현기교가 필요하다. 그와 같은 효과를 내기 위하여 부리는 표현기교를 수사법(修辭法)이라 한다.

이러한 수사법(修辭法)에는 비유법(譬喩法), 강조법(强調法), 변화법(變化法)의 3가지가 있다.

이런 수사법은 산문에서도 물론 필요하지만, 시(詩)에 있어서는 가히 필수를 넘어서 전부라고도 할 것이다. 그래서 '**훌륭한 시(詩)에는 훌륭한 수사법이 녹아있다.**'라거나 역으로 '**효과적으로 수사법을 활용한 것을 시라고 한다.**'라고 해도 과언이 아니다. 곧 '**시적 표현**'이란 말은 이 수사법을 잘 활용한 표현을 말한다고 해도 지나친 말이 아니다.

다시 강조해서 말하면, 시는 많은 감정과 정서와 사상을 짧은 글로, 짧은 형식에 담아 압축적으로 함축적으로 표현하는 문학이요 예술이다. 그런 까닭에 이의 필요성과 중요성은 아무리 강조를 해도 지나침이 없다. 조금 과하게 말한다면, 이것이 곧 시(詩)가 시가 되게 하는 것이라 할 것이며, 이것이 곧 시 그 자체라고 해도 과언이 아니다. 이만큼 시에 있어서는 이 수사법의 활용이 중요한 요소이다. 그러므로 시인이 되고자 하는 사람은 이런 수사법을 이해하고 익혀서 능숙하게 활용할 줄 알아야만 한다.

가. 비유법(譬喩法) : 문장(詩)을 쓸 때 한 가지 일이나 물건을 다른 한 가지 일이나 물건에 비겨서 표현하는 방법이다. 여기에는 ① 직유법 ② 은유법 ③ 풍유법 ④ 의인법 (또는 활유법) ⑤ 의물법 ⑥ 의태법 ⑦ 의성법(擬聲法) ⑧ 대유법(代

喩法) ⑨ 중의법(重義法) 등이 있다.
나. **강조법(强調法)** : 문장(詩)에서 서술하는 사실을 보다 강력히 표현하여 독자에게 깊은 인상을 주어 일층 절실한 효과를 얻도록 하는 표현 방법이다. 여기에는 ① (과장법) ② (영탄법) ③ (반복법) ④ (점층법, 점강법) ⑤ (현재법) ⑥ (예증법 또는 열거법) ⑦ (대조법) 등이 있다.
다. **변화법(變化法)** : 문장(詩)이 단조롭고 권태로운 것을 피하기 위하여 서술이나 말귀에 어떤 변화를 주어 독자의 주의를 불러일으키는 표현 방법이다. 여기에는 ① (설의법) ② (도치법) ③ (인용법) ④ (생략법) ⑤ (반어법) ⑥ (역설법) 등이 있다.

1. 비유법(比喩法)

한 사물을 표현(설명)함에 있어, 그것과 비슷한 다른 사물을 빌어 표현하는 기법. 언어의 불완전성을 극복해서 보다 더 효과적으로 표현하고자 구체적 사물을 비겨서 의미가 보다 새롭고 가치 있게 드러나게 하는 표현법을 말한다.

1) 직유법(直喩法)

비유하는 말과 비유되는 말을 마주 들어서, 양자가 "마치, 흡사 ~같다", "~처럼, 같이~하다" 등의 형식으로 비유하는 법을 **직유법**이라 한다. 'A is like B'의 형식인데, 유사한 성격의 보조관념으로 원관념을 형상화하는 방법(유사성의 비유)이다. 시에서 많이 쓰이는 표현기교이다. 예를 들면 무수히 찾을 수 있다.

○ **석류 속 같은** 입술 / 그대의 **꽃다운** 혼　　　　　　　　　　　- 변영로, 논개-
○ **풍선 같은** 달
○ **장미같이** 예쁜 얼굴
○ **처녀처럼** 붉은 울음을 밤새 울었다.
○ 돌담에 속삭이는 **햇발같이**,
　풀 아래 웃음짓는 **샘물같이**,
　내 마음 고요히 고운 봄 길 위에

오늘 하루 하늘을 우러르고 싶다.
새악시 볼에 떠오르는 **부끄럼같이**
시의 가슴에 살포시 젖는 **물결같이**
보드레한 에메랄드 얇게 흐르는
실비단 하늘을 바라보고 싶다.　　　　　　　　　- 김영랑, 돌담에 속삭이는 햇발 -

○ 구름에 **달 가듯이** 가는 나그네.　　　　　　　　- 박목월, 나그네 -
○ **해저 같은** 그 날은 있을 수 없습니다.　　　　　 - 정한모, 가을에 -
○ 푸른 밤 고이 맺는 **이슬 같은** 보람을
　 보낸 듯 감추었다 내어드리지.　　　　　　　　- 김영랑, 내 마음 아실 이 -
○ **황금의 꽃같이** 굳고 빛나던 옛 맹서　　　　　　- 한용운, 님의 침묵 -
○ **가리마 같은** 논길을 따라　　　　　　 - 이상화, 빼앗긴 들에도 봄은 오는가 -

　위에 든 예문의 "석류 속 같은 입술"에서 '입술'을 원관념이라 하고 '석류 속'을 보조관념이라 한다. 그다음 예문은 '혼'이 원관념 '꽃'이 보조관념이다. 입술의 아름답고 예쁘고 사랑스러운 모습과 그 입술의 주인에 대한 서정적 자아의 감정까지를 긴 말로써가 아니라, 짧은 직유로 입술이 석류 속 같다고만 간단하게 표현함으로써, 압축적이고 함축적인 표현을 할 수 있는 것이다. 이렇게 함으로써 서술하기보다는 묘사하고 형상화하고 있는 것이다.

　예들은 모두 직유법으로 표현된 것들이다. 예들에서 보는 고딕체 굵은 글씨들은 보조관념들이다.

♣ **실습** : 1. 직유법으로 표현하는 문장 둘을 써보자.
　　　　　2. 직유법을 활용한 연이나 시 한 수를 써보자

2) 은유법(隱喩法)

　직유법처럼 겉으로 비교하는 말을 써서 맞견주지 않고 비유를 안으로 숨겨서, 두 사물이 완전히 일치하는 한 가지 사물이라는 식으로 비유한다. 아리스토텔레스는 "어떤 사물에다 다른 사물에 속하는 이름을 전이하는 것"이라, 말하고 있다. 은유는 '옮겨 바꿈', '전이'를 뜻한다고 하고 있다. 따라서 은유법은 "A는 B(이다)"의 식으로 비유된다. 곧 동일한 성격의 보조관념으로 표현하는 방법(동일성의 비유)이다. 이러한 결합은 새로운 긴장을 주어서 시의 맛을 더해 주게 된다.

"시는 은유다."라고 말할 수 있을 정도로 시에는 은유가 많이 쓰인다. 다시 말해서 은유로 표현하면 바로 시가 된다고 말할 수 있을 정도이다.

은유를 조금 세분화 해보면 몇 가지로 설명할 수 있다.

(1) 치환은유(置換隱喻)

대부분의 은유는 'A(원관념) = B(보조관념)이다.'의 구조로 된 치환은유이다. 휠라이트는, "이는 A의 의미가 B 의미로 전이되는 것이라고 말하고, 문법적 형태가 아니라 비교를 토대로 의미 변화에 본질을 두는 것이다."라고 하면서, 이를 **치환은유**(置換隱喻)라고 했다. 곧 치환, 의미상의 자리바꿈인 것이다.

예,1
- 내 **마음**은 **호수**요, 그대 저어 오오.
- 귀 밑에 해묵은 **서리**.
- 그 **소녀**는 **천사**다.
- **4월**은 가장 **잔인한 달**   - T. S 엘리엇 황무지 -
- 내 고향 **7월**은 청포도가 익어가는 **계절**   - 육사 청포도 -
- **예수**는 **사랑**이다.
- **구름**은 **내 마음**
- **너**는 **나의 삶**이다.
- **세월**은 **도둑**이다.
- **황혼**은 낡음이 아니라 **충만**이다.
- **노년**은 늙어가는 것이 다니라 **익어가는 것**이다.
- **청춘**은 **어리석음**이다.
- **황금**은 **악마**다.
- **재물**은 **마약**이다.
- 얇은사 하이얀 **고깔**은
  고이접어서 **나빌레라**.   - 조지훈 승무 -

예,1에서 든 예들은 'A(원관념) = B(보조관념)이다.'의 구조이다. '내 마음이 호수'라는 것이다. '4월은 그 의미가 잔인한 달'이라는 것이다. 휠라이트가 말했듯이 A의 의미가 B 의미로 전이되고 있음을 본다. 문법적 형태가 아니라 비교를 토대로 의미 변화에 본질을 두고 있다. 이러한 은유들을 곧 치환, 의미상의 자리바꿈을 했다고 해서 **치환은유**(置換隱喻)라 한다. 대부분의 은유는 이런 치환은유이다.

예,2 **이것**은 소리 없는 **아우성**
저 푸른 해원(海原)을 향하여 흔드는
영원한 노스탤지어의 **손수건**.
순정은 물결같이 바람에 나부끼고
오로지 맑고 곧은 이념의 푯대 끝에
애수(哀愁)는 백로처럼 날개를 펴다
아! 누구인가?
이렇게 슬프고도 애닮은 **마음**을
맨 처음 공중에 달 줄을 안 그는.   - 유치환, 깃발 -

예,3 휘어진 **칼**이다
허공에 던져진
눈썹 몇 금이다
비늘이 푸른
단선율의 **여운**이다.
무반주의 시간에 대있는
서늘한 **피리소리**다.   - 조창환, 蘭 -

예,4 길 잃은 노끈이
한밤의 창틈을 엿본다.
밀려왔다 밀려가는 어둠 속에서
돋아난 한줄기 **넝쿨**이다.
이브를 꾀어 낸 사탄의 **머리칼**이다.
어머니의 목을 조른 **치마끈**이다.
버림받은 娼女의 **陰毛**다.
일가를 묶어 물에 던진 **밧줄**이다.
언젠가는 지구를 채어갈 **끈**인지도 모른다.
빨간 뱀의 혓바닥처럼
한밤의 방구석을 샅샅이 핥고 있다.   - 문덕수, 길 잃은 노끈 -

예,2에서 이것(깃발)이란 원관념은 '아우성', '손수건', '순정', '애수', '마음'이라는 여러 개의 보조관념을 거느려서 깃발이라는 의미를 다양하게 **확장**하고 있다. 예,3에서도 난(蘭)이라는 원관념은 '칼', '눈썹 몇 금', '여운', '피리소리'라는 여러 보조관념으로 원관념 난(蘭)의 의미를 다양하게 **확장**하고 있다. 예, 4도 노끈이라는 원관념이 '넝쿨', '머리칼', '치마끈', '음모', '밧줄', '끈'이라는 여러 보조 관념으로 의미를 다양하게 **확장**되고 있다. 이와 같이 하나의 원관념이 여러 개의 보조관념을 가지고 있는 것을

확장은유(擴張隱喻)라고 한다.

이들 시에서 원관념과 보조관념 하나하나 사이는 A=B의 관계이다. 그러므로 이와 같이 원관념과 확장된 보조관념들 하나하나 사이의 각각의 관계는 치환은유이다. 바꾸어서 말하면 이런 치환은유에서 원관념이 여러 개의 보조관념으로 확장되어도 보조관념들 사이에 의미적 성격적 암시적인 유사성을 지니고 확장되어 있을 경우 이는 **'치환은유'**이다. 확장은유는 궁극적으로 치환은유라는 말이다.

① 치환은유의 두 유형

치환은유의 유형(구조)을 앞 장에서 공부한 **설명의 방법**으로 구분해서 살펴보면, 두 가지 유형(구조)이 있음을 알 수 있다. 하나는 '지정(확인)'하는 구조로 된 방식이고, 다른 하나는 '정의'를 내리는 구조로 된 방식이다.

이 두 가지 유형을 학습해보자.

ㄱ. 지정(확인)

앞 장에서 학습할 때 지정(확인)의 구조는 'A=B이다.'의 구조였다. 이런 구조로 된 은유(치환은유)의 예를 들어보면 무수히 많다. 일반적인 은유의 구조이기 때문이다.

예,1 그러나 **이것**은/ **천년의 꿈** 고려 청자기 ! /
　　　그러나 오호! 이것은/ 천 년 묵은 고려 청자기 ! /
　　　· · · · · · · · · · 중략 · · · · · · · · ·
　　　흙이면서 **옥**이더라.
　　　· · · · · · · · · · 중략 · · · · · · · · ·
　　　토공이요 **화가**더라.
　　　진흙 속 조각가다.　　　　　　　　　　　　　　　－ 박종화, 청자부 －

예,2 **봄**은 **고양이**로다.　　　　　　　　　　　　　　－ 이장희, 봄은 고양이로다 －

예,3 **낙엽**은 **폴란드 망명정부의 지폐**　　　　　　　　－ 김광균, 추일 서정 －

예,4 나는 **왕**이로소이다
　　　나는 **눈물의 왕**이로소이다　　　　　　　　　　－ 홍사용, 나는 왕이로소이다 －

예,5 나는 **조선의 모세관**, 그의 **맥박**이로다.

　　　　나는 **임의 기관**이요, **그의 숨결**이로다.
　　　　아아 이야말로 참으로 **조선의 맥박**이 아닌가?
　　　　조선의 대동맥, 조선의 폐는 아기야 너에게만 있도다.　　- 양주동, 조선의 맥박 -

　예,6　나의 **의자**는 **세계의 축**, 나의 **만세 반석**이다.　　　　　　- 김종문, 의자 -

　ㄴ. 정의
앞 장에서 학습한 정의의 구조는 이러하다.
'피정의 항 = 정의항(종차 + 범주)'
이런 구조로 된 은유(치환은유)의 예를 살펴보자.

　예,1　**겨울**은 강철로 된 **무지갠**가 보다.　　　　　　　　　　　- 이육사, 절정 -

　예,2　(**해바라기는**) 한 마음에 담을 수 없는 천지의 감동 속에
　　　　천천히 피어난 백일의 환상을 따라
　　　　달음치는 하루의 분방한 정념에 헌신된 **모습**(이다)/
　　　　한 줄기로 지향한 높다란 꼭대기의 환희에서
　　　　순간마다 이룩하는 태양의 축복을 받은 **자**(이다)　　- 김광섭, 해바라기 -

　예,3　**비둘기**는 이제 산도 잃고 사람도 잃고
　　　　사랑과 평화의 사상까지
　　　　낳지 못하는 **쫓기는 새**가 되었다　　　　　　　- 김광섭, 성북동 비둘기 -

　예,4　**눈발**/ 이는 잃어진 **추억의 조각**이기에　　　　　　　- 김광균, 설야 -

　예,5　**사월**은 가장 잔인한 **달**　　　　　　　　　　- T. S. 엘리엇, 황무지 -

　예,6　**인간**은 얼마나 외로운 **것**이냐?　　　　　　　　　　- 이육사, 황혼 -

　예,7　**詩**는
　　　　싸움도 아니고 갈라섬도 아니다.
　　　　오히려
　　　　상대를 바라보고 가슴 아파하며
　　　　자기 잘못도 깨닫는
　　　　회개의 눈물이다.
　　　　詩는

끝내는 상대를
포근하게 껴안는
온유함이다.   – 양왕용, '다시 나의 시 5' –

　열거한 예들은 정의를 내리는 구조로 된 은유임을 알 수 있다. 예,1의 구조를 살펴보면, "겨울은(피정의 항) 강철로 된(종차) 무지갠(범주)가 보다."의 구조이다. 이는 선명한 정의의 구조임을 알 수 있다. 다른 예들도, **피정의항** = 종차 + **범주**의 구조로 짜여 있음을 볼 수 있다.

※ **액자식은유**

　　예,6　나는 나룻배
　　　　당신은 행인

　　　　당신은 흙발로 나를 짓밟습니다.
　　　　나는 당신을 안고 물을 건너갑니다.
　　　　나는 당신을 안으면 깊으나 얕으나 급한 여울이나 건너갑니다.

　　　　만일 당신이 아니 오시면 나는 바람을 쐬고 눈비를 맞으며 밤에서
　　　　낮까지 당신을 기다리고 있습니다.
　　　　당신은 물만 건너면 나를 돌아보지도 않고 가십니다그려.

　　　　그러나 당신이 언제든지 오실 줄만은 알아요.
　　　　나는 당신을 기다리면서 날마다 날마다 낡아갑니다.

　　　　나는 나룻배
　　　　당신은 행인.   – 한용운, 나룻배와 行人 –

　한용운은 '액자식은유'를 많이 활용한 시인이다. 그의 많은 시가 액자식은유로 쓰이어졌다. 예,6은 나를 나룻배로 은유해놓고(액자로 만들어 놓고) 나를 읊지 않고 나룻배를 읊고 있다. 임 곧 당신을 행인으로 은유해두고(액자로 만들어 놓고) 당신을 읊지 않고 행인을 읊고 있다. 이렇게 액자식은유는 시적 표현을 자유롭게 풍요롭게 넓고 깊게 한다. 한용운의 시 중에는 '이별은 美의 創造', '藝術家' 등등은 예,6처럼 액자가 분명하게 드러나는 시들이고 '님의 沈黙', '알 수 없어요.' 같은 시는 액자식은유

로 쓴 시인데, 얼핏 봐서는 액자를 인식하기가 어렵기도 하다. '님의 沈黙'에서의 액자는 '님'이다. 곧 '당신은 님이다.'라는 치환은유가 생략되어 있다. '알 수 없어요.'에서도 '당신은 누구입니다.'라는 치환은유 액자가 생략되어 있다. 이렇게 액자를 만들어 놓으니 그 안에 '님'을 마음대로, 그리고 '누구(임)'를 폭넓게 읊을 수 있었다.

예.7 人生은 어차피 한 줄의 언어.
　　　언어 너는 화려한 잔치이다.
　　　너는 화려한 꽃이다.
　　　너는 어두운 밤이고 비탈진 낮이다.
　　　너는 생명이고 죽음이다.
　　　너는 또한 바다이고 산이고 들판이다.
　　　언어 너는 흔해빠진 神이고 종이다.
　　　모두 너로 인해 흐느적거리며 춤추다 비틀거린다.
　　　잠시.
　　　　　　　　　　　　　　　　　　　　　　－ 하상규, 人生 －

예.7은 원관념 人生을 노래하면서 인생을 언어라는 보조관념으로 은유하고(액자로 만들어 두고) 이 보조관념인 언어를 다시 원관념으로 해서 이를 여러 보조관념들로 의미 확장을 하고 있다. 이 경우 인생을 직접적으로 은유하기보다 더 넓은 새로운 세계로의 의미, 이미지 확상이 가능함을 볼 수 있다. 이러한 은유를 '**액자식은유**'라고 한다.

확장은유와 액자식은유를 도식화 해보면, 그 구조의 차이가 확연히 구별된다.

- 확장은유 : A(원관념) = B(보조관념)
　　　　　　　　　　 = C(보조관념)
　　　　　　　　　　 = D(보조관념)
　　　　　　　　　　 = E(보조관념)
　　　　　　　　　　 = F(보조관념)
　　　　　　　　　　 = G(보조관념)

- 액자식은유 : A(원관념) = B (보조관념, **액자**)
　　　　　　　　　　　B = C(보조관념)
　　　　　　　　　　　　 = D(보조관념)
　　　　　　　　　　　　 = E(보조관념)
　　　　　　　　　　　　 = F(보조관념)
　　　　　　　　　　　　 = G(보조관념)

둘 다 치환은유이다. 확장은유는 원관념 A를 여러 보조관념들(B,C,D,E,F,G)로 치환하고 있는데 비해, 액자식은유는 확장은유와 달리 원관념 A를 보조관념 B로 치환은유하고 난 뒤에 그 원관념(A)이 아닌 이 보조관념(B,액자)을 원관념으로 하여, 다시 여러 보조관념들(C,D,E,F,G)로 연이어서 치환은유하는 구조이다. 차이는 액자의 유무이다. 다만 둘 다 보조관념들(C,D,E,F,G) 사이에는 유사성(연관성)을 가진다는 것이 본질이다.

♣ **실습** : 1. 확인하는 형식의 은유 문장 둘, 정의를 내리는 형식의 문장 둘을 써보자. (치환은유)
　　　　2. 확장은유법을 활용한 연이나 시 한 수를 써보자.
　　　　3. 액자식은유법을 활용한 시 한 수를 써보자

(2) 병치은유(竝置隱喻)

'**병치은유(竝置隱喻)**'는, 확장은유(액자식은유 포함)와 외적 구조는 같으나, '**병치은유(竝置隱喻)**'가 이들과 다른 점은, 원관념(A)이 여러개의 보조관념들(B,C,D,E,F)로 확장되면서도 이 보조관념들 사이에 아무런 유사성(연관성)이 없이, 보조관념들이 자율성을 유지하면서, 독립적 이미지로 병렬되어서, 새로운 세계를 만들어 내고 있다는 것이다. 이를 '**병치은유(竝置隱喻)**'라고 한다. 이도 확장은유나 액자식은유에서처럼 원관념과 보조관념 하나하나의 관계는 역시 치환은유이다.

　예,1 **너**는 언젠가 헛디딘 열 두자 깊이의 **어둠**이다.
　　　　에스테이론 광야로부터
　　　　우리집 채소밭까지 숨어 있는
　　　　화사한 빙벽의 **숨결**이다.

　　　　이 시각에도 자자손손 도망쳐 나오고 있는
　　　　끈질긴 **울음**이다.

　　　　물론 꿈틀 대는 것은
　　　　네 몸이 아니라 황홀한 **욕정**이다.　　　　　　　－ 손동호, '뱀'에서 －

예,2 희미한 **공기 덩어리**가 걸어온다.
　　　안개를 헤치고 **피리소리**들이 걸어온다.
　　　푸른 스카프를 걸친, **홰나무**들이 걸어온다.
　　　열린 문들에서, 구름의 **신발**들이 걸어온다.
　　　닭털 **모자**들이 걸어온다.
　　　젖은 **電流**들이 걸어온다.
　　　강철로 된, **비탈**이 걸어온다.
　　　硫黃과, **酸**이 걸어온다.
　　　黃金빛, **기관차**가 걸어온다.
　　　불과, **파도**와, **수증기**와
　　　깃발들이 걸어온다.　　　　　　　　　　　　 - 조창환, 볼레로 -

　예,1의 경우 원관념 너(뱀)은 보조관념 '어둠', '숨결', '울음', '욕정'이라는 보조관념들이 전후 연관성 없이 독립적으로 병치 되어있다. 이와 같이 원관념이 여러 개의 보조관념으로 확장되면서도, 보조관념들 사이에 아무런 연관성이 없이 보조관념들이 자율성을 유지하면서 독립적 이미지로 병렬되어서, 새로운 세계를 만들어 내고 있음을 볼 수 있다. '**병치은유(竝置隱喻)**'이다.

　예,2의 경우도 보면, 원관념은 '볼레로'이고, '공기 덩어리', '피리소리', '홰나무', '신발', '모자', '電流', '비탈', '硫黃', '酸', '기관차', '불', '파도', '수증기', '깃발' 등이 전후 연관성이 없이 독립적으로 병치 되어있다. 이러한 각기 다른 이미지들은 동질성 등 전후 연관성이나 연결 고리 없이 병치 되어있다. 이처럼 동질성을 배제한 채, 이질적인 이미지들이 병치 되어 각기 독립된 존재의 표상으로, 새로운 세계를 형성하고 있다. 이 시도 **병치은유(竝置隱喻)** 되어있다.

　은유의 방법으로 치환은유와 병치은유를 살펴보았다. 치환은유에서는 치환은유, 확장은유, 액자식은유를 학습했다. 다음으로 병치은유를 학습했다. 방법적인 면으로 다소 혼돈이 될 수 있는 확장은유와 병치은유의 개념적 차이를 정리하면 이러하다. 확장은유와 병치은유는 그 구조는 같다. 그 차이는 보조관념들 사이의 관계성에 있다. 열거된 보조관념들 사이에 의미적 성격적 암시적인 유사성을 지니고 있으면, 이를 확장은유라 하고, 보조관념들 사이에 유사성, 암시성, 유추 가능한 관계성이 없이 원관념과 1:1의 관계이면, 이를 **병치은유(竝置隱喻)**라고 한다.

　확장은유 중 액자식은유는 원관념을 하나의 보조관념으로 은유한 뒤에 이 보조관념을 원관념으로 하여 이를 다시 여러 보조관념으로 확장한 은유를 말한다.

'시는 은유다.'라는 말이 있듯이 은유는 글이 시가 되게 하는 표현 기법이다. 은유를 함으로써, 원관념이 새로운 형태로 나타나 의미가 새롭게 해석되고 신선감, 충격, 참신함, 함축성을 주어서 새로운 의미와 정서 창조에 기여하게 된다. 은유를 많이 연구하고 활용할 일이다.

♣ **실습** : 1. 병치은유를 활용한 시 한 수를 써보자.

(3) 사은유(死隱喩)

은유가 아무리 귀한 표현법이라 하더라도 유의할 일이 있다. 우리는 일상생활에서도 은유를 많이 쓰고 있다. '사랑은 갈대', '마음의 거울', '경제 전쟁', '인생의 황혼기', '입시 지옥', '노력은 성공의 어머니다.' 같은 것은 일반화된 은유이다. 그러므로 이런 은유는 신선감을 주지 못한다. 그래서 이런 은유를 사은유(死隱喩)라고 한다. 시에서는 가급적 피하는 것이 좋다.

3) 의태법(擬態法, 示姿法)

의태법은 성유법(聲喩法, onomatopoeia) 중의 하나이다. 성유법은 사물의 소리·동작·상태·의미 등을 음성으로 모사(模寫)하는 비유법을 말한다. 여기에는 의태법과 의성법이 있다. 그중에서 사물의 상태나 동작, 모양을 시늉하여 형용하는 표현 기교를 의태법이라 한다. 부사, 형용사, 동사 등에 많다.

○ 만학 천봉 구름 속에 **펄펄** 뛰던 발 그리니, 두 눈은 **도리도리**, 앞 다리는 **짤막**, 뒷 다리는 **길쭉**, 두 귀는 **쫑긋**하여 완연한 산토끼라.　　　　　　　　　- 별주부전 -
○ **펄펄** 함박눈이라도 흩날리는지　　　　　　　　　　　　　　- 박용래, 월훈(月暈) -
○ 가슴엔 듯 눈엔 듯 또 핏줄엔 듯
　마음이 **도른도른** 숨어 있는 곳　　　　　　　　　- 김영랑, 끝없는 강물이 흐르네 -
○ 속임 없는 눈물의 간곡한 **방울방울**　　　　　　　　　　- 김영랑, 내마음 아실이 -
○ 바다는 **뽈뽈이**
　달아날라고 했다.
　푸른 도마뱀 같이
　재재 발랐다.

꼬리가 이루
잡히지 않았다.

흰발톱에 찢긴
산호(珊瑚)보다 붉은 슬픈 생채기!

가까스로 몰아다 부치고
변죽을 들러 손질하여 물기를 씻었다.

이 앨쓴 해도(海圖)에서
손을 씻고 떼었다.

찰찰 넘치도록
돌돌 굴르도록

회동그라니 받쳐들었다!
지구(地球)는 연(蓮)잎인 양 오무라들고… 펴고…　　　　　－ 정지용, 바다 2 －

 이렇게 의태어를 구사하면 사물이 살아 움직이는 듯한 모습을 보여 줄 수 있다. 리듬을 살릴 수 있다.

♣ **실습** : 1. 의태어를 사용한 문장 둘을 작성해보자.
　　　　　 2. 의태법을 활용한 연이나 시 한 수를 지어보자.

4) 의성법(擬聲法)

 사물의 음향을 근사하게 음성으로 모사(模寫)하려는 비유법을 말한다.

　예,1　아침부터 저녁까지
　　　　개가 짖는다.
　　　　개야, 개야, 이 개야.
　　　　신라의 달밤에
　　　　내가 짖는다.
　　　　아야, 아야, 아야야.　　　　　　　　　　　　　－ 신진, 짖기 －

예,2 텨…ㄹ썩, 텨…ㄹ썩, 력, 쏴…아, 따린다, 부슨다, 문허 바린다.
　　　　　　　　　　　　　　　　　　　　　　－ 최남선, 해에게서 소년에게 －

예,3 삐잇! 노글노글 나는 떴어라. **지리지리 지리종 지리리종**(※종달새 우는 소리)

예,4 **떡 궁!** 동중정(動中靜)이오 소란 속에 고요 있어
　　　인생이 가을같이 익어가오　　　　　　　　　　　－ 김영랑, 북 －

예,5 　보리피리 불며
　　　봄 언덕
　　　고향 그리워
　　　피―ㄹ 닐니리

　　　보리피리 불며
　　　꽃 청산(靑山)
　　　어린 때 그리워
　　　피―ㄹ 닐니리

　　　보리피리 불며
　　　인환(人環)의 거리
　　　인간사(人間事) 그리워
　　　피―ㄹ 닐니리

　　　보리피리 불며
　　　방랑의 기산하(幾山河)
　　　눈물의 언덕을 지나
　　　피―ㄹ 닐니리.　　　　　　　　　　　　　　　　　－ 한하운, 보리피리 －

예,6 필릴리 필릴리 필릴리이-

　　　필릴리 필릴리 필릴리이
　　　학교엘 갈까 피리 소릴 따라갈까
　　　한 번만 더 피리 소릴 따라가면 집에 들여놓지 않겠다고
　　　아버지는 정말로 대문을 잠가버리기도 했지만
　　　필릴리 필릴리 필릴리이
　　　피리 소릴 따라갈까 학교엘 갈까
　　　필릴리 필릴리 필릴리이
　　　필릴리 필릴리 필릴리이

꼬마야 이제 밤이 늦었구나
괜찮아요 엄마가 뒷문을 열어두니까요

필릴리 필릴리 필릴리이
학교엘 갈까 피리 소릴 따라갈까
아버지에게 매 맞은 엄마는 일어나셨을까

필릴리 필릴리 필릴리이

필릴리 필릴리 필릴리이
피리 소릴 따라갈까 가지 말까
필릴리 필릴리 필릴리이

꼬마야 집을 잃었니?
아뇨 문이 열리지 않아요 엄마가 없으니까요
이 작은 피리를 불어보련?

필릴리 필릴리 필릴리이
학교엘 갈까 피리 소릴 따라갈까
필릴리 필릴리 필릴리이
피리 소릴 따라갈까 가지 말까
필릴리 필릴리 필릴리이

나 같은 아이도 아저씨처럼 피리를 불 수가 있나요?
네가 돌아가도 뒷문이 열려 있지 않으면
밤마다 네가 네가 큰 나무 밑에서 잠들게 되면
그리고 밤이 늦어도 집에 가지 못하는 아이에게
네가 이 작은 피리를 주게 되면
그때는 네가 피리 소리가 될 수 있단다

필릴리 필릴리 필릴리이
학교엘 갈까 피리 소릴 따라갈까
필릴리 필릴리 필릴리이
필릴리 필릴리 필릴리이

― 조병준, 필릴리 필릴리 필릴리이 ―

예,7 칼날같은 벼잎들이
　　　팔을 찌르고 얼굴을 찌르고 눈을 찌른다.
　　　찌르면서 **허허** 웃는다. 빌어먹을 놈의 벼잎들
　　　눈알을 찌르면서 **낄낄** 웃는다.　　　　　　　　 - 박운식, 피사리 2에서 -

예,8 기다리다 기다리다 고개 저으며
　　　나도 네 발로 **멍, 멍… 머엉…**　　　　　　　　 - 이태수, 멍, 멍… 머엉…에서 -

　의성법은 청각에 의존하는 상징법이라 할 것이며, 사물이나 세계에 대한 풍자가 많다. 이렇게 의성법 의태법을 활용하면 시를 간결하게 쓸 수 있고, 함축성을 높일 수 있고, 리듬감을 극대화할 수 있다. 그러나 이런 장점과 함께 단점일 수도 있다. 조금 잘 못 쓰면 가볍게 보이거나 동시 같은 분위기가 될 수도 있다.

♣ **실습** : 1. 의성어를 사용한 문장 둘을 작성해보자.
　　　　　2. 의성법을 활용한 연이나 시 한 수를 지어보자.

5) 활유법(活喩法) － 의인법(擬人法)

　무생물을 산 것처럼, 사람이 아닌 것(무생물, 동물 및 무형의 정신 작용)을 사람처럼 표현하는 표현법. 특히 후자를 **의인법(擬人法)**이라 한다. 의인법은 활유법의 정수(精髓)이다. 의인법은 생명이 없는 것에 생명을 부여하거나 인격이 없는 것을 인격화한다. 그리고 이 활유법도 은유법의 원리에 입각한 것이다.

　　활유법 : 무생물 → 생물
　　　　　　식물　 → 동물
　　의인법 : 무생물 → 사람(人)
　　　　　　동물　 → 사람
　　　　　　식물　 → 사람

활유법(活喩法), 예
　　○ 훨훨훨 깃을 치는 청산이 좋아라.
　　○ 어둠은 새를 낳고, 돌을 낳고,/ 꽃을 낳는다.
　　○ 밤엔 나무도 잠이 든다./ 잠든 나무의 고른 숨결 소리　- 이형기, 돌배개의 詩 -

의인법(擬人法), 예

○ 문성군자(문어), 별주부(자라), 토선생(토끼), 교두 각시(가위), 세요 각시(바늘), 청홍 각시(실)
○ 인류통성과 시대양심이 정의의 군과 인도의 간과로써 호원(護援)하는 금일.
○ 바람이 노래한다.
○ 가로수가 나란히 걷고 있다.
○ 바위가 침대 위에서 잠을 잔다.
○ 보리도 허리통이 부끄럽게 드러났다.…… / 얇은 단장하고 아양 가득 차 있는 / 산봉우리야, 오늘 밤 너 어디로 가버리런?   - 김영랑, 오월 -
○ 춘조(春鳥)도 춘흥(春興)을 못 이기어 노래 춤을 한다.   - 김수장의 시조 -
○ 묵은해 보내올 제 시름 한 데 전송(餞送)하세   - 이정신의 시조 -
○ 한 그리움이 다른 그리움에게   - 정희성, 시조 -
○ 절망이 벤치 위에 앉아 있다.   - Jacques. Prevert -
○ 샘물이 혼자서
  춤추며 간다.
  산골짜기 돌 틈으로

  샘물이 혼자서
  웃으며 간다.
  흠한 산길 꽃 사이로

  하늘은 맑은데
  즐거운 그 소리
  산과 들에 울리운다.   - 주요한, 샘물이 혼자서 -

 의인법은 시에 많이 활용된다. 시는 은유다. 라는 말이 있듯, 시는 의인(擬人)이라고 해도 과언이 아니다. 이렇듯 의인법은 시의 꽃이다. 의인법을 잘 활용하면 시가 시같이 된다.

♣ **실습 :** 1. 활유법을 사용한 문장 둘을 작성해보자.
  2. 활유법을 활용한 연이나 시 한 수를 지어보자.
  3. 의인법을 사용한 문장 둘을 작성해보자.
  4. 의인법을 활용한 연이나 시 한 수를 지어보자

6) 의물법(擬物法)

의인법과는 반대로 서정적 자아가 미지의 사물 속으로 들어가서 자기를 비정령화(非精靈化) 또는 비주관화(非主觀化)하는 것이다. 쉽게 말해서 사람을 생명이 없는 사물이나 영이 없는 식물로, 생명이 있는 것을 무생물로 전이시켜 표현하는 표현기교이다.

人 → 石, 人 → 木, 人 → 水, 人 → 花, 人 → 鳥 등등으로 표현하는 방법을 말한다.

  예,1 내 죽으면 한 개의 바위가 되리라
       아예 愛憐에 물들지 않고
       喜怒에 움직이지 않고
       비와바람에 깎이는 대로
       億年 非情의 緘黙에
       안으로만 안으로 채찍질하여
       드디어 생명도 忘却하고
       흐르는
       먼 遠雷
       꿈꾸어도 노래하지 않고
       두 쪽으로 깨뜨려져도
       소리하지 않는 바위가 되리라   - 유치환, 바위 -

  예,2 나는
       나는
       죽어서
       파랑새 되어,

       푸른 하늘
       푸른 들
       날아다니며

       푸른 노래
       푸른 울음
       울어 예으리.

       나는

　　　　죽어서
　　　　파랑새 되리　　　　　　　　　　　　　　　　　　　　- 한하운, 파랑새 -

　　예,3　그녀와 나는
　　　　건너지 못하는 강을 사이에 두고
　　　　서로 애타게 바라만 보았네.
　　　　그러다가 그녀는 하늘의 달이 되고
　　　　나는 땅위에서
　　　　한 개의 바위가 되었네.

　　　　오랜 세월
　　　　바위의 온몸에 덕지덕지 상처가 생겨도
　　　　밤이면
　　　　달이 내려와
　　　　그 상처를 쓰다듬어 주었네.

　　　　상처 난 온 몸이
　　　　달의 손에 포근하게 포근하게
　　　　감싸여서
　　　　바위 위에 꽃이 피어나네.
　　　　발그스럼한 꽃이 물결지며 피어나네.　　　　- 박종해, 석화(石花) -

　예,1에서는 인간을 무생물인 바위로 의물화하고 있다. 인간이 갖는 애련, 희로, 생명까지도 잊고 소리하지 않는 바위가 되겠다는 것이다. 예,2에서는 나(사람)를 파랑새로 의물화한 것이다. 인간 세상에서의 제약된 삶의 굴레에서 벗어나 파랑새처럼 자유로운 존재가 되고 싶다는 소망을 노래했다. 예,3에서는 그녀를 달로 나를 바위로 의물화하여 이루지 못한 사랑을 이루고 싶은 심정을 노래하고 있다. 이는 감정 인격 등 모든 것을 초월한 바위, 새, 달로의 존재화를 의미한다. 이렇게 의물화해버리는 것으로써, 절로 시가 되어버릴 수 있음을 볼 수 있다.

　　예,4　나 한때
　　　　잎새였다.

　　　　지금도
　　　　가끔은 잎새

해 스치는 세포마다.
말들 태어나
온 우주가 노래 노래부르고

잎새는 새들 속에
또 물방울 속에
가없는 시간의 무늬 그리며
나 태어난다고
끊임없이 노래부르고 노래부른다

지금도
신실하고 웅숭스런
무궁한 나의 삶

내 귓속에
내 핏줄 속에 울리는
우주의 시간

나 한때
잎새였다

지금도
가끔은 잎새

잊었는가
잎새가 나를 먹이고
물방울이 나를 키우고
새들이 나를 기르는 것

잊었는가
나 오늘도
잎새 속에서
뚫어져라 뚫어져라

나를
쳐다보는 것.

― 김지하, 나 한때 ―

나(사람)을 잎새로 의물화 했다. 사람은 세상사 모두를 초탈하여 아무런 생각 없이 나뭇가지에서 하늘거리는 잎새가 되고 싶어지기도 하리라. 아니 그렇게 해서 세상사에서 벗어나고도 싶으리라.

  예,5 ○ 생각하는 갈대
     ○ 대장간의 쇠붙이

이 예들은 인간을 식물로 쇠붙이로 표현하여 반 휴머니즘적 해석을 하고 있다.

  예,6 그대가 바람으로 생겨났으면!
    달 돋는 개여울의 빈 들 속에서
    내 옷의 앞자락을 불기나 하지.

    우리가 굼벵이로 생겨났으면!
    비오는 저녁 캄캄한 영 기슭의
    미욱한 꿈이나 꾸어를 보지

    만일에 그대가 바다 난 끝의
    벼랑의 돌로나 생겨났다면
    둘이 안고 굴며 떨어나지지

    만일에 나의 몸이 불귀신이면
    그대의 가슴 속을 밤새도록 태워
    둘이 함께 재 되어 스러지지   - 김소월, 개여울의 노래 -

  예,7 너에게 너무 많은 마음을 /뺏겨버리고
    그 마음 거두어들이지 못하고
    바람 부는 들판 끝에 서서
    나는 오늘도 이렇게 슬퍼하고 있다
    나무되어 울고 있다.   - 나태주, '나무'에서 -

예,6은 임을 바람으로, 굼벵이로, 돌로, 나를 불귀신으로 표현하고 있다. 예,7에서 나는 나무가 되었다. 의물법의 좋은 예이다.

♣ **실습** : 1. 의물법을 사용한 문장 둘을 작성해보자.
　　　　 2. 의물법을 활용한 연이나 시 한 수를 지어보자.

7) 풍유법(諷喩法 〈우유 寓諭, allegory〉)

원관념과 보조관념의 관계는 가지고 있으나, 상징처럼 원관념은 드러내지 않고 보조관념만 겉으로 드러내 본래의 의미를 암시하는 표현기교이다. 표현상으로는 본의를 감쪽같이 감추고 오직 비유하는 말만을 들어, 그 말을 통하여 본의(本義)를 살피게 하는 수법이다. 이솝이야기 곧 '토끼와 거북이', '개미와 베짱이' 이야기는 풍유(allegory)이다. 모든 속담은 이에 속한다. **현실의 인간사 부조리에 대한 비판 풍자를 하는 기능**을 가지고, **도덕적 교훈적인 기능**을 갖게 하는 것이 특성이다. 상징법의 하나라고 설명하기도 한다. 상징은 보조관념이 하나이지만, 보조관념이 상징하는 원관념은 많아 1:多의 관계를 이루고 있는 반면, 풍유(allegory)는 1:1의 관계로 형성되어 지시적이다. 풍유는 보조관념이 주로 동물과 식물로 표현되는 경우가 많다.

예,1 　○ **항우**가 **칡넝쿨**에 넘어졌다.
　　　○ **주인**이 배 아픈데, **머슴**이 설사한다.
　　　○ **봉래산 제일봉**에 **낙락장송** 되어 있어
　　　○ **콩** 심은 데 **콩** 나고 **팥** 심은 데 **팥** 난다.

예,2 　**껍데기**는 가라
　　　사월도 **알맹이**만 남고
　　　껍데기는 가라　　　　　　　　　　　　　　　　　 - 신동엽, 껍데기는 가라 -

예,3 　볼기가 확확 불이 나게 맞을 때는 맞더라도
　　　내 별별 이상한 도둑이야길 하나 쓰것다.
　　　옛날도, 먼 옛날 상달 초사흗날 백두산아래 나라선 뒷날
　　　배꼽으로 보고 똥구멍으로 듣던 중엔 으뜸
　　　아동방(我東方)이 바야흐로 단군아래 으뜸
　　　으뜸가는 태평 태평 태평성대라
　　　그 무슨 가난이 있겠느냐 도둑이 있겠느냐
　　　포식한 농민은 배터져 죽는 게 일쑤요
　　　비단옷 신물나서 사시장철 벗고 사니
　　　고재봉 제 비록 도둑이라곤 하나

공자님 당년에도 도척이 났고
　　부정부패 가렴주구 처처에 그득하나
　　요순시절에도 사흉은 있었으니
　　아마도 현군양상(賢君良相)인들 세상 버릇 도벽(盜癖)이야
　　여든까지 차마 어찌할 수 있겠느냐
　　서울이라 장안 한복판에 다섯 도둑이 모여 살았겄다.
　　　　　　　　　　　　　　　　　　　　- 김지하, '오적(五賊)' 일부 -

　예,1들은 풍유법을 이해하기 위한 문장들이다. 예,2의 껍데기의 원관념은 역사의 부조리와 허구성이다. 알레고리이다. 알맹이는 인간이나 사물에 있어서 가치가 있는 것, 곧 삶의 본질적인 가치인데, 4.19혁명의 근본적인, 본질적인 의미이다. 껍데기, 알맹이의 원 관념은 드러나지 않고 보조관념만 드러나 있다. 원관념과 보조관념의 관계가 1:1이다. 비판 풍자적이다. 그래서 알레고리이다. 예,3의 다섯 도둑은 시인이 당시에 부당하다고 비판하는 집권세력이다. 알레고리이다. 예, 둘 다 비판 풍자적 성격을 보이는 시들이다.

♣ **실습** : 1. 풍유법을 활용한 연이나 시 한 수를 지어보자.

8) 대유법(代喩法)

　대유법에는 제유법과 환유법이 있다. 일부분을 제시하여 전체를 살피게 하고, 또는 주체에 관계되는 사물을 들어 주체를 살피게 하는 수법을 말하는 것으로, 전자를 **제유법**이라 하고, 후자를 **환유법**이라 한다. 대유는 할 말을 다 하지 아니하여, 간결하게 하고 압축하고 함축적이게 한다.

　(1) 제유법(提喩法)
　밀접한 관련 속에서 나타내려는 사물의 일부분만을 보이어 전체를 표현하거나, 전체가 부분을 가리키는 표현기교이다.

　　예,1 ○ **빵**만으로는 살 수 없다.
　　　　○ 우리에게 **빵**과 자유를 (빵 : 식량, 식량 생활)　　○ **쌀** : 곡식　　○ **약주** : 술
　　　　○ **강태공** : 낚시꾼　　○ **에디슨** : 발명가　　○ **앵두가슴** : 여인 전체

예,2 지금은 남의 땅 빼앗긴 **들**에도 봄은 오는가 : 국토(조국)   - 이상화, 빼앗긴~ -

예,3 바가사리 같은 물천어들이 무심중
　　 우수를 기다리고 있습니다. : 봄 전체   　　　　　　　- 최하림, 봄 태안사 -

예,4 십년을 경영하여 **초려(草廬)** 삼간 지어내니, : 선비의 가난한 살림살이
　　 나 한간 달 한간에 청풍 한간 맡겨 두고,
　　 강산은 들일 데 없으니 둘러 두고 보리라.   　　　　　　　- 작자 미상 -

예,5 물방울 하나 튀어
　　 밀려온 파도
　　 파랑새 날은다. : 바닷새 전체   　　　　　　　- 조병무, 홍련암 파도소리 -

예,6 모국어도 멸망시키고
　　 허공 **천 길**　　 : 많음(높음)을 말한다.
　　 투명한 낭 세워놓고   　　　　　　　　　　　　　　- 김영석, 바다는 -

　예,1의 예들은 부분으로 전체를 나타내는 제유이다. 예,2의 '들'도 국토를 의미하니 부분과의 전체의 관계이고, 예,3의 '우수'는 24절기 중 봄에 있는 절기 중의 하나인데 봄 전체를 나타내니 부분으로 전체를 나타내는 제유이고, 예,4의 '초려(떼로 인 집)'도 선비의 가난한 살림살이 전체를 의미하는 것이니, 부분으로 전체를 나타내는 제유이다. 예,5는 유(類, 새)와 종(種, 파랑새)의 관계에 의한 제유이고, 예,6은 수(數)의 제유이다. 이렇게 제유에는 부분과 전체라는 양적 관계에 의한 제유, 유(類)와 종(種)에 의한 제유, 수(數)에 의한 제유가 있다.

♣ **실습** : 1. 제유법을 사용한 문장 둘을 작성해보자.
　　　　　2. 제유법을 활용한 연이나 시 한 수를 지어보자.

　(2) 환유법(換喩法)
　소유물(所有物)로써 소유주(所有主)를 나타내거나, 기호로써 실물을 나타내는 표현기법으로 관계있는 사물로써 전체를 나타내는 표현기교이다. 은유가 유사의 비유라면 환유는 근접 또는 인접의 비유에 의존하는 비유이다

예,1 ○ **벽안(碧眼)** : 서양인   ○ **태극기(韓國)**가 **일장기**(日章旗 : 日本)를 눌렀다.
     ○ **별** : 장군   ○ **사각 모자** : 대학생   ○ **화이트** : 사무직
     ○ **펜**은 칼보다 강하다. : 글(말, 여론) - 무력   ○ **주전자** : 술
     ○ **지갑, 카드** : 돈   ○ **청와대** : 대통령(정부)   ○ **납덩이** : 총탄
     ○ **백악관** : 미국 대통령(미국 정부)   ○ **보해소주** : 전라도(목포)
     ○ **사공의 뱃노래** 간 곳 없고 : 목포(목포 출신 가수의 가요 일부)

예,2 송장이 / 數百萬 / 붉은 피가 / **삼천리 (三千里)** : 한국의 전 국토
                                                            - 송욱, 海印戀歌 -

예,3 순수하고 다정한 우리들의 누나
     흰옷 입은 소녀의 불멸의 순수 : 흰옷은 한국인의 정신을 나타낸다.
                                                            - 박두진, 3월1일의 하늘 -

벽안을 비롯한 다른 예들은 관계있는 사물로써 전체를 또 다른 사물을 나타내는 환유이고, 태극기 일장기는 기호로써 지칭하는 나라를 나타내고 있다. 환유의 예들이다.

♣ **실습** : 1. 환유법을 사용한 문장 둘을 작성해보자.
          2. 환유법을 활용한 연이나 시 한 수를 지어보자.

9) 중의법(重義法)

한마디 말에 두 가지 이상의 뜻을 포함시키는 표현기법이다. 현대시에도, 옛 시가에서도 가끔 보인다.

예,1 ○ 토끼와 거북, 개미와 배짱이 우화
     ○ **이백화** 꺾어 들고 **황산곡** 찾아드니, (이백화는 李白, 黃山谷은 黃庭堅으로 모두 人名)
     ○ 오동 열매는 **동실동실**(桐實桐實), 보리 뿌리는 **맥근맥근**(麥根麥根)

예,2 **청산리 벽계수야** 수이 감을 자랑마라.
     일도창해하면 다시 오기 어려우니
     명월이 만건곤(滿乾坤)할 제 쉬어감이 어떠리?   - 황진이 -

예,3　北窓이 맑다커늘 雨裝 없이 길을 나니
　　　산에는 눈이 오고 들에는 **찬비**로다
　　　오늘은 **찬비** 맞았으니 **얼어** 잘가 하노라.　　　– 임제가 寒雨에게 준 寒雨歌 –

예,4　어이 **얼어** 자리 무슨 일 **얼어** 자리
　　　원앙침(鴛鴦枕) 비취금(翡翠衾) 어디 두고 **얼어** 자리
　　　오늘은 **찬비** 맞았으니 **녹아** 잘까 하노라.　　　– 寒雨가 寒雨歌에 화답한 시조 –

　예,1은 중의법을 활용한 우화와 시구 들이다. 이백화는 흰 배꽃이되 속으론 이태백을, 황산곡은 계곡의 이름이나 황정견(黃庭堅)을 의미하는 중의성을 띤다. 동실은 오동 열매를 의태어로 표현한 것이나 오동나무 열매의 한자음이다. 맥근도 의태어로 표현했으나 보리 뿌리의 한자음이다. 예,2 황진이의 시조는 모두가 중의성을 띤다. 벽계수를 선비의 호로 명월을 황진이의 호로 돌려놓고 보면 황진이가 벽계수라는 선비를 유혹한 시조가 된다. 예,3 임제가 연모하는 기생 한우에게 준 한우가의 찬비는 한자로 한우(寒雨)이다. 예,4의 '얼다'는 고어(古語)에서 '얼우다'이니 남녀 간의 사랑의 행위이다. '녹아'는 '얼어'에 대구로 맞춘 시어로 사랑 행위의 농도를 의미하니, 임제 한우가 화문 화답한 시조들은 중의적 표현을 한 멋진 시조들이다.
　현대시에서도 속뜻을 감추고 표면적인 의미만을 드러내서 중의적으로 표현한 시들도 있다. 앞에서 본 김지하의 '오적(五賊)'도 중의적 표현을 한 시라고 할 것이다

※ 조금씩 다르긴 하지만 같은 맥락이라 할 수 있는 言外意, 景中情, 客觀的 相關物, 影描와 같은 이론들은 뒤에서 공부할 것이다.

♣ **실습 :** 1. 중의법을 사용한 문장 둘을 작성해보자.
　　　　　 2. 중의법을 활용한 연이나 시 한 수를 지어보자.

2. 강조법(強調法)

　문장의 힘을 강하게 높이는 수법이다. 모든 수사법이 인상이나 효과의 강조를 위한 것이지만, 그 중 특히 말에 힘을 주어 세차게 표현하는 수법을 따로 강조법이라고

한다.

1) 과장법(誇張法)

사물을 실제보다 과장하여 지나치도록 크게, 또는 지나치도록 작게 말하는 수사법이다.

예,1 ○ 주먹만 한 대추   ○ 바늘귀만 한 소견   ○ 飛流直下 三千尺

예,2 끝끝내

  너의 숨소리를 듣고 네 옆에
  내가 있음이 그냥 행복이다.
  이 세상 네가 살아 있음이
  나의 살아 있음이고 존재 이유다   - 나태주, 끝끝내 -

예,3 모란이 지고나면 그뿐, 내 한해는 다 가고 말아,
  삼백예순 날 하냥 섭섭해 우옵네다.   - 김영랑, 모란이 피기까지는 -

예,4 부르다가 내가 죽을 이름이여   - 김소월, 초혼 -

예,5 대붕을 손으로 잡아 번개불에 구워 먹고,
  곤륜산 넓게 뛰고, 북해를 건너 뛰니,
  태산이 발끝에 차이어 왜각데각하더라.

예,6 천세(千歲)를 누리소서 만세(萬歲)를 누리소서.
  무쇠기둥에 꽃피어 여름이 열어 따드리도록 누리소서.
  그밖에 억만세(億萬歲) 외에 또 만세를 누리소서.   - 작자 미상 -

지나치게 과장하는 과장법은 고시조에 많다. 그러나 현대시에도 과장법은 효과적으로 쓰인다.

♣ **실습** : 1. 과장법을 사용한 문장 둘을 작성해보자.
    2. 과장법을 활용한 연이나 시 한 수를 지어보자.

2) 영탄법(詠嘆法)

깊고 높고 세차고 격렬한 감정을 표현하는 수사법이다. 보통은 감탄사, 감탄조사, 감탄형 어미, 제시어 등을 사용함이 예사이나, 때로는 의문형으로 영탄의 감정을 나타내는 수도 있다.

예,1 ○ **아**, 기쁘다, 하늘아, 더 높고 더 크고 더 푸르러라.(감탄사)
      ○ **어즈버**, 태평연월이 꿈이런가 하노라.   (감탄사)
      ○ **아**, 님은 갔습니다.   (감탄사)

예,2 ○ 네**로고**, ○ 산**이구나** ○ 돈**이구려**.   (감탄조사)

예,3 ○ 그날이 오고야 말**았구나**!   (감탄형 어미)
      ○ 왔**구려** 살아왔**구려**!   (감탄형 어미)

예,4 ○ 동창이 불 **갓느냐**, 노고지리 우지진다.   (의문형 어미)
      ○ 네가 왔**느냐**!   (의문형 어미)
      ○ 결국, 그 일이 닥치고야 말**았느냐**!   (의문형 어미)

예,5 ○ **명예**, 그것은 대장부의 목숨이다.   (제시어)
      ○ **돈**, 그것에 생명이 있는가?   (제시어)

예,6 청량산 육육봉을 아느니 **나와 백구**,   (제시어)
      백구야 헌ᄉᆞ호랴, 못 미들 손 도화**로다**.   (감탄조사)
      도화야, 떠디디 마라, 어주자 알가 ᄒ**노라**.   (감탄형 어미)

예,1은 감탄사를 사용한 영탄법의 예들이고, 예,2는 감탄조사를 사용한 예들이고, 예,3은 감탄형어미를 사용한 예들이다. 예,4는 의문형어미를 사용한 예들이고, 예,5는 제시어를 사용한 예들이다.

영탄법은 격한 감정을 표현할 때 부분적으로 사용하면 정서의 표현도, 의미도, 리듬도 효과적으로 표현할 수가 있다. 너무 남발하면 가벼워질 수 있다.

♣ **실습** : 1. 영탄법을 사용한 문장 둘을 작성해보자.
           2. 영탄법을 활용한 연이나 시 한 수를 지어보자.

3) 반복법(反復法)

같은 단어나 어구, 시행(詩行), 문장, 연(聯)을 되풀이하여 그 뜻을 강조하고, 글에 의미와 흥과 율조(律調)를 돋구는 수사법이다.

예,1 ○ **가시리 가시리잇고**, ᄇ리고 **가시리잇고**.　　　　　(단어, 어구 반복)
　　　○ 청산(靑山)도 **절로 절로** 녹수(綠水)도 **절로 절로**
　　　　 산(山) **절로** 수(水) **절로** 산수간(山水間)에 나도 **절로**
　　　　 이 중(中)에 **절로** 자란 몸이 늙기도 **절로** 하리라.　　　(단어 반복)
　　　○ 휘느린 **가지마다**
　　　　 가지마다 숨 가쁘다.　　　　　 – 이영도, 신록 – (단어 반복)

예,2 ○ 가시내야, **슬픈 일 슬픈 일** 좀 있어야겠다.　　　　　(어구 반복)

예,3 ○ 산에는 **꽃 피네**, **꽃이 피네**, 갈봄 여름 없이 **꽃이 피네**.　(문장 반복)

예,4 ○ **가을에는**
　　　　기도하게 하소서…
　　　　落葉(낙엽)들이 지는 때를 기다려 내게 주신
　　　　겸허(謙虛)한 母國語(모국어)로 나를 채우소서.

　　　　가을에는
　　　　사랑하게 하소서…
　　　　오직 한 사람을 택하게 하소서
　　　　가장 아름다운 열매를 위하여 이 肥沃(비옥)한
　　　　시간을 가꾸게 하소서.

　　　　가을에는
　　　　호올로 있게 하소서…　　　　　　　　　　(문장 반복)
　　　　나의 영혼,
　　　　굽이치는 바다와
　　　　百合(백합)의 골짜기를 지나,
　　　　바른 나뭇가지 위에 다다른 까마귀같이

　　　　　　　　　　　　　　　　– 김현승, 가을의 기도 –

예,1 들은 단어를 반복한 예들이다, 예,2는 어구가 반복된 예이고, 예,3과 예,4는 문장이 반복된 예들이다. 시에 따라서는 행을 반복하는 경우도 있고 연을 반복하는 경우도 있다. 이렇게 반복법을 사용함으로써, 의미가 강조되고 리듬감을 높이고 있음을 볼 수 있다.

♣ **실습** : 1. 반복법을 사용한 문장 둘을 작성해보자.
     2. 반복법을 활용한 연이나 시 한 수를 지어보자.

4) 점층법(漸層法)

어구(語句), 사상(事象)을 점차로 세게, 크게, 깊게, 높게 벌여 나가는 수사법이다.

  ○ 내 벗이 몇이냐 하니, 수석과 송죽이라.
    동산에 달 오르니, 긔 더욱 반갑고야.
  ○ 유교의 목적은 수신, 제가, 치국, 평천하에 있다.
  ○ 바늘 도둑이 소도둑 된다.
  ○ 아이들 싸움이 어른 싸움된다.

수석(水石)의 위치가 제일 낮고, 송죽(松竹)이 높고, 달(月)이 가장 높다. 다른 예들도 의미가 점차 높고 커진다. 점층법이다.

※ 점강법(漸降法)

점층법과 반대로 어구 사상을 점차로 약하게 작게 얕게 낮게 벌여 나가는 수사법이다.

  ○ 어허 저거, 물이 끓는다. 구름이 마구 탄다.
    둥둥 원구(圓球)가 검붉은 불덩이다.
    수평선(水平線) 한 지점(地點) 위로 머문 듯이 접어든다.

    큰 바위 피로 물들며 반 남아 잠기었다.
    먼 뒷섬들이 다시 훤히 열리더니,
    아차차, 채운(彩雲) 만 남고 정녕 없어졌구나.

구름 빛도 가라 앉고 섬들도 그림진다.
끓던 물도 검푸르게 잔잔히 숨더니만
어디서 살진 반달이 함(艦)을 따라 웃는고.　　　　　- 이태극, 서해상의 낙조 -

일몰 직전의 모습에서 완전한 일몰 후까지의 광경을 묘사하고 있다. 해의 위치와 시간의 경과가 점강이다. 점강은 단순히 위치적 하강이나 시간의 경과만이 아니라, 의미나 범위나 높이나 길이, 양 등을 점차적으로 줄여 표현하면 점강적 표현이 된다.

♣ **실습** : 1. 점층법(점강법)을 사용한 문장 둘을 작성해보자.
　　　　 2. 점층법(점강법)을 활용한 연이나 시 한 수를 지어보자.

5) 대조법(對照法)

의미가 상반되는 사물을 맞세워 둘 중의 하나를 두드러지게 나타내거나, 정도의 차(숫자의 큰 차이도)가 심한 사물을 대비하거나, 색을 대비하여 양자가 서로 대립되게 비춰지도록 함으로써, 더욱 인상 깊게 하는 수사법이다.

　　예,1 -1 범 앞의 하룻강아지.
　　　　 -2 손녀 나이는 세 살, 할머니 연세는 여든
　　　　 -3 북극 지방은 여름은 짧고, 겨울은 길다.
　　　　 -4 소년은 늙기 쉽고 학문은 이루기가 어렵다.
　　　　 -5 노랑 꾀꼬리가 푸른 버들에서 운다.
　　　　 -6 청초 우거진 골에… 홍안을 어디 두고 백골만 묻혔느냐?

　　예,2　내 사랑 남 주지 말고, 남의 사랑 탐치 마소.
　　　　 우리의 두 사랑에 잡사랑 행여 섞일세라.　　　　- 작자 미상 -

　　예,3　뵈오려 안 뵈는 님 눈감으니 보이시네
　　　　 감아야 보이신다면 소경 되어지이다.
　　　　　　　　　　　　　　　　　　　　 - 이은상, 소경 되어지이다 -

　　예,4　선(善)으로 패(敗)한 일 보며, 악(惡)으로 인 일 본가?
　　　　 이 두 즈음에 취사(取捨) 이 아니 명백한가?　　- 엄흔 -

예,5　거룩한 분노는
　　　종교보다도 깊고,
　　　불붙는 정열은
　　　사랑보다도 강하다.
　　　아! 강낭콩꽃보다도 더 푸른
　　　그 물결 위에
　　　양귀비꽃보다도 더 붉은
　　　그 마음 흘러라.

　　　아리땁던 그 아미(蛾眉)
　　　높게 흔들리우며
　　　그 석류 속 같은 입술
　　　죽음을 입맞추었네!
　　　아! 강낭콩꽃보다도 더 푸른
　　　그 물결 위에
　　　양귀비꽃보다도 더 붉은
　　　그 마음 흘러라.

　　　흐르는 강물은
　　　길이길이 푸르리니
　　　그대의 꽃다운 혼
　　　어이 아니 붉으랴.
　　　아! 강낭콩꽃보다도 더 푸른
　　　그 물결 위에
　　　양귀비꽃보다도 더 붉은
　　　그 마음 흘러라.
　　　　　　　　　　　　　　　　　　　　　　- 변영로, 논개 -

　예,1-1과 -2는 정도의 차가 심한 것으로, -3과 -4는 의미의 대립으로, -5와 -6은 색조의 대조로 대립시킨 대조법을 쓴 예들이다.
　예,2는 1행의 전후 어절이, 예,3은 1행도 전후 어절이 2행도 전후 어절이 의미상 대조적이다.
　예,4도 1행의 전후 어절이 대조법으로 표현된 것이다. 예,5의 1연에서는 분노와 종교가 정렬과 사랑이, 강낭콩꽃과 물결이, 양귀비꽃과 마음이 대조를 이루고 있다. 예,5의 1연의 1, 2행과 3, 4행은 대구〈아래 6) 대구법에서 설명할 것임〉를 이루고 있다. 역시 5, 6행과 7, 8행도 대구이고, 2연의 1, 2행과 3, 4연도, 3연의 1, 2행과 3, 4행도 대구법으로 표현된 것이다. 한편 '푸른, 붉은'은 색조를 대비시킨 대조법이다.

♣ **실습** : 1. 대조법을 사용한 문장 둘을 작성해보자.
           2. 대조법을 활용한 연이나 시 한 수를 지어보자.

6) 대구법(對句法)

가락이 유사한 문구를 병렬하여, 병행 병렬의 미(美), 대립의 미를 이루는 수사법이다. 대조법과 비슷하나, 대조법의 표준은 맞세워진 사물의 성질의 이동(異同)에 있지, 가락의 이동에 있지 않음에 대하여, 대구법의 표준은 가락의 이동에 있지, 성질의 이동에 있지 않은 점이 혼동할 수 없는 특색이다.

예,1 ○ 콩 심은 데 콩 나고, 팥 심은 데 팥 난다.
      ○ 산은 높고, 물은 깊다
      ○ 봄에는 보리, 가을에는 벼가 풍요로운
      ○ 오면 가려하교, 가면 아니 오네.

예,2 간구의 첫 번째 사람은 너이고
      참회의 첫 번째 이름 또한 너이다.   - 나태주, 날마다 기도 -

예,3 그리운 날은 그림을 그리고
      쓸쓸한 날은 음악을 들었다.

      그리고 남은 날은
      너를 생각해야만 했다.   - 나태주, 사는 법 -

예,4 임이 살라시면 사오리다.
      먹을 것 메말라 창고가 비었어도
      빚덤이로 엠집 채찍 맞으면서도
      임이 살라시면 나는 살아요.

      죽음으로 갚을 길이 있다면 죽지요.
      빈 손으로 임의 앞을 지나다녀요.
      내 님의 원이라면 이 생명을 아끼오리
      이 심장의 온 피를 다 빼어 바치리다.   - 모윤숙, 이 생명을 -

예,5 　가을 하늘이 높다기로
　　　정(情) 하늘을 따를 소냐.
　　　봄 바다가 깊다기로
　　　한(恨) 바다만 못하리라.

　　　높고 높은 정(情) 하늘이
　　　싫은 것이 아니지만
　　　손이 낮아서
　　　오르지 못하고
　　　깊고 깊은 한(恨)바다가
　　　병될 것은 없지마는
　　　다리가 짧아서
　　　건너지 못한다.

　　　손이 자라서 오를 수만 있으면
　　　정(情) 하늘은 높을수록 아름답고
　　　다리가 깊어서 건널 수만 있으면
　　　한(恨)바다는 깊을수록 묘하니라.

　　　만일 정(情) 하늘이 무너지고 한바다가 마른다면
　　　차라리 정천(情天)에 떨어지고 한해(恨海)에 빠지리라.
　　　아아, 정(情) 하늘이 높은 줄만 알았더니
　　　님의 이마보다는 낮다.
　　　아아, 한(恨)바다가 깊은 줄만 알았더니
　　　님의 무릎보다는 얕다.

　　　손이야 낮든지 다리야 짧든지
　　　정(情) 하늘에 오르고 한(恨)바다를 건너려면
　　　님에게만 안기리라.
　　　　　　　　　　　　　　　　　　　　－ 한용운, 情天 恨海 －

　예,1들은 앞뒤 구들이 대구를 이루고 있고, 예,2와 예,3은 행들이 대구를 이루고 있고, 예4는 연들이 대구를 이루고 있다. 예,5 한용운의 시 '情天 恨海'를 보면 시 전체가 대구로 이루어진 시이다. 1연은 1, 2행과 3, 4행이, 2연은 1, 2, 3, 4행과 5, 6, 7, 8행이, 3연도 1, 2행과 3, 4행이, 4연의 1행도 전후 어절이, 2행도 전후 어절이, 3, 4행과 5, 6행이 5연의 1행도 전후 어절이, 2행도 전후 어절이 대구를 이루고 있다. 이렇게 대구법을 사용하면 병행 대립의 묘를 살릴 수 있다.

♣ **실습 :** 1. 대구법을 사용한 문장 둘을 작성해보자.
　　　　　 2. 대구법을 활용한 연이나 시 한 수를 지어보자.

7) 미화법(美化法)

　아름다운 사물에 기탁하여 사물을 미화하거나, 또는 아름다운 사물을 부가(附加)하여 지시되는 사물을 미화하는 수사법이다.

　　예,1　○ 암행어사 : 거지　○ 양상군자 : 도둑　○ 화장실 : 변소
　　　　　○ 봉황루 : 대궐　　○ 집 없는 천사 : 거지
　　　　　○ 문성군자 : 문어, 별주부 : 자라, 토선생 : 토끼
　　　　　○ 교두 각시 : 가위, 세요 각시 : 바늘, 청홍 각시 : 실

　　예,2　십 년을 경영하여 **초려**(草廬) 한 간 지어 내니,
　　　　　반 간은 청풍이요, 반 간은 명월이라.
　　　　　강산은 들일 데 없으니, 둘러 두고 보리라.　　　　　　　　　　- 작자 미상 -

　　예,3　아름다운 배암
　　　　　…………
　　　　　꽃다님 같다.
　　　　　…………
　　　　　바늘에 꼬여 두를까보다. 꽃다님보다도 아름다운 빛…
　　　　　클레오파트라의 피 먹은 양 붉게 타오르는 고운 입술이다.…
　　　　　스며라! 배암　　　　　　　　　　　　　　　　　　　　- 서정주, '화사'에서 -

　　예,4　무덤 속 어둠에 하이얀 촉루가 빛나리, 향기로운 죽음의 내도 풍기리.
　　　　　…………
　　　　　금잔디 사이 할미꽃도 피었고, 뻬이 뻬이 배 뱃종 뱃종! 멧새들도 우는데,
　　　　　봄볕 포근한 무덤에 주검들이 누웠네.　　　　　　　- 박두진, '묘지송'에서 -

　예,1의 예들은 사물을 아름다운 사물에 기탁하여 격조를 높이고 있다. 예,2의 초려는 지붕도 벽도 뚫린 초라한 초가집(띳집)인데, 여기서는 그런대로 멋이나 격조가 있을 법한 집으로 여겨진다. 미화한 것이다. 예,3에서 서정주는 회사(뱀)를 아름답다고 했다. 다른 사물에 기탁한 표현은 아니지만, 미화한 것이다. 예,4 박두진의 '묘지송'에

서도 애국지사들의 주검을 미화하고 있다.

♣ **실습 :** 1. 미화법을 사용하는 일상 생활어 둘을 찾아보자.
　　　　　● 답의 예 − 해우소 : 변소, 미화원 : 청소부
　　　　2. 미화법을 활용한 연이나 시 한 수를 지어보자.

8) 생략법(省略法)

　요긴하지 않은 말을 줄임으로써, 글을 간결하게 하여 여운이 많게 하는 수사법이다. 이에는 조사(助詞)나 어미 어귀를 줄이는 방법과 가능하다면 문장의 성분을 줄이기도 하고, 관념, 결론 등을 줄이는 방법이 있다. 특히 시는 짧고 압축적인 형식의 글이다. 그러므로 시는 생략에 의한 압축이 생명이라고 해도 과언이 아니다. 하고픈 말을 다 하면 오히려 시의 깊이 넓이 높이가 얕아지고 좁아지고 낮아진다. 줄일 수 있는 한 줄여야 리듬도 얻고 함축성이 높아진다. 동양화의 여백이 오히려 그 그림을 가득 채우는 이치와 같은 이치이다.

　　예,1 재 너머 성권농 집의 술 닉닷 말 어제 듣고,
　　　　누은 쇼 발로 박차 언치 노하 지즐 타고,
　　　　아히야, 네 권농 겨시냐, 정좌수 왓다 ᄒᆞ여라.　　　　　− 정철 −

"타고" 다음에 산을 넘고 들을 건너 성권농 집에 도달한 내력이 줄었다.

　　예,2 오늘이 오늘이소서 매일(每日)이 오늘이소서
　　　　저물지도 새지도 말으시고,
　　　　매양에 주야장상(晝夜長常)에 오늘이 오늘이소서　　− 미상 −

　오늘이 어떤 날인지, 축원의 대상이 누구인지가 드러나지 않게 함축적으로 썼다.
　시는 산문보다 짧은 형식의 언어 예술이다. 압축이 생명이다. 몇몇 시를 산문으로 풀어보자. **고딕**으로 된 진한 글씨는 시의 원문이다. 줄였음직한 말을 보충해서 산문으로 만들어 보았다. 뜻이 감하고 감동이 없다. 생략의 중요성 필요성이 절실함을 볼 수 있다.

예,3 모란이 피기까지는,
　나는 (나는 모란이 피어 있을 때라야 만 봄이라고 여기지, 나는 계절적으로는 봄이 와도 모란이 피어 있지 않은 봄은 봄이라고 여기지 아니한다. 그러므로, 계절적으로는 봄이 왔더라도 모란이 아직은 피지 않았으므로, 나에게는 봄이 아니다. 그렇기 때문에 내가 봄이라고 인식할 수 있는 모란이 핀 때, 곧 내가 봄이라고 인식하는 때를) **아직 나의 봄을 기다리고 있을 테요.**

　　　　　　　　　　　　　　　　　　　　－ 김영랑, '모란이 피기까지는'에서 －

예,4　(깃대에 게양된 깃발이 바다 쪽을 향해서 세차게 나부끼고 있다.)
　　이것은 소리 없는 아우성(치는 모습이다.)
　　(이것은) **저 푸른 해원을 향하여 흔드는**
　　영원한 노스텔지어의 손수건(이다)
　　(하얀 손수건 같은 깃발을 보니 순정을 느낀다.)
　　순정은 물결같이 바람에 나부끼고 (있다.)
　　(깃발이 찢어질 듯이 나부끼도록 세찬 바람이 불어도 꺾이지도 휘지도 흔들리지도 않는 깃대를 보니 무슨 굳은 이념을 지녔음을 드러내는 표식을 보는 듯하다.)
　　(이것<깃발>이)**오로지 맑고 곧은 이념의 푯대 끝에** (매달린 듯하다.)
　　(이것을 보노라니 애수를 느낀다.)
　　(그) **애수는 백로처럼 날개를 펴다.**
　　(백로처럼 날개를 펴는 애수를 보니 슬프고도 애달픈 마음이 인다.)
　　아! 누구인가?
　　이렇게 슬프고도 애닲은 마음을
　　맨 처음 공중에 달 줄을 안 그는(누구인가?)
　　(아! 누구가 저 깃발을 곧은 깃대 끝에 매달아서 나의 이 슬프고도 애달픈 마음을 보게 하는가?)
　　　　　　　　　　　　　　　　　　　　－ 유치환, 깃발 －

예,5　(깊은 산골에)
　　송화가루(가) (누렇게 흩) **날리는**
　　외딴 봉우리가(있다.)

　　(보릿고개를 견디느라 배가 고픈 계절인데 올해에는) **윤사월**(까지 있어서 배고픈 낮이 더욱 길게 느껴져) **해**(가) **길다.** (고 느껴지는데)
　　꾀꼬리(도 배가 고프다고) **울면**(울어대는 듯한데)

　　(이 봉우리에는 아무도 살지 않고 가난한 **산지기**가 사는 **외딴집**이 있을 따름이다.) (이 집 가족들은 일을 나가고 **눈먼 처녀사** 일도 나가지 못하고 외롭게

집 안에 머물면서 가족들이 행여 먹을거리라도 마련해서 어서 돌아오기만을 기다리고 있나 보다) (집 밖으로 나가지도 못하고 남루한 옷을 입고서 찌그러질 듯한 띳집의 방문 **문설주에 귀를 대이고** 가족들 돌아오는 발자국 소리를 기다리고 있는데도 가족들이 오는 소리는 들리지 않으니, 마치 그 귀를 기울여 듣고 있는 모습이 꾀꼬리 소리를 **엿듣고 있는** 듯도 **하**다.)

– 박목월, 윤사월 –

시는 압축된 형식의 문학이다. 줄였음직한 말을 되살려서 산문으로 만들어 보았다. 시적 감동이 없고 뜻이 감하는 것을 볼 수 있다. 시가 왜 간결해야 하는지, 생략의 중요성과 필요성이 절실함을 볼 수 있다.

♣ **실습** : 1. 시를 간결하게 쓴 박목월의 시 몇 수를 읽어보고, 산문성이 강한 한용운의 시 몇 수를 읽어보자.

9) 연쇄법(連鎖法)

앞 구(句) 끝의 말을 다시 다음 구 첫말로 삼아, 같은 말을 앞뒤에 벌여 상수하수(上授下受, 위 것을 받아서 아래로 전하는)하는 추이(推移)의 묘를 나타내는 수사법이다.

  예,1 겨울이 오면 **춥다**. **추우면 눈**이 내린다. **눈**이 내리는 날에는 **어린아이들과 강아지**들이 좋아한다. **어린아이들과 강아지들**은 항상 즐겁기만 해도 되어서 좋다. **즐겁지** 못한 이들은 **가난한 이들**이다. **가난한 이들**은 겨울나기가 힘들다.

  예,2 부부에게 필요한 것은 무엇인가? **사랑**이다.
    그러면 **사랑**이란 무엇인가? 사랑은 **헌신**이다.
    그렇다면 **헌신**이란 무엇인가? **희생**이다.
    희생은 곧 **고통**이다.
    그러므로 **고통**을 감수함이 **사랑**이다.
    요즘 흔한 **사랑**에는 이것들이 없다.

  예,3 청량산 육육봉을 아느니 나와 **백구**,
    백구야 헌스ᄒ랴, 못 미들 손 **도화**로다.
    도화야, 퍼디디 마라, 어주자 알가 ᄒ노라.

예,4 천지간 만물 중에 사람이 **최귀**하니
　　　최귀한 바는 **오륜**이 아니온가.
　　　사람이 **오륜**을 모르면 불원 금수 하리라.　　　　　　　　　– 박인로 –

예,5 부처라는 말머리로 묶지만 말고
　　　부처라는 **마음**으로 묶지만 말고
　　　마음 속 말머리에 산으로 앉아
　　　마음 속 산머리에 꽃으로 앉아
　　　누이여
　　　깨어 있는 現生의 저 둥근 꽃
　　　花冠 위에 떨어진 그대 **꿈 속**의
　　　꿈 속의 오롯한 **크낙한 사랑**
　　　크낙한 사랑 속의 관음이거라
　　　크낙한 사랑 안의 보살이거라　　　　　　　　　– 임성조, 山에 가시거든 –

예,6 갈꽃 머리 이마 위에 앉은 늦가을
　　　눈물 도는 하늘 밑에 그만 **물들다**
　　　물든 단풍 잎 소리에 그만 **아물다**
　　　아문 이삭 낟알 속에 그만 **영글다**
　　　영근 갈대 갈꽃 안에 잠든 늦가을　　　　　　　　– 임성조, 늦가을 –

예,1과 2는 연쇄법이 어떤 것인지를 이해시키기 위해서 의도적으로 작성해 본 글들이다. 예들은 앞 행의 끝말을 뒤에 이어지는 행의 머리말로 이어 가고 있다. 예,3, 4, 5, 6은 앞말의 끝을 뒷말의 머리로 이어 가고 있음을 볼 수 있다. 연쇄법을 의식하고 지은 시들임을 볼 수 있다. 리듬과 의미가 흥미로워진다.

♣ **실습 :** 1. 연쇄법을 사용한 문장 둘을 작성해보자.
　　　　　 2. 연쇄법을 활용한 연이나 시 한 수를 지어보자.

10) 열거법(列擧法)

동일한 말을 되풀이하는 반복법과는 달리, 내용적 계통적으로 일맥상통하는 말, 또는 비슷한 뜻의 말을 열거하여 그 뜻을 강조하는 표현기교이다.

예,1 어느 시대, 어느 사회, 어느 민족을 막론하고……

예,2 소년(少年) 십오(十五) 이십시(二十時)에 하던 일이 어제런 듯
　　　소꿉질 뜀박질과 씨름 탁견 유산(遊山)하기 소골(小骨) 장기 투전(投箋)하기
　　　제기차고 연(鳶)날리기 주사청루(酒肆靑樓) 출입(出入)다가 사람차기 하기로다.
　　　만일(萬一)에 팔자(八字)가 좋아망정 신수(身數)가 험하던들 큰일 날 번하괘라.

예,3 가슴 속에 하나 둘 새겨지는 별을
　　　이제 다 못 헤는 것은
　　　쉬이 아침이 오는 까닭이요,
　　　내일 밤이 남은 까닭이요,
　　　아직 나의 청춘이 다하지 않은 까닭입니다.

　　　별 하나에 추억과
　　　별 하나에 사랑과
　　　별 하나에 쓸쓸함과
　　　별 하나에 동경과
　　　별 하나에 시와
　　　별 하나에 어머니, 어머니

　　　어머님, 나는 별 하나에 아름다운 말 한 마디씩 불러 봅니다. 소학교 때 책상을 같이했던 아이들의 이름과, 패, 옥, 이런 이국 소녀들의 이름과, 벌써 아기 어머니 된 계집애들의 이름과, 가난한 이웃 사람들의 이름과, 비둘기, 강아지, 토끼, 노새, 노루, '프랑시스잼', '라이너 마리아 릴케', 이런 시인의 이름을 불러 봅니다.
　　　　　　　　　　　　　　　　　　　　　　　　　　　－ 윤동주, 별 헤는 밤 －

　예,1은 열거법을 보여주는 산문이다. 예,2 시조의 중장(中章)은 청소년 시절을 허송세월하면서 보낸 일들을 나열하여, 여러 사례를 열거하고 있다. 예,3에서도 인용된 첫 연, 둘째 연, 세째 연에서도 사례를 열거하고 있다. 열거법은 이런 시들처럼 현대시에서도 더러 사용되는 표현기교이다.

♣ **실습** : 1. 열거법을 사용한 문장 둘을 작성해보자.
　　　　　 2. 열거법을 활용한 연이나 시 한 수를 지어보자.

11) 억양법(抑揚法)

우선 누르고 뒤에 추킨다든지, 우선 추켜 주고 뒤에 누른다든지 하는 표현기교이다.
  예,1 그는 좀 모자라긴 하지만 사람은 착해
  예,2 연희는 인물은 예쁘지만, 마음씨는 곱지 않다.
  예,3 철이는 재물은 많으나 인품이 모자란다.
  예,4 인생이 짧기는 하나 선을 행하기에는 넘치는 세월이다.
  예,5 한 줄의 시는커녕
     단 한 권의 소설도 읽은 바 없이
     그는 한평생을 행복하게 살며
     많은 돈을 벌었고
     높은 자리에 올라
     이처럼 훌륭한 비석을 남겼다.
     그리고 어느 유명한 문인이
     그를 기리는 묘비명을 여기에 썼다.
     비록 이 세상이 잿더미가 된다 해도
     불의 뜨거움 굳굳이 견디며
     이 묘비는 살아남아
     귀중한 사료(史料)가 될 것이니
     역사는 도대체 무엇을 기록하며
     시인은 어디에 무덤을 남길 것이냐
                                   - 김광규, 묘비명 -

예,1, 2, 3, 4들은 억양법을 보여주는 예문들이다. 처음은 추켜세우고 나중은 낮추거나, 처음에 낮추었다가 뒤에서는 추켜세우고 있음을 본다. 예,5 시에서도 보면 '그'는 세속적인 의미에서 성공한 사람이다. "많은 돈을 벌었고 / 높은 자리에 올라" 비석까지 남겼다. 그러나 '그'는 살아생전에 "한 줄의 시는커녕/단 한 권의 소설도 읽은 바 없이" 살아온 인물로, 소양을 갖추지 못하고 살았으나 재물과 지위는 얻고 누린 사람이다. '그'의 성공과 행복은 진정한 것이 되지 못한다. 추켜 주어서 오히려 낮추니 억양법이다. 유명한 문인이라 추키곤, 어디애 무덤을 남길 것이냐고 누르니 이도 억양법이다.

♣ **실습** : 1. 억양법을 사용한 문장 둘을 작성해보자.
       2. 억양법을 활용한 연이나 시 한 수를 지어보자.

12) 현재법(現在法)

과거에 있었던 일이나, 미래에 있을 일을 마치 현재의 일 같이 쓰는 수사법이다.

예,1 나폴레옹은 적진을 향해 돌진하고 있다.

예,2 불꽃이 이리 튀고
　　　돌조각이 저리 튀고
　　　밤을 낮을 삼아
　　　징소리가 요란터니,
　　　불국사 백운교에
　　　탑이 솟아 오른다.

　　　꽃쟁반 팔모 난간
　　　층층이 고운 모양,
　　　임의 손 간 데마다
　　　돌 옷은 새로 피고
　　　머리엔 푸른 하늘을
　　　받쳐 이고 있도다.　　　　　　　　　　　　　　　　　　－ 김상옥, 다보탑 －

예,3 찬 서리 눈보라에 절개 외려 푸르르고,
　　　바람이 절로 이는 소나무 굽은 가지,
　　　이제 막 백학(白鶴) 한 쌍이 앉아 깃을 접는다.

　　　드높은 부연 끝에 풍경(風磬)소리 들리던 날
　　　몹사리 기다리던 그임 오셨을 제
　　　꽃 아래 빚은 그 술을 여기 담아 오도다.

　　　갸우숙 바위 틈에 불로초(不老草) 돋아나고,
　　　채운(彩雲) 비켜날고 시냇물도 흐르는데,
　　　아직도 사슴 한 마리 숲을 뛰어 드노다.

　　　불 속에 구워 내도 얼음같이 하얀 살결,
　　　티 하나 내려와도 그대로 흠이지다.
　　　흙 속에 잃은 그 날은 이리 순박(淳朴)하도다.　　　　－ 김상옥, 백자부 －

시는 1인칭 현재 시제의 예술이다. 예,1은 현재법을 보이기 위한 예문이고, 예,2, 3은 현재법을 잘 보여주는 시조이다. 현재법은 이처럼 과거의 일도 눈앞에 전개되고 있는 모습으로 표현한다.

♣ **실습** : 1. 현재법을 사용한 문장 둘을 작성해보자.
        2. 현재법을 활용한 연이나 시 한 수를 지어보자.

13) 원근법(遠近法)

원경에서 근경으로 근경에서 원경으로, 낮은 곳에서 높은 곳으로 높은 곳에서 낮은 곳으로 시상을 전개하는 표현법이다. 시간적 원근도 마찬가지이다. 먼 과거에서부터 점차적으로 현재에 이르도록 전개하거나, 현재에서부터 과거로 전개하거나, 점차적으로 미래로 나아가는 전개를 할 수도 있다.

예,1
   첩첩 산중에도 없는 마을이 여기에는 있습니다. 잎 진 사잇길, 저 모래 둑, 그 너머 강기슭에서도 보이진 않습니다. 허방다리 들어내면 보이는 마을.
(첩첩 산중의 후미진 마을)

   갱(坑) 속 같은 마을. 꼴깍, 해가, 노루꼬리 해가 지면 집집마다 봉당에 불을 켜지요, 콩깍지, 콩깍지처럼 후미진 외딴집, 외딴집에도 불빛은 앉아 이슥토록 창문은 모과(木果) 빛입니다. **(갱 속 같은 마을의 모과 빛 마을)**

   기인 밤입니다. 외딴집 노인은 홀로 잠이 깨어 출출한 나머지 무를 깎기도 하고 고구마를 깎다, 문득 바람도 없는데 시나브로 풀려 풀려 내리는 짚단, 짚오라기의 설레임을 듣습니다. 귀를 모으고 듣지요. 후루룩 후루룩 처마깃에 나래 묻는 이름 모를 새, 새들의 온기를 생각합니다. 숨을 죽이고 생각하지요.
(잠 못 이루는 노인과 처마깃의 새)

   참 오래 오래, 노인의 자리맡에 밭은 기침소리도 없을 양이면 벽속에서 겨울 귀뚜라미는 울지요. 떼를 지어 울지요. 떼를 지어 웁니다. 벽이 무너지라고 웁니다.
(벽속 겨울 귀뚜라미의 울음)

   어느덧 밖에는 눈발이라도 치는지, 펄펄 함박눈이라도 흩날리는지, 창호지 문살

　　　　에 돋는 월훈(月暈)　　　　　　　(눈발 흩날리는 달무리진 저녁의 방안)
　　　　　　　　　　　　　　　　　　　　　　　　　　　　- 박용래, 월훈 -

　　마치 카메라의 앵글이 먼 곳에서 점점 다가와서 방 안으로 들어오는 과정을 묘사하고 있는 듯하다. 원경에서 근경으로의 원근법을 활용한 시이다. 이 반대로 근경에서 중경, 원경으로 전개할 수도 있다.

　　예.2　내 집에서
　　　　　내 눈에 보이는 건
　　　　　철마다 찾아오는 나의 친구들

　　　　　울안에는 장다리,
　　　　　울타리는 개나리
　　　　　울밖에는 자운영이
　　　　　동네 앞 넓은 무논에는 연꽃이 화알짝
　　　　　강 건너 과수원엔 배꽃 복숭아꽃
　　　　　안산 자락엔 냄새 고약한 밤꽃이
　　　　　그 산들 중턱에는 벚꽃들이 왼통
　　　　　가을이면 온 산에 꽃보다 붉은 단풍

　　　　　아!
　　　　　나는야 이 어린 시절
　　　　　한 마리 나비 되어 훨 훨
　　　　　이들 친구들 찾아 날아다녔지.　　　　　　　　- 하상규, 내 친구 -

　　원근법을 의식하면서 써본 시이다. 시선이 근경에서 원경으로 이동하고 있다.

♣ **실습** : 1. 원근법이란 어떤 표현법인지 설명해보자.
　　　　　　2. 원근법을 활용한 연이나 시 한 수를 지어보자.

14) 돈호법(頓呼法)

　　돈호는 부른다는 말이다. 의도적으로 부르는 말로, 혹은 제시하는 말로 벅찬 감정을 표현하는 표현기교이다.

예,1 **임이시여, 사랑이여!**
예,2 환욕에 취한 **분네** 앞길 생각하소.
예,3 묻노라 **부나비야** 네 뜻을 내 몰래라.

예,4 **빛갈** 오호! **빛갈**
　　　살풋이 음영(陰影)을 던진 갸륵한 **빛깔아**
　　　조촐하고 깨끗한 **비취(翡翠)여** 　　　　　　　　　　　　　 - 박종화, '청자부'에서 -

예,5 산산이 부서진 **이름이여!**
　　　허공중에 헤어진 **이름이여!**
　　　불러도 주인 없는 **이름이여!**
　　　부르다가 내가 죽을 **이름이여**

　　　심중에 남아 있는 말 한 마디는
　　　끝끝내 마저 하지 못하였구나.
　　　사랑하던 그 **사람이여!**
　　　사랑하던 그 **사람이여!**

　　　붉은 해는 서산 마루에 걸리었다.
　　　사슴의 무리도 슬피 운다.
　　　떨어져 나가 앉은 산 위에서
　　　나는 그대의 이름을 부르노라.

　　　설움에 겹도록 부르노라.
　　　설움에 겹도록 부르노라.
　　　부르는 소리는 비껴 가지만
　　　하늘과 땅 사이가 너무 넓구나.

　　　선 채로 이 자리에 돌이 되어도
　　　부르다가 내가 죽을 **이름이여!**
　　　사랑하던 그 **사람이여!**
　　　사랑하던 그 **사람이여!**　　　　　　　　　　　　　　　　　 - 김소월, 초혼 -

예,6 **순이야, 영이야**, 또 돌아간 **남아**.

　　　굳이 잿빛의 문을 열고 나와서
　　　하늘가에 머무른 꽃봉오릴 보아라.　　　　　　　　　　　　　 - 서정주, '밀어'에서 -

굵은 고딕 글씨는 돈호법을 쓴 예들이다. 격한 감정, 간절한 감정 등을 효과적으로 표현할 수 있고, 리듬도 살릴 수 있다.

♣ **실습** : 1. 돈호법을 사용한 문장 둘을 작성해보자.
          2. 돈호법을 활용한 연이나 시 한 수를 지어보자.

15) 명령법(命令法)

명령문의 형식을 취하는 표현기교이다.

예,1   저 총각 **말듣거라**. 소년광경 **자랑 마라**.   - 김진태 -
예,2   아무나 적송자 만나든 날 왔더라 **일러라**.   - 낭원군 -
예,3   까마귀 싸우는 골에 백로야 **가지 마라**.   - 정몽주 -

예,4   해야 **솟아라**. 해야 **솟아라**. 맑앟게 씻은 얼굴 고운해야 **솟아라**.
      산 넘어 산 넘어서 어둠을 살라먹고, 산 넘어서 밤새도록 어
      둠을 살라먹고, 이글이글 애띈 얼굴 고운해야 **솟아라**.   - 박두진, 해 -

예,5   **가을에는**
      호올로 있게 하소서…
      나의 영혼,
      굽이치는 바다와
      百合(백합)의 골짜기를 지나,
      바른 나뭇가지 위에 다다른 까마귀같이   - 김현승, 가을의 기도 -

예,6   아이야, 우리 식탁엔 은쟁반에
      하이얀 모시 수건을 **마련해 두렴**.   - 이육사, 청포도 -

예,7   복사꽃이 피었다고 **일러라** 살구꽃도 피었다고 **일러라**. …중략… 앵도꽃도 오
      얏꽃도 피었다고 **일러라** …중략…소쩍새가 울더라고 **일러라**. …중략… 깃발
      을 날리며 너는 **오너라**. / 꽃다발과 푸른 깃발을 날리며 너는 **오너라**.
                                                   - 박두진, 어서 너는 오너라 -

예,1, 2, 3에는 명령법을 쓴 고시조들에서 보이는 예들이다. 예,4, 5, 6, 7은 현대시에서 명령법을 활용한 시들이다. 서정적 자아는 자신의 소망을 명령문의 형식을 빌

려서 강렬하게 표현하고 있다. 예들에서 보듯 명령문을 씀으로써, 뜻이 더욱 곡진하게 표현되어 있다. 그리고 리듬을 얻고 있다.

♣ **실습** : 1. 명령법을 사용한 문장 둘을 작성해보자.
    2. 명령법을 활용한 연이나 시 한 수를 지어보자.

3. 변화법(變化法)

시의 단조롭고 평면적인 권태를 극복하여, 생동하는 느낌을 주어서 표현하고자 하는 뜻을 더 강하게 표현하기 위하여 부리는 수사법들이다.

1) 도치법(倒置法)

문장의 성분을 문법상, 논리상 정상의 어순으로 놓는 것을 정치(定置)라 한다. 이와 달리 문장의 성분을 의도적으로 그 위치를 바꾸어 놓는 수법이다. 감정이 격앙하여 보통 평정(平正)의 형식을 지키지 못하는 경우에 쓴다. 시적 묘미를 살리는 방법 중의 하나이다.

  예,1 죽어도 아니 눈물 흘리오리다.   - 김소월, 진달래꽃 -
  예,2 가자, 나를 부르는 고향의 전원으로.

  예,3 모란이 피기까지는,
    나는 아직 기다리고 있을 테요, 찬란한 슬픔의 봄을
                - 김영랑, 모란이 피기까지는 -

  예,4 내 마음 글로도 옮기지 않으련다.…
    그러기엔
    나의 붓이 너무나도 무디구나.
    오, 사무친 이내 심정,
    하찮은 말이 어이 다 이룰 손가.
    내 심장이 말을 할 수 없는 한   - 바이런, 고별 -

예,5 어져 내일이야 그럴 줄 몰랐더냐?
　　　있으라 했으면, 가랴마는 제 구태여
　　　보내고 그리는 정은 나도 몰라 하노라　　　　　　　　　　　　　- 황진이 -

예,6 묏버들 가려 꺾어 보내노라 임의 손에
　　　자시는 창밖에 심어두고 보소서.　　　　　　　　　　　　　　　- 홍랑 -

예,7 가을날 노라케 물들인 은행닢이
　　　바람에 흔들려 휘날리드시
　　　그러케 가오리다
　　　임께서 부르시면…　　　　　　　　　　　　- 신석정, 임께서 부르시면 -

예,8 바람이 파도를 밀어 올리듯이
　　　그렇게 나를 밀어 올려다오.
　　　향단아　　　　　　　　　　　　　　　　　　　　　- 서정주, 추천사 -

예,9 五月(오월)은 절로 겨워라
　　　우쭐대는 이 江山(강산)　　　　　　　　　　　　　　　- 이영도, 신록 -

예,10 어느 새벽이드뇨 밝혀 든 횃불 위에
　　　　때묻지 않은 목숨들이 비로소 받들은 깃빨은
　　　　성상(星霜)도 범(犯)하지 못한 아아 다함없는 젊은이여　　- 이호우, 깃발 -

예,11 나는 떠난다. 청동(靑銅)의 표면에서
　　　　일제히 날아가는 진폭(振幅)의 새가 되어
　　　　광막한 하나의 울음이 되어
　　　　하나의 소리가 되어.

　　　　인종(忍從)은 끝이 났는가.
　　　　청동의 벽에
　　　　'역사'를 가두어 놓은
　　　　칠흑의 감방에서.　　　　　　　　　　　　　- 박남수, 종소리 -

　　예들은 줄 친 부분에, 문장 성분들의 위치가 바뀌어 있음을 볼 수 있다. 격정적인 감정을 토로하고 있고, 뜻이 강조되고 있고, 리듬을 얻게 됨을 볼 수 있다. 예,5에서 황진이는 필력이 대단하여 "제 구태여"를 도치시킴으로써, '제 구태여 가랴마는'의 뜻이 되게도 하고, '제 구태여 보내고'로도 표현하는 것이 되도록 하는 천재성을 보이고 있다. 예,6 홍랑의 시조에서 '임의 손에 보내노라.'로 정치를 시킨다면 그 감치는 맛이 줄어버려서 밋밋해지는 것을 볼 수 있다. 예,10 이호우의 '깃발'에서도 도치법의 효과가 극대화되어 있음을 볼 수 있다. "어느 새벽이드뇨"는 2행(중장)의 끝에 와도 3행(종장)의 끝에 와도 되는 것을 1행 (초장)의 앞에 배치를 함으로써, 멋진 시적 표현이 되고 있다. 이런 도치를 통한 변화는 의미도 강하게 표현하게 되고 리듬도 얻고 시적 맛을 더한다.

♣ **실습** : 1. 도치법을 사용한 문장 둘을 작성해보자.
        2. 도치법을 활용한 연이나 시 한 수를 지어보자.

2) 설의법(設疑法)

아무나 쉽게 내릴 수 있는 결론을 의도적으로 의문문으로 표현함으로써, 독자들로 하여금 판단을 하도록 하게 만드는 수법이다. 뜻이 강해지고 리듬에 변화를 준다.

예,1 나 두 야 가련다.
      나의 이 젊은 나이를
      눈물로야 보낼 거냐.
      나 두 야 간다.   - 박용철, 떠나가는 배 -

예,2 얼룩배기 황소가
      해설피 금빛 게으른 울음을 우는 곳,

      - 그곳이 차마 꿈엔들 **잊힐 리야**.   - 정지용, 향수 -

예,3 선으로 패한 일 보며 악으로 인 일 본가.
      이 두 즈음에 취사 이 **아니 명백한가**.   - 엄흔 -

예,4 천지간 만물 중에 사람이 최귀하니
      최귀한 바는 오륜이 **아니온가**.
      사람이 오륜을 모르면 불원 금수 하리라.   - 박인로 -

예,5 형아 아우야 네 살을 만져 보아라.

뉘 손에 태어났기에 양자조차 **같으신가?**
한 젖 먹고 길러나서 딴 마음을 먹지마라.   - 정철 -

설의는 의문이 아니라 강한 긍정이다. 뜻과 의지가 강조되고 리듬을 얻고 있음을 볼 수 있다.

♣ **실습** : 1. 설의법을 사용한 문장 둘을 작성해보자.
         2. 설의법을 활용한 연이나 시 한 수를 지어보자.

3) 문답법(問答法)

평서문으로 써도 될 말을 의도적으로, 스스로 묻고 답하는 형태를 취하는 표현기교이다. 혹은 작자가 직접 서술하지 아니하고 제삼자의 위치에서, 둘 이상의 인물을 설정하여 문답하게 하는 표현법도 활용한다.

예,1 지금, 우리가 할 일이 무엇입니까? 단결입니다.
예,2 사랑이란 무엇인가? 나를 내어 줌이리.

예,3 당신은 왜 나에게 눈길도 주지 않으시나요.
     나는 그 까닭을 안답니다.
     당신은 왜 나를 향해 조금도 다가서지 않으시나요,
     나는 그 까닭을 안답니다.

     당신은 왜
     나를 향해 웃어주기도,
     두 팔 벌려 맞아주지도 않으시나요.
     나는 그 까닭을 안답니다.

     임이시여
     그 까닭이
     그 까닭이 당신에게 있는 것이 아니라
     나에게 있음을 안답니다.

     너무나도 너무나도 잘 알기에

이 내 몸이 조금도 다가가지 못하는 까닭입니다.
　　　그 까닭입니다.　　　　　　　　　　　　　　　　- 하상규, 까닭을 안답니다 -

예,4　수로 천 리(水路千里) 먼 길을
　　　왜 온 줄 아나?
　　　옛날 놀던 그대를
　　　못 잊어 왔네.　　　　　　　　　　　　　　　　　　　- 김억, 오다 가다 -

예,5　어데다 무릎을 꿇어야 하나
　　　한 발 재겨 디딜 곳조차 없다.　　　　　　　　　　- 이육사, '절정'에서 -

　예,1, 2는 문답법이 무엇인지를 선명히 보여주는 예들이다. '지금 우리가 할 일은 단결이다.' '사랑은 나를 내어 줌이다.'라고 한다면 얼마나 밋밋한가? 예,3은 문답법을 적극 활용한 시이다. 묻고 답함으로써 시가 되고 리듬이 산다. 예,4, 5도 문답의 형식을 취함으로써 뜻이 더욱 곡진해진다.

♣ **실습** : 1. 문답법을 사용한 문장 둘을 작성해보자.
　　　　　2. 문답법을 활용한 연이나 시 한 수를 지어보자.

4) 인용법(引用法)

　고사성어와 격언·속담 등을 이끌어 와, 자기의 설(設)에 무게를 주어서 글의 내용과 취지를 풍부하게 하는 장식법(裝飾法)이다. (대화를 인용하는 경우도 있다) 시는 특히 창의와 독창성을 요구하는 장르라 인용을 하는 경우가 흔하지는 않다. 그러나 드물게 직접 인용 혹은 간접인용으로 인용법을 활용하는 경우가 있다.

예,1　○ 등하불명이란 너를 두고 이름이다.
　　　○ 男兒須讀五車書는 다독주의에서 나온 말이나, 전문분야에선 정독이 필요
　　　　하다.
　　　○ 붓은 칼보다 강하다. 고했다.
　　　○ 男兒二十未平國이면 後世須稱大丈夫라고 남이는 노래했다.

예,2　"오매, 단풍 들것네"
　　　장광에 골 붉은 감잎 날아오아

누이는 놀란 듯이 치어다보며
"오매, 단풍 들것네" — 김영랑, '오매 단풍 들것네'에서 —

예,3 달에는
<u>은도끼로 찍어낼
계수나무가 박혀 있다는</u>
할머니의 말씀이

영원히 아름다운 진리임을
오늘도 믿으며 살고 싶습니다. — 정한모, 가을에 —

예,4 젊어서 혼자된
어머니의 멍울진 한을
하얗게 풀어서
향기로 날리는가

「<u>애야, 너의 삶도
이처럼 향기로우렴</u>」

어느 날
어머니가
편지 속에 넣어 보낸
젖빛 꽃잎 위에 — 이해인, 치자꽃 —

예,5 "농부가 나가 씨를 뿌렸더니"
"몇 개는 길에 떨어졌네."
"새들이 날아와 쪼아 먹었네."
"몇 개는 바위에 떨어졌네."
"해가 떠오르자 말라버렸네."
"몇 개는 가시에 떨어졌네."
"씨가 자라자 가시도 자라 눌러버렸네."

"농부가 나가 씨를 뿌렸더니"
"몇 개는 흙에 떨어졌네."
"열매를 맺으니
삼십 배 되고 육십 배 되고 백 배도 되었네."[20]

---

20) 마르코 복음 4장 3절~

나도 세상에 나서 은총으로
큰딸 큰아들 작은딸 막내아들 넷을 두었네.
소중한 나의 분신들아! 너희는
길에도 들지 말고
바위에도 들지 말고
가시밭에도 들지 말고
좋은 흙에 떨어져
오십 배 내고
백 배 내어라.
바람아 불지 마라.
구름아 해를 가려다오.
비야 내려다오.

자라나 열매 맺고
좋은 씨앗 되어라.

― 이향선, 소망 ―

예,6　샤를르 보드레르　　　800원
　　　칼 샌드버그　　　　　800원
　　　프란츠 카프카　　　　800원
　　　이브 본느프와　　　1,000원
　　　에리카 종　　　　　1,000원
　　　가스통 바슐라르　　1,200원
　　　이하브 핫산　　　　1,200원
　　　제레미 리프킨　　　1,200원
　　　위르겐 하버마스　　1,200원
　　　시를 공부하겠다는
　　　미친 제자와 앉아
　　　커피를 마신다
　　　제일 값싼
　　　프란츠 카프카

― 오규원, 프란츠 카프카 ―

　예,1들은 인용법을 보여주는 문장들이다. 예,2의 "오매, 단풍 들것네"는 대화를 인용한 것이다. 예,3과 예,4도 대화를 인용한 예들이다. 예,5는 보기 드물게 각주로 따옴표로 인용한 부분을 인용한 글임을 선명하게 드러내고, 글자체를 달리하고 배열을 달리해서 성경의 복음서에서 인용한 인용문임을 뚜렷이 밝히면서 길게 인용하고 있다. 인용된 부분이 다른 시들에서는 사례를 찾아볼 수 없을 정도로 많음에도 불구하고 시의 흐름이 경박하지 않다.

예,6의 작가 오규원은 이 시에 사용된 기법을 '인용적 묘사'라고 했다. 인용적 묘사는 인용을 하고 있다는 점에서는 인용법(引喩)과 비슷하나 **고사성어와 격언·속담이나 다른 사람의 말이나 대화를 인용하는 것이 아니라, 인용의 출처가 우리 주변의 기성품에서 유래한 것이라는 점에서 차이가 있다.** 이 작품은 메뉴판이라는 형식을 인용했다. 일종의 패러디 형식이다. 메뉴판에 철학자나 시인의 이름을 올려놓음으로써, 문학과 사상, 철학 등의 인문학이 물질 만능의 각박한 현실에서 외면당하고 있음을 단적으로 제시하고, 이런 현실 풍조를 비판하려는 작자의 의도가 숨어 있다. 기발한 착안이다. 우리 주변에서 이런 사례들을 유의해 관찰한다면 또 하나의 창작법이 될 수도 있겠다.

♣ **실습** : 1. 인용법을 사용한 문장 둘을 작성해보자.
2. 인용법을 활용한 연이나 시 한 수를 지어보자.
3. 예,6을 패러디하여, 음식점(음료점)에서 흔히 볼 수 있는 "물은 셀프입니다." "커피는 셀프입니다."를 인용한 시를 지어보자.

5) 경구법(警句法)

기발하면서 진리가 들어 있는 말귀를 씀으로써, 독자에게 자극을 주는 수사법으로, 속담·경구는 이러한 수사법에 의한 것이다. 산문이나 고시조에는 많이 쓰이나 현대시에서는 많이 쓰이지는 않는다. 이런 경구를 시에 인용하면 '인용법'이 된다. 산문시 등에서 활용함직한 표현기교이다.

예,1 ○ 웅변은 은이고, 침묵은 금이다.
    ○ 어려서 굽은 나무 커서 질매가지 된다.
    ○ 소년은 늙기 쉽고 학문은 이루기가 어렵다.

예,2 흐르는 것은
    어디서나 낮은 몸짓이다

    산마루에 훌뿌린 작은 빗방울
    낮은 대로 모여 시내가 되고

더 몸을 낮추어 강으로 흐르다가
낮은 몸으로 낮은 몸으로 바다로 간다

남상(濫觴)이란 항시 높은 데서 비롯되지만
낮은 데로 낮은 데로 내려서
비로소 완성되는 것이거늘

한 나무 아래 사흘을 머물지 말라는
샤가(釋迦)의 말씀처럼 열구름처럼
흐르는 것은
끝없이 비워내고 낮추는 일

부드러운 몸짓이다
앉은걸음보다 더 낮게
와불(臥佛)처럼
차라리 누워서
슬기로운
강은
― 정재필, 강(江) ―

  예,1들은 속담·경구들이다. 이런 경구들을 시에 인용하면 경구법이다. 예,2에서 고딕으로 굵게 쓴 부분은 석가의 가르침을 인용한 것이다. 단순한 말을 인용한 것이 아니고, 이 시의 주제를 살리기 위해서 경구(교훈적인 가르침)를 인용했다. 경구를 인용했으니 경구법이고, 인용법이다. 남발할 것은 아니되, 경우에 따라서는 활용할 필요가 있다. p.77 ― 하상규,여기 ―도 좋은 예이다.

♣ **실습** : 1. 경구법을 사용한 문장 둘을 작성해보자.
    2. 경구법을 활용한 연이나 시 한 수를 지어보자.

6) 대화법(對話法)

  등장인물 간의 대화나 자문자답이나 독백을 시에 활용하는 표현법이다. 시에 많이 쓰이지는 않지만, 서사성(敍事性)이 있는 시나 극시적(劇詩的)인 요소를 지닌 시에서 직접화법 혹은 간접 화법으로 대화를 활용하는 표현법이다.

예,1 아이한테 물었다.

    이담에 나 죽으면
    찾아와 울어줄 거지?

    대답 대신 아이는
    눈물 고인 두 눈을 보여주었다.   - 나태주, 꽃그늘 -

예,2 - 모란 순이
      새끼손가락 만치 자랐습데다.

    - 너는 그렇게도
      봄을 기두렸고나

    - 산수유(山茱萸) 꽃이
      벌서 시나브로 지던데요.

    - 글세
      봄은 오자 또 떠나는 게지 …

    - 그러기에 우린 아직도
      경칩(驚蟄)이 먼 지역(地域)의 주민(住民)인가 봅니다.

    ……………
    ……………

    山같은
    침묵(沈黙)이 흐른다.   - 신석정, 대화 -

예,3 파도
    이 바보야!
    밀려와선 밀려날 것을 번연히 알면서도
    왜 밀려와서는 또 밀려나고
    또 밀려와서는 또 밀려나느냐?

    이 바보야!
    영겁의 세월이 그치지 않으니

밀려오고 밀려나면서
그 세월 세고 있는 줄을
어찌 네가 알리오?
세월이 있는 한
나 그치지 않고
밀려나고 또 밀려오리 …

몽돌
이 바보야!
와자작 우저적
파도 맞아 구르는 동글 둥글 몽돌아
수 천 수 만의 세월 그 자리
지겹지도 않으냐?

이 바보야!
내 원래 천성이 모가 나서
밀려오고 밀려나는 파도에 씻기면서
모난 마음 갈고 닦는 줄을
네 어찌 짐작이나 하리오?

내 원래 마음과 몸이 검어서
씻기고 또 씻기어서
희게 되려는 내 마음을 …

− 하상규, 이 바보야! −

 예,1에는 2연에 직접적인 대화가 있고, 3연은 눈물로 대화를 대신하고 있다. 예,2는 등장인물을 설정하고 등장인물들이 주고받는 대화로만 쓴 시이다. 예,3도 대화의 수법으로 서정적 자아의 想과 情을 표현하고 있다. 등장인물과 파도 간에 주고받는 대화와 등장인물과 몽돌 간에 주고받는 대화의 형식을 취하고 있으나 실은 서정적 자아의 독백, 방백 같은 대화이다.
 대화법은 경우에 따라, 시의 전부나 부분을 대화로 채울 수도 있다. p.37 − 하상규, 데밀이 −도, 그 예이다. 대화가 가지는 특유의 감칠맛 나는 효과를 노릴 수도 있다. 연극에서처럼 독백을 할 수도 있겠고, 연극의 방백처럼 내심(內心)을 표현할 수도 있다.
 대화법은 문답법과도 유사하다 하겠으나, 다른 점은 문답법에서는 서정적자아가 자신의 의도를 강하게 표현하기 위하여, 자신이 짧게 묻고 자신이 답하는 형식이라는 점이, 일반적인 대화의 형식을 취하는 대화법과는 다르다고 하겠다.

♣ **실습** : 1. 대화법을 사용한 문장 둘을 작성해보자.
  2. 대화법을 활용한 연이나 시 한 수를 지어보자.

7) 반언법(反言法)

표현하고자 하는 본래의 뜻과는 반대되는 뜻으로 나타내는 표현 수사법이다. 반언법(反言法)에는 역어법(逆語法)과 아이러니(irony)가 있다. <u>여기서는 역어법만 약술하고, 아이러니(irony)는 장을 달리하여 상술한다.</u>

(1) 역어법(逆語法)

풍자의 뜻 없는 단순한 반어법으로서, 지식상(智識上)의 유희(遊戱)에 익살을 섞어 희롱하거나 혹은 속임으로 인하여 실지와는 상반되는 이미지를 주는 말을 하는 수사법이다.

예,1 ○ 밉상이다. (예쁘다, 잘났다) ○ 아이구, 요 얄미운 것 (귀엽다)
    ○ 손님 들었다. (도둑맞았다) ○ 겁도 안 났다. (놀라웠다)
    ○ 학교에 갔다 왔다. (감옥에 갔다 왔다)
    ○ 구월산 봄 풀은 가을 풀이다. (산의 이름이 九月이니 그 산의 풀은 봄의 풀이라도 秋草라는 언어 희롱이다)
    ○ 숯섬은 아무리 써도 낡지 않는다. (숯(숫)의 발음이 같다. 낡은 숯섬도 언제나 숯[숫]섬이니까. 숫처녀, 숫총각처럼 [숯섬]이니 젊어서 낡지 않는다는 언어 희롱이다.)

예,2 어렸을 적 나는 할머니 따라쟁이
    할머니가 나보고 "요 밉상인 놈" 하면
    나도 할머니보고 "요 밉상인 놈" 했다.
    그러면 할머니는 큰소리로 웃으셨다.

    손을 입으로 가져가시며
    "아이고 요놈 고추 따-머-억자. 아이고 매워라" 하셨다.
    그러면 나도 할머니의 흉내를 내면서 따라 했다.

할머니는 파안대소 웃으시며 나를 안아주셨다.

놀러 오신 동내 할머니들 모두
"요 얄미운 놈" "고추 따-머-억자" "아이고 매워라"
나도 신이 나서
"요 얄미운 놈" "고추 따-머-억자" "아이고 매워라"
할머니들 함께 웃으며 날 안아, 등 다독여 주시면서
"아이고 요놈" "아이고 요놈 보레이"
곶감도 주시고 밤도 주시고 사탕도 주시고 …

이제 할아버지 되어
날 얄미워하시던 할머니, 그 할머니들 생각난다.
생각난다.
그 할머니들…

− 하상규, 따라쟁이 −

예,1들은 역어법을 보인 예들이다. 예,2는 역어법을 활용해서 지어본 시이다. 이처럼 현대시에서도 시도해 봄직한 표현법이다. 현대시에서는 예가 많지 않고, 고시조에서는 드물게 용례를 볼 수 있다.

♣ **실습** : 1. 역이법을 사용한 문장 둘을 작성해보자.
  ● 답의 예 - 전쟁터에 나갔던 아들이 살아왔으니 그 집안에 난리가 났겠군!
  2. 역어법을 활용한 연이나 시 한 수를 지어보자.

Ⅷ 장. 아이러니(irony)[21]

1. 아이러니의 개념

앞에서 살펴보았듯이 반언법(反言法)에는 역어법(逆語法)과 아이러니(irony)가 있다. 역어법은 앞에서 살펴보았고, 아이러니는 장(章)을 달리해서 별도로 살피기로 했었다.

아이러니(irony)는 반어(反語)로, 풍자(諷刺)로 번역된다. 이는 대립하는 두 요소가 표면적 진술과는 반대라는 뜻이다. 즉, 잘못한 사람에게 '잘했다', '잘했군'하고 말한다. 이 말 속에는 옳지 못한 행동에 대한 야유의 뜻이 담겨 있다. 아이러니는 그리스어 에이로네이아(eironeia)에서 온 말로 18세기 초엽부터 일반적으로 사용되기 시작하였는데, 이 말은 자기를 낮추거나 시치미를 떼는, 변장(變裝) 또는 은폐(隱蔽)라는 뜻을 지니고 있다. 이와 반대되는 말로 알라조네이아(alazoneia)가 있다. 이 말은 자만심이 강한, 위장(僞裝)의 뜻이 있다.

다시 말해, 효과적인 설득을 위하여 표면의 뜻과 속의 뜻이 상반되는 사물의 인식이나 표현방법으로 반대주장을 펴거나 자신을 비하하거나 낮추어 설득하는 방법, 남의 약점이나 결점을 완곡(婉曲)하게 지적하여 유머러스하게 비꼬아 냉소하는 수법이다. **풍자를 위하여 표리(表裏)가 다른 말투를 하는 반언법(反言法)을 말한다.** 겉으론 칭찬하면서 속으론 비난하는 것과 또 그 반대로 표현하는 방법이 있다. **시에 있어서도 '변장' 또는 '위장'으로 시적 효과를 나타내려는 수사법이다.**

---

[21] 아이러니 장은 표현법 중의 하나이나 현대시에서 차지하는 비중이 너무도 큰 까닭에 별도로 장을 달리하여 논의한다. 이 장은 박명용의 현대시 창작법(국학자료원,1999) p.157~163의 내용을 참고하고 필자가 다소 수정하고, 예를 보충하였다.

2. 아이러니의 구분

아이러니는 일반적으로 언어적 아이러니(verbal irony)와 구조적 아이러니(structural irony)로 나눈다. 이 두 아이러니를 구분해서 살펴보자.

1) 언어적 아이러니

언어적 아이러니는 일반적 의미의 아이러니인데, 이면에 **숨겨진 참뜻과 반대되어 나타나는 발언을 의미**한다.

> 예,1 ○ 말씀 좀 낮추시지. (높이라는 말)
> ○ 규칙도 모르는 사람이 심판을 하였으니, 시합이 오죽이나 공정하였겠소?
> ○ 그 사람, 참으로 자식 농사는 잘했지!
> ○ 참, 손님 대접 잘 받았다.

이른 표현은 일상 언어생활에서도 흔히 사용하는 표현법이다. 뜻이 반대로 표현된 것이다. 아이러니를 이해하기 위해 산문에서 예를 들어보자.

> 예,2 무학 대사가 이태조에게 말하기를 "<u>상감께서는 부처님같이 뵈오이다.</u>" 하였다. 까닭을 물은 즉 "부처의 눈에는 부처만 뵈고, 돼지의 눈에는 돼지만 뵈는 것이오이다." 하였다.

태조가 먼저 대사에게 돼지 같다고 한 것이다. 무학 대사가 해명하기 전의 말(밑줄 친 부분)이 반어법(irony)이다.

> 예,3 나 보기가 역겨워
> 가실 때에는
> 말없이 고이 보내 드리우리다.
>
> 영변(寧邊)에 약산(藥山)
> 진달래꽃
> 아름 따다 가실 길에 뿌리우리다.

　　　　가시는 걸음 걸음
　　　　놓인 그 꽃을
　　　　사뿐히 즈려 밟고 가시옵소서.

　　　　나 보기가 역겨워
　　　　가실 때에는
　　　　죽어도 아니 눈물 흘리우리다.　　　　　　　　- 김소월, 진달래꽃 -

　예,4　겨자씨같이 조그맣게 살면 돼
　　　　복숭아가지나 아가위가지에 앉아
　　　　배부른 흰 새 모양으로
　　　　잠깐 앉았다가 떨어지면 돼
　　　　연기 나는 속으로 떨어지면 돼
　　　　구겨진 휴지처럼 노래하면 돼　　　　　　　　- 김수영, '長詩1'에서 -

　예,3의 화자는, 표면적으로는 적어도 임과 언제 이별하더라도 무방하다는 태도를 보이지만, 이와는 정반대로 어떠한 일이 있어도 결코 임을 보내고 싶지 않다는 진심을 그 속에 숨겨놓고 있다. 반언(irony)이다. 예,4의 김수영은 저항 시인이다. 서민(민중)들의 하찮은 삶을 개탄하는 시이다. 무의미한 삶, 대수롭지 않은 삶, 존재의 가치를 인정받지 못하는 삶, 푸대접받고, 박대받는 삶에 대한 저항심을 역으로 노래한 것이다. 그래서는 안 된다는 것이다. 이 시는 아이러니를 적극 활용한 시이다.

　예,5　꽃이 피지 않으모 어떻노
　　　　너무 작아 아무도 찾지 못하는 걸

　　　　향기가 없으모 어떻노
　　　　누구하나 다가오지 않는 걸

　　　　심심한 날은 간간이
　　　　흔들고 가는 바람이 고맙기만 하제

　　　　아주 목이 마른 날은
　　　　고마 시들어삐리모 되는 기라.

　　　　꽃이 지모 또 어떻노.

지는 것이 어데 내 뿐이것나.

이 너른 세상에   － 명제한의원 원장, 꽃마리[22] －

역시 반어법으로 지어진 시이다. 인생의 허무를 역으로 표현한 것이다. 예,4처럼 저항하는 시는 아니다. 허무를 자위하는 시라고도 하겠다. 꽃마리는 객관적상관물[23]이다. 언어적 irony의 좋은 예이다. 다른 예를 보자.

 예,5 한 줄의 시는커녕
   단 한 권의 소설도 읽은 바 없이
   그는 한평생을 행복하게 살며
   많은 돈을 벌었고
   높은 자리에 올라
   이처럼 훌륭한 비석을 남겼다.
   그리고 어느 유명한 문인이
   그를 기리는 묘비명을 여기에 썼다.
   비록 이 세상이 잿더미가 된다해도
   불의 뜨거움 굳굳이 견디며
   이 묘비는 살아남아
   귀중한 사료(史料)가 될 것이니
   역사는 도대체 무엇을 기록하며
   시인은 어디에 무덤을 남길 것이냐   － 김광규, 묘비명 전문 －

예,5 시를 보면 '그'는 세속적인 의미에서 성공한 사람이다. "많은 돈을 벌었고/높은 자리에 올라" 비석까지 남겼다. 그러나 '그'는 살아생전에 "한 줄의 시는커녕/ 단 한 권의 소설도 읽은 바 없이" 살아온 인물로, 소양을 갖추지 못하여 '그'의 성공과 행복은 진정한 것이 되지 못한다. 이 시에는 이러한 세태 또는 경멸의식을 은폐시키고, 표면적으로 행복한 생애 훌륭한 삶을 살았다고 했으니, 아이러니를 성립시키고 있다.

♣ **실습** : 1. 시집 한 권을 읽고, 시들 중에서 언어적 아이러니로 표현된 시들을 찾아보자.
    2. 언어적 아이러니를 활용한 연이나 시 한 수를 지어보자.

---

[22] 지칫과의 여러해살이 풀. 꽃의 직경이 2mm 이내이므로 길가에 피어 있어도 모르고 지나치는 꽃 중의 하나임.
[23] 뒤에서 공부할 것임.

2) 구조적 아이러니

구조적 아이러니는 작품의 전체 구조를 통해 나타난다. 이 구조적 아이러니는 **상황적 아이러니**와 **극적 아이러니**로 하위 구분되는데, 전자는 어떤 사건, 사실, 상황 등이 아이러니를 만드는 경우이고, 후자는 희곡에서처럼 주인공은 알지 못하는 것을 작자와 독자는 알고 있는 사건 구조를 통해 생기는 아이러니이다.

(1) 상황적(狀況的) 아이러니

예,1 6백만 불의 남자와 6백만 불의 여자
　　　그 두 연인은
　　　아다시피 우리 시대의 조립인간이다.
　　　눈도 귀도 고성능 전자제품
　　　어둠을 투시하고 십리 밖 속삭임을 듣는다.
　　　그리고 그 모든 정보를 종합처리하는
　　　고성능 전자두뇌
　　　뚜뚜뚜……하고 자동으로 작동한다.
　　　우울증이나 심술이나
　　　욱하고 치미는 파괴적 충동 같은 것은
　　　어딘가 장기나 고장난 증거
　　　병원이 아니라 조립공장으로 달려가서
　　　문제의 장기를 갈아끼우면 된다.
　　　그리하여 미움도 싸움도 모르는 두 연인
　　　전기의 볼테이지만 높이면
　　　사랑의 농도가 얼마든지 진해지는 두 연인의
　　　합이 1천 2백만 불짜리 행복
　　　그러나 그것은 너무 쉽게 얻어서
　　　귀한 맛이 전혀 없는 행복
　　　하루만 지나면 단물이 모두 빠져
　　　쓰레기가 되는 행복
　　　짜증을 내고 싶지만 아뿔싸
　　　짜증 내는 장기는 아무데도 팔지 않는다.　　　- 이형기, 6백만 불의 인간 -

예,1 시는 현대 산업 사회가 물질 만능과 기능주의화로 도덕적 가치를 상실했다는 상황적 모순을 나타내고 있다. '6백만 불의 남자와 6백만 불의 여자'는 정신적, 도덕적 인간과 대치되어 기존의 인간상이 아니다. 즉, 인간은 물질에 의하여 움직이는 기계 인간이기 때문에 고장이 나면 '문제의 장기를 갈아 끼우면 된다'는 것이다. 이 얼마나 편리한 삶인가. 그러나 장기는 아무 데도 팔지 않아 실현 불가능을 암시함으로써, 시의 구조는 **상황적 아이러니**를 발생시키고 있는 것이다.

예,2 귀한 손님이 오셨는데
　　　대접할 것이 없어
　　　쉬운 길로 인스턴트 커피다.

　　　그중 한 분, 커피를 사양하시기에
　　　"녹차는 드십니까?"
　　　다만 끓인 물 한 잔만 달라신다.

　　　맹물을 드리고는 하 민망해
　　　하는 말,
　　　"가난한 선비 서재에 오실 때에는
　　　드실 차라도 지니고 오셔야겠습니다, 허허…"
　　　"오늘 제가 빈손으로 왔습니다.
　　　나음에 올 때에는 제가 만든 자를 조금 드리겠습니다."
　　　"아이고 아닙니다. 농이었습니다."

　　　시간이 흐른 뒤
　　　다시 오신 그분께
　　　또 한 잔의 맹물만을 드렸다.
　　　가시면서, 조그만 유리병을 하나를 내어놓으며
　　　"커피만 많이 드시지 말고 간간이 물에 타서 드세요."

　　　창졸간의 일이라
　　　고맙다는 인사도 못 드리고 전송하고는
　　　병을 열어보니, 바알간 오미자차이다.

　　　큰 선물 아니나
　　　주시는 정이 고마워
　　　간간이 태워서 머금어 본다. 바알간 오미자 차를

조금만 태워도 향이 진하다.
달콤 새콤한 맛에 침이 돈다.

이제 반병이나 남았을까?
그런데 참 묘하다.
병을 들고 차를 태울라치면
그분의 이름이 떠오른다.
어김없이 그분을 생각는다.
차를 한 모금 한 모금 마시노라면

머리를 저어본다.
서화담 황진이 문하생 비슷한 생각들을 …
 그리고 자녀가 착하게 자랐다 하시던 그분의 자녀 자랑을 …
비 오는 날이면 어느 곳에나 자신을 모시러 온다는 부군 자랑을 …
차
한
잔!
오 미 자
차 한 모금을, 씹으면서 마신다.

— 하상규, 차 한 잔 —

예,2도 **상황적 아이러니**의 예라 할 것이다. 차를 선물 받아서 간간이 마시고 있을 따름이다. 그런데 차를 마시는 행위가 거듭되면서 은연중에 차 아닌 차를 선물한 이성에 끌리는 마음(연심 같은)이 인다. 연심을 가질만한 사이도 처지도 아닌 분임에도 말이다. 차를 마시는 상황이 본의가 아닌 연심을 불러오는 상황이 온 것이다. 상황적 아이러니다.

(2) 극적(劇的) 아이러니

예,1　나 대낮에 꿈길인 듯 따라갔네.
　　　점심시간이 벌써 끝난 것도
　　　사무실로 돌아갈 일도 모두 잊은 채
　　　희고 아름다운 그녀 다리만 쫓아갔네.
　　　도시의 생지옥 같은 번화가를 헤치고
　　　붉고 푸른 불이 날름거리는 횡단보도와
　　　하늘을 오를 듯한 육교를 건너

나 대낮에 여우에 홀린 듯이 따라갔네.
어느덧 그녀의 흰 다리는 버스를 타고 강을 건너
공동묘지 같은 변두리 아파트 단지로 들어섰네.
나 대낮에 꼬리 감춘 여우가 사는 듯한
그녀의 어둑한 아파트 구멍으로 따라 들어갔네.
그 동네는 바로 내가 사는 동네
바로 내가 사는 아파트!
그녀는 나의 호실 맞은편에 살고 있었고
문을 열고 들어서며 경계하듯 나를 쳐다봤다.
나 대낮에 꿈길인 듯 따라갔네.

— 장정일, 아파트 묘지 —

예.2 어미가 아이를 출산하기 일주일 전
심한 독감이 들었데.
아이를 낳았는데 태가 다 녹았다지.
태어난 지 백 일이 되어도 갓 태어난 아기만도 못했데.
그 아이 이름은 아기.
호적 더럽힌다고 올리지도 않았데.
두 돌이 되던 해
동사무소에서 호구조사가 있었데.
동사무소 직원이
"이 세상에 태어났는데
호적에는 올렸다가 보내야 저승길을 찾아가지 않겠냐."고
그러면서 직접 이름을 지어 호적에 올려 주었데.
그렇게
그 아기
8살, 학교 갈 나이가 되었지.
그때까지 아무도 동사무소 직원이 지어준 이름을 기억하지 않았다지.
입학통지서가 나오고 그 아기 처음으로 이름이 불리어졌어.
이 아무개
낯선 이름으로 불리어지는 것도 어색하고
새로운 친구들도 어색했던 학교생활
맨 앞에서 선생님이 어깨에 손을 얹으며 "앞으로 나란히" 소리치면
한없이 움츠려 멀뚱히 서 있던 작고 작았던 아이,
영리하고 총명하게 초등학교 졸업하고 중학교, 고등학교 잘 다녔어.
스무 살이 갓 넘은 어느 날
사주라는 걸 봤다지.
아이구나, 글쎄!

"그 아이가 그 이름 때문에 목숨을 연장해서 잘 살고 있다."는 거야.
"이름 지어준 분께 술 한 잔 올리고 감사하다고 꼭 전해라."는데
그분을 찾을 수가 있나.
이름 덕분에 나이 차도록 잘 살았고
이젠 나이가 차고 넘쳐 늙어가고 있으니 참 감사한 일이구나.

— 이인숙[24], 출생 —

예,1은 도시인의 일상적 삶에 신선한 정서를 창출하고 있는 이 시는 점심시간에 나왔다가 '희고 아름다운 그녀'를 보고 뒤쫓아 간다. '그녀'가 '번화가', '횡단보도', '육교'를 지나 변두리 '어둑한 아파트'로 들어간 곳은 뜻밖에도 '바로 내가 사는 아파트'였다.

등장인물이 있다. 전개가 극적(劇的)이다. 서정적 자아는 다리가 예쁜 그녀를 따라가는 행위를 할 뿐이다. 그러나 독자는 도시인의 단절된 삶과 그 의미를 본다. 의미를 보다 심화시킨 것은 바로 이 **극적 아이러니**가 작용했기 때문이다. 이렇듯 아이러니는 변장 또는 위장의 표현법으로 상대에 대한 의미를 풍부하게 해준다는 데 목적이 있다.

예,2도 전개 과정이 극적이다. 사랑받지 못했던 미숙아가 그런 처지였기 때문에 좋은 이름을 얻고 명 길게 복되게 살 수 있었다. 역으로 '축복 속에서 나고 사랑받으면서 다른 이름으로 자랐더라면', 하는 반대 되는 상황을 설정해 볼 수도 있겠다. 서정적 자아는 출생과 성장 과정을 몰랐다. 뒤에야 그 극적 상황을 알게 되지만, 독자는 방백 같은 전개를 본다. **극적 아이러니**가 작용되고 있음을 본다.

앞에 든 예 소월의 '진달래꽃'도 전체적으로 '구조적 아이러니, 그중에서 극적 아이러니를 통해서 주제를 형상화하고 있다고 볼 수 있겠다.

아이러니는 복잡한 사회 속에서 필연적으로 나타나는 갈등과 고뇌에서 발생되는데 그 기능은, 첫째 효과적인 설득을 위해 반대 주장을 펴는 단순한 수사법이고, 둘째는 자신을 비하하거나 낮추어 설득하는 방법, 마지막으로는 풍자 또는 야유로써 비판을 가하는 데 있다.

♣ **실습** : 1. 구조적 아이러니에 대한 이해를 높이도록, 시집들에서 '상황적 아이러니', '극적 아이러니'를 활용한 시들을 찾아보자.

---

24) 필자의 시작법 강좌를 수강한 문하생

IX 장. 역설법(逆說法, paradox)[25]

1. 역설의 개념과 중요성

　역설(逆說, paradox)은 일반적인 상식이나 옳은 이론을 뒤집어 표현하는 것으로, 언뜻 보기에는 진리와 모순된 것 같으나 깊이 생각해보면 그 속에는 진리가 있어 이를 깨닫게 해주는 수사기법을 말한다. **어역이순**(語逆理順)의 경구에 이런 것이 많다. 역설에는 언어적 역설과 구조적 역설이 있다.

　　　예,1 ○ 좋아서 죽겠다.　　○ 즐겁게 비명을 지른다.　　○ 사랑의 매
　　　　　○ 아름다운 악마　　○ 상처뿐인 영광　　○ 사랑하는 증오
　　　　　○ 아는 것이 병이다.(識字憂患)　　○ 무기교는 최상의 기교다.
　　　　　○ 목숨을 던지는 이는 살 것이요, 살기를 꾀하는 이는 죽을 것이다.
　　　　　○ 수필은 형식이 없다, 그러나 형식이 없는 것은 아니다.
　　　　　○ 사랑하기 때문에 헤어진다.

　예,1들은 우리가 흔히 쓰는 말들인데 모순어법으로서의 역설이다. 겉으로는 말이 안 되는데, 곰곰이 생각해보면 그 속에 진리가 있다.

　　　예,2　천추에 죽지 않는 논개여,
　　　　　하루도 살 수 없는 논개여!
　　　　　그대를 사랑하는 마음이 얼마나 즐거우며 슬프겠는가?
　　　　　나는 웃음이 겨워서 눈물이 되고, 눈물이 겨워서 웃음이 됩니다.
　　　　　　　　　　　　　　　　　　　　- 한용운, 논개의 애인이 되어 그의 묘에 -

　　　예,3　아아, 님은 갔지마는 나는 임을 보내지 아니하였습니다. - 한용운, 임의 침묵 -

---

25) 이 장의 '역설'에 관한 이론과 예 들은 박명용. 현대시창작법. 국학자료원. p.163~167의 내용을 깊이 참고했음

예,4 타고 남은 재가 다시 기름이 됩니다.　　　　　　　　　　　－ 한용운 알 수 없어요. －

예,5 두 볼에 흐르는 빛이
　　　정작으로 고와서 서러워라.　　　　　　　　　　　　　　－ 조지훈, 승무 －

예,6 삶이 넝마인지
　　　넝마가 삶인지
　　　옷이 나 때문에 있는지
　　　내가 옷 때문에 있는지　　　　　　　　　　　　－ 강남주, 어느 날의 초상화 －

예,7 인간이 곰을 구경하는지
　　　인간이 곰의 구경꺼리인지
　　　하느님
　　　이 세상 울은 어딥니까?　　　　　　　　　　　　　－ 박명용, 구경꺼리 －

　　예,2, 3, 4는 한용운의 시들 중 일부들이다. 모두 역설적인 표현을 하고 있음을 본다. 흔히 한용운을 역설의 시인이라고 한다. 예, 5, 6, 7들도 마찬가지이다. 위의 시들을 보면 주어로서의 위치가 역설적으로 나타나고 있는데, 이는 진실의 모습을 추구하고자 하는 데에서 드러나는 역리 현상인 것이다.

　　역설은 아이러니와 혼동되기도 하는데, 이는 진술이 지시하는 대상과의 관계에서 서로 상반되는 의미를 내포한다는 점 때문이다. 그러나 이 두 가지가 구분되는 것은 전자(아이러니)의 경우, 표현되는 진술 자체에 모순이 있고, 후자(역설)는 진술 자체에는 모순이 없으나 진술된 언어와 이것이 지시하는 대상 사이에 모순이 생긴다는 데에 차이가 있다.

　　브룩스 C. Brooks는 "역설은 시에 있어서 피할 수 없는 타당성을 지니고 있는 것이다. 역설적 흔적을 추방해 버린 언어를 요구하는 사람은 과학자인데, 시인이 말하는 진리는 확실히 역설을 통해서만 가능하다"고 말했다. 그의 말은 시에 있어서의, 역설의 중요성을 피력한 것이라고 할 수 있다.

2. 역설의 구분

　　프리밍거는 역설을, 시의 한 부분에 표현된 모순 어법(oxymoron)과 한 편의 시 전체

구조에 나타내는 구조적 역설(structural paradox)로, 또 휠라이트는 표층적 역설, 심층적 역설, 시적 역설 등으로 나누고 있다. 그러나 표층적 역설은 모순 어법을 말하고 있는 것이기 때문에, 여기에서는 모순 어법과 구조적 역설로 나누어 살펴보기로 한다.

1) 모순 어법

첫째, 모순 어법은 시 속에서 하나의 어구로 간결하게 쾌감을 얻는 효과를 위하여 표현하는 역설인데, 곧 부분적 역설이다. 가령, '어둠 속의 빛', '불행의 행복', '소리 없는 아우성' 등이 그 예이다.

예,1   두 볼에 흐르는 빛이
      정작으로 <u>고와서 서러워라</u>   - 조지훈, '僧舞'에서 -

예,2   <u>외로운 황홀한 심사이어니,</u>
      고운 폐혈관(肺血管)이 찢어진 채로
      아아, 늬는 산(山)새처럼 날아 갔구나!   - 정지용, 유리창 -

예,1, 2 시에 밑줄 친 부분들은 모두가 모순 어법으로서의 역설이다. 이러한 역설은 한 편의 시 전체에 자리 잡고 있는 것이 아니라, 부분적으로 표현되어 진실을 보다 효과적으로 드러내는 데 쓰여 지고 있다.

이런 경우는 김소월의 「진달래꽃」 "죽어도 아니 눈물 흘리우리다." 에서도 볼 수 있다. 눈물을 참다가 죽는 한이 있더라도 절대로 눈물을 흘리지 않겠다는 말은, 말이 안 되지만 속으로 속으로만 울고 겉으로는 참아서 임의 마음을 아프게 하지는 않겠다는 깊은 속뜻이 있는 말이니 모순 어법이다.

♣ **실습** : 1. 모순 어법에 의한 역설적인 문장 넷을 작성해보자.
         2. 모순 어법으로 된 역설을 담은 연이나 시 한 수를 지어보자.

2) 구조적 역설

둘째로 구조적 역설은 한 편의 시 전체에서 구조를 이루는데, 진술과 그 진술이 가리키는 내적 의미가 서로 모순되어 나타나는 것을 말한다.

 예,1 남들은 님을 생각한다지만
    나는 님을 잊고자 하여요
    잊고자 할수록 생각키기로
    행여 잊힐까 하고 생각하여 보았습니다.

    잊으려면 생각키고
    생각하면 잊히지 아니하니
    잊도 말고 생각도 말아볼까요
    그러나 그리도 아니 되고
    끊임없는 생각생각에 님뿐인데 어찌하여요.

    구태여 잊으려면
    잊을 수가 없는 것은 아니지만
    잠과 죽음 뿐이기로
    님 두고는 못하여요.
    아아, 잊히지 않는 생각보다
    잊고자 하는 생각이 더욱 괴롭습니다.   - 한용운, 나는 잊고자 -

한용운을 역설의 시인이라고 하는 까닭을 보여준다. 이 시는 시 전체가 구조적 역설을 보이고 있다. 임을 잊고자 하면 할수록 잊혀지는 것이 아니라 임에 대한 그리움이 더욱더욱 깊어진다. 잊을 수 없는 임에 대한 그리움을 잊고자 하는 생각의 괴로움으로 표현하고 있다. 잊고자 하면 할수록 임에 대한 생각, 그리움이 깊어지니 구조적 역설이다.

 예,2 믿을 수가 없구나
    허리는 지근지근 아파오는데
    의사는 컴퓨터 촬영 후
    아무 이상 없다니
    믿을 수밖에 없지만
    왠지 시름으로 오는 아픔
    컴퓨터가 고장인가
    허리가 고장인가
    오늘도 침을 꽂고

내가 나를 진단해 보지만
가늠할 수 없는 상황
무슨 음모를 꾸미고 있는지
알 수 없구나

— 박명용, '二律背反'에서 —

  시인은 이 시에서 화자와 의사의 진술을 상반시켰다. 즉 의사의 과학적 진단과 화자의 인생론적 또는 존재론적 진단을 상치시켜 시 전체를 구조적 역설로 구성했다. 의사의 진단이 '아무 이상 없다'는 것은 과학적 진실이나, 화자의 입장에서 보면 병이 신체적이건 현실에서 볼 수 있는 아픔과 고통이건 간에 아프기 때문에 진실일 수밖에 없다. 따라서 아픔을 진단하지 못한 의사의 진단은 허위가 되고, 반대로 의사의 입장에서는 아프다는 것이 허위가 되고 있다. 이처럼 겉으로는 모순된 것 같으나 역설을 통하여 진실을 표현하고자 했는데, 이 역설은 부분적 역설인 모순 어법과는 달리 시 전체가 구조적 역설이다.

♣ **실습** : 1. 한용운의 시집을 읽고 구조적 역설로 지어진 시가 있는지 찾아보자.

X 장. 상징(象徵, Symbol)[26]

1. 상징의 개념과 중요성

　상징은 그리스어로 '표시'를 뜻하는 명사 Symbolon에서 온 말로, 징표(token), 기호(sign), 부호(mark)라는 뜻이고, 동사 symballein은 '조립한다', '짜맞추다'를 의미한다. 기호 또는 표징으로써 어떤 내용을 지시, 표현, 의미하는 감각적 형상(形象)을 상징이라 한다.
　문학에서는 표현하고자 하는 사물을 다른 사물이나 양식(樣式)같은 것으로 암시적으로 나타내는 표현 수사법을 말한다. 상징은 주로 어떤 관념이나 의미와 같이 눈으로 볼 수 없는 정신적 내용을 구체적인 사물이나 양식(樣式) 같은 것으로 나타낸다.
　다시 말하면, 어느 대상이 다른 대상을 표시하거나 본래의 고유한 의미 이외에 다른 의미를 지니게 하는 표현기법이다.
　상징은 현대시의 표현기교에서 빼놓을 수 없이 중요한 것 중의 하나이고 현대시를 어렵게 하는 요인 중에 하나라고 할 것이다. 그래서 현대시를 이해한다는 것은 그 시에서 상징이 암시하는 바를 이해하는 일이라고도 하겠다.
　브룩스(C. Brooks)는 상징을 '원관념이 생략된 은유'라 했다. 그러니 상징은 확장된 은유라 하는데, 은유는 원관념과 보조관념이 드러나 있으나, 상징은 원관념이 드러나지 않고 보조관념만이 드러난다.
　은유는 차별성 안의 유사성에 근거하는 것이라서 비유가 아무리 참신하고 그 함축성이 강한 경우라도 그 상상력의 뿌리는 유추가 가능하다. 그러나 상징은 대체로 그 실체가 잡히지 않는 것이다.
　은유와 상징을 대비하면 이런 차이가 있다.

---

[26] 이 장의 '상징'에 관한 이론과 예 들은 박명용. 현대시창작법. 국학자료원. p.128~156의 내용을 깊이 참고하고 필자가 보완 수정했음.

은유	상징
원관념, 보조관념이 문면에 드러나 둘의 사이가 1:1의 관계이다.	보조관념만 문면에 드러나므로, 보조관념과 원관념 사이가 1:多의 관계이다.
사물(事物, 관념)을 다른 사물로 표현한다.	주로 관념만을 다른 사물로 표현한다.
원관념과 보조관념 사이가 비교, 유추의 관계이다.	원관념과 보조관념 사이가 암시의 관계이다.
원관념과 보조관념은 유사 관계이다.	원관념과 보조관념은 이질적인 관계이다.
축소된 은유	확장된 은유

예,1 그 여인은 **장미꽃**이다. (은유)
  장미꽃이 활짝 불탄다. (상징)

예,1 "그 여인은 장미꽃이다."에서 여인이 원관념이고 장미꽃이 보조관념이다. 원관념과 보조관념이 드러나 있으니 은유이고, 원관념이 드러나 있지 않은 그 다음 행의 "장미꽃"은 상징이다. 1행의 여인과 장미는 1:1의 관계이고, 2행의 장미는 그 의미하는 바가 다양할 수 있으니 1:다(多)의 관계이다. 1행은 사람(여인)을 다른 사물인 장미로 표현했고, 2행의 장미꽃은 원래의 의미를 잃고 암시적이어서 그 의미가 추상적이다. 1행의 여인은 장미가 가지는 이미지로 인해서 여인이 아름다울 것임을 유추할 수 있다. 반면에 2행의 장미꽃은 무엇을 의미하는가를 독자들마다 짐작 상상할 따름이다. 주변적 의미나 꽃이 암시할 수 있는 아름다움이나 붉은 색감이나 정원이나 뜰과 같은 의미와는 전혀 관계가 없는 또 다른 의미를 표현할 수도 있다. 1행의 여인과 꽃은 유사관계이지만, 2행의 장미꽃은 무엇을 의미하는지 드러나지 않으니 이질적이다.

예,2 그들이 나를 **포도원지기**로 삼았으나
  나는 내 **포도원**을 지키지 못하였구나(포도원 - 처녀성을 상징)

예,2의 포도원이나 포도원지기는 이 시 전체의 맥락에서 처녀성을 상징한다. 원관념(처녀성)과 보조관념(포도원지기) 사이에는 유사나 연상, 유추가 가능한 관계가 아니다.

예,3   지금 **눈** 내리고
　　　매화향기 홀로 아득하니
　　　내 여기 가난한 **노래의 씨**를 뿌려라.

　　　다시 천고의 뒤에
　　　백마 타고 오는 **초인**이 있어
　　　이 **광야**에서 **목놓아 부르게** 하리라.　　　　　　　　- 이육사, 광야 -

예,3에도 굵은 글씨 고딕으로 표기된 시어들도 원관념이 드러나지 않은 상징어들이다. 그러나 '눈', '매화향기', '광야' 등은 예,2나 예,4의 상징어들보다는 개인적(창조적) 상징이 아니라, 일상적 상징이라 할 수 있어서 어느 정도 유추가 가능하다.

예,4   내가 그의 **이름**을 불러주기 전에는
　　　그는 다만
　　　하나의 **몸짓**에 지나지 않았다.

　　　내가 그의 **이름**을 불러 주었을 때,
　　　그는 나에게로 와서
　　　꽃이 되었다.

　　　내가 그의 **이름**을 불러준 것처럼
　　　나의 이 빛깔과 향기에 알맞은
　　　누가 나의 **이름**을 불러다오
　　　그에게로 가서 나도
　　　그의 **꽃**이 되고 싶다.

　　　우리들은 모두
　　　무엇이 되고 싶다.
　　　너는 나에게 나는 너에게
　　　잊혀지지 않는 하나의 **눈짓**이 되고 싶다.　　　　- 김춘수, 꽃 -

예,4의 '이름', '꽃'이나 '몸짓', '무엇', '눈짓'이 시에서 암시하는 의미가 '존재의 본질이 드러난 존재', '의미 있는 존재'라고 한다면 이름, 꽃, 몸짓, 무엇, 눈짓과 이 의미 사이에는 아무런 유사성이 없이 이질적임을 볼 수 있다.

위의 예들에서 고딕으로 굵게 표기된 것들은 상징이다.

이들 시에 쓰인 상징들도 위의 도표로 정리한 상징의 특성들이 잘 드러난다. 비유(직유, 은유)는 원관념과 보조관념 사이에 '차별성 안의 유사성'이 바탕이 되는 것이어서, 그 함축성이 아무리 강하다고 하더라도 그 상상력의 뿌리는 유추가 가능하다. 예를 들면 "내 마음은 호수요"라는 표현은 은유이다. 원관념 내 마음과 호수는 아주 다른 차별성을 가진 것이다. 그러나 넓다거나, 고요하다거나, 맑다거나, 잔잔하다거나, 평화롭다거나, 아름답다거나 하는 등등의 유사성을 생각해 낼 수가 있다. 그러나 상징은 예,4에서 "몸짓", "눈짓"에서 보듯 원관념과 이들 상징과는 아무런 유사성을 찾을 수 없음을 보았다. 이처럼 상징은 그 영역 자체가 광막하기 때문에 대체로 그 실체가 잡히지 않는다. 시인들은 다양한 이미지를 차용하여 이를 재창조한다. 이것이 상징이다.

2. 상징의 종류

1) 원형 상징

역사나 문학, 종교, 풍습 등에서 수없이 되풀이되어 온 이미지나 화소(話素, motif) 또는 주제를 말한다. 상징의 의미가 문화적, 지역적 제약의 한계를 넘어서서 전 인류의 보편성을 갖는 상징을 말한다. 시에 많이 활용된다.

예,1 **바다** - 모든 생의 어머니, 영혼의 신비와 무한성, 죽음과 재생, 무궁과 영원
아침, 해 - 희망, 빛, 생명, 기쁨 탄생과 창조
어둠 - 죽음, 사악, 혼란, 죄
빛 - 진리, 정의, 구원
물 - 생명, 탄생, 죽음, 소생, 정화와 속죄, 생성
십자가 - 속죄양 의식, 희생, 구원을 위해서 허락된 시련

예,2 **해**야 솟아라, **해**야 솟아라, 말갛게 씻은 얼굴 **해**야 솟아라. 산 너머 산 너머서 **어둠**을 살라먹고, 산 너머서 밤새도록 **어둠**을 살라먹고, 이글이글 앳된 얼굴 고운 **해**야 솟아라.

– 박두진, 해 –

예,1의 예들은 원형 상징의 예들이다. 동서고금에서 정형화된 상징들이다. 문학에서 시에서 완전히 배제할 수는 없는 상징들이다. 그러나 시에서는 가능한 한 개성 있는 상징이어야 한다. 예,2는 원형 상징을 시에 활용한 예이다. '해'는 모든 인간에게 거의 예외 없이 빛과 생명, 기쁨과 희망, 탄생과 창조 등을 의미하는 원형 상징이다. '어둠'은 역시 죽음, 사악함, 혼란 등을 의미하는 원형 상징이다. 이처럼 원형 상징도 시에 활용하기도 한다.

♣ **실습** : 1. 원형 상징의 예 몇을 들어보자.
　　　　2. 원형 상징이 들어간 연을 만들어보자.
　　　　3. 원형 상징이 들어간 시 한 수를 지어보자.

2) 일상적(제도적, 사회적, 관습적) 상징

오랫동안 되풀이해서 사용되었기 때문에 그 의미 내용이 이미 관습적으로 널리 보편화된 상징을 말한다. 사회적으로 공인되고, 독창성이 없으며, 고정적인 상징이다. 문학에서, 시에서 쓰는 경우가 있으나, 가급적이면 피해야 하는 상징이다.

소나무 = 절개, **십자가** = 기독교, **비둘기** = 평화, **태극기** = 대한민국,
백합 = 순결, **장미** = 사랑

예에서 보듯 보편화된 상징들이다. 시에서는 이런 '일상적 상징'을 가급적 피하고 개성 있는 상징을 써야 한다.

♣ **실습** : 1. 일상적 상징의 예 몇을 들어보자.
　　　　2. 일상적 상징이 들어간 연을 만들어보자.

3) 개인적(개성적) 상징

한 개인이 그 시에서 독창적으로 만든 상징을 말한다. 이를 창조적 상징, 문학적 상징이라고도 한다. 그 의미는 문맥상으로 형성되며 유추에 복잡한 연상 작용이 수반된다.

예,1 **풀**이 눕는다.
　　바람보다 더 빨리 눕고
　　바람보다 더 빨리 울고
　　바람보다 먼저 일어난다.
　　　　　　　　　　　　　　　　　　　　　　　　　－ 김수영, '풀'에서 －

　예,1에서 **풀**은 끈질긴 생명력을 지닌 민중을, **바람**은 민중을 억누르는 세력으로 그 상징하는 의미를 유추할 수 있겠다. 그러나 그 의미는 풀과 의미, 바람과 그 의미 사이에는 유사성이 없는 이질적인 관계이다. 다만 작자가 저항 시인이라는 성향과 문맥상에서 유추해 볼 수 있을 뿐이지 작자는 전혀 다른 의미를 전달하려 했는지도 모를 일이다. 그 의미를 받아들임은 독자의 몫이다. 앞에서 예로 든 김춘수의 시 '꽃'에서 사용한 상징들도 좋은 예들이다.

※ **기분(氣分)상징** － 기분(氣分)상징이란 말이 있다. 상징주의 시에서 표현하는 상징을 이르는 것이다. 그들이 실험했던 무의미시에서나 자동기술법이란 이름으로 쓰이어졌던 어지러운 시어들의 나열에 붙여졌던 용어이다.

♣ **실습 :** 1. 개인적 상징이 들어간 시행 둘을 작성해보자.
　　　　 2. 개인적 상징이 들어간 연 혹은 간략한 시를 지이보자.

3. 상징의 특성

　현대시에 있어서 상징은 참으로 중요한 위치에 있다. 그러므로 이 상징을 이해하고 시 창작에 능숙하게 활용한다는 것은 시 창작에서 대단한 역량을 발휘하는 것이 된다. 시에 함축성을 갖게 하자면 상징이라는 표현법을 능란하게 구사해야 한다. 그래서 다시 상징의 특성을 정리해서 학습해 본다.
　그런데 상징이란 앞에서 말한 징표(token), 기호(sign), 부호(mark)라는 말에 주목하면 단번에 상징(Symbol)이란 말이 와닿을 것이다.
　우리는 조금 전까지, 일상생활에서 버스요금을 화폐로 지불하는 번거로움을 들기 위해서 토큰(token)을 화폐 대신에 지불하는 생활을 해온 바가 있다. 교통 신호등도 기호인데 붉은 불, 파란불 같은 기호들이 의미하는 서다, 가다 와는 아무런 관련이 없는 기호일 뿐이다. 수학에서는 +, -, ×, ÷ 등의 기호(sign)를 쓰고 있다. 그리고 →, ※, ↘, ← 등의 많은 부호(mark)를 사용하고 있기도 하다. 이것들 모두는 실제(의미, 원관념)를 대신하여 사용하는 상징(Symbol)이다.

이처럼 상징은 어려운 것이 아니라, **시인이 표현하고자 하는 관념이나 사물을 직접 서술하지 아니하고, 대신해서 다른 사물〈token, sign, mark〉로 표현하는 것**이다.

이렇게 이해하고 보면 상징에는 몇 가지 특성이 있음을 볼 수 있다.

1) 동일성(同一性)

첫째가 동일성이다. 원관념(버스요금 800원)과 토큰(보조관념) 한 개는 동일한 것이다. 현금 800원을 지불해도 되고 토큰 하나를 지불해도 된다. 그 의미와 가치는 동일하다. '가시오' 하고 사람이 서서 말을 하는 것(원관념)을 대신해서 파란불 신호(보조관념)로 대신했다. 이는 원관념과 보조관념이 동일함을 보여준다.

> **안개**들이 도로위로 기어 올라와서 눕는다.
> **안개**들이 개천바닥에서 엎치락 뒤치락 논다.
> **안개**들이 공장 굴뚝을 안고 오른다.
> ....
> 사람이나 꽃이나 짐승이나 실은 모두 **안개**다.　　　　－ 문덕수, 안개 －

여기서 안개는 시인이 암시하고자 하는 보조관념〈token, sign, mark〉이다. 문맥에 따라 예측 유추해 보면 원관념을 '예측할 수 없는 현대의 삶이나 위기의 현대사회'를 의미하는 것으로 볼 수도 있겠다.

동일성이란 토큰과 800원이 같이 동일하듯이, 이 시에서 보조관념 '안개'와 원관념(예측할 수 없는 현대의 삶이나 위기의 현대사회)은 동일하다는 말이다. 상징에 있어서 원관념은 드러나지는 않지만, 보조관념과 원관념의 관계는 마치 사람에 있어서 몸과 마음이 하나인 것처럼 이 둘의 관계도 동일하다는 것이다. 다만 특정 시에서 독자마다 상징의 원관념을 달리 느끼는 것은 별개의 문제이다. 그 특정 개개인이 보조관념에서 느끼는 원관념과 보조관념의 관계는 이 하나 하나가 또한 동일성을 지닌다.

2) 암시성(暗示性)

상징은 원관념을 드러내지 않고 보조관념만을 제시함으로써, 시인이 표현하고자 하는 의미 곧 원관념을 암시하는 것이다. 암시는 의미를 우회적으로 드러냄으로써 은폐를 전제로 한다. 상징은 직접 드러내기보다 '감춤'으로써 모호성과 신비성을 띠게 되는데, 이는 이미지, 의식, 무의식, 가시(可視), 불가시(不可視), 무한의 세계를 암시[27]하게 된다.

   예,1 한 잔의 술을 마시고
        우리는 버지니아 울프의 생애와
        목마를 타고 떠난 숙녀의 옷자락을 이야기한다.

        목마는 주인을 버리고
        그저 방울 소리만 울리며 가을 속으로 떠났다.

        술병에서 별이 떨어진다.
        상심한 별은 내 가슴에 가벼웁게 부서진다.
        그러한 잠시 내가 알던 소녀는 정원의 초목 옆에서 자라고

        문학이 죽고 인생이 죽고
        사랑의 진리마저 애증의 그림자를 버릴 때
        목마를 탄 사랑의 사람은 보이지 않는다.   - 박인환, '목마와 숙녀'에서 -

예,1은 상징시이다. 이 시에 쓰인 시어들 목마, 숙녀, 술, 버지니아 울프의 생애, 주인, 방울소리, 가을, 술병, 별, 정원의 초목, 문학, 인생, 사랑의 사람 등등의 시어들은 상징어들이다. 이 시에 쓰인 시어들 대부분은 외연적 의미(표면적 의미)로 쓰이어진 것이 아니라 상징 곧 이미지로 암시를 하고 있을 따름이다. 그래서 시가 함축적이고 난해한 면이 있다. 이 시에 이미지들의 연결로 암시된 내용은 전쟁을 통해 작가가 느낀 문명과 인간에 대한 한없는 절망과 좌절을, 모든 것이 떠나간 폐허의 도시 속에서 느끼는 좌절, 절망, 허무를 감상적(感傷的)으로 노래하고 있다고들 한다. 이런 의미는 상징어로 쓰이어진 시어들을 통한 암시를 통해서 느껴질 뿐이다. 독자에 따라서는 그

---
[27] 문덕수, 시론, 시문학사. p.210

느껴지는 바가 각각 전혀 다를 수도 있다. 그 느껴지는 바들은 각각 옳은 것이다.

    예,2 풀이 눕는다.
          비를 몰아오는 동풍에 나부껴
          풀은 눕고
          드디어 울었다.
          날이 흐려져 울다가
          다시 누웠다.

          풀이 눕는다.
          바람보다 더 빨리 눕는다.
          바람보다 더 빨리 울고
          바람보다 먼저 일어난다.

          날이 흐리고 풀이 눕는다.
          발목까지
          발밑까지 눕는다.
          바람보다 늦게 누워도
          바람보다 먼저 일어나고
          바람보다 늦게 울어도
          바람보다 먼저 웃는다.
          날이 흐리고 풀뿌리가 눕는다.   - 김수영, 풀 -

  예,2에 쓰인 보조관념인 '풀'과 '바람'은 그 무엇을 암시하고 있다. 감춤과 암시가 내포되어 있다. 김수영이 저항 시인이라는 작가의 성향을 고려할 때 풀은 '민초' 곧 학대받는 민중을, 바람은 가학하는 세력, 힘 있는 자, 가진 자를 암시한다고들 한다. 싱징이 단순하고 대립적이기 때문에 예,1에서보다는 그 암시성이 쉽게 드러난다. 그러나 이 시에 쓰인 상징어 풀, 바람도 느끼기에 따라서는 사랑이나 그리움을 대입해도, 인간의 속성(선과 악, 근면 나태함, 탐욕과 베풂)을 대입하거나, 어떤 의지를 대입해도 훌륭한 의미를 전달할 수 있겠다.

3) 다의성(多義性)

  상징은 암시를 하는 것이기 때문에 그 의미가 다양하게 해석될 수 있다. 이것이 앞에서 은유는 1:1의 속성을 가지고, 상징은 1:多의 속성을 가진다고 한 말이다. 앞 항 예들에서 상징은 독자에 따라 그 암시하는 바(의미)를 저마다 달리 받아들일 수 있다고 말했다. 이를 말하는 것이다.

> 님은 갔습니다. 아아, 사랑하는 나의 님은 갔습니다.
> 푸른 산빛을 깨치고 단풍나무 숲을 향하야 난 적은 길을 걸어서 참어 떨치고 갔습니다.
> 황금의 꽃같이 굳고 빛나든 옛 맹서는 차디찬 티끌이 되야서 한숨의 미풍에 날어갔습니다.
> 날카로운 첫 키스의 추억은 나의 운명의 지침을 돌려 놓고 뒷걸음쳐서 사러졌습니다.
> 나는 향기로운 님의 말소리에 귀먹고, 꽃다운 님의 얼굴에 눈멀었습니다.
> 사랑도 사람의 일이라, 만날 때에 미리 떠날 것을 염려하고 경계하지 아니한 것은 아니지만, 이별은 뜻밖의 일이 되고, 놀란 가슴은 새로운 슬픔에 터집니다.
> 그러나, 이별을 쓸 데 없는 눈물의 원천을 만들고 마는 것은 스스로 사랑을 깨치는 것인 줄 아는 까닭에, 걷잡을 수 없는 슬픔의 힘을 옮겨서 새 희망의 정수박이에 들이부었습니다.
> 우리는 만날 때에 떠날 것을 염려하는 것과 같이, 떠날 때에 다시 만날 것을 믿습니다.
> 아아, 님은 갔지마는 나는 님을 보내지 아니하얐습니다.
> 제 곡조를 못이기는 사랑의 노래는 님의 침묵을 휩싸고 돕니다.
>   - 한용운, 님의 침묵 -

한용운은 승려이자 애국지사이다. 한용운의 시집 '님의 침묵'을 읽으면 10대 후반의 처녀와 총각들이 사랑을 노래하는 듯한 사랑의 시들로 꽉 차 있다. 그는 '군말'(발간사 격의 머리글)에 그는 "님만이 님이 아니다. 기리는 것은 다 님이다"라고 말하고 있다. 자신의 시가 사랑 시, 연애 시로만 읽혀지지 않기를 바라는 자격지심에서 나온 변명 아닌 변명의 말이리라. 그래서 하지 않아도 될 말을 덧붙인다는 의미에서인지 '군말'이라 했다.

예로 든 이 시도 임을 그리는 사랑의 노래이다. 한용운도 연인으로서의 임을 그려서는 안 된다는 법은 없다. 그러나 그의 삶이나 정신이나 신분을 볼 때 이 시에서나 다른 그의 시들에서의 임은 다양한 의미로 해석될 수 있는 상징이다. 한용운이 그리는 임은 조국, 주권, 겨레, 부처님, 불법, 진리. 도 등등일 수 있다. 보조관념과 원관념이 1:多의 관계임을 보여주는 좋은 예이다.

4) 입체성(立體性, 形象化)

상징은 원관념 곧 숨겨진(드러나지 않은) 관념(사물)을 보조관념인 '그 무엇'으로 형상화하는 것을 말한다.

> 바람도 없는 공중에 수직의 파문을 내며, 고요히 떨어지는 오동잎은 **누구**의 발자취입니까?
> 지리한 장마 끝에 서풍에 몰려가는 무서운 검은 구름의 터진 틈으로, 언뜻 언뜻 보이는 푸른 하늘은 **누구**의 입김입니까?
> 꽃도 없는 깊은 나무에 푸른 이끼를 거쳐서, 옛 탑 위의 고요한 하늘을 스치는 알 수 없는 향기는 **누구**의 입김입니까?
> … 중략 …
> 타고 남은 재가 다시 기름이 됩니다. 거칠 줄을 모르고 타는 나의 가슴은 **누구**의 밤을 지키는 약한 등불입니까?
> – 한용운, 알 수 없어요 –

실재가 아닌 초월적 존재, 영적인 존재 곧 추상적인 관념이나 정서를 구체적인 감각적 이미지 '누구'로 형상화함으로써, 초월적 세계가 사람으로 제시되어 황홀한 신비감을 느끼게 한다.

이처럼 상징은 어떤 사물을 다른 상징물로 상징하거나 관념을 상징하거나 간에 구체적인 사물로 드러낸다. 구체적인 사물은 형체가 있다. 형체가 있는 사물은 입체이다. 상징은 입체성을 가진다. 예로 든 시도 '누구'는 사람이다. 관념을 누구 곧 사람으로 표현해서 입체성을 갖게 했다.

앞에서 예로 들었던 상징들 '안개, 목마, 풀, 바람, 임, 누구'들은 모두 형상이 없는 관념들이 아니라 입체성이 있는 구체적인 사물이다.

5) 문맥성(文脈性)

상징은 앞뒤의 문맥, 전체의 문맥 속에서 의미를 갖게 되며, 그 문맥에 따라 그 상징하는 의미가 달라진다. 상징은 은유처럼 고립적이거나 한정된 기능을 수행하기도 하지만, 대부분 작품 전체를 환기시키는 기능을 수행하는 것이다.

> 예,1 내가 그의 **이름**을 불러주기 전에는
> 그는 다만
> 하나의 **몸짓**에 지나지 않았다.
>
> 내가 그의 **이름**을 불러 주었을 때,
> 그는 나에게로 와서
> **꽃**이 되었다.
>
> 내가 그의 **이름**을 불러준 것처럼
> 나의 이 빛깔과 향기에 알맞은
> 누가 나의 **이름**을 불러다오
> 그에게로 가서 나도
> 그의 **꽃**이 되고 싶다.
>
> 우리들은 모두
> **무엇**이 되고 싶다.
> 너는 나에게 나는 너에게
> 잊혀지지 않는 하나의 **눈짓**이 되고 싶다.　　　　　- 김춘수, 꽃 -

 이 시는 상징시이다. 얼핏 보아서는 이 시의 의미(내용, 정서, 담론)가 무엇인지가 잘 다가오지 않는다. 인식론, 존재론의 사전적 의미만 이해한다면 이 시의 상징어들은 쉽게 그 본색을 문맥 속에서 드러내게 된다. "이름을 부르다."라는 표현은 존재의 본질을 인식하다. 라는 의미요, "몸짓"은 존재의 본질이 인식(드러나지)되지 못한 존재요, "꽃"은 존재의 본질이 인식된(드러난, 가치 있는, 의미 있는) 존재이며, "눈짓"도 "꽃"처럼 존재의 본질을 드러낸(가치를 인정받은, 의미 있는) 존재라는 의미를 문맥을 통해서 획득하고 있음을 알 수 있다. 여기에 쓰인 상징들은 고립적으로 부분에 한정되는 것이 아니라, 시 전체를 환기하고 있음을 볼 수 있다

♣ **실습** : 1. 시에서 상징이 왜 필요한지 정리해보자.
　　　　　2. 상징이 무엇인지 간략하게 정리해보자.

XI 장. 시의 이미지(Image 心象)

1. 이미지의 개념

　지금까지 앞에서 여러 학습 과정 중에 이미지에 관한 학습을 직, 간접으로 학습해 왔다. 그러나 현대시에 있어서 이미지(심상), 형상화라는 것은 그 비중이 참으로 높다. 파운드 E. Pound는 "수많은 작품을 쓰는 것보다 일생동안 단 하나의 이미지를 만드는 것이 더 좋다."라고 말해서 좋은 이미지의 중요성을 강조했다. 그래서 시 작법을 공부함에 있어서 이미지(心象)의 개념을 잘 이해하고 이를 효율적으로 활용하는 역량을 기르는 것은 시인이 되는 필수적인 일이라고 하겠다. 시인이 이미지로 자신이 표현하고자 하는 바를 능란하게 표현할 수 있는 역량을 가졌다는 것은 성공적인 시인으로서의 능력을 갖추었다는 의미가 된다. 그래서 이미지(Image 心象)라는 장을 별도로 마련해서 심도 있는 학습을 한다.

　루이스 C. D. Lewis는 "이미지는 말로 만들어진 그림"이라고 정의했다. 무라노 시로오는 "언어가 사람의 마음속에 그리는 심적 형상(心的形象)을 가리킨 것이다."라고 정의하고 있다. 그러니까 이미지는 상상력이 만들어낸 심상(心象) 또는 영상(映像)을 말한다. 다시 말해서 어떤 체험이 구체적·감각적으로 마음속에 재생되는 형상(形象)을 말한다. 이미지는 감각기관을 통하여 받아들인 어떤 사물의 모양, 빛깔, 소리, 맛, 촉감 등의 인상을 상상이나 기억으로 떠올린 것이다. 쉽게 말하면 언어가 그리는 꼴(형태)을 말한다.

　그러니, 이런, 말로 만들어진 그림은 독자가 시를 읽으며 음미하게 하는 것이 아니라, 마음에 어떤 영상을 떠올려, 한 폭의 그림을 감상하게 하는 일이다. 이미지는 이성에 호소하는 것이 아니라, 감각적 체험과 표리의 관계를 이루는 상상력에 호소하는 것이다. 그래서 이미지(심상)는 독자에게 감각적인 인상을 불러일으켜, 추상적인 관념을 구체적으로 형상화하게 하는 것이다.

▶ 이미지(심상) : 마음속에 구체적으로 떠오르는 감각적 영상
　　　　　　　 비유에 의하여 형성된 언어의 회화성
　　　　　　　 사물의 근원적 속성(본질)

2. 이미지의 기능

　이미지(심상)는 독자에게 감각적인 인상을 불러일으켜 추상적인 관념을 구체적으로 형상화함으로써, 사물을 보다 생생하게 전달하며, 사물의 인상과 영상을 더욱 뚜렷이 하는 기능을 한다.

　　예,1 그녀의 입술은 아름답다.
　　예,2 그녀의 입술은 아침 이슬 머금은 앵두

　예1,과 2를 대비하면서 심상의 기능을 요약적으로 정리하면 이러하다. 기능을 살펴보자.

1) 표현의 구체성을 높인다.

　예,1에서 "아름답다"라는 형용사로는 너무도 추상적이고 막연해서 입술이 어떻게 아름다운지 감이 잘 오지 않는다. 반면에 예,2에서 "아침이슬 머금은 앵두"는 구체적이어서 청순하고 싱그러우며 어리거나 젊은 여성의 건강한 입술 매혹적인 입술을 떠올리게 하는 표현이라고 하겠다.

2) 표현의 개성적인 신선감을 살린다.

　예,1은 비개성적인 표현이다. 반면에 예,2는 이런 표현을 한 사람 자신이 가졌던 독특한 체험, 곧 이른 아침에 맑고 깨끗한 이슬이 맺혀서 갓 익어가는 앵두 열매를 본 체험을 입술에 연결시킴으로써, 독자들로 하여금 새로운 체험을 갖게 한다. 개성적이고 신선함이 있다. 시인은 이미지로 신선하고 개성적인 의미 조형을 위해 노력해야 한다.

3) 정서 환기의 장치가 된다.

남자라면 '아름다운 입술'에도 마음이 끌릴 것이다. 그러나 앵두 같은 입술이라면 정말 깨물어주고 싶지 않은 사람이 있을까? 그것도 아무도 손타지 않은 투명하다 못해 맑은 이슬이 보석처럼 송글 송글 맺혀 보이는 어리디 젊은 싱싱한 입술이 눈앞에 있다면, 정서의 환기가 아니라 가슴이 요동치게 하지 않을 수가 있을까?

4) 주제를 추적하는 지표가 된다.

이미지는 시의 의미와 내용을 담아내는 그릇이 될 수 있어야 한다. 예,2를 보면 이 시에서 입술이 설령 비유나 상징으로 사용되었거나 객관적 상관물로 쓰였다고 하더라도 주제는 '사랑'과 관련되지 않을 수가 없을 듯하지 않은가? 이미지는 주제를 환기시킨다.

5) 소재와 배경을 밝혀준다.

예,2의 이미지를 '몽롱한 음률에 젖은 체리 빛 브랜디 잔'이라고 해보자. 소재와 배경이 달라짐직하지 아니한가?

6) 경험을 구체적으로 재생한다.

이미지는 대상과 서정의 시적 조응을 통해서 시 작품에 표상된 시인의 미적 경험이며 그것의 구체화다. 예,2의 이미지는 앵두를 본 사람, 아침이슬을 본 사람이라야 표현할 수 있고, 독자도 또한 그런 경험이 있는 사람이어야만 머릿속에 환기할 수 있을 것이다. 경험의 구체적인 재생이다.

7) 대상을 감각적으로 환기한다.

입맛을 다시게 할 정도로, 얼마나 싱그럽고 청순하고 매혹적인 입술인지를 연상하게 하여, 그런 입술 모습을 떠올리게 한다.

♣ **실습** : 1. 예,1과 같은 일반적인 서술을 하는 문장 둘을 작성해보자.
　　　　　2. 문제 1.에서 작성한 문장들을 예,2와 같이 이미지로 표현해보자.
　● 답의 예 - 1-1 우리 누나는 곱다.
　　　　　　 2-1 우리 누나는 숨 쉬는 쇼윈도의 마네킹

3. 이미지의 표현 방법

　이미지의 표현 방법이라는 것이 별도로 있는 것이 아니다. 이미지는 주로 묘사, 비유(직유, 은유, 제유 등), 상징 등의 방법으로 표현된다. 우리는 앞의 다른 장(章)들에서 다양하게 이런 표현 방법들을 구체적으로 공부해왔다. 그런 면에서 보면 이미지(심상)이라는 장(章)을 별도로 만들어서 이렇게 논의, 학습하지 않아도 될 정도로 충분히 학습해왔다. 그런데도 이렇게 이미지(심상)이라는 파트를 별도의 장(章)으로 마련하여 다시 학습하는 것은 앞에서 학습한 묘사, 비유(직유, 은유, 제유 등), 상징 등의 표현방법들은 모두 시를 이미지화하는 데에 기여하는 것들임을 환기하고자 함이요, 이미지의 중요성을 환기하고 이해하고 익히게 하려는 뜻에서이다.
　이미지의 분류는 이미지를 어떻게 규정하느냐에 따라 여러 갈래로 분류하는 경우가 있다. 여기서는 묘사적 이미지, 비유적 이미지, 상징적 이미지, 감각적 이미지, 공감각적 이미지로 나누어서 살펴보기로 한다.

1) 묘사적 이미지

　묘사, 또는 감각적 수식어를 동원해서 사물의 영상을 직접 드러나게 표현하는 심상을 말한다.

　　예,1　파르란 구슬빛 바탕에
　　　　　자줏빛회장을 받친 회장저고리
　　　　　회장저고리 하얀 동정이 환하니 밝도소이다.
　　　　　살살이 퍼져나린 곧은 선이
　　　　　스스로 돌아 곡선을 이루는 곳
　　　　　열두 폭 기인 치마가 사르르 물결을 친다.
　　　　　　　　　　　　　　　　　　　　　　- 조지훈, '고풍 의상'에서 -

예,2 머언산 청운사(靑雲寺)
　　　낡은 기와집,
　　　산은 자하산(紫霞山)
　　　봄눈 녹으면,

　　　느름나무
　　　속잎 피어나는 열 두 굽이를

　　　청노루
　　　맑은 눈에

　　　도는
　　　구름.　　　　　　　　　　　　　　　　　　　　　　 - 박목월, 청노루 -

　예,1에서는 대상 '회장저고리'와 '치마'를 감각적 시어로 서술하거나 묘사하는 것만으로도 이미지(심상)가 훌륭하게 제시되었다.
　예,2에서는 동양화 화폭에 점을 찍듯이 '청운사', '기와집', '자하산', '느름나무' 같은 이미지들을 툭툭 던져만 놓았는데도, 청아한 봄의 풍경이 형상화되어 있다. 이런 정적인 이미지들을 나열하고 '청노루', '구름' 등 동적인 이미지들을 제시해서 아름다운 봄의 모습을 더욱 잘 형상화했다.
　물론 경쾌한 색채적, 시각적 이미지가 형상화되어서 이 시를 더욱 살리고 있기도 하다.
　정지용의 '향수', 박목월의 '윤사월', 조지훈의 '승무' 등도 묘사적 심상이 잘 드러난 작품들이다.

♣ **실습** : 1. 묘사적 이미지로 하나의 연을 만들어보자.

2) 비유적 이미지

　예,1 내 마음은 호수요
　　　　내 마음은 촛불이요
　　　　내 마음은 나그네요
　　　　내 마음은 낙엽이요　　　　　　　　　　　 - 김동명, '내 마음은'에서 -

예,2 물에서 갓 나온 女人이
     옷 입기 전 한 때를 잠간
     돌아선 모습
     달빛에 젖은 塔이여!

     온 몸에 흐르는 윤기는
     상긋한 풀내음이라
     검푸른 숲 그림자가 흔들릴 때마다
     머리채는 부드러운 어깨 위에 출렁인다.   – 조지훈, '여운(餘韻)'에서 –

예,1에서는 4연으로 된 시의 각 연의 1행마다 '내 마음'이라는 관념을 호수, 촛불, 나그네, 낙엽이라는 이미지들로 형상화하고 있다. 비유 곧 은유로 이미지를 표현한 것이다. 예,2에서는 탑의 전체적인 모습을 '물에서 갓 나온 여인'으로, 탑에 흐르는 윤기를 '상긋한 풀내음새'로 비유했고, 숲 그림자를 '부드러운 머리채'로 비유하고 있다. 이렇게 비유(직유, 은유, 의인, 제유, 환유)로 표현함으로써 형상화, 미미지화 할 수 있다.

한용운의 '알 수 없어요' 정지용의 '그의 반(半)' 박두진의 '꽃' 박남수의 '국화'도 비유적 이미지가 잘 표현된 시들이다.

♣ **실습** : 1. 비유적 이미지로 하나의 연을 만들어보자.

3) 상징적 이미지

상징적 표현에 의해 사물의 영상을 드러내는 이미지로 비유적 이미지보다 상징적 이미지는 실체가 잘 잡히지 않는 높고 깊은 이미지를 드러낸다. 대체로 한편의 작품 속에 반복적으로 쓰여서 시가 지니는 분위기를 응집시킨다.

예,1 고향에 돌아온 밤에
     내 백골(백골)이 따라와 한 방에 누웠다.

     어둔 방은 우주(우주)로 통하고
     하늘에선가 소리처럼 바람이 불어 온다.
                                          – 윤동주, '또 다른 고향'에서 –

예,2　내가 그의 이름을 불러주기 전에는
　　　그는 다만
　　　하나의 몸짓에 지나지 않았다.

　　　내가 그의 이름을 불러 주었을 때
　　　그는 나에게로 와서
　　　꽃이 되었다.

　　　나는 너에게 너는 나에게
　　　잊혀지지 않는 하나의 눈짓이 되고 싶다.　　　　- 김춘수, '꽃'에서 -

　예,1에서 '밤', '백골', '우주' 등은 상징적 이미지들이다. 예, 2에서 '내', '그', '이름', '몸짓', '꽃', '눈짓'들은 모두 상징적 이미지들이다.
　한용운의 '님의 침묵' 이상화의 '빼앗긴 들에도 봄은 오는가' 윤동주의 '십자가' 같은 시들도 '님', '들', '봄', '십자가' 등등이 상징적 이미지로 형상화된 시들이니 살펴보자.

♣ **실습** : 1. 상징적 이미지로 하나의 연을 만들어보자.

4) 감각적 이미지

　이를 정신적 이미지(mental image)라고 하기도 한다. 감각적 체험을 재생하여 마음속에 떠오르게 하는 이미지를 말한다. 여기에는 시각, 청각, 후각, 미각, 촉각, 근육감각, 공감각적 이미지 등으로 세분할 수 있다. 하나하나 차례로 이미지 만들기를 살펴보자.

　(1) 시각적 이미지
　독자들의 머릿속에 시각적인 영상을 형성하게 만드는 이미지 만들기이다. **앞의 항에서 묘사적 이미지 만들기의 예로 든 시**에서 조지훈의 '고풍 의상'의 '회장저고리'와 '치마'를 감각적 시어로 서술하거나 묘사한 것이나, 박목월의 '청노루'에서 청운사, 기와집, 자하산, 느름나무, 청노루, 구름 같은 이미지들을 나열한 것도 시각적인 이미지들이다.
　비유적 이미지 만들기의 예로 든 김동명의 '내 마음은'에서 호수, 촛불, 나그네, 낙엽이라는 이미지들과 조지훈의 '여운(餘韻)'에서 보인 '물에서 갓 나온 여인', '온 몸에 흐르는 윤기', '머리채는 부드러운 어깨 위에 출렁인다' 같은 표현들은 시각적 이미지로 이미지를 만든 것들이다.

  뿐만 아니라 형태주의적 표현을 시도했던 시인들은, 제시한 시어들로 시각적 이미지를 만들고 제시하려는 것을 넘어서 행이나 연에 변화를 주거나 활자의 배열에서 시각적 이미지를 얻으려 하거나 활자의 크기에 변화를 주기도 했고, 초현실주의적 실험을 한 시인들은, 기호나 그림이나 도형을 이미지로 동원한 경우도 있다.

    예,1 흰 식기(食器)
         꽃
         스푼
         봄의 하오 3시
         희다
         희다
         붉다.   - 가타조노 카즈에이, '기호설(記號設)'에서 -

  시각적 이미지들만 세로로 던져져 있다. 슬프다거나 외롭다거나 혹은 즐겁다거나, 아름답다거나 하는 경험의 세계가 논리적 질서에 따라 표현되어 있지 않다. 안구(眼球)의 수정체(水晶體)에 비친 빛깔과 형상을 배치한 것에 불과하다. 읽는 이가 나름으로 이미지들이 주는 원소적(元素的)인 순수함으로 미(美)를 느끼고 감상할 일이다. 형태주의적 시이다.

    예,2 月
           火
             水
               木
                 金
                   土
    하나 둘
       하나 둘
    일요일로 나가는 「엇둘」소리   - 김기림, '日曜行進曲'에서 -

  경사진 계단의 느낌을 주는 글자 배열로 입체감을 주고 역동감을 주려는 의도의 시도이다. 지금의 시각으로는 조악한 수준이지만, 입체파 미래파 등 초현실적 시를 실험하면서 시도해 본 다양한 형태의 모색을 보인 시들 중의 하나이다. 형태에서 오는 시각적 이미지를 얻고자 한 것이다.

  예,3   山
       절망의 산
      대가리를 밀어버
     린, 민둥산, 벌거숭이산
    분노의산 사랑의산, 침묵의
    산, 함성의 산, 증인의 산, 죽음의
   산, 부활의 산, 영생의 산, 생의 산, 희생의
   산, 숨가쁜산, 꿈의산, 그러나 현실의 산, 피의산
  피투성이산, 종교적인산, 아아너무나너무나 폭발적인
  산, 힘든 산, 힘센산, 일어나는 산, 눈뜬산, 눈뜨는산, 새벽
  의 산, 희망의산, 모두 모두 절정을 이루는 평등의 산, 대지
  의산, 우리를 감싸주는, 격하게 넉넉하게, 우리를 감싸주는 어머니
                  - 황지우, 無等 -

시의 글자를 무등산의 형태를 추상하여 기하학적으로 그린 시이다. 문법과 시의 형식까지 파괴한 이 시는 글자의 도형과 의미의 조화를 시각적 이미지로 제시하고자 했다.

  예,4 날이 저문다.
    먼 곳에서 빈 들이 넘어진다.
    無天空 바람 겹겹이
    사람은 혼자 펄럭이고
    조금씩 파도치는 거리의 집들
    끝까지 남아 있는 햇빛 하나가
    어딜까 어딜까 都市를 끌고 간다.   - 강은교, '自轉 Ⅰ'에서 -

이 시는 논리적이진 못하지만, 시각적 이미지로 일몰의 정경을 제시하고 있다. 이미지가 주는 인상들로 도회인의 피곤한 삶을 느끼게 한다.

♣ **실습** : 1. 시각적 이미지로 하나의 연을 만들어보자.

2. 형태주의적 연이나 시 한 수를 지어보자.

(2) 청각적 이미지

귀로 들을 수 있도록 표현한 이미지로, 또한 의성어 등으로 음성 상징어를 활용하여 시적 표현 효과를 거두기도 한다.

예,1 내 홀로 밤 깊어 뜰에 내리면
　　　머언 곳에 **여인의 옷 벗는 소리**　　　　　　　　　　　- 김광균, '설야'에서 -

예,2 마음이 어린 후이니 하는 일이 다 어리다.
　　　萬重雲山에 어느 님 오리마난
　　　지는 잎 부는 바람에 행여 건가 하노라.　　　　　　　- 서경덕 -

예,3 내 언제 無信하여 님을 언제 속였건데
　　　月沈 三更에 온 뜻이 전혀 없네
　　　秋風에 **지는 잎 소리야** 낸들 어이 하리오　　　　　　- 황진이 -

예,4 이 밤사 **귀또리도 지새우는** 삼경(三更)인데
　　　얇은 사(紗) 하얀 고깔은 고이 접어서 나빌레라.　　　-조지훈, 승무-

　예,1은 눈이 내리는 모습을 '여인이 옷 벗는 소리'로 표현하여 육감(肉感)적 이미지를 살리고 있다. 예,2와 3에서는 '지는 잎 소리, 바람 소리'로 찾는 이 없는 적막감과 인기척적 이미지, 그리고 연인을 기다리는 심정을 감칠맛 나게 표현했다. 예,4에서는 '귀또리 소리'로 밤이 고요하고 깊음을 표현했다. 청각적 이미지 사용의 효용성을 멋들어지게 보여주는 사례들이다.

　　○ 속임 없는 눈물의 간곡한 **방울방울**　　　　- 김영랑, '내 마음 아실이'에서 -
　　○ 바다는 **뿔뿔이**
　　　달아날라고 했다.

　　　푸른 도마뱀 같이
　　　재재 발랐다.

　　　찰찰 넘치도록

XI 장. 시의 이미지(Image 心象) | 239

돌돌 굴르도록

회동그라니 받쳐들었다!
지구(地球)는 연(蓮)잎인양 오무라들고… 펴고…　　　　- 정지용, '바다 2'에서 -

이렇게 의태어를 구사하면 사물이 살아 움직이는 듯한 모습을 보여 줄 수 있다. 리듬을 살릴 수 있다. 청각적 이미지를 활용한 표현이다

의성법(擬聲法, 聲喩法 의성어 사용)을 써서 청각적 이미지를 살리는 경우도 있다.

○ 삐잇! 노글노글 나는 떴어라. **지리지리 지리종 지리리종**(종달새 우는 소리)
○ 떡 궁! 동중정(動中靜)이오 소란 속에 고요 있어
　인생이 가을같이 익어가오　　　　　　　　　　　　- 김영랑, 북 -

○ 보리피리 불며
　봄 언덕
　고향 그리워
　피 —ㄹ 닐니리

　보리피리 불며
　방랑의 기산하(畿山河)
　눈물의 언덕을 지나
　피 —ㄹ 닐니리.　　　　　　　　　　　　　　- 한하운, '보리피리'에서 -

○ 필릴리 필릴리 필릴리이-

　필릴리 필릴리 필릴리이
　학교엘 갈까 피리 소릴 따라갈까
　한 번만 더 피리 소릴 따라가면 집에 들여놓지 않겠다고
　아버지는 정말로 대문을 잠가버리기도 했지만
　필릴리 필릴리 필릴리이
　피리 소릴 따라갈까 학교엘 갈까

　필릴리 필릴리 필릴리이
　필릴리 필릴리 필릴리이

꼬마야 이제 밤이 늦었구나
괜찮아요 엄마가 뒷문을 열어두니까요   – 조병준, 필릴리 필릴리 필릴리이 –

○ 칼날같은 벼잎들이
  팔을 찌르고 얼굴을 찌르고 눈을 찌른다.
  찌르면서 **허허** 웃는다. 빌어먹을 놈의 벼잎들
  눈알을 찌르면서 **낄낄** 웃는다.   – 박운식, 피사리 2에서 –

○ 기다리다 기다리다 고개 저으며
  나도 네 발로 **멍, 멍… 머엉…**   – 이태수, 멍, 멍… 머엉…에서 –

예들은 사물의 음향을 근사하게 음성으로 모사(模寫)한 의성법을 쓴 표현들이다. 간결하면서도 함축적 의미 전달을 하고 있고, 역동적 이미지를 잘 살리고 있다. 리듬을 살리고 있다. 청각적 이미지를 활용하는 하나의 방법들이다.

♣ **실습** : 1. 청각적 이미지로 하나의 연이나 시 한 수를 지어보자.

※ **음향(音響)은 시의 중요한 요소이다.**

어감(語感)이란 말이 있고, 음향(音響)이란 말이 있다. 어감이란 의미를 염두에 두고 그 의미를 근사하게 드러내려고 할 때 쓰이는 어휘라면, 음향은 의미를 염두에 두지 않고(의미와 관계없이) 어떤 음이 풍기는 분위기를 통하여 정서나 기분을 근사하게 드러내려고 할 때 쓰이는 어휘라고 볼 수 있다.

포 Allan Edgar Poe는 'To Helen'(헬렌에게)이란 시를 썼지만, 호머(Homer)의 일리아드(Iliad)에 나오는 그 헬렌을 말한 것은 아니다. 헬렌이라는 음이 가지는 부드럽고 품위 있는 울림을 통하여 부드럽고 품위 있는 한 여인의 모습을 암시하려는 의도에서 선택한 어휘라고 보아야 한다. 실재한 특정 인물이 아니다. 다만 독자는 시를 읽으면서 헬렌이란 어휘가 나올 때마다 부드럽고 품위 있는 한 여인의 모습을 연상할 수 있으면 그것으로 성공인 셈이다. 엘리엇 T. S. Eliot도 자기 시에 가공의 인물을 내세웠다. 그런 인물들의 이름이 그의 시의 분위기를 돋우는 음향 역할을 가지고 있었다.

순아, 너 참 내 앞에 많이 있구나.　　　　　　　　- 서정주, '부활(復活)'에서 -

　서정주도 특정 인물을 염두에 두고 쓴 것은 아니다. 단지 '순'이라는 음향이 순박하고 친근한 감을 주는 이름이어서 쓴 것이다. '돌쇠', '마당쇠'라는 이름을 가진 자를 소설에서 품격 있는 주인공으로 등장시킬 수 없는 것과 같은 이치이다. 어머님과 오메, 엄마, 에미, 어마이라는 어휘들이 가지는 차이는 비단 경어와 비경어라는 차이만 있는 것이 아니라, 그 음향의 차이가 현저함을 우리는 익히 알고 있다.

　　　금잔디 사이 할미꽃도 피었고, 삐이 삐이 배, 뱃종! 뱃종! 멧새들도 우는데, 봄볕
　　　포근한 무덤에 주검들이 누웠네.　　　　　　　　- 박두진, '묘지송'에서 -

　박두진도 멧새의 울음소리를 의성어로 삽입했다. 음향을 통해서 보다 절실한 분위기를 드러내기 위해서라고 하겠다. 멧새가 어떤 모양으로 울었다고 설명이나 묘사를 하는 것보다 멧새의 울음소리를 의성어로 표현함으로써, 한층 더 정경이 생동감 있게 그려진다. 이렇게 의성어는 의미 이전의 어떤 잠재적 신비까지를 드러내기도 한다.
　앞에서 예로 든 의태어 의성어를 잘 활용하고 있는 시들도 모두 다 이런 음향 효과를 노린 시들이다.
　시어 선택에서 음향을 염두에 두는 것, 환기하는 것은 정서와 리듬에도 효과를 높일 수 있는 것으로, 한 차원 높은 시 창작의 역량이다.

♣ **실습** : 1. 사람의 이름이 들어가는 시행들을 만들어보고 음향이 주는 효과와 차이를 생각해보자.
　　　　　2. 찰찰과 철철은, 펄펄과 팔팔은 각각 어감상 어떤 차이가 있겠는가?

　(3) 후각적 이미지
　전자 매체의 꽃이라고 할 TV에서 냄새를 전할 수 있게 된다면, 그 영향력은 가이 상상할 수가 없을 정도일 것이다. 시는 냄새를 전해서 생동감을 얻게 하는 경우가 있다.

　　　들창을 열면 **물구지떡 내음새** 내달았다.
　　　쌍바라지 열어제치면
　　　썩달나무 **썩는 냄새 유달리 향거로웠다.**　　　　- 이용악, '두메산골 1'에서 -

망망(茫茫)한 푸른 해원(海原)……
마음 눈에 펴서 열리는 때에
안개 같은 **바다의 향기**
코에 서리도다.   – 오상순. '방랑의 마음'에서 –

어마씨 그리운 솜씨에 **향그로운** 꽃지짐   – 김상옥, '사향'에서 –

이렇게 후각을 자극하는 시어로 다정다감한 정서를 유발하고 있음을 본다. 고향, 메주, 된장, 어머니, 할머니…라고 생각하면 생각나는 냄새가 있을 것이다. 이를 살리면 시가 된다.

(4) 미각적 이미지

그
수없이 입술이 닿은
이 빠진 낡은 사발에
나도 입술을 댄다.

흡사
정처럼 옮아오는
막걸리 맛

세월이여!
소금보다 짜다는
인생을 안주하여
주막을 나서면
노을 비친 길은
가없이 길고 가늘더라만,   – 김용호, '주막에서'에서 –

아, 액체로 녹아드는 감미로움이
환각의 무지개 같다.   – 김윤성, '열매'에서 –

'막걸리 맛', '소금보다 짜다는', '감미로운' 표현으로 미각적 이미지를 활용함으로써 멋진 시적 표현을 한 예들이다. 맛있게 먹은 경험을 환기하라. 독자들의 미각을 자극할 수 있을 것이다.

♣ **실습** : 1. 후각적 이미지를 담은 연 하나를 지어보자.
2. 미각적 이미지를 담은 연 하나를 지어보자

(5) 촉각적 이미지

예,1 몇 만 리 굽이치는 강물을 건너와 **당신의 따슨 손길이 저의 목덜미를 어루만질 때**, 그때야 저는 자취도 없이 한 줄 티끌로 사라지겠습니다.

-조지훈, '석문'에서 -

예,2 새는 그것이 사랑인 줄 모르면서
두 놈이 부리를
서로의 죽지에 파묻고
따스한 체온(體溫)을 나누어 가진다.   - 박남수, '새'에서 -

예,3 낙타는 어린 시절 선생님처럼 늙었다.
나도 **따뜻한 봄볕을 등에 지고**
금잔디 위에서 낙타를 본다.   - 이한직, '낙타'에서 -

예,4 아침 구공탄 굴뚝 연기에서 향수를 느끼다가
산 1번지 채석장에 도로가서
금방 따낸 돌 온기에 입을 닦는다.   - 김광섭, 성북동 비둘기 -

예,5 채일을 두른 듯, 아늑한 하늘가에
뺨 비비며 열려 있는 꽃봉오릴 보아라.   - 서정주, '밀어'에서 -

예,6 내 손에 호미를 쥐어 다오.
살찐 젓가슴과 가튼 부드러운 이 흙을
발목이 시도록 밟아도 보고, 조흔 땀조차 흘리고 싶다.
- 이상화, '빼앗긴 들에도 봄은 오는가'에서 -

촉각적 이미지란 피부 감각적 이미지와 근육 감각적 이미지와 전신 감각적 이미지를 포함하는 개념이다. 이들 시에는 촉각적 이미지들이 구체적 감각을 통해 형상화되어 주제를 강하게 부각시키는 데에 기여하고 있다.

♣ **실습** : 1. 촉각적 이미지를 담은 연 하나를 지어보자.

(6) 역동적 이미지

역동적 이미지는 격렬한 시어와 동작적인 용언을 활용함으로써 제시된다.

예,1 강나루 건너서
     밀밭 길을

     구름에 달 가듯이
     가는 나그네   – 박목월, '나그네'에서 –

예,2 **소매는 길어서 하늘은 넓고,**
     돌아설 듯 날아가며 사뿐이 접어올린 외씨 버선이여,

     휘어져 감기우고다시접어 뻗는 손이
     깊은 마음 속 거룩한 합장인 양하고   – 조지훈, '승무'에서 –

예,3 나는 온 몸에 햇살을 받고,
     푸른 한울 푸른 들이 맛부튼 곳으로,
     가름아 가튼 논길을 따라 **꿈속을 가듯 거러만 간다.**

     나비, 제비야, 깝치지 마라
     맨드램이, 들마꼿에도 **인사를 해야지**
     아주까리기름을 바른 이가 지심 매든 그 들이라 **다 보고 싶다.**
                              – 이상화, '빼앗긴 들에도 봄은 오는가'에서 –

예,1에서는 나그네가 괴나리봇짐을 출렁이며 너울너울 활갯짓하며 길을 가는 모습이, 예,2에서는 여승이 깊은 신심에 젖어서 춤을 추는 모습이, 예,3에는 나라를 빼앗긴 한을 지닌 사람이 신들린 듯 들판을 휘젓고 뛰어다니는 모습이, 역동적 이미지들로 능란하게 잘 표현되어 있다.

♣ **실습** : 1. 역동적 이미지를 담은 연 하나를 지어보자.
           2. 처녀들이 그네 타는 모습, 아들 딸의 운동회 모습을 회상해서 역동적 이미지를 담은 시 한 수를 지어보자.

(7) 정적 이미지

정적 이미지는 정적인 체언을 활용함으로써 획득된다.

예,1   저렇게 많은 중에서
       별 하나가 나를 내려다 본다.
       이렇게 많은 사람 중에서
       그 별 하나를 쳐다본다.

       밤이 깊을수록
       별은 밝음 속에 사라지고
       나는 어둠 속에 사라진다.

       이렇게 정다운
       너 하나 나 하나는
       어디서 무엇이 되어
       다시 만나랴.   - 김광섭, 저녁에 -

예,2   고요히 다물은 고양이의 입술에
       포근한 봄 졸음이 떠돌아라.   - 이장희, '봄은 고양이로다'에서 -

예,1에서는 서정적 자아가 조용히 '별'을 바라보면서 만남과 이별과 다시 만남이란 인연과 윤회를 관조하고 명상하는 시이다. 별이 가지는 정적 이미지가 시를 지배하면서 읽는 이의 마음을 조용히 생각에 잠기게 한다. 예,2에서도 정적 이미지로 '고양이 입술', '졸음'이란 어휘가 봄의 고요로움을 효과적으로 표현했다.

♣ **실습** : 1. 정적 이미지를 담은 연 하나를 지어보자.

(8) 공감각적 이미지
한 감각적 사실을 다른 감각으로 전이시켜 표현함으로써 형성되는 이미지이다.

       자욱한 풀벌레 소리
       안개꽃처럼 깔렸다.   - 최승범, '한가윗날 밤'에서 -

이 시에는 청각적 이미지인 '풀벌레 소리'를 시각적인 이미지인 '안개꽃'으로 전이시켰다. 공감각적 이미지로 표현한 예이다.

※ 공감각적 표현은 표현 기법 몇 가지(p.249에서) 충분히 논의하므로, 중복을 피한다.

XII 장. 시적 표현 기법 몇 가지

1. 감정(感情)의 이입(移入)

자기의 감정을 대상에 투입하여 마치 그 대상이 그렇게 느끼고 생각하는 것처럼 표현하는 방법이다. 移는 '옮기다' 入은 '들다'이니 글자 그대로 다른 사람이나 동식물 무생물에 자신의 감정을 옮겨 넣어서 표현하는 표현법이다.

예,1 꽃이 진다고
　　　순이도 울고 철이도 울겠지

예,2 손 시린 裸木의 가지 끝에
　　　홀로 앉은 바람 같은
　　　목숨의 빛깔　　　　　　　　　　　　　　　　　　　　 - 이해인, 오늘은 내가 반달로 떠도 -

예,3 ○ 저 물도 내 안 같아야 울어 밤길 예놋다.　　　　 - 왕방연 -
　　　○ 귀뚜라미가 슬피 우는 밤
　　　○ 해도 울고 달도 우는데
　　　○ 새들도 기뻐서 노래하는 아침
　　　○ 힘겹게 해가 진다.

예들은 서정적 자아의 마음(감정)을 타인이나 생물 무생물에 이입하여 표현하고 있다. 예,1에서 순이, 철이가 우는지 아닌지는 모를 일이다. 내(서정적 자아, 시적화자)가 울고 싶으니 대상도 울 것이라는 표현이다. 예,2에서 서정적 자아가 마음의 손이 시리니 나뭇가지(裸木)도 시려 보이는 것이다. 예,3들에서 물도 귀뚜라미도 해와 달도 새도 무정물인데 유정물로 표현하고 있음을 본다. 내가 슬프니 대상이 슬퍼 보이고, 내가 기쁘고 즐거우니 대상이 기쁘고 즐거워 보이는 것이다. 내가 힘이 드니 해도 힘겨워 보이는 것이다. 이런 표현을 감정의 이입이라 한다. 사람을 대상으로 하지 않고 무정물을 유정물로 표현하는 감정의 이입의 경우에는 앞에서 공부한 '의인법'으로 표현된다.

    예,3 이 땅의 어느 곳
          누구에게도 마음 붙일 곳 없어
          바다로 온 거야

          너무 많은 것 보고 싶지 않아
          듣고 싶지 않아
          예까지 온 거야

          너무 많은 말들을
          하고 싶지 않아
          혼자서 온 거야

          아 어떻게 설명할까
          아무에게도 들키지 않은
          이 작은 가슴의 불길

          물위에 앉아
          조용히 식히고 싶어
          바다로 온 거야

          미역처럼 싱싱한 슬픔
          파도에 씻으며 살고 싶어
          바다로 온 거야
                                                  - 이해인, 바다새 -

    예,3 이 시는 전적으로 감정의 이입으로 지어진 시이다. 바닷새는 바닷새라서 바다에 살 따름이다. 서정적자아가 마음 붙일 곳이 없고, 보고 싶지 않고, 듣고 싶지 않고, 많은 말을 하고 싶지 않고, 가슴의 불길을 식히고 싶고, 자신이 슬프고 이 슬픔을 씻고 싶을 따름이다. 바닷새에게 자신의 감정을 이입해서 노래한 것이다. 새에 의탁해서 자신의 감정을 토로한 것이다. (이런 의탁물을 객관적 상관물이라 한다. 장을 달리해서 공부할 것이다.)

♣ **실습** : 1. 감정(感情)의 이입(移入)이 있는 연 둘을 지어보자.

2. 공감각(共感覺)적 표현

한 감각적 사실을 다른 감각으로 전이시켜 표현하는 표현법이다. 곧 여러 이미지들 곧 시각적, 청각적, 후각적, 촉각적, 미각적 이미지(心象)들 (빛, 어둠, 색깔, 소리, 냄새, 촉감, 맛, 고독, 그리움, 기쁨, 슬픔, 노여움, 喜, 怒, 愛, 樂, 哀, 惡, 慾)을 동일한 이미지처럼 함께 표현하는 표현법이다.

예,1 지나가던 <u>구름이</u> 하나 새빨간 노을에 <u>젖어 있었다.</u>
   밤새도록 가느다란 <u>별빛이 내리고,</u>
   분수처럼 흩어지는 <u>푸른 종소리</u>   - 김광균, 외인촌 -

예,2 흔들리는 <u>종소리의 동그라미</u> 속에서   - 정한모, 가을에 -

예,3 자욱한 <u>풀벌래 소리</u>
   안개처럼 <u>깔렸다.</u>   - 최승범, 한가윗날 밤 -

예,4 금으로 타는 <u>태양(太陽)의 즐거운 울림</u>   - 박남수, 아침 이미지 -

예,5 나는 떠난다. 청동의 표면에서
   일제히 날아가는 진폭(振幅)의 <u>세</u>기 되어
   광막한 하나의 울음이 되어
   하나의 소리가 되어.

   <u>인종(忍從)은 끝이 났는가.</u>
   청동의 벽에
   '역사'를 <u>가두어 놓은</u>
   <u>칠흑의</u> 감방에서

   나는 바람을 타고
   들에서는 <u>푸름</u>이 된다.
   꽃에서는 <u>웃음</u>이 되고
   천상에서는 <u>악기</u>가 된다.

   먹구름이 깔리면
   하늘의 꼭지에서 터지는
   <u>뇌성(雷聲)</u>이 되어
   <u>가루 가루 가루의 음향이 된다.</u>   - 박남수, 종소리 -

예,1은 시각적 이미지를 촉각적 이미지로 청각적 이미지를 시각적 이미지로 표현했고, 예,2는 청각적 이미지를 시각적 이미지로 표현했으며, 예,3은 청각적 이미지를 시각적 이미지로, 예,4는 시각적 이미지를 청각화했다. 예,5는 이미지즘 시인의 개성을 살려서 공감각적 표현을 많이 쓴 시이다. 청각적 이미지 '종소리'를 시각적 이미지(새)로 그리고 촉각적 이미지(가두어 놓은/ 칠흑의 감방)로, 시각적(푸름, 웃음), 촉각적 이미지(악기)로, 촉각적 이미지(가루 가루 가루)로 표현하고 있다.

♣ **실습** : 1. 공감각적 표현을 한 연 둘을 지어보자.

3. 펀(Pun)

말 재롱이다. 재치 있는 말장난으로 앞에서 공부한 중의법(重義法)도 여기에 속한다.

1) 두 개의 뜻을 지닌 단어를 사용(다른 의미로 암시하기 위한 말)하는 방법

예,1 청산리 **벽계수**야 수이 감을 자랑마라
　　　일도창해하면 돌아오기 어려우니
　　　명월이 만공산하니 쉬어간들 어떠리　　　　　　　　　　 － 황진이 －

예,2 북천이 맑다거늘 우장 없이 길을 가니
　　　산에는 눈이 오고 들에는 **찬비**로다.
　　　오늘은 **찬비** 맞았으니 **얼어** 잘까 하오라.　　　 － 임제, 한우가(寒雨歌) －

예,3 어이 **얼어** 자리 무슨 일 **얼어** 자리
　　　원앙침 비취금을 어디 두고 **얼어** 자리
　　　오늘은 **찬비** 맞았으니 **녹아** 잘까 하노라,　　　 － 한우(寒雨), 한우가의 화답가 －

예,1의 벽계수, 명월은 글의 표면적 의미 외에 벽계수라는 선비와 황진이의 호이기도 하니, 의도적으로 다른 의미를 암시하는 pun의 예이다. 예,2, 3도 임제가 한우(寒雨)라는 기생과 주고받은 시조이다. 고딕으로 된 단어들은 표면적 의미 외에 '찬비'는 '한우'를 우리말로 표현한 말이요, '얼다'와 '녹다'는 남녀 간의 사랑의 행위를 또한 암

250

시하는 '어루다'의 뜻을 동시에 표현하는 말이기도 하다. pun의 예이다.

2) 다른 소리(유사음)를 가진 이의어(異意語)를 사용하는 말장난적인 방법

예,1 漢江은 肛江
　　　洛東江은 낙똥강
　　　한탄강은 肛蕩江
　　　영상강은
　　　염산강
　　　다른 이름 하나는
　　　임진강
　　　국제밀월로 매독에 걸린
　　　임질강

　　　이 강물 먹고 자란
　　　東夷는 똥이
　　　한국은 肛國　　　　　　　　　　　　　　　 - 박진환, 이름 바꾸기 -

　예,1은 유사한 음을 지닌 다른 뜻의 단어를 병치하여, 풍자 비판적인 표현을 하는 언어 유희적 표현이다. 대표적인 pun의 예이다.

예,2 은하와 농하(濃河)
　　　뱀인지 새끼줄인지
　　　그리고 한강가에
　　　날라라 날라며
　　　영감이 대감이며　　　　　　　　　 - 송욱, '하여지향구(何如之鄕九)'에서 -

　예,2에서는 〈은하(銀河)〉와 〈농하(濃河)〉, 〈날라라〉와 〈날라〉, 〈영감〉과 〈대감〉으로 음이 유사함을 통하여 리듬을 즐기면서, 한편으로 사회를 풍자하고 있다. 자칫하면 말장난으로 떨어질 우려가 없지 않다. pun의 예이다.

3) 똑같이 발음되고 표기되지만 다른 뜻을 가진 두 개의 단어를 혼용하는 방법

예,1 허공을 휘가르며 **번갯불**이 스쳐간 후

　　　　하늘이 빗장을 열고 **주장자(柱杖子)**를 내리치더니
　　　　한여름 자연 **법석(法席)**에 물 **법문(法門)**을 솥아 부었다.
　　　　　　　　　　　　　　　　　　　　　　　　　　- 김종태, 소나기 -

예,2　장충동 약수동 솟을 대문 제멋대로 와장창
　　　저 솟고 싶은 대로 솟구쳐 올라 삐까번쩍
　　　으리으리 **꽃궁궐**에 밤낮으로 풍악이 **질펀** 떡치는 소리 쿵떡
　　　예가 바로 **재벌(獅襫), 국회의원(匋獪㹽猿), 고급공무원(跆礤功無㶱), 장성(長狌), 장차관(瞕搓矐)**이라 이름하는,
　　　간뗑이 부어 남산만하고 **목질기기**가 동탁배꼽 같은
　　　천하흉포 오적(五賊)의 소굴이렸다.　　　- 김지하, '오적(五賊)' 일부 -

예,3　**눈**은 살아 있다.
　　　떨어진 **눈**은 살아 있다.
　　　마당 위에 떨어진 **눈**은 살아 있다.

　　　기침을 하자.
　　　젊은 시인이여 기침을 하자.
　　　눈더러 보라고 마음 놓고 마음 놓고
　　　기침을 하자.　　　　　　　　　　　　　　　- 김수영, '눈' 에서 -

　예1의 번갯불, 주장자(柱杖子), 법석(法席), 법문(法門) 등과 같은 시어들은 재롱이나 유희적이진 않지만, 시인이 의도적으로 중의(重義)적인 표현을 한 것이다. 번갯불은 상징이라 할 수도 있겠지만 진리의 빛줄기라는 의미가, 주장자는 스님들이 드는 지팡이이자 법문을 강하는 좌장을, 법석은 법문을 강하는 자리이면서 야단법석이란 의미를, 법문은 절(寺)을 의미하면서 불가의 말씀(法文,진리)를 의미하려는 의도를 지니고 표현한 pun들이기도 하다.

　예,2에서 고딕 부분은 시인이 의도적으로 동음이의어를 만들어서 비판 희롱하려는 의도를 지닌 pun이다.

　예,3도 '눈'은 目, 雪, 〈싹 芽〉을 의미한다고 볼 수 있는 pun이다.

예,4　오전(五錢)이란 무엇이요
　　　점심먹기 전이 오전(午前)이지
　　　육전(六錢)이란 무엇이요

고깃간이 육점(肉店)이지   - 속요 -

예,4 속요에서는 오전(五錢)을 오전(午前)에 걸리게 하고 육전(六錢)을 육점(肉店)에 걸리게 하여 음의 같음을 통하여 말장난을 하고 있다. 풍자는 없으나 pun이다.

예,5 모양이 기묘해서 주워온 돌
　　　씻어서 세워 놓고 수석(壽石)이라 하네.

　　　돌 좋아하는 벗 선물로 준 돌
　　　내 눈에는 범석(凡石)인데도 수석(壽石)이라 하고

　　　먼 곳 가까운 곳 발길 머문 곳
　　　기념으로 가져온 검고 흰 돌도 수석(壽石)이라 하네.

　　　물가에서 가져와도 수석(水石)이 아니라서
　　　수석(壽石)이라 하고
　　　산에서 캐 와도 수석(水石)이라서
　　　수석(壽石)이라 하네.

　　　크고 작은 돌, 둥근 돌 모난 돌, 잘난 돌 못난 돌…
　　　산천에 묻혔으면 모두가 돌일 것을
　　　가져와 좌대에 앉히니 수석(壽石)이라 하네.

　　　수석(首石)이라 수석(首席)은 아닐지라도
　　　수석(壽石)이라 하네.

　　　너도 나도 수석(首石) 수석(首席)은 못 되더라도
　　　씻기고 기름 발려서 좌대에 세워지면 수석(壽石)일 수 있으니
　　　스스로 범석(凡石)이라 자괴랑은 말 것을…

　　　안(眼) 있는 이
　　　목(目) 있는 이
　　　만날 날을 누가 알랴!
　　　　　　　　　　　　　　　　　　　　- 하상규, 수석(壽石) -

예,5는 의도적으로 동음이의어를 활용해서 시인이 표현하고자 하는 의도를 효과적으로 살리고 있다. 비판 풍자적인 의도는 없지만, 동음어를 활용한 언어 희롱적인

면이 있다.

4) 달리 표기되지만 같은 발음을 가진, 뜻이 다른 두 개의 단어 등을 혼용하는 표현법

예,1 우연히도 지금 大田 어느 다방에서 차를 마신다. 대전의 머
리 글자를 알파벳으로 옮기면 DJ다.

대전은 한밭이고 한밭은 큼을 의미하니 DJ는 크고 넓고
광활함을 뜻한다. DJ가 野大로 통했던 所以 또한 이러하다.

허나 세태는 野大가 野小로 둔갑을 했으니 水難은 受難일 수밖에

— 박진환, DJ 풀이 —

예,1과 같은 시는 우리 시에서 용례가 흔하지 않다. 그러나 소리 문자이면서도 소리 전달에 변별력이 적은 영어에서는 의도적으로 발음은 같으면서 철자도 뜻도 다른 단어가 드물지 않다. 가령 son과 sun 같은 단어나 may와 my는 발음은 유사하나 표기와 뜻이 다른 단어이다. 이런 단어를 의도적으로 혼용한다면 이도 pun이다. 예,1은 정치적 의도를 지닌 시이기는 하지만 드물게 말장난하는 시이다. 水難과 受難은 표기는 다르고(한글 표기는 같지만) 음과 의미도 다른 것으로 달리 표기되지만 같은 발음을 가진 뜻이 다른 두 개의 단어 등을 혼용하는 표현법의 좋은 예라 하겠다. 같거나 비슷한 발음을 활용한 언어유희를 하고 있다. 간간이 차용할만한 기법이기도 하다.

♣ **실습**: 1. pun을 의식한 시행 둘을 지어보자.
    2. pun을 사용한 시들을 시집에서 몇 수 찾아보자.

4. 시적 허용(許容)

  시에서 예술적 효과를 얻기 위하여 용인된 기준의 범위 내에서 문법, 어법, 리듬, 운, 역사적 사실 등등에서 벗어남을 허용한다는 것으로, 시에서는 예술적, 시적 효과를 내기 위해서 이 정도는 벗어나도 좋다고 여기는, 시인과 독자 간의 암묵적인 약속이라고 하겠다. 곧 이탈의 구실이다.
  드라이든John Dryden은 이를 "모든 시대를 통하여 시인들이 스스로 가지고 있다고 생각하는, 엄격한 산문으로서는 표현할 수 없는 것을 운문으로서는 말할 수 있는 자유"라고 정의했다. 시적 파격(詩的破格)이라고도 한다.

    예,1 나 두 야 간다.
          나의 이 젊은 나이를
          눈물로야 보낼거냐
          나 두 야 가련다.   - 박용철, '떠나가는 배'에서 -

  이 시에서 시인은 '나두야'로 붙여 써야 하는 어법을 무시하고 음절 단위로 '나 두 야'로 띄어 썼다. 음절들을 유장하게 읽어서 리듬을 살리고 뜻을 강조하기 위해서이다. 그리고 지금의 표준으로는 '나도야'로 표기해야 할 것을 '나 두 야'로 표기했나. 양성모음과 음성모음이 주는 맛과 의미의 크기가 다르다. 산문에서는 있을 수 없는 표기이나 시에서는 이를 시인의 의도라고 존중해주고 받아들인다. 독자들도 이를 허용한다.

    예,2 머언 먼, 노오란, 기인, 하이얀, 파르라니, 나빌레라, 감추오고

    예,3 사투리를 사용, 구어체를 사용, 예스런 단어나 어구를 사용하는 등등

  예들에서 보듯 이들 시어들은 표준어 맞춤법에는 맞지 않는 표기들이다. 각각 저마다 리듬으로나 의미에서 시적 효과를 더 높이려는 시인의 의도에서 나온 표기들이다. 어색하지 않고 친근감이 간다. 이 친근감이 독자들의 허용이다.
  한시(漢詩)에서 두보는 시를 갈고 다듬어서 짓는 시인이라, 파격(破格)이 적고 정격(定格)시를 지었다. 이와는 달리 이태백은 시를 즉흥적으로 읊조려서 지었으므로,

평측법에서나 압운법에서 벗어나는 파격이 많았다. 이도 시적허용이라 하겠다.

♣ **실습 :** 1. 시적허용이 있는 시들을 찾아보자.
　　　　　 2. 시적허용이 있는 연 둘을 지어보자.

5. 객관적 상관물(客觀的相關物)

　1) 객관적 상관물[28]

　이는 상징주의 시의 방법에 닿아 있는 것이다. Eliot T. S.이 사용한 용어이다. 이는 곧 넓은 의미로 상징이라는 표현기교의 일환이다. Eliot T. S.이 말하는 객관적 상관물이란, 시인이 의도한 정서, 관념, 사상 등을 그대로 표현하면 시가 될 수 없으므로, 이에 상응하는 사물이나 이미지나 장면 등을 찾아내어 표현하는 방법을 일컫는 말이다.
　곧 객관(客觀)이란 말은 나나 너가 아닌 제3자를 가리키는 말이다. 곧 직접적으로 상관이 없는 제3자적 입장에 있는, 다시 말해서 표현하고자 하는 정서나 관념이나 사상 등을 이와 직접적인 관련이 없는 사물이나 이미지나 장면 등으로 구체화함으로써, 시적 정서를 구체적으로 드러나게 하는 방법이다.
　같은 주장으로 말라르메는 정조(情操)를 드러내기 위해서는 "대상을 환기해야 한다"고 말했는데, 이 말도 대상 곧 정조(情操)를 직접 드러내지 않고 다른 사물(객관적 상관물)을 동원하여 서서히 환기한다는 것이다.
　Elite T. S.은 동양의 시 곧 한시(漢詩)를 많이 읽었다고 한다. 그래서 그는 곧잘 동양의 한시를 일컬으면서 시를 말하는 경우가 많았다고 한다. 동양의 한시는 경(景)을 읊었지만 의(意)가 달리 있는 경우가 많다. 겉으로 드러난 景이 객관적 상관물이다.

　예,1 자리에서 일어나 한가로이 걷노라니　　　睡起吾閒步 수기오한보
　　　산이 깊어 누가 다시 이 길을 지났으랴!　　山深誰復過 산심수부과
　　　산 그늘은 늘어져 몽롱한 안개로 자욱한데　峰陰渾欲霧 봉음혼욕무

---
[28] 박명용 현대시 창작법(국학자료원,1999. 8. 20 p.176~)참조

숲속 눈은 절로 꽃으로 피었구나.	林雪自開花 임설자개화
괴이해라! 소나무는 바위에 서려 늙어가고	石怪盤松老 석괴반송로
암자의 벽화 속 부처들 가련도 해라!	菴憐畵佛多 암련화불다
종 울리니 절밥이 다 됐나 보다	鐘鳴齋飯熟 종명재반숙
까악까악 까마귀들 소리내며 쪼아댄다.	啼啄有寒鴉 제탁유한아

– 박태관(朴泰觀, 관음사에[觀音寺 두 번째 수] –

박태관이 관음사라는 절에 들러 스님과 밤새 이야기를 나누었다. 그리고 다음 날 이른 새벽에 홀로 산책에 나섰다. 수련(1,2행)에서 "자리에서 일어나 한가로이 걷노라니, 산이 깊어 누가 또 이 길을 걸었으랴!"라고 하였듯, 박태관의 산책은 아무런 흔적도 없는 새벽 첫눈을 밟는 산책이었다. 그리고 함련(3,4행)에서 보듯, 산책을 하노라니 안개가 낀 듯 어둑한 산길에는 가지마다 눈꽃이 피어있다. 시인은 좀 더 길을 걷는다. 가다 보니 노송이 눈에 들어온다. 그 노송은 하얀 눈을 인 채 차디찬 바위에 기기묘묘하게 뿌리를 내리고 있다. 그리고 도착한 암자에는 벽에 부처님의 그림이 그려져 있는데 하얀 눈 속에 무방비로 서 있는 모습이 가련해 보인다. 순백의 세상, 청정무구의 세계에 빠져 있던 작가에게 홀연 종소리가 들린다. 아마도 아침 식사를 알리는 종소리이다. 종소리를 따라 선문에 들어서려는데, 어디선가 까마귀들이 날아와 너무도 익숙하게 부리로 쪼아대며 울고 있다. 아침 공양을 알리는 종소리를 까마귀가 알고서 모여들었나 보다.

인적 하나 없는 순백의 세상, 그 안에 노송과 부처, 그리고 시인이 서 있다. 시인은 눈 내린 절집의 주변과 절집 한 장면을 그리고 있을 뿐이다. 경(景)만 그려져 있다. '객관적 상관물'이다 시인은 이를 통해서 '의(意)' 곧 내[我]와 제[彼], 사람[人]과 사물[物], 속(俗)과 선(禪) 등 일체의 차별이 무화(無化)된 진여(眞如)의 세계를 표현하고 있다.

예,2 내 어릴 적

집 안 마당 끝에
우물이 있었다.
고마운 줄 몰랐다.

집 앞에 한 그루

>   큰 느티나무가 있었다.
>   새들이 모여 놀고
>   그 아래 꼬마친구들과 모여서 놀았다.
>   고마운 줄 몰랐다.
>
>   코 골고 말 없고
>   내 생일도 평생 모르는
>   곁에 있는
>   그이
>
>   그 우물처럼
>   그 느티나무처럼
>   덤덤하게 그렇게 산다.   - 이향선, 곁에 있어서 -

　예,2 이향선 시에서 우물과 느티나무 그리고 그이도 개관적 상관물이다. 곧 이 시에서 작자는 부부간의 소박한 사랑, 무던한 사랑, 담담하면서고 건실한 사랑을 표현하고자 했다면, 이들 객관적 상관물들은 존재의 변용이나 치환을 통해 새로운 존재(정조 情操)를 창출해 내고 있는 것이다.

>   예,3 나는 내 생애를
>   커피 숟갈로 되질해 버렸다.   - 엘리엇, 'J. A. 프루프록 연가'에서 -

　이 시에서 '지겹고 의미 없는 인생'을 암시하기 위해 동원된 객관적 상관물이 바로 '커피 숟갈'인 것이다. 곧 별로 하는 일도 없이 찻집에서 숟갈로 커피 잔이나 저어대면서 권태로운 인생을 보냈다는 표현이다. 객관적 상관물이 관념을 정서적으로 체험하게 만든다.

>   예,4 헝크러진 거리를 이 구석 저 구석
>   혓바닥으로 뒤지며 다니는 밤바람
>   어둠에 벌거벗은 등을 씻기우면서
>   말없이 우두커니 서 있는 電線柱
>   엎드린 모래벌의 허리에
>   물결이 가끔 흰 머리채를 추어든다.   - 김기림, '기상도'에서 -

예,5　잠들지 못하는 건
　　　파도다. 부서지며 한가지로
　　　키워내는 외로움
　　　잠들지 못하는 건
　　　바람이다. 꺼지면서 한 가지로
　　　타오르는 빛
　　　잠들지 못하는 건
　　　별이다. 빛나면서 한가지로
　　　지켜가는 어두움,
　　　잠들지 못하는 건
　　　사랑이다. 끝끝내 목숨을
　　　拒否하는 칼.　　　　　　　　　　　　　　　- 오세영, '사랑'에서 -

　예,4에서 밤바람, 전선주, 물결 등이 객관적 상관물이다. 여기에 인용된 부분만으로는 다 드러나지는 않지만, 이들 이미지들이 현대문명에 대한 저주를 암시하고 있다. 예,5에서는 파도, 바람, 별, 들이 객관적 상관물이다. 곧 잠들지 못하는 건 파도, 바람, 별들이 아니라 사랑 때문에 잠들지 못하는 서정적 자아이다.

예,6　누가 떨어뜨렸을까.
　　　밟히고 찢겨신 손수건이
　　　밤의 길바닥에 붙어 있다.
　　　지금은 지옥까지 잠든 시간
　　　손수건이 눈을 뜬다.
　　　금시 한 마리 새로 나아갈 듯이
　　　금시 한 마리 벌레로 기어갈 듯이
　　　발닭발닭 살아나는 이 슬픔.　　　　　　　- 문덕수, '손수건' -

　객관적 상관물인 손수건을 새, 벌레로 전이시켜서 길바닥에 떨어져, 밟히고 찢겨진 손수건의 이미지에서 생명과 존재의 의미를 현시케 한다.

예,7　내 차 앞 견인차에
　　　끌려가는 트럭 한 대
　　　신세가 고달파 보인다.
　　　허망해 보인다.

견인차 옆면에 쓰인 소속사 이름
종말폐차장
매달린 트럭 그리 낡아 보이진 않건만
폐차장행

견마지로가 보인다.
땀방울이 보인다.   - 하상규, 폐차장행 -

   이 시에서 트럭은 객관적 상관물이다. 폐차장으로 끌려가는 트럭의 신세는 도살장에 끌려가는 소의 신세이고 나와 너의 신세이다.

예,8 한여름 무성했던 이파리 다 떨구고
늦가을 하늘아래 나목(裸木)만 남아
언덕위에 친구들 하나 둘 모여들면
다붓다붓 앉아서 얘기꽃 핀다

따스히 내리쬐는 햇살 한 자락 덮고
우로(雨露)에 겨우겨우 연명(延命)하면서
서러서로 기대어 남은 온기(溫氣)나누며
연리지(連理枝) 껴안은 채 놓지를 않네

가끔은 얼마동안 저만치 덜어져서
나무와 나무 사이 바람 나드는
꽃피울 새봄만을 애틋이 기다리며
매서운 설한풍(雪寒風)을 어이 견디랴

그 옛날 화려했던 녹의홍상(綠衣紅裳) 꿈꾸며
이제는 절대고독 씹으며 산다   - 박동신, 숲이 되고픈 나무 -

   이 시는 나목(裸木)을 노래하고 있다. 나무를 노년의 부부로 대입해보라. 노년의 부부가 서로 의지하면서 적적하게 살아가는 힘겨운 모습이 보인다. 나목은 객관적 상관물이다. 서정적 자아는 나목에 의탁하여, 그 분주하고 혈기왕성했던 젊은 시절을 뒤로하고, 자녀들을 성가시켜 타지로 모두 흩어 보낸 뒤 늙은이가 되어서 외로이 노년을 보내는 정회를 노래하고 있다.
   물(物)만 표현했지만 정(情)이 드러난다. 이런 것이 객관적 상관물이다.

♣ **실습 :** 1. 객관적 상관물로 된 시를 찾아보자.
　　　　　2. 객관적 상관물을 활용하여 연이나 시 한 수를 지어보자.

2) 언외의(言外意)와 경중정(景中情)

앞에서 살펴본 '객관적 상관물'이란 표현 방법과 일맥상통하는 표현법으로, 우리의 전통적 시론(詩論)에 나오는 표현 방법이다.

고려 시대의 시론에 언외의(言外意)라는 논의가 있다. 언외의(言外意)란 경치를 눈앞에 있는 것처럼 표현하지만 그 언어 자체뿐만이 아니라 그 말밖에 헤아릴 수 없는 의미와 감흥을 내포함으로써, 시가 끝없는 여운을 갖게 하는 표현(창작)방법이다.

매성유(梅聖兪)는 이를 "작자득어심 람자회이의(作者得於心 覽者會以意)"라고 집약해서 말하였다. 곧 시인은 마음으로 알거니와 독자는 뜻으로 만난다는 말이다.

　　예,1　이몸이 죽어가서 무엇이 될고 하니
　　　　　봉래산 제일봉에 낙락장송 되었다가
　　　　　백설이 만건곤할 제 독야청청 하리라.　　　　　　　　　　　- 성삼문 -

　　예,2　두류산 양단수를 예듣고 이제 보니
　　　　　도화 뜬 맑은 물에 잔영조차 잠겼어라.
　　　　　아해야, 무릉이 어디오 나는 옌가 하노라.　　　　　　　　- 조식 -

　　예,3　寺在白雲中 白雲僧不掃 客來門始開 萬壑松花老
　　　　　사재백운중 백운승부소 객래문시개 만학송화노

　　　　　흰 구름 속에 절이 있는데
　　　　　중은 그 흰 구름을 쓸지 않는다.
　　　　　손님이 와서 비로소 문을 여니
　　　　　온 골짜기의 솔꽃은 다 늙었다.　　　　　　　　　　　　　- 이달, 山 -

　　예,4　녀석의 하숙방 벽에는 리바이스청바지 정장이 걸려있고
　　　　　책상위에는 쓰다만 사립대 영문과 리포트가 있고 영한 사전이 있고
　　　　　재떨이엔 필터만 남은 켄트 꽁초가 있고 씹다 버린 셀렘이 있고
　　　　　서랍 안에는 묶은 푸레이보이가 숨겨져 있고
　　　　　방 모서리에는 파이오니아 엠프가 모셔져 있고

레코드 꽂이에는 레오나드 코헨, 존레논, 에릭 클랩튼이 꽂혀 있고
방바닥엔 음악 감상실에서 얻은 최신 빌보드 차트가 팽개쳐 있고
쓰레기통엔 코카콜라와 조이 워커 빈 병이 쑤셔 박혀 있고
그 하숙방에, 녀석은 혼곤히 취해 대자로 누워 있고
죽었는지 살았는지, 꼼짝도 하지 않고   - 장정일, 하숙 -

예,1에서는 낙락장송이 되어 눈 속에서도 홀로 푸름을 잃지 않겠다는 말은 변함없는 충절에 대한 강한 의지의 표현이다. 예,2에서 두류산(지리산)의 승경(勝景)을 노래했지만, 이는 귀은(歸隱), 한거(閑居), 안빈락도(安貧樂道)를 노래하고 있다. 예,3에서는 한 폭의 동양화를 보이는 듯한 정경을 보여 주고 있다. 그러나 그 내면에는 산중생활의 한가로움이나, 찾는 이 없는 적적함이나 허망함 등등을 읽을 수 있다. 여기에서도 경(景)만 읊었지만 정(情) 곧 의(意)는 다른 데에 있다. 산중생활의 한가로움(閑居)을 읊조리고 있다. 이달은 선조 조에 산 사람으로 당시에 삼당시인(三唐詩人)이라 일컬어진 최경창(崔慶昌)과 백광훈(白光勳)과 교유한 시인이나, 신분이 서출이라 벼슬에 나가지는 못했다. 내면에 신분과 관련된 한이 담겼다고도 할 것이다. 이런 시에는 이달과 달리 출사를 했던 이도 한거(閑居) 안빈낙도(安貧樂道)를 노래한 경우도 많다. 이른 이들의 시의 내면에는 벼슬길에 있을 때에는 문전성시(門前成市)를 이루더니 은퇴 이후에는 찾는 이 없는 세상사의 무상함이나 무료함을 말하고 있는 경우도 있고, 뒷날을 다짐하고자 하는 강한 내심의 의지를 감추고 있는 경우도 있다.

여기에서 잠세어(潛勢語)를 생각할 수 있다. 잠세어란, 말 그 자체만이 아니라 그 언어가 내포하거나 거느리고 있는 언어, 곧 이것을 언어가 지닌 바의 언어 이외의 언어를 말한다. 그러한 차원에서 언외의(言外意)를 이해할 수 있을 것이다.

대부분의 한시(漢詩)들은 외견상으로는 경(景)을 읊고 있다. 그런데 그중 소수는 언(言)과 함께 승경(勝景)을 찬양한 시들도 있지만, 대부분의 시들은 잠세어로 표현되어 있어서 언외의(言外意)를 담고 있음을 볼 수 있다. 이것이 곧 시라는 인식을 선인들은 갖고 있었다.

이제현(李齊賢)도 그의 시론(詩論)에서 言外意 시관(詩觀)을 말했는데, "옛사람의 시는 눈앞의 경치를 묘사하였지만, 뜻은 言外에 있다. 言으로는 말은 다 할 수 있으나 의미는 다 하지 못한다."고 말하고 있다.

예,4에서 화자는, 화자 자신의 주관을 배제한 채 '녀석'의 방을 거리를 두고 있는 그

대로 묘사만 하고 있다. 그래서 독자로 하여금 사고할 수 있는 기회를 주고 있다. 독자는 작자가 말하지 않아도 시인은 물질문명에 푹 빠진 오늘날의 세태에 대한 부정적인 비판을 하고 있음을 느끼게 된다. 이 시는 언외의(言外意), 곧 하는 말 밖에 말하고자 하는 뜻이 있고, 경중정(景中情) 곧 술광경(述光景), 즉 광경을 표현하고 있으나 그 속에 시인이 표현하고자 하는 뜻이 있음을 보여주는 시이다.

♣ **실습** : 1. 언외의(경중정)적 표현이라고 보이는 시를 찾아보자.
        2. 언외의(경중정)적 표현을 활용하여 시 한 수를 지어보자.

3) 포진(鋪陳)과 영묘(影描)

위에서 살펴본 옛 문인들의 시론(詩論)도 오늘날 현대시의 시작법(詩作法)으로 활용하는 데에 전혀 무리가 없는 시작(詩作) 이론임을 알 수 있었다. 이런 시론 중에 또 다른 한 분의 시론이 오늘날의 시를 설명하고 창작하는 데에, 한 방법론을 가르쳐주는 시론이 있어서, 이를 간략히 소개하여, 시작법으로 이해하고 활용할 수 있도록 돕고자 한다.

바로 신경준(申景濬, 1712~1781, 숙종 38~정조 5)이 그의 여암유고(旅庵遺稿)에서 시칙(詩則)이란 글로 제시한 한시(漢詩)의 제작 원리인 포진(鋪陳)과 영묘(影描)이다.

그가 여암유고(旅庵遺稿)에서 시칙(詩則)이란 글로 제시한 시론을 보면,

> 포진은 정(情)·물(物)·사(事)의 실상을 직접적으로 서술하는 것이며, 영묘의 방법은 시인의 눈에 비친 정(情)·물(物)·사(事)의 영상(影像)을 회(繪)하는 것이다.29)

라고 했다. 신경준이 말한 시칙(시론)에서의 포진과 영묘란 무엇인지 살펴보자.

(1) 포진(鋪陳)

신경준이 말하는 포진은 직서기실(直敍其實)하는 방법이니, 시인의 생각과 느낌이

---

29) 申景濬, 旅庵遺稿 券8, 雜著二, 詩則

나 정서를 직설적인 말로 표현하는 표현법이라 하겠다. 곧 현대시에서는 가급적 피하기를 권하는 것으로, 시인이 표현하고자 하는 의미를 직접적으로 서술하는 방법이다.

  예,1 자세히 보아야
     예쁘다

     오래보아야
     사랑스럽다

     너도 그렇다.   - 나태주, 풀꽃·1 -

  예,2 파랗게 데친 냉이
     참기름에 깨소금 뿌려 무쳐놓고

     달래 넣은 된장국에
     봄내음 가득 담고

     기름기 쪼오옥 뺀 수육 삶아
     상추에 받쳐서
     아버님 밥상에 올려놓으니

     저녁진지 들고 가는 발걸음이
     이리도 가볍구나!   - 이향선, 돼지 수육 -

  예,3 아바님 날 낳으시고 어마님 날 기르시니
     두 분 곳 아니시면 이 몸이 살았으랴
     하늘같은 가없는 은덕을 어데 다혀 갑사오리   - 정철 -

예,1, 2, 3은 시적 변용이나 기교가 없이 시인의 생각이나 정서를 직접적으로 서술하고 있다. 이것이 신경준이 말하는 포진에 의한 작시(作詩)라 할 것이다.

♣ **실습** : 1. 포진적 표현이라고 보이는 된 시를 찾아보자.
     2. 포진적 표현을 하는 연이나 시 한 수를 지어보자.

(2) 영묘(影描)

영묘(影描)란 시인의 눈에 비친 영상(影像)을 회상(繪像)하는 작시(作詩) 원리로 술광경(述光景)하는 방법이다. 곧 자신의 생각이나 정서를 직접적으로 서술 표현하지 아니하고, 자연을 그리거나 묘사하여 자신이 표현하고자 하는 바를 속으로 감추어서 압축적이고 함축적인 표현을 하는 것이다.

예,1 매화(梅花) 피다커늘 산중에 드러가니
　　　봄눈 깊은난데 만학(萬壑)이 한빛이라
　　　어디서 꽃다운 향내는 골골이셔 나나니　　　　　　　　　　　－ 무명씨 －

예,1은 눈 속에 핀 매화를 그리고 있다. 술광경(述光景)하고 있다. 그 그림 속에 표현하고자 하는 바를 속으로 감추어 압축적 함축적 표현을 하고 있다. 설중매(雪中梅) 곧 지조와 정절을 속으로 담고 있다. 영묘이다.

예,2 배꽃가지
　　　반쯤가리고
　　　달이 가네.

　　　경주군 내동면
　　　혹은 외동면
　　　불국사 터를 잡은
　　　그 언저리로

　　　배꽃가지
　　　반쯤가리고
　　　달이 가네.　　　　　　　　　　　　　　　　　　　　　　　－ 박목월, 달 －

예,3 산은
　　　구강산(九江山)
　　　보랏빛 석산(石山)

　　　산도화 두어 송이
　　　송이 버는데

봄눈 녹아 흐르는
　　　옥같은
　　　물에

　　　사슴은
　　　암사슴
　　　발을 씻는다　　　　　　　　　　　　　　　　　- 박목월, 산도화 -

　예,2, 3은 언어로 정경을 보여주고 있는 시들이다. 간결성과 압축된 시어를 바탕으로 한 폭의 묵화를 보는 듯한 서경적이고 회화적인 표현의 시들이다. 향토적 정감이나 고요하고 한가로움에서 오는 서정적 자아의 생각이나 심정은 드러나지 않고 있다. 영묘이다.

♣ **실습** : 1. 영묘적 표현이라고 보이는 시를 시집에서 찾아보자.
　　　　　2. 영묘적 표현을 하는 연이나 시 한 수를 지어보자.

(3) 포진(鋪陳)과 영묘(影描)의 조화
　선인들은 이렇게 포진과 영묘의 작시 원리를 각각 적용하여 시를 지었는가 하면, 이 둘의 조화를 더 소중히 여겼다.

　예,1　까닭 없이 마음 외로울 때는
　　　　노오란 민들레꽃 한 송이도
　　　　애처롭게 그리워지는데

　　　　이 얼마나 위로이랴
　　　　소리쳐 부를 수도 없는 이 아득한 거리(距離)에
　　　　그대 조용히 나를 찾아오느니

　　　　사랑한다는 말 이 한 마디는
　　　　내 이 세상 온전히 떠난 뒤에 남을 것

　　　　잊어버린다. 못 잊어 차라리 병이 되어도
　　　　아 얼마나 위로이랴
　　　　그대 맑은 눈을 들어 나를 보느니.　　　　- 조지훈, 민들레꽃 -

예,1은 봄에 핀 민들레꽃 한 송이를 바라보는 화자가 임에 대한 간절한 그리움과 강렬한 사랑의 서정을 토로하고 있다. '그대 맑은 눈'은 민들레꽃을 순수한 서정으로 바라고 의인화한 것이고, '민들레꽃'은 눈앞의 꽃이면서, 주관적 상상 속에 담긴 사랑하는 사람의 영혼이다. '그대 조용히 나를 찾아오느니'는 봄이 되어서 민들레꽃이 피는 것이면서, 임이 나를 찾아주기를 소망하는 간절한 마음이다. '그대 맑은 눈을 들어 나를 보느니'는 그리움과 사랑으로 보는 민들레꽃이, 꽃이 꽃만이 아니라, 그립고 사랑하는 임이 되어서 나를 보는 것이다.

눈앞에 민들레꽃이 있고, 그리움과 사랑하는 마음을 감추지 않았다. 포진과 영묘의 조화이다.

예,2 靑山도 절로절로 綠水도 절로절로
　　　山 절로절로 水 절로절로 山水間에 나도 절로
　　　그중에 절로절로 자란 몸이 늙기도 절로절로　　　　　　　　　　　　　－ 송시열 －

예,3 高山 九曲潭을 사람이 모로더니
　　　誅茅卜居하니 벗님내 다 오신다
　　　어즈버 武夷를 상상하고 學朱子를 하리라　　　　　　　　　　　　　　－ 이이 －

예,2는 자연을 노래한 듯하나 실은 성리학의 도(道)를 노래하고 있으니, 포진과 영묘의 조화를 보인 것이고, 예,3도 高山의 경치를 찬탄하고 있으나 高山을 주자의 武二九曲에 비겨서 노래함으로써, 주자를 흠모하여 주자학을 하겠다는 노래이다. 포진과 영묘의 조화를 보인 시조이다.

오늘날 현대시는 포진보다는 영묘적 방법을 장려하고 있으나, 역시 포진과 영묘의 조화를 이룬 작시법이 이상적인 작시법이라 할 것이다. 영묘가 곧 서양시론에서 말하는 객관적 상관물이라는 이론과 일맥상통한다. 이런 면에서 선인들의 시론도 새겨 본받을 일이라 하겠다.

♣ **실습** : 1. 포진과 영묘가 조화를 보이는 시를 시집에서 찾아보자.
　　　　　 2. 포진과 영묘가 조화를 보이는 시 한 수를 지어보자.

XIII 장. 화자(話者)와 어조(語調)

1. 화자(話者)

1) 화자의 개념

시 속에 드러나는, 말하는 사람(persona)을 시적화자(詩的 話者)라 한다. 시도 언어라는 수단을 통해서 의미, 정서를 전달하는 형식의 글이므로, 특정의 인물이 특정의 사물에 대하여 보고 생각하고 느낀 감정을, 특정의 인물에게 특정의 태도로 하는 말이다. 여기서 그 말하는 사람을 **화자**라 한다. 시적화자, 시적자아(詩的自我), 서정적자아(抒情的自我)라고도 한다. 시인과 화자는 같을 수도 있고 다를 수도 있다. 예를 들어 소월의 '진달래꽃'은 남성인 시인이 이별을 겪는 여성이라는 화자의 심정으로 여성의 목소리(어조)로 노래하고 있다. 시인이 어떤 시적화자(시적자아, 서정적자아)를 택해서 어떤 어조로 노래하든 간에 시적 진실(인생관이나 세계관)은 시인 본인의 것이다.

2) 화자의 기능

시인이 시적화자를 따로 설정하는 까닭은 시인이 표현하려는 주제를 보다 효과적으로 드러내기 위해서 시적화자라는 대리인을 내세우는 것이다. 그러므로 시적화자는 시인이 자아의 세계를 확대할 수 있도록 도와주는 기능을 수행한다. 예를 들어서 40대 중반의 남성인 시인은 40대 중반 남성의 눈으로만 세상을 노래하는 것이 아니라, 10대 소녀의 눈으로, 며느리의 눈으로, 할아버지의 눈으로 …, 다양한 입장에서 세상을 보고 노래할 수 있게 하는 것이 화자다.

그러므로 표현하고자 하는 내용과 주제에 가장 적합한 모습(화자)을 선택해야 할 것이다. 화자의 기능을 정리하면 이러하다.

① 시 속에서 자아와 세계를 확대할 수 있는 장치. - 자신의 인생관이나 세계관을 화자를 통해서 표현한다.
② 화자는 작품 속에서 구체적인 실체를 드러내어 일관된 목소리로 시의 통일성을 이루는 기능을 한다.
③ 화자는 작품 안에서 배경을 묘사한다.
④ 화자는 작품 속에서 청자나 작중 인물, 대상에 대한 정보를 제공한다.
⑤ 화자는 시(詩) 속의 시간을 요약한다.

2. 어조(語調 tone)

1) 어조의 개념

어조(語調 tone)는 말의 가락이다. 작품 안에서 작중 화자가 갖는 말씨, 목소리를 의미한다. 곧 어조는 말하는 사람(시적 화자)이 말하고자 하는 말의 내용과 주제(시적 대상)에 대한 태도와 듣는 상대(독자)에 대한 태도, 또는 목소리를 어조라 한다.

어조는 시적 분위기와 정서에 관련이 있으며, 주제와도 밀접한 관계를 갖는다. 선택되는 시어와 서술어의 어미(語尾)의 형태에 따라 잘 드러난다. 어조도 표현하고자 하는 내용과 주제에 가장 적합한 어조를 선택해야만 성공적인 시를 쓸 수 있다.

시의 어조는 대체로 한 작품에서 일관되게 나타나지만, 중간에 어조가 달리 나타나는 경우도 있다. 주로 시적화자의 정서에 변화가 생길 때에 어조의 변화가 나타난다. 기대감이 실망감으로 바뀐다든지, 체념적 정서가 의지적 정서로 바뀔 때, 정서의 변화가 어조에 반영되는 것이다.

2) 어조의 유형

시적화자의 목소리에 따라 격정(격분), 냉정(차분), 힘참, 슬픔 등으로 나누기도 하고, 시적화자의 태도에 따라 직설적, 독백적, 관조적, 사색적, 풍자적, 해학적, 냉소적, 낙천적, 염세적, 기구적(祈求的), 현실비판적, 설득적 어조 등으로 나누기도 하고, 내용에 따라 교훈적, 낭만적, 철학적, 종교적 어조 등으로 나누기도 한다. 또한, 지향에 따라 회고적, (현재)성찰적, 미래지향적 어조로, 시적화자의 심리상태에 따라 경탄적, 찬양(영탄)적, 비탄적, 추모적, 저항적, 희망적, 절망적, 긍정적 어조 등으로 구분하기도 한다. 성별로는 남성적, 여성적 어조로 구분한다.

몇몇 어조를 상세하게 서술해보면, 독백적 어조란 자신의 내면세계를 고백하듯이 혼자 말하는 태도를 말하며, 관조적 어조란 대상을 관찰하면서 자신의 마음을 비춰보는 태도를 말한다. 풍자적(비판적) 어조는 대상이 가지고 있는 문제점을 꼬집어서 비판하는 태도를 말하며, 해학적 어조란 대상을 희화하여 익살스럽게 바라보는 태도이며, 냉소적 어조란 차갑게 비웃으면서 업신여기는 태도라 할 것이다.

어쩌면 이런 어조들을 경우에 따라서 여러 어조를 포용하면서 대표적으로 쓰이는 어조가 **남성적 어조, 여성적 어조**라 할 것이다. 남성적 어조는 의지적이고 의욕적이며, 외향적이며, 힘찬 기백이 있는 어조를 말하는데, 단정적이며 명령형의 종결어미가 많이 사용된다. 여성적 어조는 어조가 내향적이고, 소극적이며, 섬세하고 부드러운 어조이면 이를 여성적 어조라고 한다. 이런 여성적 어조는 간절한 기원(祈願)이나 한(恨), 애상(哀傷) 등의 감정을 전달하는 데에 적합한 어조이다. 주로 높임형의 종결어미가 사용된다.

3) 화자, 어조 용례

몇몇 시의 어조를 살펴보자.

예.1 지금 눈 내리고
　　　매화 향기(梅花香氣) 홀로 아득하니
　　　내 여기 가난한 노래의 씨를 뿌려라.

　　　다시 천고(千古)의 뒤에
　　　백마(白馬) 타고 오는 초인(超人)이 있어
　　　이 광야(廣野)에서 목놓아 부르게 하리라.

　　　　　　　　　　　　　　　　　　　－ 이육사, '광야'에서 －

이 시는 의지적이며 힘찬 기백이 있고, 단정적이며 명령형의 종결어미를 사용하고 있다. 남성적 어조의 시이다. 시인과 화자가 같은 시이다. 화자의 기능 중 첫째 기능으로, 화자의 인생관, 세계관이라 할 애국, 구국이란 인생관을 드러내고 있다. 다음 기능으로 배경을 제시한다. 화자가 제시한 배경은, 시간적 배경은 지금이고 공간적 배경은 눈 내리는 매화 향기 가득한 광야이다. 기능의 두 번째 기능인 일관성의 유지를 하고 있다. 국권을 잃은 처지에서 국권 회복이라는 일관된 의지를 견지하고 있다. 작중 인물과 청자에 대한 정보를 제공하고 있다. 작중 인물은 서정적 자아(화자)는 국권 회복을 염원하는 애국지사이고, 청자 독자는 같은 처지에 있는 함께 떨쳐 일어나야 할 우리 민족 우리 겨레이다. 화자는 시간을 요약한다. 시간은 국권이 상실된 현재이다. 노래를 부를 날은 천고의 뒤 곧 멀지 않은 미래이다. 이 시의 화자는 위에서 정리한 화자의 기능 다섯 중 1, 2, 3, 4, 5 기능을 모두 수행하고 있음을 볼 수 있다.

예,2 나 두 야 간다.
　　　나의 이 젊은 나이를
　　　눈물로야 보낼거냐
　　　나 두 야 가련다.

　　　이늑힌 이 힝구인들 손쉽게야 버릴거냐.
　　　안개같이 물어린 눈에도 비치나니
　　　골짜기마다 발에 익은 묏부리 모양
　　　주름살도 눈에 익은 아 - 사랑하는 사람들.
　　　　　　　　　　　　　　　　　　- 박용철, '떠나가는 배'에서 -

예,2에서 배는 서정적 자아를 상징하는 상징어이다. 국권 상실의 암담한 현실에서 방황과 감상에만 빠지지 않고 현실을 극복하려는 강한 의지가 보인다. 비장한 어조이다. 자신의 속마음을 토로하는 독백적 어조이다. 남성적 어조이다.

예,3 나보기가 역겨워
　　　가실 때에는
　　　말없이 고이 보내 드리오리다.

　　　영변에 약산
　　　진달래꽃,

아름 따다 가실 길에 뿌리오리다.　　　　　　　　　- 김소월, '진달래꽃'에서 -

　이 시의 화자는 이별의 슬픔을 인고의 의지로 극복하고자 하는 여성으로서의 태도를 보인다. 높임의 종결어미를 사용하고 있다. 여성적 어조로 표현되고 있음을 볼 수 있다.

　　예,4　님은 갔습니다. 아아, 사랑하는 나의 님은 갔습니다.
　　　　　------ 중략 -----
　　　　황금의 꽃같이 굳고 빛나든 옛 맹서는 차디찬 티끌이 되야서 한숨의 미풍에 날아갔습니다. 날카로운 첫 키스의 추억은 나의 운명의 지침을 돌려 놓고 뒷걸음쳐서 사러졌습니다.
　　　　나는 향기로운 님의 말소리에 귀먹고, 꽃다운 님의 얼굴에 눈멀었습니다.
　　　　사랑도 사람의 일이라, 만날 때에 미리 떠날 것을 염려하고 경계하지 아니한 것은 아니지만, 이별은 뜻밖의 일이 되고, 놀란 가슴은 새로운 슬픔에 터집니다.
　　　　　------ 중략 -----
　　　　아아, 님은 갔지마는 나는 님을 보내지 아니하얏습니다.
　　　　제 곡조를 못이기는 사랑의 노래는 님의 침묵을 휩싸고 돕니다.
　　　　　　　　　　　　　　　　　　　　　- 한용운, 님의 침묵 -

　이 시도 시적자아 곧 화자는 여인이다. 어조는 내향적이고, 소극적이며, 섬세하고 부드럽다. 여성적 어조이다. 간절한 기원(祈願), 한(限), 애상(哀傷) 등의 감정을 경어체 종결어미로 쓰고 있다.

　　예,5　모란이 피기까지는
　　　　　나는 아직 나의 봄을 기다리고 있을 테요.
　　　　　모란이 뚝뚝 떨어져 버린 날,
　　　　　나는 비로소 봄을 여읜 설움에 잠길 테요
　　　　　------- 중략 ------
　　　　　모란이 지고 말면 그뿐, 내 한 해는 다가고 말아
　　　　　삼백 예순 날 하냥 섭섭해 우옵니다.　　　- 김영랑, 모란이 피기까지는 -

　이 시도 아름다운 시어, 감미로운 서정, 여성적인 섬세함과 부드러움을 가진다. 내향적이고, 소극적이니 여성적 어조이다. 간절한 기원(祈願)이나 한(限), 애상(哀傷) 등의 감정을 경어체 종결어미로 쓰고 있다.

예,6 죽는 날까지 하늘을 우러러
한 점 부끄러움이 없기를
잎새에 이는 바람에도
나는 괴로워했다.
별을 노래하는 마음으로
모든 죽어가는 것을 사랑해야지
그리고 나한태 주어진 길을
걸어가야겠다.

오늘 밤에도 별이 바람에 스치운다.　　　　　　　　- 윤동주, 서시 -

 이 시는 서정적 자아가 자기 성찰적, 고백적, 의지적, 미래지향적인 어조를 보이고 있다. 이 시는 화자가 시인 자신이다. 남성적 어조이다.

 예,3, 4, 5와 같은 시들은 시인과 화자가 다르다. 이런 시들에서 보듯 시에서의 화자(서정적 자아)는 시인의 정서적 표현의 폭을 넓힌다. 어조는 화자의 이런 표현 의도를 살리는 데에 효과적으로 이바지하고 있음을 볼 수 있다.

♣ **실습** : 1. 남성적 어조로 화자가 시인 자신인 두 연을 지어보자.
　　　　 2. 남성적 어조이면서 화자가 시인 자신이 아닌 두 연을 지어보자.
　　　　 3. 여성적 어조로 화자가 시인 자신인 두 연을 지어보자.
　　　　 4. 여성적 어조이면서 화자가 시인 자신이 아닌 두 연을 지어보자.

XIV 장. 심화 과정

지금까지 다양하게 시 창작법에 필요한 지식과 직접적인 표현 방법들을 다양하게 학습하고 실습을 해왔다.

여기서는 조금 더 격조 높은 시를 쓸 수 있는 데에 도움이 될 보다 심화된 몇 가지 지식과 경향, 테크닉을 학습한다. 그래서 조금 더 성숙된 시를 쓸 수 있는 역량을 갖출 수 있도록 학습하자.

1. 낯설게 하기

1) 낯설게 하기 개념[30]

사람과 사람과의 사이에서 '낯이 설다' 라는 말은 안면이 없다. 상대를 잘 모른다. 친숙한 사이가 아니다. 라는 말이다. **낯설게 하다**. 라는 말은 변장을 하거나 가리거나 하여 본래의 모습을 숨김으로써, 친숙한 사람도 자신을 잘 못 알아보도록 하다. 라는 말이다.

그렇다면 시에서 '낯설게 하기'라는 말은 시인이 독자들에게 친숙한 표현, 친절한 표현, 세세한 표현, 일상적인 표현을 하는 것이 아니라, 시인이 전하고자 하는 의미나 정서를 독자가 쉽게 받아들일 수 없도록, 시인이 의도적으로 변장을 하거나 가리거나 하는 일을 일컫는 말이다.

현대시가 어렵다고 하기도 하고 난해하다고도 말한다. 여기에는 이 낯설게 하기가 한몫을 하고 있다고도 하겠다. 그 개념과 필요성과 사례를 들어서 이해해 보자.

현대시학은 시와 산문의 언어가 보통의 용어를 그대로 사용해야 한다는 원칙에는

---

[30] 박용규, 현대시 창작방법(국학자료원) p.41을 주로 참조하였음.

변함이 없고 더구나 시가 특수한 언어(poetic diction)만을 사용할 수 없다는 것 역시 분명하나 그 언어를 사용하는 용법은, 시와 산문은 분명히 다르다는 것이 러시아 형식주의자들의 견해이다.

러시아의 평론가 빅토르 쉬클로프스키 V. Shklovsky의 그 유명한 '낯설게 만들기(makes strange)'(defamiliarization)는 시의 문학성(literariness)을 낯설은 이미지의 구조로 보는 것인데, 이는 기계적인 습관을 파괴하여, 대상을 낯설게 함으로써, 그를 통해 새로운 경험의 세계를 인식하도록 전환한다는 개념이다. 이러한 개념으로 제시된 '낯설게 하기'는 종전의 고전주의나 낭만주의에서 주장된 시어의 효과적인 전달이나 경제적 절약 법칙과는 전혀 다른 것임을 알 수 있다.

포프 A. Pope는 시를, 어려운 것을 적절히 표현하는 것이라 하였고, 워즈워스 W. Wordsworth는 과학자가 발견한 낯선 세계를 인간에게 친숙하도록 만드는 기능이라고 하였으나, 쉬클로프스키 V. Shklovsky는 언어의 친숙화야말로 가장 비시적(非詩的)인 것으로 규정하였다.

에드워드 사피아 Edward Sapir는 "언어는 우리에게 있어서 사유이행(思惟移行)의 방법에 거치는 것이 아니라, 그것은 우리의 정신이 걸치는, 눈에 보이지 않는 옷인데, 그 표현이 이상한 의의(意義)를 가질 적에 그것을 문학이라고 부른다."고 했다. 사피아가 말하는 '이상한 의의'는 힘축성 있는 표현 곧 낯설게 하기와 다름없을 것이다.

"바닷가에 사는 사람들은 점점 파도의 속삭임에 익숙해져서 그들은 그것을 듣지 않는다. 이런 사실로 비추어 볼 때, 우리도 우리들이 말하는 언어를 친숙한 일상의 것으로 사용할 때는 거의 듣지 않는다. 낯익은 사람끼리는 서로 바라보지만(look) 우리는 더 이상 서로를 주의 깊게 쳐다보지는(see) 않는다. 세계에 대한 우리의 인식은 시들어 버려서 남아 있는 것이라고는 단순한 인정(認定 recognition)뿐이다."라고 말하고 있다.

친숙화(親熟化)는 동일한 사물에 대한 우리의 지식이 반복되어 습관화되었을 때 조성되는 것이다. 예술가는 이 일상과 습관이 냉혹하게 끌어당기는 힘에 대항해서 투쟁해야 하는 것이다. 대상을 습관적 문맥에서 뜯어내고, 본질적으로 다른 개념들과 함께 묶음으로써, 시인은 상투적 표현과 거기에 따르는 기계적 반응(stock response)에 치명적인 일격(coup degrade)을 가해서, 독자들로 하여금 대상들과 그것들의 감각적인 결(texture)을 고양(高揚)된 상태에서 인식하도록 해야만 하는 것이다.

그래서 시의 언어는 **낯익음의 용법에서 벗어나, 낯선 용법, 즉 난해성을 창조**하여 **지각**하는 것이어야 한다는 것이다. 이는 미적 원리의 기본을 암시하고 있는 것이다.

엠프슨 Empson, Sir. William은 그의 저서 〈애매성의 일곱 가지 형태〉에서 언어의 난삽성과 다의성을 분류하고, 이는 시에 있어서 단점이 아니고 장점이 된다고 밝혔다. 그는 "예술의 목적은 사물들이 알려진 그대로가 아니라 **지각되는 대로** 그 감각을 부여하는 것이다. 예술의 여러 테크닉은 사물을 낯설게 하고, 형태를 어렵게 하고, 지각을 어렵게 하여 지각하는 데 소요되는 시간을 증대시키는 데에 있다. 지각의 과정이야말로 그 자체로서 하나의 심미적(審美的) 목적이며, 따라서 되도록 이 지각의 과정을 연장시켜야 하는 것이다. 예술이란 한 대상이 예술적임을 의식적으로 경험하기 위한 한 방법이다. 이런 의미에서 대상 자체는 별로 중요하지 않다"고 말하고 있다.

이러한 언어의 용법은 무카로프스키 J. Mukarovsky에 의해 체계화된 전경화(foregrounding)로 설명되기도 한다. 전경화란 탈선(deviation), 즉 규칙과 인습에 대한 위반이라는 개념으로 해석된다. 이러한 탈선에 의해 언어가 지니는 일상적인 의사전달 기능을 초월하고 독자를 각성시켜 상투적인 표현의 관습에서 이탈시킴으로써, 새로운 지각 작용에 이르게 하는 것이다. 즉 일상적인 언어들을 배경화(backgrounding)하고 낯선 시어들을 전면에 제시하는 수법이다. 시에서 이러한 것은 리듬, 어휘 등등 시를 구성하고 있는 모든 요소들에 적용된다.

프랑스의 상징파 중 한 사람인 말라르메(Mallarméé)는 "시는 설명하면 그 재미의 4분의 3은 죽는다. 시는 암시해야 한다."고 했다. 암시는 표현기교(상징 등)에 의한 암시도, 리듬(언어의 음악성)을 통한 몽롱한 분위기의 연출로도 암시가 가능하다. 암시는 설명보다 낯설다.

※ **전경화(前景化 foregrounding)**

러시아 형식주의자들이 주장한 용어로 시에 있어서 일상적인 어법을 후경(後景)으로 하고 시적 어법을 전경(前景)에 노출 시켜 전경과 후경의 충돌을 통해서 시적 감동을 고조시키는 기법이다. 이때 전경에 등장한 시어에서 낯설음을 강하게 느끼게 한다. 일종의 긴장·충돌·아이러니·역설의 시학과 같은 수법이라 할 수 있다.

2) 낯설게 하기의 용례(用例)

의미자질을 통한 낯설게 하기의 용례를 보자.

예,1 꽃처럼 붉은 울음을 밤새 울었다.　　　　　　　　　　- 서정주, '문둥이'에서 -

예,2 고요한 달 그림자가 소리 없이 걸어와서 엷은 窓에 소곤거리는 소리도 듣기 싫습니다.
　　　가물고 더운 여름하늘에 소낙비가 지나간 뒤에 산모롱이의 작은 숲에서 나는 서늘한 맛도 달지 않습니다.　　　　　　　　　　- 한용운, '快樂'에서 -

위 시 예,1에서 언어의 일상적인 용법이 벗어난 시어는 '꽃처럼 붉은 울음'이다. 여기서 '꽃'의 의미자질은 +식물, +시각, +기쁨 등으로 분석된다. 반면 '울음'의 의미자질을 꽃과 대조해 보면 우선 울음의 주체는 동물(-식물)이어야 하고, 빛의 시각이 아닌 청각(-시각)이고 기쁨이 아니라 슬픔(-기쁨)이다. '붉은'은 빛의 시각(-청각)이다. 따라서 각각의 의미자질은 전혀 동질성이 없는 상호모순의 변별성을 갖고 있는 것들이다. '꽃'과 '울음' 사이에는 유사성의 자질이 배제되어 그만큼 일탈성이나 낯설음의 충격이 크게 작용함으로써, 새로운 지각 작용을 유발시키게 된다.

예,2에서도 달 그림자(+시각)과 소리(+청각)는 의미자질에 동질성이 없다. 소리(+청각)와 걸어와서(+동물)도 의미자질에서 어울릴 수 없는 것이며, 窓(+무생물)과 소곤거리는 소리(+인간, 청각)도 어울릴 수 없는 것이다. 서늘한(+촉각)과 맛(+미각)도 호응이 되지 않는 자질이 다른 어휘들의 나열이다. 이 시에서도 일탈성이나 낯설음의 충격이 크게 작용함으로써, 새로운 지각 작용을 유발시키고 있다.

예,3 내가 생각에 잠긴 도시를 헤매다
　　　공동묘지 옆에서 멈출 때
　　　격자창, 원추, 우아한 무덤들
　　　그 밑에는 수도의 모든 시체들이 부패하고
　　　아무렇게나 연이어 모여 있는 복잡한 습지에는
　　　거지의 식탁에 앉은 탐욕스런 손님처럼
　　　죽은 상인과 관료들의 장려한 무덤
　　　싸구려 끌로 판 우스꽝스런 장식들
　　　그 위에는 산문과 시로 된

미덕, 직업, 신분이 적힌 비명;
늙은 오쟁이 진 남편에 대한 과부의 사랑의 탄식,
도둑들에 의해 원추가 나사풀린 납골단지
진흙투성이 무덤들, 그것은 또한 여기서
아침에 그들의 주민들이 오기를 입을 떡 벌리고 기다린다
근심, 절망이
나를 엄습한다.
당신은 침뱉고 달아나고 싶을 것이다…
– 푸시킨, '내가 생각에 잠긴 도시를 방황할 때…'에서 –

예,3에서 나타나는 단어들의 짝을 어법으로 보면 모순된다. 즉 우아한-무덤들, 시체-수도, 장려한 무덤-상인들, 죽은 자-관료들, 싸구려-끌, 불평-사랑 등 의미론적으로는 거의 결합될 수 없는 단어들이 결합되어 짝을 이룬다. 이러한 탈선에 의해 언어가 지니는 일상적인 의사전달 기능을 초월하고 독자를 각성시켜 상투적인 표현의 관습에서 이탈시킴으로써, 새로운 지각 작용에 이르게 하는 것이다. 이런 것들은 모두가 낯설게 하기의 용법 중 **어휘(의미자질)를 활용한 낯설게 하기**의 예라고 할 수 있다.

예,4 이
창가에서
들어요
둘이서만 만난 오붓한 자리
빵에는 쨈을 바르지요
오 아니에요
우리가 둘이서 <u>빵에 바르는</u>
<u>이 쨈은 쨈이 아니라 과수원이에요</u>
<u>우리는 과수원 하나씩을</u>
<u>빵에 얹어 먹어요.</u>

이
불빛 아래서
들어요
둘이서만 만난 고요한 자리

잔에는 포도주를 따르지요
오 아니에요

> 우리가 둘이서 잔에 따르는
> 이 포도주는 포도주가 아니라 꿈의 즙
> 우리는 진한 꿈의 즙을 가득히
> 잔에 따라 마셔요.
>
> 나는
> 당신 앞에 당신은
> 내 앞에
> 둘이서만 만난 둘만의 자리
> 사실은 아무것도 먹지 않아도
> 오 배가 불러요
> 보세요 우리가 정결한 저를 들어
> 생선의 꼬리만 건들여도
>
> 당신과 내 안에 들어와서 출렁이는
> 이렇게 커다란 바다 하나를.   − 전봉건, 과수원과 꿈과 바다 이야기 −

 예,4에서 밑줄 친 부분은 일상적 상식의 범주 내에 있는 사고 곧 인과율로서의 사고가 아니라 비일상적이며 비상식적인 사고이다. 시 창작이라는 미적 목적을 위해 '낯설게 하기'로써 예술적 표현을 한 것이다.

 사랑이라는 둘만의 자리에는 과수원을 빵에 얹어 먹을 수도, 꿈의 즙을 잔에 담아 마실 수도, 바다가 가슴 안에 와서 출렁일 수도 있는 것이다. 이렇게 낯설게 하기를 도모함으로써, 싱싱한 시어들로 신선한 충격을 주고 있다.

♣ **실습** : 1. 시와 낯설게 하기와 예술이라는 문제를 연결해서 낯설게 하기에 대한 자신의 생각을 정리해보자.

2. 시어의 애매성(曖昧性)

 시의 언어는 일반 언어, 과학적 언어와는 차이가 있음을 여러 곳에서 살펴 왔다. 시를 구성하는 언어와 문맥이 글자 그대로의 의미만 지닌다면 시적인 언어로서의 가치가 감해진다. 곧 시적 표현은 글자 그대로의 지시적 의미 외에 다양한 의미 층을 입체적으로 지니고 다양하게 해석될 때 그 의의가 더 커지는 것이다. 이를 '애매성의 획득'이라 할 것이다. 이 애매성의 획득이란 단순히 애매하고 불투명한 상태를 지칭하는 것이 아니라, **의미의 풍요함, 다중성, 복합성을 지니도록 하여 시적 표현이 심화되는 것**을 의미한다.

앞에서 살펴본 '낯설게 하기'의 일환이기도 한 '시어의 애매성'을 살펴보자.

이전까지는 시어의 애매성은 극복되어야 할 과제로 생각되어 왔었는데, 엠프슨 Empson, Sir. William은 이와 반대로 시어의 애매성이야말로 시의 특성이며 시의 중요한 자산이라고 주창했다. 엠프슨은 그의 저서 〈애매성의 일곱 가지 형태〉[31]에서 시어의 애매성을 7가지 유형으로 나누어서 제시하고 있다. 이를 박명용이 인용 정리한 것[32]을 보완하여, 유형별로 살펴본다.

1) 제1 유형

한 낱말이나 문법적 구조가 여러 방향으로 효과를 나타내는 애매성을 살펴보자.

(1) 낱말에 나타나는 애매성

동음이의어에 의한 애매성을 보여준 시를 예로 살펴보자.

> 예,1 눈은 살아 있다.
>   떨어진 눈은 살아 있다.
>   마당 위에 떨어진 눈은 살아 있다.
>
>   기침을 하자.
>   젊은 시인이여, 기침을 하자.
>   눈 위에 대고 기침을 하자.
>   눈더러 보라고 마음 놓고, 마음 놓고
>   기침을 하자.
>   - 김수영, '눈'에서 -

여기서 시인은 '눈'이 가지는 동음이의어로서의 애매성을 의도적으로 활용하고자 하였음을 볼 수 있다. 눈은 다양한 의미를 지니고 있다. 곧 雪, 目, 芽, 자(尺)나 저울

---

[31] Empson, Sir. William, Seven types of Ambiguity(Penguin Books, 1965), pp.234~235 참조
[32] 박명용, 현대시창작법(국학자료원, 1999) pp.27~36 참조

의 눈금, 그물의 매듭 등등을 지칭한다. 이런 외연적 의미 외에 내포적 의미를 보면, 雪은 순백, 순결, 고요, 평화, 추위, 맑음, 깨끗함, 정의, 진실, 진리 등으로 의미를 확장할 수 있겠고, 目은 안목, 식견, 분별력, 판단력, 비전, 반영, 사랑 등등으로 의미를 확장할 수 있겠고, 芽는 탄생, 소생, 부활, 인고, 희망, 가능성, 보람 등등으로 의미를 확장할 수 있겠고, 측량 기구의 눈이나 점은 공정, 형평, 동등, 분할, 측정, 가늠, 비중 등등으로 의미를 확장할 수 있겠고, 줄이나 그물의 매듭은 얽힘, 꼬임, 어려움, 복잡함, 관련 등등으로 의미를 확장할 수 있겠다. 이처럼 다양한 의미를 동시에 내포하고 있다. 어떤 의미로 받아들여서 어떤 정서를 일으키느냐 하는 몫은 독자의 몫일 수 있겠다.

다음은 복합 상징어로서의 애매성을 지닌 시를 예로 살펴보자.

예,2 한 잔의 술을 마시고
우리는 버지니아 울프의 생애와
목마를 타고 떠난 숙녀의 옷자락를 이야기한다.
목마는 주인을 버리고 그저 방울 소리만 울리며
가을 속으로 떠났다.

사랑의 진리마저 애증(愛憎)의 그림자를 버릴 때
목마를 탄 사랑의 사람은 보이지 않는다.

우리는 처량한 목마 소리를 기억해야 한다.

목마는 하늘에 있고   - 박인환, '목마와 숙녀'에서 -

이 시에서 목마(木馬)는 시인이 만든 개성적인 시어로서, 그 이미지의 범주가 자유롭다. 목마(木馬)이니 샌生)것이 아니다. 산 것이 아니니 실존적인 것이 아니다. 그래서 하늘도 날고, 혼자 달아나고, 소리도 내곤 한다. 독자들이 문맥상 다른 시어들과 함께 나름으로 머릿속에서 이미지를 그릴 수 있을 뿐이다. 이 시를 의미로 풀이하고자 하는 이들은 다른 시어들과 함께 문맥상 이미지로 엮어서 '목마'는 현실에 정착하지 못하고 허공을 헤맬 수밖에 없는 인간의 슬픈 운명을 상징한다고들 한다.

'목마'는 복합 상징어로서, 독자들이 쉽게 접근하기를 바라지 않는 시인이, 애매성을 얻는 데에 성공하고 있다.

(2) 문법적 구조로 인한 애매성

하나의 문장이 완전한 문장을 형성하는 데에 필요한 문법적 요소를 모두 갖추지 않았을 때에 애매성이 발생한다. 이를 문법에서는 비문(非文)이라고 하나 시에서는 고도의 압축성 함축성을 얻기 위해서 의도적으로 활용하는 경우도 있다.

 예,1 아! 테스형 세상이 왜 이래 왜 이렇게 힘들어
    아! 테스형 소크라테스형 사랑은 또 왜 이래
    너 자신을 알라며 툭 내뱉고 간 말을
    <u>내가 어찌 알겠소 모르겠소 테스형</u>   - 나훈아, '테스형'에서 -

예,1은 가수 나훈아의 '테스형'이라는 노래의 가사이다. 훌륭한 시이다. 전편에 시적 표현법이 많이 보인다. 밑줄 친 부분만 보면 생략법, 문답법, 돈호법, 설의법, 도치법 등을 쓰고 있다고 볼 수 있기도 하다.

여기서는 문법적 구조로 인한 애매성만 살펴보겠다. '알겠소' 다음에 마침표를 두지 않음으로써, 문법적 구조로 인한 애매성을 보이고 있다. 우선에 '모르겠소' 앞에 '나는' 이란 주어가 생략되었다고 보면 '너 자신을 알라'고 한 당신 말의 뜻을 나는 모르겠소. 라는 의미가 된다. 또한 '알겠소' 다음에 마침표를 두지 않음으로써, 당신이 한 말의 뜻을 내가 알 수 있겠소? 아니면 내가 모르겠소? 테스형 답하시오. 라는 의미가 될 수도 있다. 또 달리 음미해보면, 나는 모르겠소. 테스형 당신도 모르겠소? 라는 의미가 될 수도 있다.

또 달리 음미해 보면, 내가 어찌 알 수가 있다는 말이오? 내가 알 수 없다는 사실을 당신은 모르고 했다는 말이오? 당신을 내가 그 뜻을 모를 것이라는 것을 번연히 알고도 한 말이 아니오? 라는 의미로도 음미가 가능하다. 또한 '어찌'라는 부사는 '알겠소'를 수식하기도 하고 '모르겠소'를 수식하는 것으로도 볼 수 있으니, '내가 어찌 알겠소 만 그래도 내가 형의 그 깊은 뜻을 어찌 모르겠소? 로 질문하는 것으로도 볼 수 있겠다. 이렇게 문법적 구조를 애매하게 함으로 인한 애매성은 그 애매성으로 인해서 많은 시적 효과를 얻을 수 있게 한다.

 예,2 어져 내 일이여 그릴 줄을 모르더냐
    이시라 하더면 가랴마는 <u>제 구태여</u>
    보내고 그리는 정은 나도 몰라 하노라   - 황진이 -

 예,3 어두운 방안에
   바알간 숯불이 피고

   외로이 늙으신 할머니가
   애처로이 잦아드는 어린 목숨을 지키고 계시었다.
                  – 김종길, '성탄제'에서 –

 예,2 이 시조에는 황진이의 시창작의 탁월한 역량을 보여주는 부분이 있다. 바로 '제 구태여'라는 시어의 멋들어진 배열이다. 이를 지금의 문법적 잣대로 그 결함을 지적한다면 쉼표를 찍어서 문장 성분들의 관계를 명확하게 하지 않은 것이다. 여기에 황진이의 천재성이 있는 것이다. '가랴마난,'으로 쉼표를 찍는다면 '제(자신이) 구태여 임을 보내놓고서는 다시 그리워 하는 정을 나도 모르겠다.'로 호응하게 되고, '제 구태여,'로 쉼표를 찍게 되면 '있으시라고 하였더라면 제가(임이) 구태여 가셨으랴만'으로 연결된다. 당시에는 쉼표를 쓰는 법도 없었지만 '제 구태여'를 '이시랴' 앞에나 '보내고'의 머리에 두지 않고 도치시켜 사이에 둠으로써, 한 어절이 앞뒤로 다 걸리게 하는 애매성을 발휘하였다. 이로써 시적 효과를 한층 더 살림으로써, 시적인 감칠맛을 더하고 있다.

 예,3에서도 '외로이'라는 시어는 '늙으신'이라는 동사 앞에 놓여 있어서 '외로이'라는 부사가 '늙으신'이라는 동사를 수식하는 말이기도 하고, 뒤의 '지키고 계시었다.'를 수식하는 수식어로도 보여서 '할머니가 아무도 없이 외롭게'로도 볼 수 있겠다. 그리고 '애처로이' 뒤에 쉼표를 찍지 않음으로써, 할머니가 애처롭게 지키고 계신다는 말인지, '잦아드는'을 수식하는 말로서, 목숨이 잦아드는 모습이 애처롭다는 말인지가 애매 모호하다.

 예,4 나는 그림 그리는 푸줏간 주인을 알기를 원한다.
   시를 짓는 빵집 주인을
   노래로서 그의 영혼을 잘 일깨워 주는 촛대 만드는 자를
   아니면 벙어리
                      – R. 브라우닝 –

 예,4의 1행은 문장부호를 사용하지 않음으로써, 문장 성분들 간의 호응관계가 모호하여, 문장 전체 의미가 애매하다.

① 푸줏간 주인들은 모두 그림을 그리는데, 그들을 알기를 원한다는 의미일 수도 있겠고, ② 푸줏간 주인 중에서 그림을 그릴 줄 아는 특정인을 알기를 원한다는 의미일 수도 있겠다. 그 외에 또 다른 의미들로의 해석이 가능하겠다. 그 의미가 애매하다. 2행의 "시를 짓는 빵집 주인"도 마찬가지로 애매하고, 3행도 '주는' 뒤에 쉼표를 넣지 않음에 따라, 그 앞의 수식어들이 '촛대'를 수식하는지, '자'를 수식하는지 애매한 것은 마찬가지이다.

예,5 第一의아해가무섭다고그리오
　　　第二의아해가무섭다고그리오
　　　第三의아해가무섭다고그리오
　　　第四의아해가무섭다고그리오

　　　第十三의아해가무섭다고그리오   - 이상, '烏瞰圖'에서 -

예,5의 작자 이상은 초현실주의적 시를 실험한 시인이다. 이 시에는 다양한 실험이 이루어지고 있다. 우선 문법적 구조에서 애매성을 얻으려고 노력했다. '무엇을'에 해당하는 문장 성분 곧 목적어가 없다. 띄어쓰기가 안 되어 있다. 마침표 문장부호가 없다. 문법적으로 규칙을 따르지 않음으로써 애매성을 얻고 있다.

※ 현대시에서의 문장부호 문제

우리의 근대시, 현대시에서는 친절하게 문장부호들을 사용해 왔다고 보아야 한다. 그런데 근래에 와서는 시론(詩論)에서 낯설게 하기, 애매성 등을 강조하고 권장(?)하는 풍토가 조성됨에 따라, 시집에 보면 문장부호를 사용하지 않는 경우를 많이 본다. 그러나 . ? ! 등은 사용하지 않으면서도 쉼표나 ' ', " ", … 등은 만부득이 사용하기도 하고, 세로쓰기의 부호인「 」를 가로쓰기에서 잘못 사용하는 경우도 본다.

필자의 견해로는, 문장부호를 정확하게 사용하는 것을 권장한다. 다양한 표현 기교를 활용하여서 시적 표현의 효과를 얻으면 될 일이지, 문장부호를 의도적으로 사용하지 않음에서 오는 혼돈(애매성)을 독자들에게 강요하는 불친절이 정당화되는 것은 옳지 않다고 본다.

2) 제2 유형

하나의 진술 속에 내포된 둘 또는 그 이상의 단어나 구(句), 문장들이 결합하여 시인의 불명료한 내면세계를 나타내는 경우이다.

 예,1 큐피터가 나래를 펴고 정렬을 시키자
   내 사랑하는 그녀의 나라는 변하였다.
   그녀의 땅도 그녀의 하늘도
   그러나 나는 죽는 날까지 그녀를 사랑하리라.[33]

예,1에서 정렬을 시키는 것은 무엇이며, 나라는 무엇이며, 땅, 하늘은 무엇이며, 그녀를 사랑하겠다는 까닭이 무엇인지 애매하다. 그렇게 두고 보면 그녀도 애매하다. 작자는 이 시에서 논리적 그리고 심리적 복합성을 드러내고 있다. 시인의 불명료한 내면세계를 보여주고 있다. 시의 의미와 감상은 독자의 몫이다. 필자는 이 시에서 "첫아일 낳더니만 호랑이로 변했네."라고 노래하는 유행가 가사가 느껴진다. 또 다른 독자들은 생을 다하는 날까지 부인에게 쥐어서 살아야 할 자신의 처지를 마음 아파하는 시로 느낄 수도 있겠다. 그것은, 그 독자의 몫이다. 애매성은 이렇게 복합성을 갖게 한다.

 예,2 마음도 한자리 못 앉아 있는 마음일 때,
   친구의 서러운 사랑 이야기를
   가을 햇볕으로나 동무 삼아 따라가면,
   어느새 등성이에 이르러 눈물나고나.

   제삿날 큰집에 모이는 불빛도 불빛이지만
   해 질 녘 울음이 타는 가을강江을 보겄네.

   저것 봐, 저것 봐,
   네보담도 내보담도
   그 기쁜 첫사랑 산골 물소리가 사라지고
   그다음 사랑 끝에 생긴 울음까지 녹아나고,
   이제는 미칠 일 하나로 바다에 다 와 가는,

---

33) 박명용, 현대시창작법(국학자료원, 1999) p.31 재인용

소리 죽은 가을 강을 처음 보것네.　　　　　- 박재삼,울음이 타는 가을 강-

예,2도 예,1보다는 애매성이 들하다고는 하겠으나, 공 감각적 표현 등 다양한 표현 기교나 상징어로 이미지를 추구함으로써, 단어들이나 구(句), 문장들이 애매하게 결합 되어 있다. 시인의 불명료한 내면 세계를 보인다고 하기에는 무리가 있으나, 애매성으로 인한 난해성을 보인다고는 하겠다.

3) 제3 유형

합리적인 문맥상으로는 두 개로 나타내야 하는 관념을 의미상으로는 하나의 낱말로 나타내는 경우다.

예,1　내용 없는 아름다움처럼

　　　가난한 아이에게 온
　　　서양나라에서 온
　　　아름다운 크리스마스 카드처럼
　　　어린양(羊)들의 등성이에 반짝이는
　　　진눈깨비처럼　　　　　　　　　　　　　　- 김종삼, 북치는 소년 -

예,1에서 '아름다움'이라는 말은 그림이 아름답다는 의미와 궁핍한 아이들에겐 실질적(물질적) 도움을 주지 못하는 이라는 의미를 동시에 내포한다. '서양 나라에서 온'이란 말도 카드가 온 곳을 말하고 있으나 실은 잘 사는, 평화로운 선망의 세계라는 의미가 있는가 하면, '남의 아픔을 속속들이 잘 모르는 사람들이 사는 곳에서 온'이라는 의미도 있다. '반짝이는' 이란 말도 보내온 카드처럼 등성이에 눈을 맞아 반짝이는 양의 카드는, 보는 사람에게는 아름다운 그림이 되고 크리스마스를 즐겁게 하는 그림이 되겠지만, 진눈깨비를 지고 있는 어린양에게는 고통이라는 의미를 표현한 말이 된다. 크리스마스도 두 가지 의미로 전달된다. 성탄을 축하하며 가족들과 함께 행복한 서양의 명절이라는 의미와 먹고 입을 것이 없는 전쟁 중에 있는 나라의 추운 겨울이라는 의미를 동시에 느끼게 된다.

예,2　그 허울 좋은 괴물
　　　능란한 함정
　　　내가 떨어질　　　　　　　　　　　　　　　　　- 밀턴, '투사 삼손'에서 -

　이 시의 시어들도 둘로 나타내야 할 관념을 하나의 낱말로 표현하고 있다. '허울 좋다'는 말도 데릴라가 아름답기는 하지만 속으로는 기만적이라는 의미를 동시에 표현하고 있다. '능란한'이라는 말도 남편을 사로잡는 데에도 능란하고, 남편을 파멸시키는 데에도 능란할 것이라는 의미를 동시에 지니고 있다.

4) 제4 유형

　진술이 내포하는 둘 또는 그 이상의 의미가 그들 스스로 내적 일치가 없으나 상호 결합하여 매우 복잡한 시인의 정신 상태를 드러내는 경우이다.

예,1　들길은 마을에 들자 붉어지고
　　　마을 골목을 들로 내려서자 푸르러졌다.
　　　바람은 넘실 천(千) 이랑 만(萬) 이랑
　　　이랑 이랑 햇빛이 갈라지고
　　　보리도 허리통이 부끄럽게 드러났다.
　　　　　　　　　　　　　　　　　　　　　　- 김영랑, 오월(五月)에서 -

　예,1은 시어들의 의미가 내적 일치를 이루고 있는 시이다. 의미들의 내적 일치가 무엇을 말하는지 이해를 돕기 위해서 든 예이다. 시어들과 시구들과 행과 연이 서로 의미상 호응이 되고 연결이 되고 있음을 본다.

예,2　이국의동물과관대한공업가는
　　　같은동그라미속에있다.　　　- 브르통, 스으프 합작, '자장(자장) 중에서'에서 -

　예,1과는 달리 '이국의 동물'을 A라면 '관대한 공업가'를 B라고 할 때, A와 B 사이에는 내적 일치가 없다. '동그라미속'을 C라고 할 때, A와 B와 C 사이에도 내적 일치가 없다.

예,3 시각(視覺)의 이름을 절약(節約)하라   - 이상, '線에 관한 覺書'에서 -

　의미상으로 보면 시어들의 결합이 비논리적이고, 호응이 되지 않는다. '시각'과 '이름'도 어울릴 수 없는 말이고, '이름을' '절약하라'라는 말도 어울릴 수 없는 말이다. '시각의 이름'과 '절약하라'라는 시어도 의미상 어울릴 수 없는 말이다. 즉 시어들 사이에 내적 일치가 없다.
　그러나 예,2에서나 예,3에서나 모두 이질적인 시어들을 비논리적으로 의미상 호응 없이 한 문장에 배열함으로써 A도 B도 C도 아닌 전혀 생소한 정서를 자아내고 있음을 본다.
　제3의 유형이 상이한 두 분위기를 상호 결합하여, 또 하나의 의미, 정서를 표현하려는 것이라면, 제4 유형은 A, B, C들이 상호 반응하여 전혀 생소한 D라는 분위기, 정서를 생산하는 것이다. 작자의 모순된 의식 상태를 나타내고 있다고 할 것이다.

5) 제5 유형

　시인이 시를 쓰면서 상징이나 비유로 관념(idea)을 만들었으나 그 관념이 원관념을 전적으로 표현하지 못하고 의미를 부분적으로만 가지고 있는 경우이다.

　　예,1 이 無言의 말
　　　　하늘의 빛이요 물의 빛이요 偶然의 빛이요 우연의 말
　　　　죽음을 꿰뚫으려는 가장 무력한 말
　　　　죽음을 위한 죽음에 섬기는 말
　　　　고지식한 것을 제일 싫어하는 말
　　　　이 만능의 말
　　　　겨울의 말이자 봄의 말
　　　　이제 내 말은 내 말이 아니다.   - 김수영, '말'에서 -

　예,1에서는 표현하고자 하는 관념((idea)을 '말'이라는 말로 비유적 표현을 하고 있으나, '이 무언의 말'이 비유적 해석에 따라 다양하게 전이됨으로써 그 의미들이 부분적이어서 도무지 종잡을 수 없을 만큼 비약적이다.
　'無言의 말'은 하늘의 빛 → 물의 빛 → 우연의 빛 → 우연의 말 → 죽음을 꿰뚫으려는 가장 무력한 말 → 죽음을 위한 말 → 죽음을 섬기는 말 → 고지식한 것을 제일 싫어하는 말 → 만능의 말 → 겨울의 말 → 봄의 말 → 이제 내 말 → 내 말이 아닌 말로 비약되면서 상호 무질서한 반응으로 애매성을 드러내고 있다.

6) 제6 유형

동어(동음) 반복에 의한 애매성

   예,1 風景이 風景을 반성하지 않는 것처럼
         곰팡이 곰팡을 반성하지 않는 것처럼
         여름이 여름을 반성하지 않는 것처럼
         速度가 速度를 반성하지 않는 것처럼   - 김수영, '절망'에서 -

   예,2 門 열어라 꽃아
         門 열어라 꽃아
         벼락과 해일(海溢)만이 길일 지라도 門 열어라 꽃아
         門 열어라 꽃아   - 서정주, '꽃밭의 독백(獨白)'에서 -

  예,1 예,2 시들에 보면, 단어나 어구를 두 번, 여러 번 반복하는 언어유희를 보인다. 어떤 의미가 어떤 낱말과 관련이 있는지 모호한 애매성을 얻는 것이다.
  앞의 이상의 시 '오감도'에서도 같은 단어와 같은 어구가 반복되어 있고, 같은 형태의 문장이 반복되고 있다. 역시 동어 반복에 의한 애매성을 보이고 있는 시들이다.

7) 제7 유형

  한 낱말이나 어구가 이중적 의미 또는 애매성을 지녀서, 그 이중적 가치가 문맥에 의하여 두 개의 대립적 의미로 규정되어 시인의 내부에서 구분(division)을 나타내는 경우이다. 논리적이기보다는 심리적이고 개인적인 성향의 것이기에 모순된 무의미성을 노출하지만, 그 논의 배후에 은폐된 주제를 진술한다.

   예,1 천추에 죽지 않는 논개여
         하루도 살 수 없는 논개여

그대를 사랑하는 나의 마음이 얼마나 즐거우며 얼마나 슬프겠는가.
　　　나는 웃음이 겨워서 눈물이 되고 눈물이 겨워서 웃음이 됩니다.
　　　용서하여요. 사랑하는 오오 논개여.
　　　　　　　　　　　　　　　　　- 한용운, '논개의 애인이 되어서 그의 묘에'에서 -

'죽지 않는 논개'와 '하루도 살 수 없는 논개'는 상반된 의미이다. 사랑하는 나의 마음이 '즐거우며', '슬프다'라는 표현은 상반되는 개념이다. '웃음'과 '눈물' 또한 상반된 개념이다. 이렇게 상반된 것이어서, 애매성을 띔으로써 제3의 의미를 창출해 내고 있다.

　　예,2 아아, 님은 갔지마는 나는 님을 보내지 아니 하였습니다.
　　　　　　　　　　　　　　　　　　　　　- 한용운, '님의 침묵'에서 -

'갔습니다' 와 '보내지 아니하였습니다.'는 양립할 수 없는 상반된 상태로 모순이다. 상반성은 모순되지만, 상이한 판단 체제에 의한 애매성이 집중적으로 표현하고자 하는 욕망을 충족시켜 준다.(의미를 창출한다.)

　　예,3 타고 남은 재가 다시 기름이 됩니다.　　　- 한용운, '알 수 없어요'에서 -

'재'와 '기름'은 상반된 것이다. 재가 다시 기름이 되는 것은 논리적 모순이다. 이런 상반된 모순의 애매성이 배후에 은폐된 주제 곧 제3의 함축적 의미를 창출한다.

8) 애매성을 (얻기) 위한 애매성

　지금까지 시어의 애매성을 엠프슨 Empson, Sir, William의 저서 〈애매성의 일곱 가지 형태〉에서 제시한 7 가지 유형을 예를 들어가면서 살펴보았다.
　애매성을 살려서, 시적 상상력을 넓히고 미적, 예술적 성과를 높이고자 하는 유혹을 받는 시인들은 언어의 다양성을 동원해서 애매성을 얻고자 노력한다.
　그러나 앞에서 살펴본 유형들에서 확인할 수 있는 것은, 시어의 애매성이 시인의 자기도취나 감상적인 시를 만들어내는 절제 없는 연상 작용 혹은 의미에 대한 난삽한 독단을 허용하는 그런 것이 아님을 또한 유념해야 할 것이라는 점이다.

애매성에 의한 복합된 의미란, 오히려 의미 간의 상호 연민을 통하여 획득되는 정당한 어법이라는 점을 유의할 일이다. 곧 애매성은 언어의 파괴가 아니라 언어의 폭넓은 기능과 의미를 활용하는 일이며, 그 활용의 확장을 도모하는 노력이라 할 것이다. 이는 시어가 의미 간에 서로 영향력을 미치는 언어 본래의 특성을 살려서, 시에서 더욱 고도화하고 심화시키려는 노력이라 할 것이다.

곧 애매성을 (얻기) 위한 애매성을 의미하지 않음을 유의할 일이다.

♣ 실습 : 1. 시에서 애매성이 왜 필요하다고 생각되는가? 자신의 견해를 정리해보자.
2. 애매성과 아이러니와 역설의 관계를 정리해보자.
3. 각 유형마다 예문을 하나씩 만들어보자.

3. 무의미시(無意味詩)

김춘수가 제기한 무의미시는 시에서 역사와 현실을 완전히 배제하고 사물과 언어에서 선입견을 중지하여 형상학적으로 몰두함으로써, 언어를 물화(物化)한 것이라 할 수 있다.

외연적 의미로나 외연과 가까운 의미로 쓰인 시어들로 이어지는 의미 진술적 서술을 한 시를 시로 보지 않을 정도로, 외연적 언어로 의미를 전달하는 것을 극도로 싫어한 김춘수 시인이 자신의 시에서 언어의 외연과 내포와의 거리를 극대화함으로써, 시어의 기능을 확장하여, 의미 전달 보다는 이미지 전달을 우선시한 시작법이다. 따라서 시가 외연적 의미 전달 기능을 벗어나기 때문에 매우 낯설고 난해한 인상을 주게 되는데 이는 '다다이즘', '초현실주의'의 철저한 심화이며 극복이라 할 것이다.

이는 무의미시라고 하기도 하는 다다이즘시가 문화와 언어적 기능과 관습을 타파 부정함으로써, 의미 그대로 무의미를 지향한 것과는 다르다. 무의식의 내부를 표출하는 초현실주의 시, 파경과 착란을 보여주는 초현실주의시들의 자동기술이나 의식의 흐름의 수법을 통한 무의미와도 거리가 있다. 앞에서 말한 대로 모더니즘시의 심화이며 발전이며 극복이라 해야 할 것이다.

예,1 새는 울어

   뜻을 만들지 않고
   지어서 교태로
   사랑을 가식(假飾)하지 않는다.   - 박남수, '새' 중 〈壹〉의(2) -

 예,2 포수는 한 덩이 납으로
   그 순수를 겨냥하지만,

   매양 쏘는 것은
   피에 젖은 한 마리 상(傷)한 새에 지나지 않는다.
                - 박남수, '새' 중 〈壹〉의(3) -

 김춘수는 예,1 이 시를 비평하면서 "격언(외연에 의한 의미 전달)이 되고 있기는 하나, 하나의 평범한 진술에 그치고 있다. 만약에 이것으로만 끝나있다고 하면, 시로서는 글자 그대로 난센스다."라고 하면서도, 예,2를 두고는 "독자들은 격언으로 보다는 시를 느끼게 된다. 〈포수〉, 〈한 덩이 납〉, 〈순수〉, 〈피에 젖은〉, 〈상한 새〉 등의 어휘가 구문에 놓임으로써, 비유(철학, 사상)성이 훨씬 약해지고, 대신 뒤틀어놓은 논리의 심리적 경위가 뚜렷해진다. 예,1의 직선적인 논리와 대조해 보면, 그 아이로니컬한 발상이 뚜렷하다."고 했다.
 김춘수는 "시 속에 들어온 말은 무상(無償 : 어떤 행위에 대하여 아무런 대가나 보상이 없음)한 것이 되고, 순수해지면서 무엇에 봉사한다는 목적을 상실해야 한다. 말하자면, 말(시어)은 어떤 철학이나 세계관을 대변하는 것을 거부하고, 그 자신 자체로 있어야 할 따름이다."라고 했다.

 예,3 넘어오는 햇살이 열의(熱意)를
   차고,
   산탄(散彈)처럼 뿌려지는 새들은
   아침 놀에
   황색의 가루가 부신 해체(解體),
   머언 기억에
   투기(投企)된 순수의 그림자   - 박남수, '새 貳' -

 김춘수는 예,3 이 시를 "바로 말, 그것의 결합체에 지나지 않는다. 이 작품의 의도는 말 그 자체에 있었던 듯하다. 말의 무상성(無償性)을 지니고 있다. 말들이 관념을 배제하고 순수하게 쓰이고 있다."고 했다. 결국 이 시는 윤리학 쪽(여기서 윤리학이라 함은 역사적 상황에 대처하는 시인의 태도를 두고 말한 것임)과 미(美)학 쪽 중에서 미학 쪽을 택한 시이다.

  다시 말해서 시 속에 들어온 말은 무상(無償)한 것이 되고, 순수해지면서 무엇에 봉사한다는 것을 상실하는 수가 있다. 어떤 철학이니 세계관을 대변하는 것을 거부하고 그 자신 자체로 있을 따름인 경우가 있다. 그렇게 해서 탈의미성(脫意味性)의 상태 그대로가 상상력을 자극해서 역설적으로 더 풍부한 의미를 유발케 한다.

  예,4 바다에 굽힌 사나이들
       하나의 노동을 끝낸
       저 사나이들의 억센 팔에 안긴
       깨지지 않고 부서지지 않는
       온전한 바다.
       물개들과 상어떼가 놓친
       그 바다.
                                       - 김춘수, 부두에서 -

  비유적 이미지는 관념의 수단이라고 생각한 김춘수는 이미지를 서술적으로 쓰려고 노력했다. 이 시는 서술적 이미지에 의한 것이기 때문에 시의 내면에는 어떤 관념을 포함하고 있지 않다. 다만 이미지만을 제시하고 있을 뿐이다. 김춘수의 '무의미의 시'는 언어와 언어가 부딪쳐 유발하는 미묘한 감각적 심상을 위주로 하고 객관적 형태의 묘사를 위주로 하지 않음으로써, 등장하는 사물들 간의 관계가 서로 먼 거리를 가진다.

  이때의 시어들은 사상, 관념, 의미, 내용에 봉사하는 언어가 아니라 오히려 그들을 이용하고 자양분으로 삼을 뿐이다. 이들은 의미의 고리에 의해 연결되어 있는 것이 아니고, 언어적 감각으로 어울려 정경들이 인상적으로 형상화되어 있다. 그래서 일단 시가 되는 순간 그 시어들은 사상 관념과는 무관한 제3의 실체, 즉 사물이 되는 것이다. 그래서 의미 감정들로 전해지기보다는 다만 가슴에 부딪히는 울림, 곧 심상으로 나타나 있을 뿐이다.

  그래서 시의 제목조차도 주제나 소재와 관련되지 못하고, 이 또한 이미지에 지나지 않을 뿐이다.

예,5 17세 소년이 말고삐를 쥐고 간다
       타고 가면 좋을 걸

       16세 소녀가 자전거를 끌고 간다
       타고 가면 좋을 걸

       45세 남자가 자동차를 밀고 간다
       타고 가면 좋을 걸

       7세 소년이 비행기를 날린다
       타고 가면 좋을 걸

       95세 노인이 연을 날린다
       타고 가면 좋을 걸
       타고 가면 좋을 걸 ~~   - 하상규, 당신의 노래Ⅱ -

　이때의 시어들은 하나의 관념과 의미를 배격한다. 시어들은 무상성(無償性)을 가지며, 무엇에 봉사한다는 목적이 상실된, 곧 어떤 철학이나 세계관을 대변하는 것을 거부하고 그 자신 자체로 있을 따름임을 지닌다. 단지 사물에 불과하다. 비유나 상징 등의 함축적 의미를 배격한다. 다만 이미지만 전달할 뿐이다. 시어들의 관계가 엉성하다. 행과 연들의 관계도 서로 기여하지 못한다. 시를 짓기 전에 발상(發想)이 있고 구상을 하여 쓴 것이 아니다. 엘리엇은 "시를 짓기 전에는 시가 없었다."고 했다. 무엇(주제, 想, 정서)을 전하고자 함이 없다. 엘리엇이 말하는 것처럼 시를 짓기 전에는 시가 없었다. 마지막 연에서 독자들은 나름의 의미를 찾으려 할지 모른다. 독자의 몫이다.
　제목 '당신의 노래'도 무상성(無償性)을 지닌다. 주제를 암시하지도 않고, 소제도 아니다. 시에 나오는 시구도 아니다. 그래서 이런 시들에는 '무슨Ⅰ, Ⅱ, Ⅲ' 등의 제목을 많이 선호한다. 제목에 의미나, 기능이 없다는 말이다.

4. 패러디(parody)

　다른 사람의 작품이나 문체, 구절, 제재 등을 모방하여 내용이 전혀 다른 것을 표현함으로써, 외형과 내용에서 오는 부조화, 이로 인해서 얻어지는 해학 풍자를 나타내는 방법이라고 할 수 있다.

그리스어 paradia에서 온 para는 대조 대비의 의미와 함께 일치와 친밀성의 의미도 있다. 그래서 조롱의 효과를 노리는 희극의 패러디뿐만 아니라, 진지한 형태의 패러디도 포함된다고 보아야 한다.

예,1 내가 단추를 눌러 주기 전에는
그는 다만
하나의 라디오에 지나지 않았다.

내가 그의 단추를 눌러 주었을 때
그는 나에게로 와서
전파가 되었다.

내가 그의 단추를 눌러 준 것처럼
누가 와서 나의
굳어버린 핏줄기와 황량한 가슴의 버튼을 눌러 다오
그에게로 가서 나도
그의 전파가 되고 싶다.

우리들은 모두
사랑이 되고 싶다.
끄고 싶을 때 끄고 켜고 싶을 때 켤 수 있는
라디오가 되고 싶다.
- 장정일, 라디오와 같이 사랑을 끄고 켤 수 있다면 -

시인은 김춘수의 시 '꽃'을 패러디한 시임을 밝히고 내어놓은 시이다. 김춘수의 시 '꽃'은, '사물(존재)은 자신의 본질이 바르게 인식되었을 때에만 사물(존재)의 본질을 가지고 존재하게 된다'는 인식론, 존재론적 철학을 바탕으로 한 시이다. 예,1은 시의 형식과 철학적 사유인 인식론 존재론을 그대로 수용하면서, 현대인들의 인스턴트 사랑을 비판하고 있다.

예,2 엄마는
그래도 되는 줄 알았습니다.

하루 종일 밭에서 죽어라 힘들게 일해도
엄마는
그래도 되는 줄 알았습니다.

찬밥 한 덩이로 대충 부뚜막에 앉아 점심을 때워도
엄마는
그래도 되는 줄 알았습니다.

한겨울 냇물에서 맨손으로 빨래를 방망이질해도
엄마는
그래도 되는 줄 알았습니다.

배부르다.
생각 없다.
식구들 다 먹이고 굶어도,
엄마는
그래도 되는 줄 알았습니다.

발 뒤꿈치가 다 헤져 이불이 소리를 내도
엄마는
그래도 되는 줄 알았습니다.

손톱이 깎을 수조차 없이 닳고 문드러져도
엄마는
그래도 되는 줄 알았습니다.

아버지가 화내고 자식들이 속 썩여도 끄떡없는
엄마는
그래도 되는 줄 알았습니다.

외할머니 보고 싶다.
외할머니 보고 싶다.
그것이 그냥 넋두리인 줄로만 여겼는데,
한밤중 자다 깨어 방구석에서 한없이 소리 죽여 울던
엄마를 본 후론…

아!

엄마는
그러면 안 되는 것이었습니다.
　　　　　　　　　　　– 심순덕, 엄마는 그래도 되는 줄 알았습니다. –

예,3　엄마는 우리 엄마는
얇은 옷 짧은 옷을 즐겨 입었습니다.
아버지는 그런 차림이 싫다고 투덜거렸습니다.
예쁜 엄마는 그래도 되는 줄 알았습니다.

우리 엄마는
머리 손질 얼굴 화장하기를 즐겨했습니다.
그런 엄마를 늘 할머니는 못 마땅해 하셨습니다.
엄마는 젊어서 그래도 되는 줄 알았습니다.

동창모임, 계모임이 많은 엄마는
가끔씩 늦게 들어오기도 하였습니다.
그런 날이면 종종 술내가 나기도 하였습니다.
엄마는 어른이라 그래도 되는 줄 알았습니다.

엄마가 친구분들과 수다스레 차를 드시다가도
내가 들으면 하던 말을 움칠 거치기도 하였습니다.
어른들만의 말이 많은 줄 알았습니다.
아버지가 외국으로 출장을 가시면
엄마는 친척집엘 다녀온다며
우리들만 남겨놓는 날이 있었습니다.

어느 날 엄마와 아버지가 크게 다투신 뒤로
우리 엄마는 우리 집에 없습니다.
아! 엄마는 그러면 안 되는 것이었습니다.
　　　　　　　　　　　– 受講生[34], 엄마는 그래도 되는 줄 알았습니다.–

　예,3은 예,2를 패러디하되 시의 전개 방법과 서술 방식(형식)은 그대로 차용하되, 그 내용은 역(逆)으로 패러디하고 있다. 예,2에서는 순진무구하면서도 희생 헌신하신 어머니의 무한한 사랑을 기렸다면, 예,3은 어머니로서의 아내로서의 도리를 저버

---

34) 어느 학기 수강생이 실습과제물로 제출한, 심순덕의 '엄마는 그래도 되는 줄 알았습니다.'를 모작한 시임

린 어머니에 대한 회한을 담고 있다. 오늘날 비뚤어진 어머니상을 꼬집어 비판하는 시이다.

　　예,4　물은 셀프입니다.
　　　　Water is self.
　　　　커피는 셀프입니다.

　　　　"여기 반찬 좀 더 주세요."
　　　　분주한 종업원
　　　　말없이 벽 중앙을 가리킨다.
　　　　"아, 그렇구나!"

　　　　아! 왜
　　　　학교에서는 가르쳐주지 않았을까?

　　　　공부가 셀프인 것을
　　　　사랑이 셀프인 것을
　　　　인생이 셀프인 것을
　　　　건강이 셀프인 것을
　　　　행복이 셀프인 것을
　　　　죽음이 셀프인 것을
　　　　가르쳐주지 않았을까?　　　　　　　　　　　　　　　- 하상규, 한국 영어 -

　예,4는 시중의 음식점 벽에서 흔히 볼 수 있는 안내 문구를 인용한 시이다. 방법은 인용이지만 그 안내 문구를 패러디한 시이다. 이런 패러디도 현대시 창작법의 하나로 활용되고 있다.(앞의 인용법 〈p.197〉에서 예로 든 '오규원의 프란츠 카프카' 참조) 시중에서, 일상생활 주변에서 흔히 볼 수 있는 문구나 작은 일 등을 인용하여 여기에 자신의 시심을 싣는 방법이다.

　패러디는 방법과 내용의 모방에 의미가 있는 것이 아니라, 촌철 살인하는 비판과 풍자에다 해학에 의미와 가치가 있는 것이다. 그런 창의적인 날카로움과 해학이 없다면 단순한 모방에 불과해서 피해야 할 것이고, 창작이라고 할 수 없다.

　패러디도 시 창작의 한 방법론으로 인정해 주는 방법론이다. 패러디할 때에는 패러디한 작품임을 미리 밝힐 일이며, 내가 표현하고자 하는 상(想)을 패러디라는 표현법을 차용함으로써, 그렇지 않은 경우보다 더욱 효과적으로 표현할 수 있다고 여겨질 경우에만 차용해야 하는 창작법이라 할 것이다. 읽는 이가 모작이라고 눈살을 찌푸리기보다는, 시원함과 통쾌함을 느끼거나 웃음을 갖게 할 때에야 성공적인 창작이 되었다고 할 것이다.

패러디를 숨기면 모작(模作), 도작(盜作)이 된다. 패러디가 가지는 그 가치를 살리게 되면 창작이 된다.

♣ **실습** : 1. 패러디한 시 한 수를 지어보자.

5. 형태주의(형식주의)

1910년대에 프랑스에서 일어난 시운동의 하나이다. 문자에는 의미와 음과 형태가 있다. 이 세 가지 중에서 음과 의미는 과거의 시들에서 중점적으로 활용해 왔지만, 형태는 그렇지 못했다. 형태주의는 이들 중에 형태를 중시한다. 그래서 형태주의자들은 인쇄 때에 활자의 호수를 다양하게 하거나 잉크의 색을 여러 가지로 해보거나 활자나 단어 어구의 배열을 별나게 한다든지 해서 시각적인 효과를 얻기 위한 노력을 해왔다.

가령 꽃밭을 시로 쓸 때에 단어나 글자들은 여러 색을 섞어서 표현하거나, 빌딩을 대상으로 표현하면서 口자나 田를 기하학적으로 원근을 두어서 배열하는 등으로, 시각을 통해서 독자의 심리나 정서에 영향을 미치려는 노력이다.

소월의 '산유화' 2연에는 '산에 산에'라고 이어 표기하지 않고 행을 구분하고 있다.

   예,1 산에
        산에

이러한 배행도 작자가 의도했든 하지 않았든 형태주의적 표현이라 하겠다. 연이어 표기하기보다 행을 달리함으로써, 리듬도, 의미도 달라진다. 연이어서 표기를 하면 산이 강조될 뿐이라면, 행을 바꾸어 표기함으로써 이 산에도 저 산에도 라는 의미와 듬성듬성 놓여 있는 산들을 연상하게 한다.

예,2 　비
　　　　비
　　　　　비
　　　　　　비
　　　　　　　비
　　　　　　　　비
　　　　　　　　　비
　　　　　　　　　　비

　예,2는 '비'라는 글자를 이런 모양으로 배열함으로써 비가 바람이 휘날리는 모양을 시각적으로 드러내고 있다.

　예,3　눈보라 비켜나는
　　　　―全―郡―街―道―

　　　　퍼떡 차창(車窓)으로
　　　　스쳐 가는 인정(人情)아!

　　　　외딴집 섬돌에 놓인

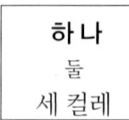

　이 시조에는 모더니즘적 기법인 형태주의를 모색하고 있다. ―全―郡―街―道― 에 줄을 사용한다거나 한자를 늘어놓은 것은 전주와 군산 사이의 도로를 연상하게 하고, 한자 하나하나는 도로를 질주하는 차량을 연상하게 한다. 이를 통해, 눈보라가 날리는 도로 위를 질주하는 자동차의 모습을 사실적이고 속도감 있게 묘사하고 있다. 종장(3연) 사각형 안의 글자는 차창 밖으로 보이는 외딴집의 섬돌 위에 올려진 고무신 3 켤레를 시각적으로 표현한 것으로, 글씨의 크기로 아버지, 아기, 엄마의 신발을 시각화한 것이고, 방안 가족의 단란하고 정겨운 삶의 모습을 형상화한 것이다. 형태주의를 시도하여 시각적인 효과를 극대화한 현대시조이다.

　예,4　어루만지듯

당신
　　　숨결
　　　이마에 다사하면

　　　내 사랑은 아지랑이
　　　춘삼월 아지랑이

　　　장다리
　　　노오란 텃밭에

　　　　　나비
　　　나비
　　　　나비
　　　　　나비　　　　　　　　　　　　　　　　　- 이영도, 아지랑이 -

　예,4에서 4연은 나비가 날아다니는 모습을 시각적으로 환기시키고 있다. 마치 움직이는 그림을 보는 듯하다.
　이렇게 형태주의자들이 잉크의 빛깔이나 활자의 호수나 활자 배열을 별나게 한다거나 해서 시각적 효과를 노린 경향을 형태주의라 한다. 의미에는 큰 영향은 적었으나 표현 기술 면에서 다양한 변화를 주어 보는 실험적인 노력들이었고, 자유시에 큰 영향을 끼치기도 했고, 시에 예술성을 더하는 데에 기여한 낯설게 하기의 일환이라고도 하겠다. 예들에서처럼 우리나라의 시와 현대시조들에도 영향을 주었음을 볼 수 있다.

　　예,5　나 두 야 간다.
　　　　나의 젊은 나이를
　　　　눈물로야 보낼 거냐.
　　　　나 두 야 가련다.　　　　　　　　　　　- 박용철의 떠나가는 배, 1연 -

　예,5의 1행과 4행은 소리의 크기와 유장함을 표현하기 위해서 자간 간격을 띄우는 형태주의적 기법을 쓰고 있다. 이도 앞에서 공부한 시적허용이라고도 한다.
　시를 쓰는 우리들도 창작하는 시들마다 이런 형태주의를 활용한다면 시가 경박해질 수도 있겠다. 간혹 꼭 필요하다고 생각되는 경우에는 한두 번씩 시도해 봄직도 하다.

♣ **실습** : 1. 형태주의를 사용한 시 한 수를 지어보자.

6. 시의 논리적 모순

앞의 장 Ⅲ장. 표현 방법(언술 양식) 장에서, 시도 언어 예술이므로 설명, 논증, 설득, 묘사, 서사, 추론의 방법을 활용하며, 논리성을 가진다고 학습했다. 그런가 하면, 시의 비(非)논리성 곧 논리적 모순 초월성을 추구하는 경우도 학습했다. J. C. 랜섬은 이 논리적 모순에 대하여, 다음과 같이 말한다. "처음에는 모순이 강요된 것처럼 느껴질는지 모른다. 그것은 확정적이어야 할 것 속에 이질적인 요소를 도입하기 때문이다. 그러나, 이윽고 시인은 거기서 발견되는 모순을 바람직한 것으로 생각하고, 자진하여 그 모순을 의미에 새로 부가된 적극적인 가치를 지니는 것으로 진중(珍重)히 생각하게 된다."라고 말한다.

J. C. 랜섬은 시의 조직은 논리적 구조와 모순된다는 견해를 가졌다. 시도 논리적 구조를 가지고 있다는 점에서, 시도 산문처럼 의미를 논리적으로 전하는 기능을 갖지만, 다른 한편으로는 논리적 구조와 어긋나는 모순된 조직을 가지고 있는데, 이 어긋나는 모순이야말로 시의 특징이며, 시가 산문과 구별되는 요소라고도 말하고 있다.

예,1　2021년 12월 12일 12시쯤
　　　절친 교우가 눈을 감았단다.

　　　오후 2시 반쯤
　　　유난히도 다급한 휴대폰 소리
　　　지인 노모께서 그림자를 잃으셨단다.

　　　大婚日에 겹친 혼사는 보았어도
　　　처음이다. 겹 초상은

　　　검은 옷 갖추고
　　　조문들을 갔다.

조문객들 중에서
　　내 나이가
　　제일
　　많다.　　　　　　　　　　　　　　　　　　　　　　　　- 하상규, 七十六 -

　예,1은 논리적이다. 나이 든 사람이 나이를 의식하지 않고 건실히 살아가고 있었지만, 연말을 맞아서 세월의 빠름을 의식하고 한 해가 간다는 무상감에 젖을 12월을 지나고 있었다. 여기에다 난데없이 날아드는 연이은 부음 소리들은 서정적자아에게 충격을 주어서, 나이를 생각하게 하고, 자신에게도 죽음이 멀지 않았음을 인식하게 한다는 내용이고, 누구든지 모두 다 죽음을 맞이하기 마련이라는 내용이다. 말이 간결할 뿐 충분히 논리적이다.

　　예,2　눈보다 먼저
　　　　　겨울에 비가 오고 있었다.
　　　　　바다는 가라앉고
　　　　　바다가 있던 자리에

　　　　　軍艦 한 척 닻을 내리고 있었다.
　　　　　여름에 본 물새는
　　　　　죽어 있었다.
　　　　　물새는 죽은 다음에도 울고 있었다.

　　　　　한결 어른이 된 소리로 울고 있었다.
　　　　　눈보다도 먼저
　　　　　겨울에 비가 오고 있었다.
　　　　　바다는 가라앉고
　　　　　바다가 없는 海岸線을
　　　　　한 사나이가 이리로 오고 있었다.
　　　　　왼쪽 손에 죽은 바다를 들고 있었다.

　　　　　　　　　　　　　　　　　　　　　　　　- 김춘수, 처용단장 일부 -

　반면에 예,2는 현실적인 의식으로, 말하고 있는 의미를 이해하려고 접근하면 오리무중에 빠지게 된다. 시인은 현실적 사물에 관심을 두기보다는 반대로 자신의 내면 의식으로 사물을 재구성하는 방식을 취하고 있기 때문이다. 마치 화가가 눈앞의 사물을 그대로 그리기보다는 대상을 그리기는 하되, 사물이 자신의 내면으로 들어온 의식을 물감을 찍어 바르는 형식을 취하는 것과 같은 이치이다. 바다가 가라앉은 자리에 군함이 닻을 내리고, 물새는 죽은 다음에 울고 있었다거나 바다가 없는 해안선을 한 사나이가 이리로 오고 있었다거나 한쪽 손에 죽은 바다를 들고 있었다고 했다. 논리적 모순이다. 시인은 이처럼 논리적 모순에서 논리를 뛰어넘는, 논리성을 추구하기도 하고, 논리성을 초월하고자 하는 형이상학적 차원의 인식을 하고자 한 것이다. 이 시는 논리적 차원의 인식적 차원의 한계를 초극하고자 하는 시인의 의도를 담은 것이다. 보다 나은 시를 추구하고자 하는 시인의 창작 태도의 표현이라 하겠다. 김춘수는 무의미시를 실험했다. 시어는 무상(無償)성을 지닌 하나하나의 사물일 뿐이다. 모더니즘 시들이 여기에 속한다.

시에는 논리성에 가까운 시도 있고, 논리성을 터부시하는 시도 있다. 이 양극단 사이에 각자의 시가 있다. 시에 따라 시인에 따라 각각 제 자리를 찾아서 잡을 일이다.

♣ **실습** : 1. 시의 논리성, 비논리성, 초논리성에 대한 견해를 정리해보자.

7. 현대시에 영향을 끼친 경향 몇 가지

1) 다다이즘(dadaism) 시

현대시의 난해성이나 낯설게 하기, 시어의 애매성 등을 이해하기 위해서는 그 뿌리가 되는 '다다이즘(dadaism) 시'라든지 '초현실주의(surrealism) 시'를 간략하게나마 이해하지 않으면 안 된다.

시도 문화의 산물이다. 시의 내용과 표현 방법을 살피기 위해서는 이런 시를 낳게 한 20세기의 문화적 특징을 생각해야 한다.

서구의 중세는 기독교 신앙으로 통일되어 있었던 신본주의 사회였다. 그러다가 르네상스를 계기로 신본주의 사상이 지양되고, 근대적인 새로운 생활 원리로 인본주의 사상이 확립되었다. 인본주의란 이성 중심, 이성 만능의 사상으로서 곧 합리주의 사상을 의미하는 것이다. 18세기와 19세기의 생활과 문화는 합리주의가 지배하던 시기였다. 따라서 문학의 표현 양식도 합리주의에 입각한 표현을 당연시했다. 곧 아무리

심오한 경지를 파헤칠 때도, 하나의 주제를 중심으로 한, 표현의 통일성을 가장 중요한 조건으로 삼았다.

그러나 현대에 가까워지면서 "이성은 만물의 척도다."라고 할 정도로 정치경제 사회문화를 지배하던 사상은 자체적으로 또 다른 모순이 노정되어 사람들이 욕구불만을 갖게 되어 회의와 비판의 대상에 오르게 되었다. 이어서 1차 대전의 폭발은 세기말적 사상(19세기말 프랑스를 중심으로 일어난 병적·퇴폐적인 사상)을 맹렬한 기세로 전 유럽에 점화시킴으로써, 합리주의에 대한 회의와 비판의 풍조가 강하게 일어났다. 그러다가 결국에는 합리주의를 부정하는 최후의 단계에까지 이르게 되었다.

이와 같이 20세기 초의 반합리주의적 시대 풍조를 바탕으로 하여 일어난 문학이 시에 있어서 다다이즘(dadaism)이다. 그러므로 다다이즘은 합리주의에 기반을 둔 일체의 문화적 전통을 부정한다. 그리고 이러한 부정의 정신은 시 표현에 있어서 일체의 기성 언어에 대한 부정과 파괴로 나타난다. 그리하여 언어의 수라장을 만들고 만다. 다다이즘의 시에는 통일된 의미도 없고 표현의 질서도 없고 상(想)의 건축도 없다.

문화의 파괴 상태 그대로, 의식의 파탄 상태, 언어의 파탄 상태를 노정 시키고 있을 뿐이다. 이는 일체의 예술 형식에서 벗어날 뿐 아니라, 기성 예술의 도그마(dogma)와 형식을 파괴하였다. '다다(dada)'라는 말 자체가 아무런 의미가 없는 말로서, 이 예술운동의 중심인물이었던 '드리스탄 짜라 T. Zara가 붙인 이름이다. 이 운동을 한 사람은 앙드레 부르통 Andre Breton, 폴 엘뤼아르 Paul Eauard, 루이 아라공 L. Aragon 등이며, 예술 전반에 큰 파문을 일으키고는, 1922년경에 그들 스스로 그룹을 해체함으로써 소멸되었다.

예,1 기선의거리를못박아매어두는광선으로반쯤파랗게된새들의후광이등대의주위를돈다.한편에서는대천사들은설사를하고새들은인공적인비밀한수법으로월경을촉진시킨다.

--중략---

붕, 붕, 붕, 젖은개구리가타기시작하였을때그는그살을벗겨버렸다. 그는샘의배암의피부가운데말(馬)을놓아두었다. 사람은이제부터매어달린나의친구들을내려주겠지이것은매우재미있었다. 물어뜯긴상처의지라푸는대리석의위의해골의무용.

---중략---

고기의신경가운데에는다다의진동이있다. 다, 다, 폭포의무취(無臭)의부정확한기계는반복한다.

－ T.짜라, '붕괴'의 일절들 －

예,2 A b c d e f
　　g h i j k l
　　m n o p q r
　　s t u v w
　　x y z

― 루이. 아라공, 自殺 ―

예,1이나 예,2는 기성의 언어와 어법과 문장과 사상이 파괴되어 있다. 예,2는 '自殺'이란 제목이 있기는 하나 알파벳의 나열에 불과하다. 두 시가 다 무슨 뜻인지 알 수가 없다. 다다는 반드시 다 알아야 된다는 기성의 생각을 부정하고, 다 알지 않아도 되고, 때로는 영원히 알 수 없는 것이 없지 않다. 기성의 것을 파괴하는데 목적이 있고, 때로는 조롱하기까지 한다고 보아야 할 것이다. 그 밖에는 아무것도 없는 것이다.

2) 초현실주의(surrealism) 시

합리주의적 모든 전통을 부정하고 파괴하는 다다이즘으로는 새로운 문화와 생활 원리를 발견하고 건설하는 데에는 한계가 있었다. 그 뒤에 따르는 새로운 건설과 새로운 긍정이 있어야만 했다. 그래서 다다이즘은 계속될 수는 없었다.

이런 한계에 부딪힌 다다이즘에 새로운 돌파구를 열어준 것이 프로이트(Freud)의 '꿈의 해석'(1900년 저술)이었다. 프로이트는 인간의 심리를 '의식'과 '무의식(잠재의식)'으로 두 가지 층으로 구분하였다.

'의식의 세계'란 경험의 단편적인 축적이 이성에 의한 정리 과정을 거쳐서, 어떤 개념이나 관념으로 형성되는 심리를 가리킨다. '무의식의 세계'란, 우리 자신도 모르게 경험이 우리 안에 무질서하게 축적 방치되어 있어서, 이성의 세계보다도 오히려 인간의 영감이나 욕망의 원천이 되는 심층부의 심리이다.

합리주의의 한계에 부딪혀 새로운 인간 정신에 돌파구를 찾던 20세기 다다이즘 시인들은, 그들 자신이 실험하던, 부정과 파괴를 추구하던 다다가 또다시 한계에 부딪히자 스스로 해체해 버렸다. 그리고는 새로이 발견된 비합리의 구역으로 발을 옮겨 놓았다. 이들이 초현실주의(surrealism)의 시인들이었다.

1920년대 프랑스의 앙드레 브르통 Andre Breton의 '초현실주의 선언'으로 시작되었다. 초현실주의의 시는 무의식의 심리를 시의 대상으로 삼았다. 이들은 무의식의 내부에 방치된 잡다한, 서로 간에 의미적 관련이 없는 단편적인 의식들을, 흐트러져 있는 상태 그대로 기술하여, 의식의 단층을 구축하여 갈 뿐이다. 그것은 기성의 미학, 도덕, 문화와는 관계없이 무의식적 내면을 충동적으로 표현하려고 했다. 전혀 새로운 내용에 따른 새로운 표현 방식으로의 변혁이었다. 그들은 전적으로 무의식의 자극에 따라 자유분방하게 기술되는 자동기술법 (Automatisme)에 의존했다.

예,1 이국의동물과관대한공업가는
  같은동그라미속에있다
  키스의가로수거리
  청춘들의질병
  조롱(鳥籠)과서어커스의침대의벽지
  인사하는아트리에
  춤을서둘러서춤을
  미묘한화학
  주사위를던져라
  바다로가는사나이
  한사나이가지나간다녀석을보고싶다
  그는창백하게되어달린다나의동상(凍傷)의손가락보다푸른철로의오점
  철도 공장
  쇠는틘다
  수풀   – 브르통, 스으프 합작, '자장(磁場) 중에서' 일부 –

예,2 내가네생일에보내려고생각하는놀라움을너는가지고있을필요가없다그날은오늘로서즉나의생일인것이다 – 나는지금곧너를놀라게할테다왜냐하면나는나의일을숨바꼭질에관한일을생각하여보내라고너에게요구하여너를놀라게하기전에천년에15회나기다렸기때문이다 – 나는바라고원한다나를생각하여주는것처럼웃고있는영원한나의젊은여인이여.
   – 브르통, 엘뤼아르 합작, 처녀잉태(處女孕胎), 중 '전신 마비의 가병의 시험'의 일절 –

예,1은 무의식의 내부를 표출하는 초현실주의 시의 예이다. 이러한 수법은 이성의 힘이 미치는 영역에서, 이성에 신뢰를 가지고 자신의 정서를 표출하려는 시인들에게서는 볼 수 없는 표현 방식, 곧 무의식의 상태, 꿈의 상태라 할 것으로, 무질서하게 둥둥 떠다니는 단편적인 의식들을 그저 잡히는 대로 집어서 나열한 상태라고 해야 할 것이다. 이런 식으로 쓰이어진 시에서는 재래의 시에서와 같이 상(想)을 분석하고 의

미를, 리듬을 찾아낸다는 것은 무의미한 일이고 또한 할 수도 없는 일이다.

예,2는 파경과 착란을 보여주는 초현실주의 시의 예이다. 다시 말하면 의식이 정상이 아니라 파경에 이른 상태, 정신 착란적 상태라고 할 수 있을 정도로 횡설수설하고 있다고 해도 과언이 아니다. 예,1과 마찬가지로 상(想)에 통일을 가하거나 질서나 조화를 주어가며 표현하는 재래의 방식과는 전혀 다르다. 자동기술법이라는 표현법을 보여주는 예이다.

※ **자동기술법**(automatisme)

초현실주의 시와 회화에서 즐겨 쓴 기법으로 의식이나 의도가 없이 무의식적 세계를 무의식적 상태로 대할 때 거기서 솟구쳐 오르는 이미지들을 그대로 기술하는 법이다. 비유하면 꿈이 의도해서 얻어지는 생각이 아니라 떠다니는 사유(思惟)의 무질서한 연속이듯, 무의식의 상태에서 떠다니는 사유(思惟)를 그대로 기술하는 방식이다.

3) 다다이즘 시, 초현실주의 시의 가치와 감상법

위에서 '다다이즘 시'와 '초현실주의 시'에 대해서 살펴보았다. 이런 표현법을 추종 답습할 것은 아니라고 할지라도, 시를 공부하는 사람이면 현대시를 이해하는 데에 있어서나, 그리고 시의 난해성이란 문제를 이해하는 데에 있어서, 그 원초적 뿌리가 된다고 할 수 있는 이런 이즘(ism)들의 개념을 이해해 두는 것이 필수적인 일이라고 할 것이다.

먼저 가치에 관해서 언급한다면, 이러한 시들이 영구적 가치를 지닌 것이라고는 말할 수 없을 것이고, 하나의 과도기적 경향의 시에 지나지 않는다고 해야 할 것이다. 다다이즘 창출자들이 스스로를 해체한 것에서도 이런 점을 알 수 있는 일이다.

다다보다는 착실한 문학적 기반과 심리학적 도움을 얻어 무의식이라는 세계를 탐구했던 초현실주의 시도, 언제까지나 시의 영역을 복잡하고 막연한 세계에다 고착시킬 수는 없었고, 또한 그래야 할 개연성, 당위성도 없었다.

다만 이들 파격적인 새로운 시도들의 공로는 시에 새로운 의식의 영역을 확대하여 현대시에 활기를 불어넣어 준 공적은 확실히 있었다고 인정하지 않을 수 없다.

다음은 이러한 시들의 감상은 어떻게 할 것인가 하는 문제를 생각할 필요가 있다.

같은 맥락으로 현대시의 난해성이라는 문제와도 연결해서 생각할 일이기도 하다. 시는 원래가 이지(理智)보다는 감성(感性)의 소산이어서, 시를 이해하는 데에는 감성의 발육이 필요한 일인데, 이들처럼 초감성의 세계를 느끼기 위해서는 그 이상의 감성의 발육으로 감상 능력의 발달이 필요하다고 할 것이다.

인간의 내면에는 누구나 무의식의 영감 같은 것을 갖추고 있다. 그러나 보통 사람들은 특수한 시인들처럼 훈련이 되어 있지 않으므로, 그들의 심적(心蹟)을 따라갈 능력이 모자랄 수밖에 없다. 그러므로 이런 시들(난해하다고 보이는 현대시도 포함)을 조금 더 이해하기 위해서는, 우리가 가진 이성보다는 우리가 가진 내면의 감각으로 이런 시를 읽고 느끼는 훈련을 쌓아야 할 것이다.

그러나 시라는 장르가 그러한 것이기도 하지만, 이런 시들은 특히 독자들이 시인의 의도를 완전히 공감해 주기를 바라고 쓴 것이라고는 할 수 없다. 어쩌면 그렇게 공감할 수도 없으려니와 그렇게 공감할 필요도 없다고도 할 것이다. "볼 수 있을 만큼 보고, 들을 수 있을 만큼 듣고, 느낄 수 있을 만큼 느낄 수 있다"고 하는 것이 여기에 해당된다고도 아니할 수 없다.

다만 독자들은 이러한 시가 현대에 와서 왜 등장하게 되었는가 하는, 그 문화적, 철학적 동기와 배경에 눈을 돌려서 현대의 고민을 성찰, 이해하려는 노력을 해야 할 것이다.

4) 모더니즘(modernism) 시

20세기 초반 현대예술의 특질을 일컫는 명칭으로, 전통적 권위나 도덕을 부정하고 자유와 평등, 근대적 기계문명을 수용한 예술사로, 예술에 대한 새로운 태도, 새로운 기법, 새로운 관점을 가지고 여러 가지 실험적, 전위적(轉位的)인 것들을 모색한 경향들을 일컫는 용어이다. 단일 사조가 아니라 이미지즘, 미래주의, 입체파, 다다이즘, 초현실주의 등 다양한 하위개념을 포함한다. 아래 '포스트모더니즘' 항에서 좀 더 자세히 알아보자.

5) 포스트 모더니즘(post modernism)

'포스트 모더니즘'이라는 말은 두 가지 맥락에서 사용되고 있다. 하나는 20세기 후반 다양한 분야에서 등장한 새로운 사조를 지칭하는 말이고, 다른 하나는 합리성에 기반한 근대적 사유를 비판하면서 그에 대한 대립항으로 등장한 사상적 흐름을 지칭하는 말이다.

이 둘은 모두 근대성에 대한 반성이라는 점에서 공통점을 지니고 있지만, 구체적인 맥락에서는 매우 다른 양상으로 드러난다. 이 둘을 구분하기 위하여, 일반적으로 예술적 경향은 주로 '포스트 모더니즘'이라 하고, 사상적 경향에서는 '탈근대적 사유'라고 부른다.

포스트(post)라는 접두어는 '후기'라는 뜻과 '탈(脫)'이라는 의미를 지닌다. '후기'라는 말은 연속성이 강조되고, '탈'이라는 말은 단절이 강조되는데, '포스트'라는 접두어는 이 두 가지 뜻을 동시에 지니고 있다. 단절이라고 하더라도 전혀 상관이 없는 단절이 아니라, 단절하고자 하는 모더니즘을 강하게 의식하고 있다는 점에서 그러하다. 곧 모더니즘의 토대 위에서 그 한계를 비판하면서 성립된 것이다.

'모더니즘 예술'은 단순한 객관성을 넘어선 주관성의 강렬함이다. 회화에서 보면 사진의 등장으로 대상을 정밀하게 재현하는 것은 훨씬 덜 중요한 것이 되었다. 19세기 말의 인상주의나 샤갈의 초현실주의, 피카소의 큐비즘 회화에서, 그리고 다양한 형태의 비구상 회화 같은 '모더니즘'에서는 대상으로부터 받은 느낌을 되살려내는 것이 중요한 문제가 된다. 피카소의 그림을 보면, 입과 눈이 따로 놀고, 몸이 각각 서로 다른 각도에서 포착된 그림이다. 미술사가 곰브리치는 "사진과 같은 형태의 그림이란 두 눈이 하나의 초점을 만드는 것에 의해 형성된 일종의 환상이고, 대상의 세부가 이리저리 흩어져 있는 피카소풍의 그림이야말로 우리 시각의 진실을 담고 있다."고 했다.

이처럼 모더니즘 예술이 강조하는 것은 단순한 객관성을 넘어선 주관성의 강렬함이다.

시에서도 주정적이고, 낭만적인 전통적 미의 기준과 정서와 언어와 시풍을 파괴하고 실험함으로써, 자신의 미적 경험의 강렬함과 독창성, 정신성, 충격적 경험, 예술성 같은 것들을 새로운 기준으로 세운다. 모더니즘 시는 예술성에 대한 과도한 강조로 인해 너무 어려워져 대중으로부터 분리되기 시작했다. 그래서 전문적인 비평가의 도움 없이는 접근하기 어려운 난해한 것이 되어버렸다는 문제점을 낳게 되었다. 독창성에 대한 과도한 추구가 시 예술을 닫힌 공간으로 끌고 가버리고 말았다.

'포스트 모더니즘'은 이런 모더니즘이 지니고 있던 정신성에 대한 대립항으로서, **모더니즘이 추구했던 과도하게 강조한 예술성과 독창성 등의 한계로부터 벗어나고자 했던 것이 '포스트 모더니즘'**이다. 그런데 포스트 모더니즘은 모더니즘이 끝나는 곳에서 출발했다기보다는 모더니즘으로 표현할 수 없는 것을 표현하는 것이라고 할 수 있다.

'포스트 모더니즘'은 확정된 것은 아무것도 없다는 특징적인 시대 인식 아래 전통적인 미학과 장르와는 전혀 다른 문화적 논리를 바탕으로 하고 있는데, 그 특징들로는 단편화, 미학적 대중주의, 탈정전화(decanonization 脫正典化, 획일화된 이성이나 진리로 신성시되던 것들에서의 탈피), 혼성모방, 의미해체, 퍼포먼스와 참여에 대한 강조 등이다.

'포스트 모더니즘'은 독창적인 이미지를 만들어 내기보다는 이미 존재하는 이미지들을 변형하고 그 배치를 바꿈으로써 새로움을 획득하고자 했다. '포스터 모더니즘' 회화에서 큰 힘을 발휘한 기법(혹은 정신) 중의 하나가 패러디와 패스티시(pastiche)이다. 패러디는 원본 텍스트를 풍자적이고 희극적으로 변형함으로써 비판의식을 강조하는 것이고, 혼성모방으로 번역되기도 하는 패스티시는 원본 텍스트를 차용하는 행위 자체를 강조함으로써, 예술이 지니고 있는 유희충동을 활성화시키는 것이다. 비판의식이나 정치성은 패러디가 강하다. 우리 시에서는 패러디 기법이 원용되고 있다.

그런데 '포스티 모더니즘'은 모더니즘이나 리얼리즘처럼 이미 확정된 의미를 지닌 예술 사회적 현상이 아니라, 형성적 개념이고 불확정적 개념이기 때문에 '포스터 모더니즘'은 이런 것이다. 라고 정의내리는 데는 많은 위험이 따른다.

시인으로서는 용어의 개념 정도는 이해해야 할 이즘이므로, 이 정도로 이해하고 필요에 따라서는 개별적으로 더 학습하면 좋을 일이다.

♣ **실습** : 1. 다다이즘, 초현실주의, 포스트모더니즘의 개념을 간략하게 요약해보자.

8. 시와 영감(靈感 inspiration)

1) 영감(靈感)의 개념

영감이라는 말의 사전적 의미를, 신의 계시를 받은 것같이 머리에 번득이는 신묘한 생각이라거나, 신령스러운 예감이나 느낌이라고 말하기도 하며, 영혼에 대한 감각이나 초자연적인 감각을 뜻한다고 말하고 있다. 조금 더 구체적으로는 창조적인 일의 계기가 되는 기발한 착상이나 자극, 예술작품을 창작하거나 낭송하기 직전의 창조적인 열정의 상태라고 말하기도 한다.

영감이란 어린 시절부터 체험해 온 온갖 감각적 체험들이 하나하나 우리의 내부 깊이 잠겼다가 어느 때엔가 기쁨이나 슬픔 등으로 재생된다. 이렇게 재생된 감정, 정서를 영감이라고 하겠다.

2) 영감의 연원(淵源)

영감의 연원은 시인 자신에게 있다. 우리의 감각적 체험 및 정서적·정신적 체험은 그 모든 것들이 다 영감을 위한 씨앗이 된다. 우리는 유년 시절부터 갖가지 체험들을 해왔다. 수많은 축적된 감각들이 시를 창작하는 데에 소중한 재산이 된다.

무수한 감각적 체험들이 정서를 빚고, 그 정서는 술을 빚듯이 우리의 내면 속에 잠긴다. 이것들이 어느 때에 갑자기 한 뭉치의 생각으로 분출될 때, 우리는 이를 영감(靈感)이라고 한다. 영감은 축적된 잠재의식의 세계로부터 온다. 이것이 바로 시를 낳게 하는 발상(發想)의 동기가 된다.

영감은 축적된 자신의 체험과 관계없이 자신의 관심 분야와 관계없이 아무에게나 솟아나는 것이 아니다. 영감은 우리가 관심을 기울이고 있는 방향으로 분출된다. 부동산 투자나 증권 투자에 열중하는 사람에게서 아름답거나 슬픈 사랑의 영감이 시심(詩心)으로 솟아나기는 기대난이다.

3) 시와 영감의 관계에 대한 관점

(1) 영감을 절대시하는 관점

플라톤은 『변명 Apology』에서 "시인의 창작은 지혜에서 비롯되는 것이 아니라 선천적인 재능과 비이성적인 영감의 힘에서 나온다고 했다. 플라톤은 저서 『이온』의 한 구절에서 "시인이란 '날개를 지닌 성스러운 존재'이며 '제정신이 아니거나 지성이 더 이상 작용하지 않을 때에 비로소……시를 지어내는' 사람들"이라고 단언한다. "신령스러운 원천에서 나오는 영감이 없는 상태에서 시인은 "무능력하며 신이 그에게 내려준 계시를 말할 수 없다."는 것이다.

고대 그리스에서 시인은 특별한 영감을 받은 사람이라고 치부되었다. 시인은 자신의 생각을 표현하는 사람이 아니라 신탁(信託)35)에 의해서 영묘한 생각을 품게 되고 그것을 표현한다고 보았다. 곧 시의 작자는 신들린 사람으로 취급을 받았으며, 시와 그 작자를 따로 떼어놓고 보았다고 한다.

이런 신조는 퍼시, 비시, 셸리를 비롯한 많은 시인들에게 큰 영향을 끼쳤는데, 셸리는 플라톤의 책 『이온』을 번역했으며, 자신의 글 『시의 옹호 Defence of Poetry』 (1840)에서도 위와 같은 견해를 주장했다.

릴케는 영감을 중하게 여겼었는데, 글을 쓰면서 손을 놓고 오랜 날을 보내면서 영감을 기다려서 글을 쓰기도 했다고 했고, 자기의 어느 시에 대해서는 끝내 서명(署名)을 거부하기도 했다고 하며, '비가'의 마지막 행을 끝마치고는 그 자리에서 실신한 사람처럼 쓰러졌다고 한다. 아마 영감이 초인적인 힘으로 엄습해 왔던 모양이다.

이렇게 시 창작에는 영감이 절대적이며, 영감이 곧 시라는 입장으로 영감을 시 창작에 절대적인 자리에 두는 관점이 있었다.

물론 작가의 예술적이고 사색적인 역량은 영감에 달려있다고 해도 과언이 아니다. 그러나 시인에게 강력한 영감이 깃들기까지에는 시인의 오랜 노력의 시간이 있었다고 해야 할 것이다. 영감은 결코 우연은 아니다. 손도 까딱 않고 가만히 있었는데도, 하늘에서 저절로 떨어지듯, 영감이 시인을 찾아오는 것은 아니다.

(2) 영감을 중요시하지 않는 관점

폴 발레리 Paul Valery는 영감을 중요시하지 않았는데, "시를 만드는 데 제일 단순한 방법이 하나 있다. 그것은 영감을 받기만 하면 그것으로 만족하는 것이다. 그것은 우리의 소원이기는 하지만 그 결과를 한번 검토해보자. 이것에 만족하는 사람은 시적 생산이라는 것은 전적으로 우연의 결과가 아니면, 일종의 초자연적인 전달에서 생기는, 그 둘 중의 어느 것일 것이다. 그러나 그 어느 쪽도 시인이라는 것을 불쌍하게도 수동적인 역할을 하는 이로 축소시켜버린다. 이리하여 불쌍한 작자는 이미 작자가 아니라 단지 서명자(署名者)에 지나지 않게 된다."라고 말했다.

---

35) 신이 사람을 매개자로 하여 그의 의사를 나타내거나 사람의 물음에 답하는 일. 예, 가톨릭에서 하느님이 예언자를 통해서 복음을 전하는 일

발레리는 시인은 신탁적인 영감을 자동적으로 기술하는 서명자가 아니라고 했다. 시는 시인의, 정신의 노작(勞作)이라고 생각했다. 발레리는 정신을 주로 지성 쪽으로만 생각했다. 그래서 그는 시를 만들어 가는 과정에서 지성의 도움을 소중히 여겼다. 그래서 영감만을 중요시하는 태도를 배척했다. 그러나 그가 '릴케 송(頌)'을 쓴 것으로 보아 훌륭한 시인의 훌륭한 영감까지도 전적으로 배척한 것은 아니라고 해야 할 것이다.

영감을 가볍게 말하면 흥(興)이라고 할 수 있겠는데, 이 흥에 따라 이루어진 시를 즉흥시(卽興詩)라고 한다. 그런데 이 즉흥시는 높은 시적 내공을 가진 시인의 것이 아니라면, 훌륭한 즉흥시를 낳을 수 있는 가능성이 낮다고 하겠다. 그러나 영감을 중요시하여 그 순수한 상태를 존중하려는 경향을 보이는 경우도 있는데, 대게는 좋은 시를 기대하기가 어렵다. 이런 영감 곧 흥은 시인이 아니어도 가질 수가 있겠는데, 그들이 영감을 얻었다고 해서 누구나 다 시를 쓸 수 있는 것은 아니다. 시는 시인만이 만들 수가 있다. 다시 말하면 시인은 영감에만 기대지 말고, 영감에 빛을 낼 수 있는 기술에 더 많은 관심을 가져야 한다는 말이 되겠다.

(3) 영감과 정신적 노력의 조화

그런데 영감만으로도 시가 되느냐, 영감이 없는 정신적 노력만 기울이면 시가 되느냐? 하는 문제를 생각해보면 그 답은 뚜렷해 보인다. 앞에서 언급한 것처럼 영감을 중요시하지 않은 폴 발레리도 영감을 중요시한 '릴케 송(頌)'을 써서 릴케를 기린 것을 보면, 훌륭한 시인의 영감까지도 완전히 부정한 것은 아니었다. 또한, 무라노 시로오는 "영감 그 자체에서는 아무런 시도 생겨나지 않는다. 그것에 따르지 않으면 안 되는 것은 인간의 어떤 정신적 노력인 것은 두말할 나위도 없다."라고 말하고 있다. 이들은 시 창작에 있어서의 영감과 정신적 노력의 상호보완적 관계를 적절히 설명해 주고 있다.

시를 창작함에 있어서, 어떤 경우에도 발상의 동기가 되는 영감은 있는 법이니까 영감 그 자체를 도외시할 수는 없다. 그러나 영감만으로 시가 되어지는 것도 아니고, 영감 그 자체가 시인 것은 더더구나 아니기 때문에, 시가 되자면 반드시 시라고 하는 형식을 만들어 가는 '정신적 노력', 즉 지성 및 기교가 필요한 것은 당연한 것이다.

그러나 훌륭한 영감을 풍부히 가지면 가질수록 좋은 시가 될 가능성이 많은 것은 부정하지 못할 일이라 하겠다. 물론 단순한 영감을 얻었더라도 거기에다 '정신적 노력', 즉 지성 및 기교가 잘 발휘된다면 이 또한 훌륭한 시가 될 수 있음도 불문가지이다.

백철은 '신문학사조사'에서 "종래의 우리 시단이란 예의 백조파(白潮派) 이후 그 모두가 자연 발생적인 경향이었다는 것, 즉 시는 되어지는 것이요, 만드는 것이 아니라고 해온 데 대하여, 모더니즘은 시는 만드는 것이요, 되어지는 것이 아니라고 하여, 그 시작 태도를 뒤집어 놓은 것이다. 자연히 이 파의 시인이 시작(詩作)에 있어, 기교를 중시하게 되어, 시인은 요술쟁이라고 자처하게 되었다."라고 했다.

30년대 주지주의 사조가 들어오기 전의 낭만적인 시들은 자연 발생적인 시들이라고 했으니, 이들은 영감을 중시했던 시들이라고 평하는 것이고, 주지주의를 표방한 모더니스트들의 시는 만들어지는 시로 곧 시인이 정신적 노력 곧 지성 및 기교를 주로 강조했던 시라는 평이다. 일리가 있는 평이라고 하겠다. 변영로는 "詩는 짓는 것이 아니고 발(發)하는 것이어야 하매, 눈물 가태야 하고 한숨가태야 하며 때로는 애소(哀訴)로 때로는 노호(怒號)이어야 한다."고 했다. 이처럼 우리나라 초기의 낭만적인 시들은 즉흥적인 감흥을 리듬감 있게 토로해온 것이 사실이고, 초현실주의 주지주의적 사조를 지향했던 시들은 감성보다는 이미지와 지성을 중시하고 형상화를 지향해서 만드는 시를 지향했던 것이 사실이며, 이들에 영향을 입은 현대시들노 후자에 가까움을 볼 수 있다.

현대로 오면서 우리시는 난해성을 염려할 정도로 감성보다는 지성을 중시하고 서술적 표현보다는 암시적 표현을, 음악성보다는 다양한 표현 기교와 기법을 동원한 이미지와 형상화를 중히 여기면서, 토로하는 시보다는 만드는 시를 지향하고 있음을 볼 수 있다. 곧 초기의 낭만시들은 영감(흥)의 비중이 높았다면, 후자들은 시인의 정신적 노력의 비중이 높아졌다고 하겠다.

결론은 둘은 다 시에 있어서 배제될 수 없는 필수 요건임은 두말할 필요도 없는 것들이다. 그리고 각각의 그 질은 그 작품의 수준에 절대적인 영향을 미친다는 점도 앞에서 지적한 바이다. 다만 그 비중은 시인에 따라서 작품에 따라서 달라질 수밖에 없는 것이라고 하겠다.

영감은 우연의 산물이 아님을 앞에서 살폈다. 시인은 정신적 노력 곧 지성 및 기교를 연마해야 함도 앞에서 논의했다. 훌륭한 영감을 얻을 수 있도록 정서적 경험들의 축적에 노력할 것이며, 정신적 노력 곧 지성 및 기교를 연마하는 데에도 매진해야 할 일이다. 그래서 이 둘이 조화를 이루어 훌륭한 시가 창출되도록 해야 할 것이다.

 예,1 해를 따라 달이 뜨고
   달을 따라 해가 뜨듯

   나를 따라 당신이 나고
   당신을 따라 내가 났지요.

   뜻에 따라
   당신은 스물셋
   나는 스물일곱
   우리는 서로 만나
   하나가 되었지요.

   밀고 당기고
   땀 흘리고 웃으면서 함께한 세월
   어언 48 개 성상
   우리는 두 손 꼬옥 잡고
   하나로 걸어왔지요.

   해만 바라보는 해바라기처럼
   나는 당신만 바라보는 당신바라기
   당신은 나만 바라보는 나바라기
   우리는 서로 당신바라기

   서로서로 알뜰히 익어가면서
   오늘 결혼 48주년
   고맙고 감사한 맘 서로 전하며
   촛불 켜고 하느님 앞에
   무릎을 꿇고 합장을 한다.

   '당신께 감사합니다.'
   '찬미 드립니다.'

   '당신께서 정하신 그날까지'
   '보살펴 주시고'

'지켜주소서'

우리는 서로바라기
당신바라기
- 하상규, 이향선, 바라기 -

　우리는 다른 장에서 시작(詩作)의 동기(動機 motive)라는 개념을 공부했고, 시와 영감(靈感 inspiration)의 관계를 살펴보았고, 여기에 더해지는 시인의 정신적 노력 곧 지성 및 기교를 언급해 왔다. 그러나 이러한 면들은 그 경계가 모호한 측면이 없지 않다. 그래서 이들에 대한 명확한 이해가 아직도 미흡하다고 할 것이다. 그래서 예,1 시를 통해서 이 시가 어떠한 동기에서 쓰이어지게 되었으며, 어떤 영감을 받아서 이 시의 바탕으로 삼았으며, 시인의 어떠한 정신적인 노력이 발휘되어서 이런 시로 완성되게 되었는지를 살펴보기로 한다. 그렇게 함으로써 동기와 영감과 정신적인 노력이라는 면들을 조금 더 이해할 수 있을 것이다.

　이 작품은 필자의 졸작이므로, 이런 면들을 세세히 설명할 수가 있다. 먼저 동기(動機 motive)를 살펴보면, 동기란 '행동을 일으키는 내적인 직접적인 요인'라 하였으니, 이 시를 짓게 된 내적인 직접적인 요인은 필자의 48주년 결혼기념일이었다. 자녀들의 축하 전화를 받고 선물도 받고 했으나, 식탁에 마주 앉은 아내의 탄력을 잃어가는 얼굴 모습과 깊게 패어 가는 주름살을 보면서, 머리카락이 다 빠지고 눈까풀이 처지고 검버섯이 듬성듬성한 나의 손등을 겹쳐 떠올리면서, 부인할 수 없는 노년의 부부를 발견하게 되었다. 서로에게 축하와 감사를 전하면서도 무거운 회한과 감개가 큰 파도로 밀려왔다.

　그래서 서로에게 의미 없는 선물을 주고받는 것보다 오늘의 의미를 되새기고 서로를 축복하고 다짐하고 싶었다. 시로서 전하고 남기고 싶었다. 이것이 이 시 창작의 동기이다.

　여기에 생각이 이르게 되자, 이런 영감(靈感 inspiration)이 주어졌다. 우리 둘은 작물을 다 베어 들여서 수확이 끝난 허허로운 넓은 들판의 한가운데에 외롭게 우뚝 선 해바라기의 모습이었다. 서로가 서로를 바라보면서 적적하게 서 있는 두 그루의 해바라기의 모습 그것이었다. 자녀들이 넷이나 있고 손자 손녀들이 일곱이나 있기도 하나, 48주년 결혼 기념을 자축하는 식탁 주위에는 축하의 꽃다발도 없었고, 팡파르도 없었으며, 축하의 박수도 없었다. 서로를 바라보며 서로를 의지하며 도와가며 살아가는 노부부의 모습만이 있었다. 서로 서로는 이 해바라기였다. 이것이 영감이리라.

이제 이 영감(감흥)이 사라지기 전에 글로 정착을 시켜야 했다. 오늘이 가기 전에 지금, 노트북을 열고 생각을 했다. 나고 자랐으며 인연이 있었으니 만났을 것이고, 함께 살아오면서 고락을 같이했고 보람도 있었다. 감사할 일이고 찬미할 일이다. 소망이 무엇일까? 하느님께서 허락하신 그날까지 별 탈 없이 복되게 함께 살아가는 것이다. 그러니 기도할 수밖에! 이것을 간결한 말로 리듬을 살려서 서술했다. 이것이 '시인의 정신적 노력 곧 지성 및 기교'이리라.

♣ **실습** : 1. 영감은 누구에게 주어지는가? 당신의 시에서 영감이 차지하는 비중은 얼마나 되는가?

9. 시와 상상력(想像力)

1) 상상력의 개념

상상(imagination)이란 과거에 보고 듣고 겪고 생각했던 어떤 사물이나 현상이나 정신적 산물을 바탕으로 하여, 어떤 사물이나 현상 관념을 다시 생각해 내거나 만들어 내는 정신 활동을 말한다. 상상력이란 이런 상상을 할 수 있도록 하는 정신적인 내면의 힘을 말한다. 일반적으로 상상력은 눈앞에 없는 사물의 image를 만들어 내는 정신적인 에너지(정신 능력)라고도 한다.

콜리지 Coleridge, Samuel Taylor는 "예술적 상상력은 하나의 새로운 세계를 – 일상적 인식의 세계와 같은 것이기는 하나, – 재구성하기보다 고도한 보편적 차원으로 승화된 세계를 창조해 내는 것."이라고 말하고 있다. 해즐릿 Hazlitt은 "시는 오직 상상의 언어"라고 했고, 셸리 Shelley는 "시는 상상의 표현"이라고 말한 것처럼, 상상력은 시 생산의 모태(母胎)라고 할 것이다.

시인들은 사물을 볼 때 일차적으로 외형적 관찰을 할 것이고, 나아가 그 내면을 볼 것이고, 더 나아가면 그 사물에 비약적 변용을 이루어서 인간 만사나 우주의 삼라만상을 포괄한 정신적이고 형이상학적인 비물질계까지 보게 된다. 이렇게 보는 시각에 따라 사고의 폭을 점차적으로 넓게 깊게 확장할 수 있다. 시를 쓰고자 하는 사람은 이러한 상상력을 키워야 할 것이다.

셰익스피어는 "한 여름밤의 꿈"에서 시인의 상상력을 잘 제시하고 있다.

　예,1　시인은 이글이글 타는 눈알을 굴리며
　　　　하늘 위 땅 밑을 굽어보고 쳐다보아
　　　　상상력이, 알지 못하는 사물들의 모양을 드러내면,
　　　　시인의 붓은 그에 따라
　　　　공허한 것에 육체를 주고
　　　　장소와 이름을 붙여 준다.

시인은 사물을 관조하고 그것을 상상력으로 변용시켜서 형상화하는 사람이라는 것이다.

어찌했든 시인은 사물이나 형상을 보고 상상력을 동원해서 이를 재구성하여 새로운 모습으로, 새로운 의미로 형상화하는 사람이라고 할 것이다.

김춘수는 상상이란, 관념을 구체화하는 데 있어서 적절한 심상을 찾고, 또 심상과 심상을 적절히 결합해 주는 힘(짝을 찾아 주는 것)이라고 했다. 또한, 상상은 시를 보다 구체화하면서 시에 통일을 주는 힘이라고 했다.

　예,2　순이야, 영이야, 또 돌아간 님아,

　　　　굳이 잠긴 잿빛의 문을 열고 나와서
　　　　하늘가에 머무는 꽃봉오릴 보아라.

　　　　한없는 누에실의 올과 날로 짜 늘인
　　　　채일을 두른 듯, 아늑한 하늘가에
　　　　뺨 부비며 열려 있는 꽃봉우릴 보아라

　　　　순이야, 영이야, 또 돌아간 님아
　　　　저,
　　　　가슴 깊이 따뜻한 삼월의 하늘가에
　　　　인제 바로 숨쉬는 꽃봉우릴 보아라.　　　　　－ 서정주, 밀어(密語) －

이 시의 제목 '밀어(密語)'는 비밀스런 말이라는 의미로, 남녀 사이의 달콤하고 정다운 사랑의 속삭임이라는 의미이다. 요즈음의 젊은 세대들은 이 시를 짓던 시대의 여성들이 얼마나 전통적 도덕과 윤리라는 굴레에 짓눌려서 선행 덕행이라는 미명으로 생각과 행동에 제약을 받고 살았는지를 잘 모른다. 시인은 1947년 당시, 도덕적 관념에 얽매여 인간의 본성인 사랑의 감정조차 제대로 표현하고 살지 못하던 젊은 여성들에게 자신이 타고난 인간의 본성에 따라서 아름다움과 기쁨을 마음껏 누리면서 살아가라고 말하고 있는 것이다. 도덕적 관념의 허울을 벗어버리고, 저 꽃처럼 순수하고 아름다운 본성에 따라서 사랑의 감정을 마음껏 누리는 꽃봉오리를 닮으라는 시이다.

　"순이야, 영이야, 또 돌아간 님아" '순이 영이'는 정절이라는 도덕적 관념의 굴레에 갇혀 사는 인간의 본성인 사랑의 감정조차 제대로 표현하고 살지 못하던 젊은 여성들을 의미하고, '돌아간 님'은 그 굴레로 인해서 희생된 여성을 의미한다. 관념의 구체화이다.

　"굳이 잠긴 잿빛의 문"은 정절을 미덕이라는 덕목으로 얽매어 오는 도덕적 관념, 굴레를 의미한다.

　"누에실의 올과 날로 짜 늘인 채일을 두른 듯, 아늑한 하늘가"는 뻣뻣한 삼베 차일이 아니다. 명주 비단같이 아름다운 세상 자유로운 세상을 의미한다. "하늘가"라는 공간은 꽃봉오리가 자신의 타고난 본성을 마음껏 드러내는 공간이다. 원초적 본능을 마음껏 드러내고 누리는 순수한 삶의 공간이다.

　"하늘가에 머무는 꽃봉오리", "뺨 부비며 열려 있는 꽃봉우리", "바로 숨쉬는 꽃봉우리" '뺨 부비며 열려 있는'은 아무런 구김도 제약 없이 표현되는 사랑의 모습, 삶의 모습을 상징한다. '꽃봉우리'는 꽃이 그 타고난 본성의 아름다움을 가장 잘 드러내고 있는 모습이다. 흔히 여성을 꽃에 비유한다. 그리고 여성이 한창 이성에 눈을 뜨는, 이른바 이팔청춘의 시기를 꽃봉오리에 비유하기도 한다. 화자는 도덕적 억압에 갇혀 사는 한국의 여성들에게 가장 순수한 인간의, 사랑의 감정을 숨김없이 드러내고 있는 꽃봉오리를 닮으라고 말하고 있는 것이다.

　상상은 사물의 image를 만들어 내는 정신적인 에너지(정신 능력)라고 했다. 미당은 여성들이, 정절이 미덕이라는 도덕적 굴레에 짓눌려서 살면서, 본성에 따라 자유롭게 사랑을 누리지 못하고 살아가는 여성들에게 그 굴레를 벗어버리고 본성에 따라 사랑을 행하고 누리라는 관념을, 상상을 통해서 여러 image를 창출해 내어서 구체화하고 있다. 동원된 image들은 관념을 구체화한 상상의 산물들이다.

2) 상상력의 유형

사람에 따라 상상력의 유형을 몇몇 갈래로 달리 나누어 설명하기도 하고, 명칭을 관점에 따라 달리 붙이기도 한다. 여기서는 재생적 상상력, 연합적 상상력, 창조적 상상력으로 나누어서 살펴본다.

(1) 재생적 상상력

어떤 사물로부터 오감적(五感的) 자극을 받아 우리에게 감흥이 일어나고, 그 자극이 물러간 뒤에도 원래의 자극과 같은 감각적 경험이 남아 있게 된다.

예쁜 꽃을 보고 난 뒤에는 그 꽃을 보고 있지 않아도 그 꽃에 대한 잔상(殘像, after image)이 남는다.

다음으로 기억(記憶, memory)이라는 것이 있다. 사물을 대하고 얻은 감각적 경험이 시간이 지나고 오랜 세월이 지나도 다소간 불확실한 경우도 있겠지만 재생된다. 이를 기억이라고 한다.

재생적 상상력(再生的 想像力)이란 잔상이나 기억처럼 지난날에 겪었던 이미지가 변함없이 그대로 나타나는 경우이다. 곧 과거에 경험했던 일을 회상해 내는 것을 말한다. 이는 과거의 경험을 그대로 재현하는 것으로 단순 상상력이라고도 한다.

재생적 상상력은 과거를 재현한다는 점에서 상상력의 기능에 의한다고는 하겠으나, 새로운 창조적 요소가 배제된 것이므로, 시에서 많이 활용되지 않는 상상이다. 현대시는 단순히 과거를 회상하는 단순한 정서의 유희나 직정(直情)의 표현을 꺼리기 때문이다.

 그리운 내 고향은
 긴 둑이 늘어져 있는 곳
 그 안으로 맑은 시냇물이
 황금물결 들판을 안고 도는 곳

예는 비록 정서적 체험이 드러난다고 할 수 있겠으나 경험을 재생한 것에 불과하다. 재생적 상상은 창작의 기초인 이미지를 끌어내는 역할을 담당하지만, 과거를 단순히 재현하는 것이 시는 아니다. 재생된 이미지가 시가 되기 위해서는 과거의 경험에 새로운 이미지를 결합하여 재구성하거나 또는, 다른 세계를 만들어야 한다.

(2) 연합적 상상력

연합적 상상력이란, 여러 가지 복수의 원물들이 어울려 그대로 재생되는 경우를 연합적 상상력(聯合的 想像力)이라고 한다. 연합적 상상이란, 말 그대로 두 가지 이상의 이미지가 합치하는 상상이다. 일종의 유사성을 근거로 하여 떠올리는 연계적 상상이다.

원물이 꽃인 경우 또 다른 원물인 나비, 벌, 연인, 봄 등을 연합하여 재구성하는 것을 말한다. 단순한 과거의 경험적 재현 또는 그 결합체의 재생인 재생적 상상과는 달리 조금 더 복잡하고 폭넓은 것이다. 따라서 여러 사물들의 연합이 있으므로, 새로운 변형의 창조와 풍요가 있다. 그래서 연합적 상상은 재생 상상에서 나온 경험 대상물에 또 다른 경험이나 직관된 연상을 결합시킴으로써, 비유가 성립되며 새로운 예술성을 띠게 된다.

> 푸르던 나뭇잎
> 붉은 옷 갈아입고 진다.
> 제 좋아 질량이면 저만 질 일이지
> 왜! 가기 싫다는 세월은 또
> 데리고 가는지

나뭇잎이라는 원물에 '옷', '세월'이라는 원물이 연합적으로 어울려서 상상력이 발휘되고 있다. 말은 하지 않았지만, 세월의 흐름을 안타까워하는 시적 화자의 심사가 우러나고 있다.

> 1
> 향료를 뿌린 듯 곱다란 노을 위에
> 전신주 하나 기울어지고
> 머언 전신주 위엔 밤이 켜진다.

2
　구름은
　보랏빛 색지 위에
　마구 칠한 한 다발 장미
　　　　　　　　　　　　　　　　　　　　　　- 김광균, '데상'에서 -

　1연에서 붉고 고운 노을을 노을로만 보지 않고 이질적인 향료를 연합하여 상상함으로써, 그리고 색채감각을 후각적 감각으로 표현함으로써, 교묘히 비유를 성립시키고 있다. 2연에서는 '구름'을 선행 체험에서 얻은 '한 다발 장미'를 빌어다가 결합시켰다.

　　지하철역 이름이 꽃 이름이면 좋겠어.
　　목련역, 개나리역, 진달래역, 라일락역, 들국화역 …
　　꽃 이름을 붙이면 지하철역이 꽃밭 같을 거야.
　　"친구야 오늘 민들레역에서 만날래?"
　　이 한 마디로 친구와 난 꽃밭에서 만나는 기분일 거야.
　　지하철을 타는 사람들은 늘 꽃 이름을 부르겠지
　　원추리, 백일홍, 바람꽃, 금낭화, 물망초 …
　　자주 부르다보면 사람들도 꽃이 된 기분일 거야.
　　'이번 정차할 역은 수선화역입니다.
　　다음 역은 채송화역입니다.'
　　지하철 방송이 흘러나오면
　　사람들이 송이송이 지하철을 타고 내리겠지
　　사람들한테 꽃향기가 나겠지.　　　　　　　- 박승우, 꽃피는 지하철 역 -

　이 시도 연합적 상상이 바탕이 되어 있다. 지하철 역명과 꽃 이름들이 주는 이미지를 연합해서 상상함으로써, 그리고 지하철역에서 얻은 체험과 꽃들에서 얻은 체험을 통합시킴으로써, 또 다른 정서를 창조하고 있다.
　이렇게 연합적 상상은 재생 상상에서 나온 체험 대상물을 또 다른 체험과 통합시켜서 구체화하는 하나의 수단이라고 말 할 수 있다. 그래서 연합적 상상은 기존의 것을 새로운 것으로 바꾸어 낸다는 점에서 창조의 원동력이 된다. 연합적 상상은 재생적 상상보다 향상된 정서와 예술성을 창조한다.

　(3) 창조적 상상력
　창조적 상상은 체험으로 해석한 이미지와 다른 선행 경험의 이미지를 연계시키고 결합시키는 기능을 하는 상상이다. 여기서 이미지를 결합시킨다는 것은 해체한 이미지와 또 다른 이미지를 결합하는 창조적 원리를 뜻한다. 곧 일상적 상상을 초월하여 이질적 체험들을 합일시켜 시 속에서 관찰 대상을 변형시키는 창조성을 발휘하는 상상이다.

　　나는 커피스푼으로 내 일생을 떠 마셨다. (I have measured out my life with coffee spoons.)

　엘리엇의 시에 나오는 이 구절은 일상적 경험으로 재생하면 '나는 커피스푼으로 차를 떠 마셨다.'가 된다. 그런데 커피와는 전혀 관련성이 없는 나의 일생이라는 먼 거리에 있는 이질성을 가져와서 결합시키고 있다. 이렇게 먼 거리에 있는 이미지들을 결합시킴으로써, 결국 '나의 삶은 질적으로 의미 없는, 가치 없는 것이었다.'고 하는 회한(悔恨)을 표현하고 있다. 그럼으로써 시를 시답게 만들고 있다.

　　강태공은 세월을 낚았다.

　우리가 흔히들 활용하는 말이다. 엘리엇의 시구와 같은 창조적 상상으로 표현된 말이다. 이 말도 일상적 경험으로 재생하면 '강태공은 강가에서 낚시로 물고기를 잡았다.'가 된다. 여기에 '세월'이라는 거리가 먼 이질적인 이미지를 결합시킴으로써, 새로운 의미를 창출하고 있다. 곧 '강태공은 낚시나 하면서 세월을 무료하게 허송해 버린 것이 아니라, 자신이 크게 등용되어서 큰 뜻을 펼 수 있는 기회가 올 것임을 알고, 그 때를 슬기롭게 기다리고 있었다.'라는 의미가 된다. 창조적 상상을 한 표현이다. 시적 표현이라 하겠다.

　　남향 영창을 열고
　　볕을 쪼이고 있다.

　　오직 하나인 나의 視野에
　　온 종일
　　푸른 熱로 내뿜는 생명의 噴水
　　앞뜰에 서 있는 두어 그루 나무뿐

그러나
神秘로운 그 가장귀의 線들은
보다 큰 다른 시야 속에서
남풍에 바르르 떨기도 한다.

아, 나의 소원은 무엇이었던가?
이제 나는 그것을 알아지는 것 같다.
그것은 저 五月의 나무처럼
어떤 全體의 視野 속에서 成長한다는 그것이다.

나는 어느새
잠이 들고 있다.

— 김윤성, 新綠 —

   문덕수는 이 시를 예로 들어서 재생적 상상, 연합적 상상, 창조적 상상을 설명하고 있다. 1연은 시인의 앞뜰에 서 있는 두어 그루 나무를 보고 있는 것에 대한 재생이다. 이 작품의 선행 경험이다. 재생적 상상이다.
   여기에 또 다른 선행 경험인 噴水가 결부되어 '푸른 熱', '생명의 噴水'로 의미가 확장되고 있다. 나무의 선들에 南風을 결부시켜 의미를 확장하고 있다. 거기에 생명의 신비성이라는 의미가 부여된 '視野'라는 공간인식의 확대가 있다. 연합적 상상이다.
   여기에 다시 "나의 소원은 무엇이었던가? 라는 자성(自省)이 결부되어 '어떤 全體'라고 하는 형이상적 체험의 의미가 부가되어서 만물은 각각 별개가 아니라 깊은 연관 속에서 공존 공생하는 관계에 있음을 깨닫는다는 창조적 상상을 보여주고 있다.
   한 작품에 재생적 상상, 연합적 상상, 창조적 상상이 모두 동원된 시라고 하겠다.
   이런 창조적 상상의 극단적인 예가 초현실주의, 다다이즘적 시들이다. 이들에서 보이는 "자동기술법"과 같이 상상력이 의식의 구속에서 벗어나 자유 연상으로 재구성하는 원리와 같다고 할 수 있겠다.

내 妻는 갖고 있다. 산불의 머리칼을
자연의 번개의 사고를
모래시계의 동체를
내 妻는 갖고 있다. 호랑이 이빨 사이의 수달의 동체를
내 妻는 갖고 있다. 장미꽃 무늬 리본매듭과 최후의 웅대한 별의 화환의 입술을
흰 땅 위의 흰 생쥐의 흔적 같은 이를

문지른 호박과 유리의 혀를
내 妻는 갖고 있다. 칼에 찔린 주인 같은 이를   – 앙드레 브르통, '자유로운 結合' 일부 –

앙드레 브르통 Andre Breton의 '자유로운 結合'에는 여러 이미지들이 의식의 제약에서 벗어나 아무런 상관성 없이 이미지들이 결합되어 있다. 이러한 의미의 착란적 남발도 착란 그 자체만을 제시하는 것이 아니라 새로운 이미지(Image), 의미의 탄생을 제시하는 것으로, 창조적 상상(創造的 想像)의 산물이다. 이런 상상을 생산적 상상력(生産的 想像力)이라고도 한다. 생산적이라는 단어가 창조적이라는 단어보다 개념적으로 더 가까이 다가오는 듯한 감도 있기는 하다.

자 갑시다. 당신과 내가,
수술대 위에 에테르로 마취당한 환자처럼
저녁노을이 하늘을 배경삼아 사지를 뻗고 누워 있을 때;
가봅시다. 반쯤 폐허가 된 거리로   – T. S. 엘리엇, 'J. 알프레드 푸루프록의 연가'에서 –

심상들이 참신하고 상징적이다. '저녁노을'을 '수술대 위에 에테르로 마취당한 환자'와 결합시키고 있다. 보통의 경우 연상하기 쉬운 이미지들끼리 결합시켜 효과를 꾀하는 데 비해, 이 경우는 연상의 거리가 매우 먼 것들이어서 기상천외한 감이 없지 않다. 그러나 이 두 image(저녁노을과 환자)가 결합되어서, 현대사회가 현대문명에 병들어서 가사(假死)상태에 있음을 알리는 참신한 비유가 되고 있다. 상상의 힘이 강하고 창조적이다.
가스통 바슐라르 Gaston Bachelard는 "창조적 상상은 예술 창조의 내면적 힘"이라고 했다.

이렇게 셋으로 구분해서 설명한 상상력을, 독자들의 이해를 돕기 위해 기호로 제시해본다면 이렇게 그릴 수도 있지 않을까 한다.

재생적 상상 : $A \rightarrow A'$, a, a'

연합적 상상 : $A \rightarrow A'$, a, a', ab, $\cdots$
$\qquad\qquad\quad B \rightarrow B'$, b, b', ba $\cdots$

```
창조적 상상 : A ↘
              C, D, E …
           B ↗
```

재생적 상상은 잔상이나 기억 등 체험한 것을 되살려 표현하는 상상이고, 연합적 상상은 여러 체험 이미지를 병행하여 표현함으로써 풍요롭게 하는 것이라면, 창조적 상상은 체험한 이미지들에 다른 체험들을 덧붙여서 새로운, 실재하지 않는 이미지를 생산해 내는 상상이라 할 것이다.

콜리지 Coleridge, Samuel Taylor는 "상상력은 종합적 마술적 정신 능력"이라고 했다. 아무튼, 상상력은 예술 또는 시를 창조하는 근원적인 능력이라 할 것이다.

사물에 대한 인식 곧 상상력의 풍요로움이 작품의 수준을 결정한다고 할 것이다. 그러므로 나의 상상력의 풍요로움을 위해서 이성과 지성과 감성을 도야하는 데에도 노력해야 할 것이다.

♣ 실습 : 1. 상상의 질과 시와는 어떤 관계가 있겠는가?
        2. 재생적 상상, 연합적 상상, 창조적 상상을 활용한 연 하나씩을 지어보자.

10. 시(詩)의 난해성(難解性) 이해

근래에는 시를 읽으면 머리가 아프다는 사람이 많다. 시인들이 시집을 내어도 팔리지 않는다. 간혹 팔리는 시집은 읽혀지는 시이다. 시단이나 학계에서는 경시하거나 무시하는(?) 분들의 시이다.

신춘문예에 당선된 시들은 천편일률적이다. 그해의 신춘문예 당선작들을 모아서 책으로 엮어준다. 지난해의 당선작이나 올해의 것이나 해마다의 것들이 다르지 않다. 신문사마다의 당선작이 대동소이하다. 기대를 하면서 눈을 크게 뜨고 읽어보고는 쓴 입으로 신문을 던지곤 한다. "당선자 자신도 자신의 시를 알지 못하고 심사위원들도 무슨 소리인지 몰라야 당선이 된다."는 생각을 말하는 이도 있을 정도이다. "신춘문예용 시의 패턴이 있다." "신춘문예에 당선된 시인도 자신의 시집을 낼 때에는 당선작의 시풍을 지키지 않는다."는 말도 있다. 난해성(難解性)의 문제이다. 난해성이라는 문제를 넘어서 어쩌면 우리 시가 지닌 고질적인 병인지도 모른다.

1) 자성의 목소리

자성의 목소리가 없는 것은 아니다. 물은 높은 곳에서 낮은 곳으로 흐른다. 전기도 전압이 높은 곳에서 낮은 곳으로 흐르기 마련이다. 문화도 마찬가지이다. 우월한 지역의 문화가 그렇지 못한 곳으로 흐르기 마련이다.

이처럼 우리나라의 현대시도, 창가가사에서 시작하여 신체시, 근대시를 거치고 지금의 현대시로 발전해 오는 과정에서 서구시의 영향을 받아왔다는 것은 부정하지 못할 사실이다. 그러나 우리의 현대시는 서구시에서 다양한 자양분을 수용하면서 생성, 변화, 발전을 거듭해 왔다. 이렇게 우리의 현대시는 서구의 시와 이론과 문화를 수용하면서도 그것이 모방에 거치거나 서구시의 아류에 머물러 있는 것이 아니라, 우리는 우리의 시를 만들어 왔고 가꾸어 왔다. 그런 면에서 우리는 우리의 현대시가 가지는 위치와 가치를 인정하고 자부심을 가져도 좋을 것이다.

그렇지만 더 큰 도약을 위해서는 자성을 할 일이 없는 것은 아니다. 그래서 학계와 시단에서도 자성의 목소리도 있다. 최근 학계의 자성의 목소리[36]를 들어보자. 우리 시는 서양 이론만 좇는 '새것 콤플렉스'에 빠졌다고 자성하는 목소리도 있다.

최근의 한 포럼에서 김인환[37]은 "대부분의 시인들은 유아론(唯我論 : 실재하는 것은 자아뿐이고 다른 모든 것은 자아의 관념이나 현상이다.)적 사고에 갇혀서 욕망의 운동이 시대의 동력과 충돌하는 지점을 찾아내지 못하고 있다. 상징의 과잉과 알레고리의 결여가 현 단계의 한국시의 문제다."고 해서 요즘 젊은 시인들이 자의식에 갇혀서 시대와 동떨어져 있다고 지적했다.

정과리[38]는 "한국 지식인(시인, 비평가)들은 자신의 시가 모범이 되기를 바라면서 늘 바깥의 모범을 참조했다."며 서양의 새 이론을 쫓아다니는 '새것 콤플렉스'를 문제 삼았다. '새것 콤플렉스'는 늘 외부에 전범(典範)을 두었기 때문에 궁극적으로는 자기를 말소하는 행위"였다. 라고, 지적했다. 내가 제일 먼저 수용하는 것이 우월이고 자

---

[36] 여러 사례를 들 수 있겠지만, 2016년 9월23일 예술가의 집에서 열린 '한국문학의 과잉과 결핍'이란 문학 포럼에서 지적한 내용이 단적인 예라 인용한다.
[37] 고려대 명예교수. 같은 날 같은 자리에서 지적한 내용임
[38] 연세대 교수. 같은 날 같은 자리에서 주장한 내용임.

부였다. 창조적 태도로 유아(唯我)·모범(模範)을 추구하기보다는 곧 서구의 새 이론을 쫓아다니는 '새것 콤플렉스'에서 벗어나지 못하였다고 지적했다. 그래서 나를 우리를 지키지 못했거나 연약하게 만들었다는 것이다.

이어서 정과리는 초창기에도 마찬가지였지만, "1980년대 이후의 시인과 비평가들은 서구 이론을 기준으로 삼는 쏠림 현상이 더욱 심해졌다. 마르크스-레닌-모택동으로 이어지는 사회주의 사상이 전범(典範)의 자리를 차지했다가 베를린 장벽 붕괴 이후 포스트모던 이론가들이 그 자리를 넘겨받았다. 푸코, 데리다, 리오타르, 보드리야르 등 프랑스 철학자들이 포스트모던 시대의 대변자로 초대되더니, 곧바로 정신분석학자 라캉 전성시대가 왔고, 이어서 들뢰즈, 지젝 이론이 성행하면서 전범(典範)의 교체 시기가 더 빨라졌다. 비평가들이 서양 이론을 깊이 연구하고 이해해서 수용함으로써, 자기 논리를 세우려는 분석적인 정신과 노력 없이 '새것 콤플렉스'에 의한 조급함으로, 요약본 정도를 읽고 몇몇 개념과 용어만 빌려와서 이론을 한순간 써먹고 버릴 부품 정도로 수용했다."고 했다.

정과리는 한국비평을 '외눈박이'라고도 했다. "비평가와 서양 이론 사이에 거리감도 없고, 비평가가 서양 이론에 동화되기만 했기 때문이다. 외눈박이에게는 나 - 그대만 있어서 입체감을 느낄 수 없다."고 하면서 제대로 서양 이론을 이해하고 풀이함으로써, 자기 논리를 세우려는 분석 정신이 부족했다고 지적하고 있다.

조강석[39]은 2005년 이후의 시를 조명하면서 "현재에 대한 열정이 없는 모호함이 스타일이 되고, 사실성 부재가 난해함으로 간주되는 사례가 많아 참으로 아쉽다"고 말했다.

실은 우리 시단의 시는 이전부터 서구의 시를 받아들이면서 변화되고 발전해 왔다. 그런 과정 속에서 문단의 중진 시인들도 뒤처지지 않으려고, 유행하는 서구의 사조들을 쫓아다니는 경향이 적지 않았다. 그래서 다수의 중진 시인들도 의도적으로 시류에 따름으로써, 개성을 잃고 자신의 시풍을 흔들어왔던 시인들도 적지 않았다. 곧 외부로부터의 자양분을 받아들여서 나를 살찌우고 나를 튼튼히 하는 데에 활용하기보다는, '서양 것' '새것'을 무분별하게 경쟁적으로 받아들이려 하다 보니, 나를 상실한 채 표류해 왔고, 지금도 표류하고 있다고도 볼 수 있다. 이것이 현대시를 난해하게 한 원인의 하나라고도 볼 것이다.

---

[39] 인하대 교수. 같은 날 같은 장소에서 가진 포럼에서 지적한 말임.

모더니즘 회화와 문학은 예술성에 대한 과도한 강조로 인해 너무 어려워져 대중으로부터 분리되기 시작했다. 전문적인 비평가의 도움 없이는 접근하기 어려운 난해한 것이 되어버렸다는 점이 문제였다. 독창성에 대한 과도한 추구가 예술을 닫힌 공간으로 끌고 가버린 셈이다.40)

서영채는 우리 문학 곧 시의 난해성의 원인을 모더니즘의 과도한 수용을 들고 있다. 곧 예술성의 과도한 강조, 독창성에 대한 과도한 추구가 난해성을 가져왔다는 지적이다. 공감하지 않을 수 없는 지적이다. 모더니즘 예술이 강조하는 것은 균형 잡힌 아름다움 같은 고전적인 미적 기준은 추방되고, 단순한 객관성을 넘어선 강렬한 주관성과 새로움의 강렬함이 있을 뿐이다. 이러한 경향이 우리 시를 난해하게 했다고 말하는 것은 바른 진단이다.

2) 난해를 부르는 요인

시의 난해성은 앞에서 살펴본 요인들 외에, 아래의 여러 가지 것들에 연유한다고도 볼 수 있을 것이다.

〈시를 왜 쓰느냐?〉에 따라 난해성이 달라질 수 있다. 엘리엇은 〈취미의 새로움〉을 말하고 있다. 새로운 취미를 위해서 시를 쓴다는 것이다. 곧 〈쓰고 싶은 욕망〉은 〈새로운 취미〉 곧 〈새로운 시〉를 쓰고 싶은 데서 나온다는 말이다. 이 말은 자연히 〈누구를 위해서 씨를 쓰느냐?〉와 연결된다. 취미로 쓰는 것은 새로운 시를 쓰는 것으로 만족하는 것이다. 물론 그런 시를 좋아하는 독자들이 점차적으로 늘어나기를 바라는 마음이 밑바탕에 있다고는 하더라도, 지금은 시인 자신의 만족을 위해서 쓰는 것이다. 이런 시는 자연적으로 일반 독자들을 위해서 쓰는 것, 곧 일반 독자들에게 널리 읽혀지기를 바라면서 쓰는 것은 아니다. 자신의 취미를 위해서 쓴 시는, 자신의 시를 이해할 만한 대상 곧 지성인이나 지식층, 시단의 전문가들, 엘리트층이 읽어 주기를 기대하면서 쓰는 것이다.

곧 일반 독자를 염두에 두고 쓰느냐? 전문가를 대상으로 쓰느냐의 문제이다. 자연히 후자가 단절적이고 실험적이고 도전적이고 독창적이고 창의적일 것이니, 난해할 수밖에 없다.

---

40) 서영채. 인문학 개념 정원. 문학동네. 2018.4 p.173

또한, 시작 태도에 따라 난해의 문제가 달라질 수 있다. 곧 그것은 쓰이어지는 시를 쓰느냐? 만드는 시를 쓰느냐? 의 차이이다. 쓰이어지는 시란 자연 발생적인 시라고도 할 것인데, 정념(情念), 영감(靈感)을 중히 여겨서 이에 충실해서 시를 짓는 태도이다. 자연히 주정적(主情的)인 서정시들이 될 것이다. 반면에 만드는 시는 정념을 도외시한다고 보기는 어려우나 정염이나 영감보다는 곧 감성(感性)보다는 지성(知性)을 중시하는 태도를 가지는 것이다. 주지적(主知的) 표현을 위해서 만드는 시가 되는 것이다. 전자를 노래하는 시, 음미하는 시, 느끼는 시라면 후자는 읽는 시, 사고하게 하는 시라고 할 것이다. 곧 이것은 정념을 중시하느냐, 기술(예술 작용)을 중시하느냐의 문제이다. 자연히 후자가 난해해질 수밖에 없다.

김춘수는 휴머니스트냐 아티스트냐에 따라 구분하고 있다. 그는 휴머니스트를 자기 신념의 전달을 크게 여기는 사람으로서, 신념에 대해서 시 이상으로 책임을 지려고 하는 사람, 곧 윤리적인 사람이라고 했다. 그리고 시작을 통해서 얻어지는 내용(작품)이나 이를 통해서 얻어지는 반향에 많은 관심을 기울이는 사람으로서, 자연히 미학적이기보다는 쉬운 방법을 택하게 되고, 대중의 일상용어와 대중의 어투, 대중의 언어 사용 관습을 좇으려는 부류로 분류하고, 아티스트(김춘수는 휴머니스트에 대응되는 용어를 쓰지 않았음. 필자가 명명함)는 미학을 중히 여기고, 자기의 예술상의 고민 그리고 인생에 대한 고민과 회의를 중히 여기는 부류로 나누고 있다. 자연히 후자의 시가 난해하다.

자연히 전자는 전통적 정서나 고답적 태도를 중히 여길 것이고, 후자는 단절적 정서, 혁신적, 도전적, 실험적, 파괴적, 독창적 방법과 태도를 취할 것이다. 전자는 자연히 의미 전달에 중점을 둘 것이고, 후자는 이미지에 의한 전달과 다양한 표현 기술을 동원한, 만드는 시에 중점을 둘 것이다. 전자보다 후자가 난해할 수밖에 없다.

낭만적인 시, 서정시는 배설되는 시, 토로하는 시라면, 주지적인 시, 상징시, 초현실주의 시, 다다이즘 시, 모더니즘 시, 무의미 시들은 여과를 거친 시, 만들어지는 시라고 할 것이다. 자연히 전자가 쉬운 시일 것이고, 후자가 난해한 시일 것이다.

리차즈는 시어(詩語)의 의미를 4 가지로 나누었다. 그 하나는 사전적 의미로 흔히 우리가 의미라고 부르는 것(sense), 다음에는 말하는 사람의 감정(感情 feeling), 그 다음에는 어조(語調 tone), 그 다음에는 의도(意圖 intention)로 나누어 설명하면서, 의미라고 하면 첫째로 든 sense만을 생각하기 쉬우나, 이렇게 시에서의 의미는 아주 미묘하다. 고 했다.

　리차즈가 말하는 것을 시의 난해성에 대입해서 말해보면, 시어는 sense로만 표현하는 것이 아니라 feeling, tone, intention이 함께 작용하기 때문에 난해할 수 있다는 말이 된다.

　필자가 생각하는 난해의 원인 중 그 일단의 생각을 말한다면, 난해하다는 말을 뒤집어서 말하면, 시에 쓰인 의미(어휘)가 사전적 의미(sense)에서 가까우냐? 머냐? 의 문제라고 할 것이다. 결국 의미(어휘)가 사전적 의미(sense)에서 멀어지면 멀어질수록 난해하다고 느끼게 된다고 하겠다.

　시어에서의 의미는,
　　〈1〉 사전적 의미
　　〈2〉 함축적 의미(주변적 의미〈2차적, 3차적 의미〉)
　　〈3〉 비유적 의미(제유, 대유 포함)
　　〈4〉 아이러니를 포함 다양한 표현 기교에 의한 의미
　　〈5〉 상징적 의미(객관적 상관물 포함)
　　〈6〉 무의미적 의미

들로 생각해 볼 수 있다고 본다. 그 시에 선택된 시어의 의미가 〈1〉이거나 〈1〉에 가까우면 쉬운 시이고, 〈1〉에서 멀어지면 멀어질수록 어려운 시, 난해한 시가 된다고 본다. 문장이나 통사구조도 마찬가지이다. 통사구조가 단순하고 완전한 문장이면 쉬운 시이고, 생략이나 압축이나 통사구조에 변화가 심하면 심할수록 난해하다고 할 것이다.

　앞에서도 인용했었지만, 엠프슨은 "예술의 목적은 사물이 알려진 대로가 아니라 지각되는 대로 그 감각을 부여하는 것이다. 예술의 여러 테크닉은 사물을 낯설게 하고, 형태를 어렵게 하고, 지각(知覺)을 어렵게 하여 지각하는 데 소요 되는 시간을 증대시킨다. 지각의 과정이야말로 그 자체로서 심미적(審美的) 목적이므로, 되도록 연장시켜야 한다."고 말하고 있다.

　무가로프스키는 "전경화(全景化)"로 설명하는데, 전경화란 '탈선' 즉 규칙과 인습에 대한 위반이란 개념으로 해석된다. 곧 언어가 지닌 일상적인 의사전달 기능을 초월하고 독자를 각성시켜 상투적인 표현의 관습에서 이탈시킴으로써, 새로운 지각 작용에 이르게 하는 것이다. 이는 리듬, 어휘 등 시를 구성하는 모든 요소에 적용된다. 자연히 난해를 부른다.

그 외에 주지주의, 상징주의, 초현실주의, 다다이즘 등 다양한 모더니즘 시들을 포함한 미지상주의(美至上主義), 예술 지향적인 경향의 시들은 일반 대중 독자들에게는 시를 어렵다고 느끼게 해왔다.

이러한 원인들과 함께 시의 난해성에 대한 근본적인 원인들을 살펴보자. **근본적으로 시가 어렵게 느껴지는 까닭은 시의 특성 때문이기도 하다.** 앞에서 논의한 것들과 일면 중복되는 것이기도 하지만, 그 첫째가 시의 **함축성**이다. 시는 함축성을 얻어야 감동을 줄 수 있기 때문에 **압축된 형식**으로 **간결한 표현**을 한다. 함축성을 얻기 위하여 **비유**와 **상징**을 동원한다. 둘째로는 효과적인 표현(藝術的, 美的)을 하기 위하여 다양한 **표현 기교**를 활용한다. 이렇게 하여 **압축된 표현으로 함축성**을 얻고, **다양한 표현 기교로 예술성**을 얻는다. 이것이 산문보다 시가 난해하게 보이는 근본적인 원인이다.

예를 들어보자.

'새벽은 언제 오려나?
어쩌면 나에게 새벽은 영원히 오지 않을지도 모른다.
아니, 나에게는 새벽이 오지 않을 것이다.
신이시여 불쌍히 여기시어
저에게 새벽을 허락하소서.'

— 탈무드 이야기 —

인용된 글을 '새벽'이란 상징어가 지니는 상징적 의미인 〈진리를 깨닫는 날〉을, 아니면 자신이 간절히 소망하는 그 무엇을 상징한다는 상징성을 이해하지 못하고, 새벽이란 어휘의 사전적 의미(sense)에만 매달린다면 이 글은 말 그 자체가 성립되지 않는 것이다.

3) 각광받는 시

최근(2010년대 후반)에 대중들에게 각광을 받고 읽혀지는 시를 쓰는 시인들이 있다. 그들은 시류에 따라 SNS와 웹툰에서 활발히 활동하여 대중과 멀어진 시를 가깝게 하고 독자를 넓혀가고 있다.

류근 시인은 "몇몇 시인들이 저를 보고 감성(感性)을 판다고 욕을 하지만, 어렵고 근엄한 것은 남들이 다 하는 것"이라며 "어차피 저는 '삼류 트로트 통속 연애 시인'이니까 제자리가 따로 있는 것 같다"고 말했다.

공직 은퇴 후에 블로그와 트위터에 시를 올려서 많은 독자를 확보한 나태주 시인도 마찬가지이다. 미적 표현 기교나 예술적 품격을 염두에 두지 않고, 단지 쉬운 말로 직설적으로 '좋다,' '곱다,' '소중하다,' '사랑한다'고 표현하고 있을 따름이다. 그런데도 독자들의 사랑을 받는다. 그 누구도 이들의 시를 시적 품격을 지니지 못했다고 평하진 못할 것이다. 이들이 문학사가 되어가고 있는 것이다. '모방'과 '새것 콤플렉스'에서 벗어나 나를 정착시켜 가는 모습으로 볼 수도 있을 듯하다. 시인 류근은 이런 말을 한다.

"시를 읽으면 머리가 아프다.는 사람이 많다." "머리로 쓴 시를 머리로 읽으니까, 머리가 아프지요." "누군가 마음으로 쓴 시를 마음으로 읽으면 마음이 아플 텐데, 그렇게 마음이 아프고 나면 세상이 조금 덜 아파질지도 몰라요."

라고 말하기도 했다. 마음으로 쓴 시가 정념(情念)을 중하게 여긴 시, 쓰이어지는 시이고, 머리로 쓴 시가 만들어지는 시이다. 쓰이어지는 시는 가슴을 따뜻하게 하고, 만들어지는 시는 머리를 아프게 한다. 후자가 난해를 부른다.

"마음으로 쓴 시", "머리로 쓴 시"라는 말이 난해성을 잘 말해주는 말이라 공감이 갔다. 이를 확대해서 생각해보니, 시에는 '손으로 쓴 시', '입으로 쓴 시', '눈으로 쓴 시', '머리로 쓴 시', '가슴으로 쓴 시', '영혼으로 쓴 시'라는 말을 생각해 보게 되었다. 이런 말이 있을 수 있다면, 손으로, 입으로, 눈으로, 머리로 쓴 시들이 곧 만들어지는 시, 전문가들을 위한 시가 아닐까 한다. 결국에는 '가슴으로 쓴 시', '영혼으로 쓴 시'로 가야 하는 것이 정도가 아닐까 하는 것이 필자의 생각이다.

4) 난해의 상대성

여러 藝術論, 詩論의 영향들에 연유하기도 하겠지만, 여하튼 어디서 그 까닭이 연유하는 지는 꼭 집어서 명확하게 말할 수는 없으나, 요즈음의 시류(時流)에는 '시는 어려워야 한다.'는 풍조가 있는 듯도 하다. "시는 쉬워야만 한다."는 말만이 옳은 말이 아니듯, "시는 어려워야 한다."는 것도 옳은 말은 아니다.

  초현실주의, 다다이즘 시인이라는 우리나라의, 이상의 시나 유럽의 T. 차라의 시, 브르통 등등의 시도 시라면, 낭만시인 워즈워스의 시나, 우리나라의 서정시인 소월, 한용운, 정지용, 박목월, 이해인의 시처럼 많은 분들의 사랑을 받는 시인들의 시도 훌륭한 시이다. 마치 피카소의 '아비뇽의 처녀들'이나 '꿈'이, 그리고 또 다른 다빈치의 모나리자가 모두 훌륭한 그림으로 인정받는 것처럼, 이들도 각각의 특징과 장점을 지닌 훌륭한 시들이다.

  하기는 난해(難解)하다는 말은 상대적인 말이고, 개개인의 기호에 따라 달라질 수 있는 말이다. '구구단'은 초등학교 1, 2학년에게는 어려운 과정이지만 고학년에게는 쉬운 과정이다. 혹자는 '국악'이 흘러나오면 흥이 나고 눈물이 나기도 하지만, 클래식이 나오면 어렵고 싫증을 쉬 느끼는 이도 있다. 반면에 국악이 나오면 따분해 하고, 클래식이 나오면 일손을 멈추고 찻잔을 드는 이도 있다.

  일반 독자들에게는 공감을 주는 시가 시적 수준이 높은 이들에게는 시적 표현이 미흡한 시일 수도 있겠고, 전문가들이 호평하는 시들은 대중들에게서는 난해하다고 외면당할 수도 있겠다. 또한, 개개인의 기호에 따라 주정적인 시에 친근감을 느끼는 독자들이 있을 수 있을 것이고, 주지적인 시들에 감동하는 독자들이 있을 수 있을 것이다. 에머슨은 "사람들은 아름다움을 구하여 전 세계를 여행한다고 하더라도 자신이 스스로 아름다움을 지니고 가지 않으면 결코 아름다움을 발견하지 못할 것이다."라고 했다. 이는 자기가 지닌 만큼 얻을 수밖에 없다는 인식의 성격을 단적으로 한 말이다. 이처럼 난해하다고 느끼는 정도는 독자들의 시를 이해하는 수준과 개개인들의 기호에 따라 차등이 있을 수 있겠다.

  여러 가지 측면으로 시의 난해성이라는 문제를 다각도로 논의해 보았다. 사물은 그 사람이 볼 수 있는 만큼 보인다. 예술 곧, 회화도 음악도 그 사람이 볼 수 있는 만큼 보이고, 들을 수 있는 만큼 들린다. 이처럼 시도 그 사람의 수준만큼 보인다. 시를 이해하기 위해서는, 난해를 탓하기 전에 시를 많이 읽고 공부를 해야만 할 것이다.

  시는 예술이다. 그 예술품을 감상하는 것은 근본적으로 감상자의 몫이다. 시는 보편성을 가지되, 독창성과 개성을 가지고 있다. 독자는 자신의 안목과 처지와 기호(嗜

好)에 따라 느끼기 마련이다. 예를 들면 어떤 작곡가가 특정한 곡을, 평화를 지향하면서 작곡하였으나, 청자 중에서는 평화보다는 슬픔을 느낄 수도 있는 것이다.

만물이 도전하고 발전하고 진화하듯 시도 도전과 발전과 진화를 거듭하고 있다. 난해를 탓만 하고 있을 수는 없는 일이다. 그러나 시는 쉬워야만 한다거나, 어려워서는 안 된다는 말은 아니다. 그러나 필자는 **어려움을 위한 어려움은 곤란하다**.는 입장이다.

다만, **청장년은 청장년의 옷을 입어야** 하고 여인은 여인의 옷을 입어야 하듯, 남의 시 남의 이론을 학습은 하되 이를 자양분으로 하여, **우리는 우리의 시를 써야** 할 것이다. **나는 나의 시를 써야** 할 것이다. **그것이 진실한 시**이고 **감동을 주는 시**가 될 수 있기 때문이다. 하늘에서 똑같은 비를 뿌리지만 들풀들과 나무는 제각각의 잎과 줄기와 열매를 맺듯이, 제각각의 개성과 수준으로 움을 틔우고 줄기를, 잎을, 열매를 형성할 일이다.

읽는 이는 난해만 탓하지 말고, **자신의 수준에 맞는 시**, 그리고 **자신의 취향에 맞는 시**를 골라서 읽을 일이다. 그래서 자신의 시적 능력(詩的能力)을 점차 넓히고 깊게 하고 높일 일이다. 쓰는 이나 읽는 이나 간에, 소금을 넣지 않으면 짜지지 않는 법이다.

♣ **실습** : 1. 시의 난해성을 부르는 요인 몇 가지를 요약해보자.
　　　　　2. 시의 난해성과 예술성과의 조화에 관한 견해를 정리해보자.

XV 장. 작시(作詩)의 실제(實際)

1. 시 창작의 동기와 유형

1) 동기(動機 motive), 동인(動因)의 개념

　동기(動機 motive)라는 말은 심리학에서 어떤 행동을 일으키게 하는 내적(內的) 요인과 직접적(直接的)인 요인을 총칭하는 말이다. 동인(動因)과도 유사한 말인데, 동인(動因)은 기계론적인 데 대하여 동기는 목적론적인 의미가 강하다. 요구는 일반론적으로 말해서 유기체(有機體) 안에서 생기는 그 어떤 결핍 또는 과잉이 원인이 된다. 이러한 요구에 의하여 발생한 동기는 행동을 일으키게 된다. 동기는 이런 일차적인 생리적 동인 외에 어떤 조건 부여에 따라 외적 조건에 의하여 동인이 생성되기도 한다. 이를 일차적 동기라면 2차적 동기는, 민속, 사회, 송교, 역사 등 개인의 사회생활, 곧 학습에 의하여 변형되어 나타나는 동기이다.
　동기는 이런 1차적 동기와 2차적 동기에 의하여 행동을 일으킨다.

2) 시 창작의 동기(시는 왜 쓰느냐?)

　어떤 행동을 일으키는(행하게 하는) 원인이 동기임을 알았다. 심리학에서 말하는 동기에 대한 설명을, 시를 왜 짓느냐? 곧 시 창작의 동기에 대입하여 논의하여 보자.
　곧 시 창작의 동기는 시인의 내부에서 일어나는 결핍 또는 과잉이 시를 쓰게 하는 원인이라는 것이다. 그리고 어떤 조건 부여, 외적 조건에 의하여 시를 쓰게 된다는 말이다. 이 외에 2차적 동기, 곧 학습성 동기(사회 발생적 동기)에 의하여 시를 쓰게 된다고 하겠다.
　사람이(시인이) 시를 쓰는 동기는 마음속에서 혹은 몸에서 일어나는 결핍 또는 과잉이 시를 쓰게 한다고 했다. 예를 들면 고독, 이별은 사랑의 결핍이요, 연애는 사랑의 과잉이다. 그래서 시인은 고독한 심정을, 이별의 슬픔과 아픔을 노래하게 되고, 시인은 사랑에 겨운 행복과 기쁨과 달콤함을 노래하게 된다. 그 외 희(喜), 노(怒), 애(愛), 락(樂), 애(哀), 오(惡), 욕(慾) 등과 같은 다른 감정들도 과잉과 결핍에 따라 시를 짓게 된다.

다음은 직접적인 요인 곧 시인에게 주어진 외적 조건이, 시인이 시를 짓게 하는 동기가 된다. 예를 들면 아름다운 꽃을 보았다. 구름을 보았다. 단풍을 보았다. 시내를 보았다. 아름다운 이성을 만났다. 이런 외적 환경(조건)이 시인의 내면에 작용하여 시를 짓게 한다는 말이다.

위와 같은 1차적 동기 외에 2차적 동기는 사회 발생적 동기이다. 그것은 개인 간의 관계, 그룹 간의 관계, 사회적 규범이나 가치·제도 등과의 관계 즉 개인의 사회생활로부터 형성되는 동기에 의해서 시를 짓게 된다는 것이다. 예를 들어서 친구를 멀리 두고, 부모를 이별하고, 고향으로 돌아와서, 나라나 사회를 걱정하며, 종교에 귀의하며 등등 사회 발생적 동기에 의해서 시를 짓게 된다는 말이다.

　　"시 창작의 동기는 시인이 지닌 바의 자극적인 감성이 어떤 대상과의 관계에서
　　상대적으로 느낌으로써 기쁨을 얻게 된다. 인간은 누구나를 막론하고 절대행복 절
　　대사랑을 추구하지만, 일상적인 현실 사회에서는 그것을 성취하기가 불가능하기
　　마련이다. 현실적으로 불가능한 그러한 바램을 시인이나 독자는 시의 세계에서 대
　　신 이루고자 한다."41)

황송문은 현실 사회에서 실현 불가능한 이상(理想)을 동경하여서 시를 쓴다고 했다. 시 창작의 동기에는 이상 실현 등 의도하는 방향성 곧 목적을 지닌다고 했다.

시에 있어서의 동기는, 자신의 내면 곧 어떤 관념을 시적으로 표현하고 싶다는 욕구를 충족하기 위해 사물을 끌어들이는 내적 사물 인식의 경우와 시인이 어떤 사물을 지각하고 그 사물에 대한 느낌을 시적으로 표현하고 싶다는 외적 사물 인식으로 나누어 생각할 수 있다고 했다. 간략히 말하면 심리학에서 말하는 동기와 같이 시를 짓게 되는 동기도, 내적 자아의식의 분출과 외적 사물에 기인하는 두 가지의 경우가 있다는 말이다. 여하튼 황송문은 1차적 동기를 주로 논의하고, 2차적 동기 곧 학습성

---

41) 현대시 창작법, (황송문 국학자료원) p.32~

동기(사회 발생적 동기)에 의하여 시를 짓게 된다는 논의는 하지 않고 있다.

> 시창작의 욕망이 일어나는 것은 사물을 지각할 때라든지 과거를 회상할 때, 또는 명상하거나 미묘한 심리적 분위기에 빠질 때 등이다. 이러한 요소들은 끊은 듯이 그렇게 따로따로일 수는 없고, 동기의 선후의 차이는 있겠으며 복합적으로 일어나는 경우도 많다.42)

황송문은 시 창작의 동기를 4 가지의 경우를 말하면서 이들이 하나하나 개별적으로 작용하기도 하지만, 이런 요소들이 복합적으로 작용하여 시를 창작하게 한다고 했다.

이를 심리학에서의 동기에 대입해 보면 "미묘한 심리적 분위기에 빠질 때"는 내적(內的) 요인, 곧 시인의 마음 안에서 생기는 그 어떤 결핍 또는 과잉의 경우라 할 것이며, "사물을 지각할 때"는 직접적(直接的)인 요인 곧 조건 부여(외적 조건)에 의하여 일어나는 동기라 하겠으며, "과거를 회상할 때, 와 명상하는 경우"는 2차적 동기 곧 개인의 사회생활 곧 학습에 의하여 변형되어 나타나는 동기의 경우라 할 것이다.

워즈워스 W. Wordsworth는 "과거는 아름답다. 과거를 회상하면 시가 된다."고 하여 과거를 회상하는 것이 자신의 시 창작의 동기라고 했다.

사람들은 왜 시를 창작하게 될까? 어떤 경우에 시를 창작하게 될까? 필자는 앞에서 살핀 여러 의견들을 참고하여, 네 가지의 경우를 설정해 본다.

(1) 시인의 자아 내부에 표현 욕구가 충일된 경우

워즈워스 W. Wordsworth는 "시는 강한 감정(感情)의 자연적(自然的)인 발로(發露)이다."라고 했다. 워즈워스의 시작 태도를 볼 수 있는 말이다. 자신의 시 창작 태도를 중심으로 내린 시의 정의이다. 시인의 내부에 충일된 감정이 터져서 분출되는 것이 시라는 것이다.

시인은 영감(靈感)을 잡아야 한다고 말한다. 영감은 무(無)에서 우연히 불쑥 떠오르는 생각(詩想)이 아니다. 마음에 있으면 꿈에도 있다는 말처럼, 시인의 내면에 쌓이고 쌓였던 감정과 정서(志, 情, 意)가 어느 순간 불쑥 떠오른 것이 영감이다. 이를 놓치지 않고 글로 옮기는 것이 시 창작이다.

---

42) 현대시 창작법, (황송문 국학자료원) p,35~

(2) 시인에게 와 부딪히는(접하는) 외부의 자극에 반응해서

릴케 Rainer Maria Rilke는 시의 정의를 "시는 체험(體驗)이다."라고 했다. 체험은 시인의 내면을 충일하게 하는 것이다. 그렇기도 하지만 앞에서 살핀 것처럼 시인에게 주어진 외적 조건(사물을 접함)은 시인이 시를 짓게 하는 동기가 된다는 말이 된다. 예를 들면 아름다운 꽃을 보았다. 구름을 보았다. 단풍을 보았다. 시내를 보았다. 아름다운 이성을 만났다. 이런 외적 환경(조건)이, 시인의 내면에 작용하여 시를 짓게 한다는 말이다. 아름다운 바다를 보았다. 어떤 이는 그림을 그리고 싶고, 어떤 이는 작곡을 하고 싶고, 어부는 고기를 잡고 싶고, 수영 선수는 헤엄을 치고 싶듯, 시인은 시를 짓고 싶어진다. 그것이 시작(詩作)의 동기이다

(3) 보다 나은 예술, 문학, 시를 창조한다는 예술가적 욕구에서 (자아실현 욕구)

김춘수는 이를 〈시에 대한 새로운 취미를 알려 주기 위해〉라고 했다. 화가는 그림을 그린다. 작곡가는 작곡을 한다. 호구지책일 경우도 있으리라. 목구멍이 포도청이라 그러할 수도 있으리라. 이름을 얻기 위해서 그를 수도 있겠다. 밥만 먹고 나면 화실로 작곡실로 가서 그들은 아무 생각도 없이 일로 삼아서 작업을 한다. 그러나 그들이 하는 그림 그리기와 작곡이란 작업의 궁극적인 목적, 지향점, 곧 동기는 美를 창조하기 위함이라 해야 할 것이다.

시인도 마찬가지이다. 시인이 시를 쓰는 목적, 지향점, 동기는 美를 창조(예술 창조)하고자 하는 욕구의 분출이라 해야 할 것이다.

(4) 문화적, 역사적, 선구자적 사명 의식에서

타고르는 왜 시를 썼을까? 인도의 문화와 정신과 혼과는 무관하였을까? 윤동주는 5만불 시대 평화로운 통일 한국 시대를 살았다면 시를 썼을까? 이상화의 "빼앗긴 들에도 봄은 오는가?", 한용운의 "임의 침묵", 육사의 "광야" 박용철의 '떠나가는 배'를 읽어보자. 무엇이 왜 그들로 하여금 밤을 새워가면서 시를 쓰게 했을까? 그들이 처했던 시대 상황 속에서 민족적, 문화적, 역사적 측면에서 구도적 사명 의식들이 그들로 하여금 밤잠을 이루지 못하게 하였을 것이다.

김수영의 '눈', 신동집의 "껍데기는 가라", 박인환의 "목마와 숙녀", 김지하의 "오적", 최남선의 "해에게서 소년에게", 정인보의 "자모사(慈母思)", 김광균의 "외인촌",

이상의 "오감도", 김춘수의 "꽃", 브르통 André Breton의 "자유로운 結合". 일일이 예를 열거할 수가 없이, 이들도 시대적, 문화적, 문학사적으로 선구자적 사명의 식이 그런 시를 쓰게 하고 시도하게 하였을 것이다. 이해인 수녀가 시를 쓰게 된 동기는 시인으로 이름을 얻기 위해서, 인지대로 불우 시설을 돕는 자선을 위해서일까? 아마도 깊은 신앙심에서 얻은 감사와 기쁨과 찬미와 영광을 절대자에게 돌리지 않을 수가 없어서일 것이다. 자신이 얻은 그 감사와 찬미와 영광과 기쁨을 이웃에 알리고, 주님의 길을 닦고 고르게 하고 밝히기 위해서이리라. 그것이 그로 하여금 시를 쓰게 하였으리라. 이것이 선구자적 사명 의식이다.

이렇게 살펴본 4 가지 경우의 시 창작 동기는 별개로 각각의 경계를 가진 것이 아니라, 성경에서 삼위일체 곧 성부, 성자, 성령이 한 분이면서 3 위격이듯이, 뿌리는 하나이면서 네 가지 경우로 갈라 볼 수 있을 뿐이다. 이런 시 창작의 동기는 시인의 개성에 따라서, 그의 시작 태도에 따라서, 시인에게 주어지거나 부딪히는 여건과 환경에 따라서, 어느 동기가 작동해서 시를 짓게 되느냐에 따라서, 시인 개개인마다, 혹은 개개인이 아닌 동일 시인이라도 시를 지을 때마다 동기가 주어지게 된다고 할 것이다.

(5) 누구를 위해서 쓰나?

시의 난해성을 논의하는 앞 장에서 언급한 바가 있다. 이는 누구를 독자로 상정하고 시를 쓰느냐? 의 문제이다. 이는 시를 쓰는 동기나 목적과도 관련이 있다. 이는 시의 성격을 어디에 방점을 두느냐? 의 문제와도 관련이 있고, 시의 정의를 어떻게 설정하느냐? 시의 효용성, 기능을 어떻게 설정하느냐? 에 따라서도 달라질 수가 있겠다.

'누구를 위해서 쓰느냐?'를 유형별로 생각해보면, 크게는 두 가지로 작게는 네 가지로 분류할 수 있겠다. 크게는 '일반 대중을 독자로 염두에 두고 쓰는 경우'(a)와 '전문가(지식인) 계층을 독자로 염두에 두고 쓰는 경우'(b)가 있겠다. 그런데 이 둘을 각각 둘씩으로 세분하면, 전자는 '일반 대중 모두를 대상으로 하는 경우'(a-1)와 '일반 독자 중에서 일부 계층을 대상으로 하는 경우(a-2)'가 있겠다. 그리고 후자는 '나(시인) 자신을 위해서 쓰는 경우(b-1)'와 '전문가층을 독자로 상정하고 쓰는 경우'(b-2)가 있겠다.

중국이나 우리나라를 비롯한 동양에서는 시가 민풍을 순화한다고 인식했다. 그래서 전국 곡곡의 민요를 모아서 책으로 엮었다. 그것이 시경(詩經)이다. 자연히 독자는 궁중의 관리는 물론이고 만백성을 독자로 상정하고 엮은 것이 된다. 공자는 시경의 시에는 도(道)가 담겨 있다고 했다. 자연히 독자는 그를 따르는 제자와 그의 학문을 흠모하고 따르는 유학자들이 되기 마련이었다. 넓게는 도에 따라 살아야 할 천하의 백성들이 독자가 되었겠다.

이처럼 소월의 '진달래꽃'에 담긴 시, 한용운의 '임의 침묵'에서 노래한 시, 박목월의 시, 유치환의 시는 '일반 대중 모두를 대상으로 하는 시'(a-1)라 할 것이다.

일반 대중을 독자로 하되 '일반 독자 중에서 일부 계층을 대상으로 하는 경우(a-2)'가 있다. 이름하여 '헌시(獻詩)'는 그 시를 헌납받는 이가 독자이다. 개인일 수도 있겠고, 가정이나 집안이나 궁중이나 나라일 수도 있겠다. 동시(童詩)나 교훈적인 시는 어린이 아동을 그리고 동시를 좋아하는 그룹의 일정 독자층을 독자로 상정하고 시를 쓴다고 하겠다. 행사시는 그 행사에 참여하는 이들이나 그 행사의 목적에 공감하는 이들을 대상으로 시를 쓸 것이다. 또한, 독자를 연령층으로 나누어서 청장년을 독자로 상정하고 시를 쓸 수도 있겠고, 장년이나 노년기의 독자를 독자로 상정하고 시를 지을 수도 있겠다. 여성이나 남성을 구분할 수도 있겠고, 여성 남성을 다시 연령별로 구별해서 상정할 수도 있겠다. 이념 시는, 이념을 같이하는 이들과 이념에 동조해 주기를 바라는 대상을 향해서 시를 지을 수도 있겠다. 종교시나, 철학시, 애국시 등 목적시들도 마찬가지이다. 시조와 가사는 한자를 모르는 이나 한자를 알아도 우리말로 시가를 누리고자 하는 양반들을 대상으로 짓고 누리던 시가들이고, 엇시조, 사설시조, 평민 가사는 평민들에 의해서 지어지고 평민들이 누리던 시가이다. 한시나 시조나 가사 중 풍류가는 풍류객들에 의해서 지어지고 구가 되었었다. 이름대로 내방가사는 부녀자들이 짓고 누리던 독자층이 분명했던 시가였다. 이런 시들은 모두 일반 대중을 독자로 하되, '일반 독자 중에서 일부 계층을 대상으로 하는 경우(a-2)'라 할 것이다.

반면에 오랜 세월 동안 구가되어 오던 사조(思潮)에 반기를 들고, 보다 나은 예술, 문학, 시를 창조한다는 예술가적 욕구(자아실현 욕구), 곧 문화적 선구자로서의 사명의식으로 시를 써서, 시문학사에 변화를 준 도전적 실험적인 시를 쓴 시인들은, 자신들의 시가 대중들의 사랑을 받기를 소망하면서, 시작 활동과 시문학 활동을 하지는 않았을 것이다. 낭만주의에 반기를 들고 신고전주의를 주창한 흄의 시, 주지주의를 제창한 엘리엇의 시, 초현실주의, 다다이즘 시를 실험했던 T. 차라와 브르통의 시, 그리고 우리나라에서 초현실주의 시를 실험했던 이상의 시, 만들어지는 시, 생각하는 시를 선호하면서 무의미시를 시도했던 김춘수의 시 등을 예로 살피더라도, 그들도 먼 훗날에는 시가 이런 방향으로 쓰이어지기를 바라고, 궁극에는 자신들의 시가 독자들에게 읽혀지기를 소망하였겠지만, 그들이 시도한 시풍은 그들의 소망대로 사조를 바꾸기도 했고, 일부는 시문학에 영향을 끼치기는 했지만, 단명에 그친 실험들도 있었다. 여하튼 이들 시인들은 초창기에 자신의 시를 쓰면서 자신을 향해(위해)서 (b-1) 쓰거나 전문가들의 이해와 호응을 기대하면서 썼다고 해야 할 것이다. (b-2)

다음으로 서구의 시풍을 수용하여 생각하는 시, 보여주는 시, 상징적인 시를 도모하려 힘썼던 정지용의 후기 시나 황석우의 일부의 시나 박남수 시 일부, 박인환의 시 등 소위 난해함을 추구했던 시인들의 시들은 시적 지식이 있는 '전문가층을 독자로 상정하고 쓴 경우' (b-2)라 하겠다.

경우가 조금 다르기는 하지만 부녀자의 글이라서 세상에 내어놓지는 못했으나 자신의 시심을 시로 토로해 두기만 했던 허난설헌이나 신사임당의 시는 나(시인 자신)를 위해서 쓴 시(b-1)의 예가 될 것이요, 한문학을 한 학자들이 그들의 시단에 내어놓아서 사신의 시문학적 역량과 학문과 인품을 인정받기를 소망했던 한시(漢詩)는 '전문가층을 독자로 상정하고 쓴 경우'(b-2)라 할 것이다.

이렇게 볼 때, 시는 다양한 의도와 목적에 따라서 이에 부합하는 독자를 상정하고 그 의도와 목적을 달성하고자 했음을 볼 수 있다.

우리도 자신의 시를 누구(어떤 층)가 읽어 주기를 기대하는가를 염두에 두고 ,시를 쓸 필요가 있다고도 하겠다. 예를 들면, 10대 후반에서 20대 초반의 여성들에게 달콤한 사랑을 꿈꾸게 한다든지, 2, 3, 4십대 남성들에게 꿈과 용기와 인생의 풍요로움을 갖게 하고 누리게 한다거나, 노년의 독자들에게 삶의 여유와 위로와 즐거움을 주고자 하는 등등으로, 독자를 상정하고 시를 쓴다면 목적을 분명히 할 수도 있겠고, 자신의 시 세계를 규정지을 수도 있겠다. 쉽게 독자들의 사랑을 받을 수도 있겠다.

♣ 실습 : 1. 자신의 시 창작 동기는 주로 어느 유형에 가까운지 생각해보자.

2. 행(行)과 연(聯) 만들기

문학이란, 또는 시 창작이란 무질서한 사물이나 정서를 질서화시키는 작업이라 할 수 있다. 시에서 행을 구분하고, 연을 만들고, 행이 모여서 연이 되고, 연이 모여서, 한 편의 시를 이루는 형식도 그 질서화를 위한 방편이라 할 수 있다.

1) 시의 형태(形態)

형태(形態)란 사물의 생긴 모양, 곧 생김새라는 말이다. 그러니 이를 시에 적용하면 시가 생긴 모양, 곧 시의 생김새를 말한다. 곧 시가 완성되어 있는 모양을 말한다. 정형시는 정해진 형태가 먼저 있고 그 형태 안에 소재, 주제, 그리고 그에 따르는 언어, 교양, 정서 등을 담는 것이고, 자유시는 형태를 염두에 두고 시를 만들어 가는 것이 아니라, 언어 소재 주제 등이 먼저 있은 후에 서서히 형태가 이루어져 가면서 한 편의 시작품이 탄생되는 것이다.

> 그대가 바람으로 생겨났으면!
> 달 돋는 개여울의 빈 들 속에서
> 내 옷의 앞자락을 불기나 하지.
>
> 우리가 굼벵이로 생겨났으면!
> 비오는 저녁 캄캄한 영 기슭의
> 미욱한 꿈이나 꾸어를 보지.
>
> 만일에 그대가 바다 난 끝의
> 벼랑의 돌로나 생겨났다면
> 둘이 안고 굴며 떨어지지.
>
> 만일에 나의 몸이 불귀신이면
> 그대의 가슴 속을 밤새도록 태워
> 둘이 함께 재 되어 스러지지
>
>   - 김소월, 개여울의 노래 -

이 시에서 소월은 1행을 7.5조로 하고, 이 1행들을 3행으로 이어서 1연을 만들고, 이를 4개의 연으로 해서 한 수의 시를 구성할 것을 의도적으로 작정을 하고 썼다고 할 것이다. 자유시에서 시인은 그 형태를 이처럼 염두에 두고 시를 지을 수도 있겠고, 시를 지으면서 고심하면서 형태를 만들어 가기도 하고, 퇴고를 하면서 표현의 효과를 극대화하기 위해서 형태를 재구성하기도 한다. 앞에서 시의 구성을 학습했다.

2) 행(行)과 연(聯) 만들기

(1) 행(行)을 구분하라.

산문시를 제외하고, 대부분의 자유시는 행을 구분한다. 행을 구분함으로써, 여러 가지의 효과를 얻을 수 있다. 그 효과를 이해하면 어떻게 행을 구분해야 하는지를 이해하게 된다.

① 기능

행을 구분하면 의미(강조하는)의 변화를 얻을 수 있다. 그리고 리듬의 변화 곧 음악성을 얻을 수 있다. 그리고 시각(형태적)적 변화를 줄 수 있다.

   a. 나는 너를 사랑한다.

a.는 평범한 하나의 산문 문장이다. 이 산문 문장도 행을 달리하면 a와 같이 한 행으로 배열해서 읽을 때와는 달리 리듬과 의미상에서 다른 효과를 얻을 수 있다. 행의 구분이 주는 효과를 살펴보기 위하여, 행에 변화를 주어보자.

   b. 나는 너를
     사랑한다.

b.와 같이 표기함으로써, '나'와 '너'라는 존재와 관계성이 강하고 선명하게 드러나고 있으며, '사랑한다'는 의미가 보다 강하게 전달되고 있음을 볼 수 있다. 1, 2행이 같은 길이로 구분됨으로써, 행과 행 사이에 휴지가 있게 되고, 이에 따라 같은 길이의 어구가 이어지는 데서 오는 리듬을 얻을 수 있다.

   c. 나는
     너를 사랑한다.

c.와 같이 배열함으로써 '나는' 이란 의미가 도드라지게 드러나고(강조되고) 있음을 볼 수 있고, '사랑한다'는 의미가 b.보다는 조금 덜 강조됨을 느낄 수 있다. 행 바꿈으로 '나는' 뒤에 휴지가 생김으로써, '너를'과 '사랑한다'를 이어서 소리 냄으로써, 그리고 짧은 행과 긴 행의 차이 등으로 리듬에 변화가 있음을 발견할 수 있다.

   d. 나는
      너를
      사랑한다.

d.와 같이 표기를 함으로써 '나는'과 '너는'이 각각 강조되고 있으며 '사랑한다.'는 의미도 강조되고 있음을 볼 수 있다. 그리고 휴지의 변화에 따라 리듬에도 변화가 있음을 볼 수 있다.

   e. 사랑한다.
      나는 너를

e.와 같이 문장성분의 위치를 도치시켜서 표기를 한다면, '사랑한다'는 말에 더욱 힘이 주어지고, 이 말의 의미가 강조되고 있음을 볼 수 있다. 또한 리듬의 변화도 볼 수 있다.

   f. 나는   g. 너를   h. 사랑한다.   I. 사랑한다.
     사랑한다.   사랑한다.   나는   너를
     너를   나는   너를   나는

f, g, h, i 같이 표기를 해보아도 의미가 강조되는 부분과 리듬이 달라짐을 느낄 수 있다.

   j. 나
       는
         너를
      사
       랑
      한다.

j.와 같이 형태주의 시인들의 표기처럼 표기를 한다면, 이 또한 시인이 의미나 리듬이나 형태에서 노리는 바가 있다고 할 수 있으리라.

② 행(行) 만들기

그러면 행은 어떻게 만드느냐는 의문이 생긴다. 앞에서 보았듯이 시인이 의미상 리듬상 형태상 의도가 있다면, 그 의도를 살려서 행을 만드는 것이다. 또한, 독자의 편의를 위하여, 곧 독자가 읽기 쉽고, 이해하기 쉽고, 시인의 정서와 흥에 쉽게 공감, 동참할 수 있도록 하기 위하여 행을 바꾼다고 할 수도 있겠고, 역으로 시인이 전하고자 하는 진실에 도달하기 어렵게 하기 위해서 오히려 리듬을 깨고, 어절을 쪼개고, 행을 어지럽게 하는 경우(낯설게 하기)도 있다.

하나 보편적으로는, 대게 아래 4 가지 정도를 의식하고 행을 만든다고 하고 있다. 차례로 살펴보자.

ㄱ. 리듬을 고려해서
　ㄱ) 전통적 율격의 변용

예,1　이말도 지즛말이 져말도 거진말이
　　　是非를 뉘 아더니 하날이 알려마난
　　　어져버 九萬里 우희 뉘 올나가 살와보리
　　　　　　　　　　　　　　　　　　　－ 작자 미상, 고금진보 소재, 시조 －

우리말은 한 단어나 한 어절이 대개 3음절 4음절이 된다. 따라서 예,1 시조도 보면 1구(句)가 3(4), 4(3) 자(字)로 이루어지고, 이런 2구가 1행을 이루어서 1장(章)이 되고, 이 1장이 초중종장 3장으로 이어져서 1수(首)의 시조가 된다.

이러한 배행이 시조, 가사에서 보여주는 전통적 율격이다.

예,2　꽃이 피네, 한 잎 한 잎.
　　　한 하늘이 열리고 있네.

　　　마침내 남은 한 잎이
　　　마지막 떨고 있는 고비.

바람도 햇볕도 숨을 죽이네.
나도 가만 눈을 감네.　　　　　　　　　　　　　　　　　- 이호우, 개화 -

　예.1에서 보듯 전통적 율격은, 1행을 2구로 이어서 4음보 1행으로 배행하는 것인데, 예.2는 시조의 한 장(행)을 2구로 나누어서, 2행으로 배행하여 하나의 연으로 배열했다. 리듬도 다르고, 전달되는 의미도 달라짐을 느낀다. 또 한 행을 한 음보씩으로 나누는 경우가 있기도 하다.

　예.3　그립다 말을 할까 하니 그리워.
　　　　그냥 갈까 그래도 다시 더 한 번……

　예.4　그립다/
　　　　말을 할까//
　　　　하니/ 그리워.//

　　　　그냥 갈까/
　　　　그래도//
　　　　다시/ 더 한 번……//

　　　　저 산에도/ 까마귀,// 들에/ 까마귀,//
　　　　서산에는/ 해진다고//
　　　　지저/ 귑니다.//

　　　　앞강물/ 뒷강물//
　　　　흐르는/ 물은//
　　　　어서 따라/ 오라고// 따라/ 가자고//
　　　　흘러도/ 연달아// 흐릅/디다려.//　　　　　　- 김소월, 가는 길 -

　예.3과 같이 행을 배열하면 4음보(7·5조 3음보로 읽을 수도)로 표기함으로써, 리듬의 속도가 빠르고 밋밋하다. 그래서 이별의 감정이 덜 곡진하다. 반면에 예.4의 1, 2연처럼 행을 바꿈으로써 각 행마다 호흡이 끈기는 리듬을 얻게 되고, 행마다의 의미가 강조됨을 느낄 수 있다.
　이 시는 전통적 율격을 많이 따른 현대시이다. /은 1 음보 //는 1구로 되어 있고, 2구는 시조에서의 1장과 같은 구실을 하고 있음을 본다. 전통적 율격을 바탕으로 하되, 다만 시인이 의미상 리듬상 형태상 행에 변화를 주고 있음을 본다.
　예.4와 달리, 전통적 율격을 중히 여긴 시가 아니라 하더라도, 우리말의 한 어절이 대개 3음절 4음절인 관계로, 3(4)음절 1음보를 1행으로 하거나, 2음보를 1행으로 하거나, 이를 3 혹은 4음보 5음보로 나열할 경우가 많은 것이 현실이다.
　여하튼, 시에서 행의 바꿈은 리듬을 고려해서 배열하는 것임을 알 수 있다. 뿐만 아니라 행의 변화는 단순히 리듬만을 의도한 것이 아니라, 필연적으로 의미 전달과도 관련이 있음을 볼 수 있다.

　　ㄴ. 이미지 단위의 배열
　카다조노 카즈에(北園克衛)는 "시의 행 구분에 있어서 각 행은 그 속에 있는 사상(思想)의 분량에 따라 결정되어 균형을 취한다고 하지만, 사상의 분량이란 의미의 분량이고, 의미의 분량이란 이미지의 분량이나 형태와 같은 것이다."라고 말해서 이미지의 분량에 따라 행을 구분하는 것을 강조하고 있다.

　　예,1　남으로 창을 내겠소.
　　　　　밭이 한참갈이
　　　　　괭이로 파고
　　　　　호미론 김을 매지요.

　　　　　구름이 꼬인다 갈 리 있소.
　　　　　새 노래는 공으로 들으랴오.
　　　　　강냉이가 익걸랑
　　　　　함께 와 자셔도 좋소.

　　　　　왜 사냐건
　　　　　웃지요.　　　　　　　　　　　　　- 김상용, 남(南)으로 창(窓)을 내겠소 -

　예,1은 창, 밭, 괭이, 호미, 구름, 새, 강냉이, 삶, 웃음이라는 이미지별로 행을 나누고 있음을 볼 수 있다.

　　예,2　나의 내부에도
　　　　　몇 마리의 새가 산다.

은유(隱喩)의 새가 아니라,
　　기왓골을
　　쫑,
　　쫑,
　　쫑,
　　옮아 앉는
　　실제(實在)의 새가 살고 있다.　　　　　　　　　　- 박남수, 새 -

　이 시도 리듬과 의미가 고려되어 행을 바꾸고 있기도 하지만, 이미지의 움직임을 행의 변화를 통해서 효과적으로 표현하고 있음을 본다. 〈쫑,쫑,쫑〉으로, 곧 횡으로 표현한 것보다, 새가 기왓골을 간격을 두고 옮겨 앉는 새의 모습이 선명하게 느껴지고, 시인의 내부에 순진 구구한 새에 대한 사랑의 마음이 움직이고 있음을 느끼게 한다. 이미지를 고려한 행의 변화를 보여주는 예이다.

　　ㄷ. 의미 단위의 배열

　예,3　나는 나룻배,
　　　　당신은 행인.

　　　　당신은 흙발로 나를 짓밟습니다.
　　　　나는 당신을 안고 물을 건너갑니다.
　　　　나는 당신을 안으면 얕으나 깊으나 급한 여울이나 건너갑니다.

　　　　만일 당신이 아니 오시면 나는 바람을 쐬고 눈비를 맞으며 밤에서 낮까지 당신을 기다리고 있습니다.
　　　　당신은 물만 건너면 나를 돌아보지도 않고 가십니다그려.

　　　　그러나 당신이 언제든지 오실 줄만은 알아요.
　　　　나는 당신을 기다리면서 날마다 날마다 낡아갑니다.

　　　　나는 나룻배,
　　　　당신은 행인.　　　　　　　　　　　　　　　　- 한용운, 나룻배와 행인 -

　예,3 시에서는 1연과 5연에서는 간결한 표현을 위해서 시어를 간결하게 표현했지만, 한용운은 산문성이 많은 시를 썼다. 한 문장을 완전한 통사구조(문장의 성분들을 충실히 갖춘 문장으로)를 가진 문장으로 표현하면서, 대개 한 문장을 한 행으로 표현했다. 그러면서도 격정적이고 리듬감은 살리고 있다. 행마다 의미가 배열되어 있다.

   예,4 길 잃은 노끈이
       한밤의 창틈을 엿본다.
       밀려왔다 밀려가는 어둠 속에서
       돋아난 한줄기 넝쿨이다.
       이브를 꾀어낸 사탄의 머리칼이다.
       어머니의 목을 조른 치마끈이다.
       버림받은 娼女의 陰毛다.
       일가를 묶어 물에 던진 밧줄이다.
       언젠가는 地球를 채어 갈 끈인지도 모른다.
       빨간 뱀의 혓바닥처럼
       한밤의 房 구석을 샅샅이 핥고 있다.   - 문덕수, 길 잃은 노끈 -

예,4 시 1~3행과 10~11행을 제외하고는 행마다 은유의 형식을 취하면서 의미가 배열되어 있다. 의미 단위로 행을 배열하는 방법을 보여주고 있다.

  의미에 따른 행의 배열은 완전한 문장으로 배열하는 것에만 한정되는 것은 아니다. 행을 어절(한 음보) 단위로 바꾸는 데서도, 의미를 더욱 강조한다거나 드러나게 하려는 의도를 가지고 행을 바꾼다면, 이도 또한 의미를 고려한 행의 배열이라 할 것이다. 이런 의미를 고려한 배열이 중심적인 배열 방법이라고도 하겠다.

   ㄹ. 시적인 구조(형태)를 의도해서

  시도 행과 연을 풀어서 산문처럼 행들을 이어서 쓰면, 시 같은 형태를 느끼기 어렵다. 역으로 산문을 어절별로 혹은 어구별로 의도적으로 행을 바꾸어보면, 그리고 몇 행을 묶어서 연처럼 배열해보면 우선 보기로는 시적인 인상을 느낄 수가 있다. 상세한 논의는 이어서 논의할 "연(聯)을 구별하라"에서 다시 논의하기로 한다.

♣ **실습** : 1. 자신의 애송시를 행 구분 없이 이어서 써보고 낭송해보자.
         2. 자신의 창작시를 다각도로 변화를 주어서 행 구분을 해보자.

(2) 연(聯)을 구별하라.

　연(聯 stanza)은 원래 이탈리아어로서 방(房)을 의미한다. 방이란 제각기 독립된 자리를 차지한다. 그러면서 서로서로 유기적인 관련을 가지고, 한 채의 집을 이룬다. 연은 시에 있어서도, 집에 있어서의 방과 같은 구실을 한다.

　① 기능

　시에서의 연의 기능은 산문에서의 문단에 해당한다고 보겠다. 산문에서의 문단이란, 하나 혹은 몇 개의 문장을 이어서 만든 하나의 큰 의미 덩어리이다. 이런 문단들이 통일되고 질서 있게 배열됨으로써, 하나의 글을 이루게 된다. 이런 문단들은 글에 체계를 부여하고 통일성과 질서를 갖게 함으로써, 독자들이 글을 쉽게 읽을 수 있도록 도와주고, 의미를 쉽게 파악할 수 있도록 도와주는 기능을 한다.

　시에서의 연도, 산문에서의 문단처럼 시를 이루는 의미의 단락들이라 할 것이다. 그러므로 연도, 시에서 단락을 이룸으로써, 시에 질서와 조화 있는 체계를 부여하고, 통일성을 부여함으로써, 시를 읽기 쉽게 하고, 의미를 쉽게 파악할 수 있도록 도와주는 기능을 한다.

　또한, 행에서처럼 시도 연을 구분함으로써, 읽는 데에 휴지(休止)를 (행바꿈에서보다 길게) 줌으로써, 리듬감을 느끼게 하고, 형태적 변화를 주어, 시적(詩的)인 시각적 효능을 갖게 한다.

　또한, 이미지별로 연을 만듦으로써, 의도한 이미지의 표현과 전달을 용이하게 할 수 있게 한다.

　시는 운문이다. 행의 구분이 없고 연의 구분이 없는 산문을 읽거나 산문 시를 읽어 보라. 얼마나 갑갑한가? 산문보다는 낫지만, 연의 구분이 없는 산문시도 읽어보면 갑갑하고 답답하기는 마찬가지이다. 행은 간결하게 구분하면서도 연의 구분이 없는 단연시도 산문시보다는 낫지만 갑갑하기는 마찬가지이다. 따라서 산문시나 단연시도 리듬감을 얻기가 어렵다. 그러므로 음악성이 적어서, 의미에서 얻는 정서적 감동 외에는 형태로나 리듬으로 감흥을 얻기가 어렵다.

　이런 산문이나 산문시, 단연시(單聯詩)와는 달리 행을 간결하게 구분하고 연을 구분함으로써, 행과 연의 변화에 따라 읽는 속도, 호흡의 길이와 휴지(休止)에 변화를 얻고, 리듬을 얻고, 형태에 변화를 줌으로써, 효과적인 의미 전달과 정서의 표현에 많은 도움을 얻을 수 있다.

② 연(聯) 만들기

연의 의미와 기능을 살펴보았다. 그러면 시에서 연은 어떻게 만드는지 알아보자. 시인은 여러 가지를 의도하여 연을 구분한다.

ㄱ. 리듬(호흡상)을 고려해서
　ㄱ) 전통적 율격의 변용

행에서처럼 연에서도 하나의 시를 몇 개의 연으로 구분을 함으로써, 리듬을 얻게 된다. 어느 곳에서 연을 잘라 구분하면, 어떤 음악성을 얻을 것이라고 시인이 의도하는 바대로 연을 구분하면 된다. 서정주의 "국화 옆에서"를 연의 구분이 없이 단연 시처럼 이어서 써보자.

예,1 　한송이 국화꽃을 피우기 위하여
　　　봄부터 소쩍새는
　　　그렇게 울었나보다
　　　한송이 국화꽃을 피우기 위하여
　　　천둥은 먹구름 속에서
　　　또 그렇게 울었나보다
　　　그립고 아쉬움에 가슴 조이던
　　　머언 머언 젊음의 뒤안길에서
　　　인제는 돌아와 거울 앞에선
　　　내 누님같이 생긴 꽃이여
　　　노란 네 꽃잎이 피려고
　　　간밤엔 무서리가 저리내리고
　　　내게는 잠도 오지 않았나보다　　　　　　　　　　- 서정주, 국화(菊花) 옆에서 -

이렇게 연 구분 없이 단연시처럼 이어서 배열해보면. 연의 구분이 있던 원래의 시보다 우선 시각적으로 형태상으로도 갑갑하다. 그리고 연별로 휴지(休止)가 없으므로, 호흡이 가쁘다. 리듬이 달라짐을 읽자마자 느낄 수 있다. 따라서 원 시가 주는 감흥을 얻기가 어려움을 볼 수 있다.

원래의 이 시의 1, 2연(예,2)을 예,3과 같이 4행 1연으로 배열해보자.

예,2 한송이 국화꽃을 피우기 위하여
　　　봄부터 소쩍새는
　　　그렇게 울었나보다

　　　한송이 국화꽃을 피우기 위하여
　　　천둥은 먹구름 속에서
　　　또 그렇게 울었나보다

예,3 한송이 국화꽃을 피우기 위하여
　　　봄부터 소쩍새는 그렇게 울었나보다
　　　한송이 국화꽃을 피우기 위하여
　　　천둥은 먹구름 속에서 또 그렇게 울었나보다

　우리는 행과 연을 구분하면서 전통적 율격에 변화를 주어서 행과 연을 구분하는 경우가 많다.
　예,3은 예,2 원래의 이 시 1, 2연을 이어서 4행 1연처럼 배열해 놓은 것이다. 그리고 보니, 1음보가 3~4자로 1음보를 이룬 행이 4행으로 이어진 것을 볼 수 있다. 이렇게 놓고 보니 시조나 가사에서 보는 전통적 4음보격이다. 여기에다가 작자는 리듬을 의도하고, 그리고 의미를 효과적으로 전하려는 의도로 예,2(원래의 시)와 같이 연에 변화를 주었음을 알 수 있다. 이 시도 우리의 전통적 율격을 바탕으로 해서 의도적으로 변화를 준 것임을 볼 수 있다.
　행을 바꾸고 연을 구별함으로써, 리듬이 달라지고 의미 전달과 감흥이 달라짐을 볼 수 있다. 연을 구분함으로써, "한송이 국화꽃을 피우기 위하여"라는 행을 어색하지 않게 반복하여 놓을 수 있고, 따라서 의미를 강하게 부여할 수도 있고, 간결하면서도 맑은 리듬도 얻을 수도 있음을 볼 수 있다.

　　　ㄴ. 이미지 단위의 배열

예,1 이 비 그치면
　　　내 마음 강나루 긴 언덕에
　　　서러운 풀빛이 짙어 오것다.

　　　푸르른 보리밭 길

맑은 하늘에
종달새만 무에라고 지껄이것다.

이 비 그치면
시새워 벙글어질 고운 꽃밭 속
처녀 애들 짝하여 새로이 서고

임 앞에 타오르는
향연과 같이
땅에선 또 아지랑이 타오르것다.   - 이수복, 봄비 -

　각 연마다 봄의 이미지를 풀빛, 종달새, 꽃, 아지랑이라는 이미지로 표현하고 있다. 이런 이미지들을 중심으로, 연을 구별했다. 또한, 1연은 시각적 이미지로 표현하고, 2연에는 청각적 이미지로, 3연은 시각적 촉각적 이미지로, 4연도 시각적 이미지로 연을 구분했다. 이렇게 시인이 의도하는 이미지별로 예,1에서처럼 연을 구분할 수도 있다.

　　ㄷ. 의미 단위의 배열
　서정주의 '국화 옆에서'라는 시의 연을 이무렇게나 흩어보자.

　　예,1　한송이 국화꽃을 피우기 위하여
　　　　봄부터 소쩍새는

　　　　그렇게 울었나보다
　　　　한송이 국화꽃을 피우기 위하여
　　　　천둥은 먹구름 속에서

　　　　또 그렇게 울었나보다
　　　　그립고 아쉬움에 가슴 조이던
　　　　머언 머언 젊음의 뒤안길에서

　　　　인제는 돌아와 거울 앞에선
　　　　내 누님같이 생긴 꽃이여
　　　　노란 네 꽃잎이 피려고

　　　　간밤엔 무서리가 저리내리고
　　　　내게는 잠도 오지 않았나보다　　　　　　　　　- 서정주, '국화옆에서' -

　의미 전달이 어려움을 볼 수 있다. 연마다 완결성이 없고, 무질서함을 볼 수 있다. 이렇게 흩어 놓고 보니, 리듬도 연의 구분과 의미와 무관하지 않음을 알 수도 있다. 특히 내재율은 의미와 행과 연의 구분과 밀접한 관련이 있음도 알 수 있다. 이처럼 시의 연 구분은, 대부분 의미를 중심으로 구분한다고 해도 과언이 아니다.

　　ㄹ. 시의 구조(형태)를 의도해서

　　예,1　다람쥐
　　　　　보일러는

　　　　　참으로 좋은
　　　　　보일러입니다.

　　　　　디자인도
　　　　　참신하고

　　　　　열효율도 높고
　　　　　사용 연한도 길고

　　　　　가격은 더욱
　　　　　저렴합니다.

　이 글은 누가 보아도 시가 아님을 알 수 있다. 흔히 보는 상품을 광고하는 광고문, 곧 실용문이다. 그러나 이렇게 시처럼 행을 구분하고, 연을 만들어서 배열을 하고 보니, 이 글을 다 읽지 않고 얼핏 보아서는 시 같은 모양새(형태)를 느낄 수 있다.
　역으로 예,2처럼 시를 연과 행의 구별 없이 이어서 배열해 놓고 보면, 이것이 시라고 느껴지지 않을 수도 있다. 허영자의 '가을 (1)'이라는 시의 일부를 행과 연의 구별이 없이 달아서 배열해보자.

　　예,2　처음 죄를 지은 이브가 바라던 하늘이 저런 빛이었을까 한 오리 티끌도 그을

음도 없이 불타버린 잿더미 그 허허로운 잿더미 그 허허로운 마음 가득 울려 오던 소리가 바로 저런 바람 소리였을까? -하략-

  원래 이 시는 3연으로 된 시로서 1연은 3행, 2연도 3행, 3연은 4행으로 이루어진 시이다. 그런데 이렇게 풀어서 산문처럼 배열하여서 읽어보면, 시인의 시어가 시적인 표현을 의도한 부분이 많고 내용과 정서가 시적임을 느낄 수는 있지만, 얼핏 보아서는 그 인상이 시라기보다는 산문처럼 보인다.

  이런 예들에서 볼 수 있는 것처럼, 시는 행과 연을 구별함으로써, 독자로 하여금, '이 글은 시로구나' 하고 인식되도록 하는 형태를 부여해 주는 중요한 기능을 하고 있음을 볼 수 있다.

  아울러 리듬과 의미의 전달에도 크게 이바지하고 있음을 알 수 있다.

  연의 구분 없이 시어들을 이어놓기만 한다면, 이는 마치 산문에서 하나의 글을 문단 구분 없이 이어놓은 것과 다름이 없다고 할 것이다.

(3) 행과 연을 의도적으로 무시하는 시들

① 산문시

  시인들이 현대시에서 산문시라는 명칭으로, 시라고 발표하는 시들이 있다. (필자는 이러한 글을 시와 산문 사이에서 또 다른 장르를 모색해 보려는 노력 정도로 이해하는 것이 좋을 듯하다는 생각을 갖는다. 이것이 '산문시'에 대한 필자의 기본입장이다.)

  예,1 저문다는 것, 날 저문다는 것은 마땅
       히 만상이 서서히 자신의 색을 지우며
       서로의 속으로 스미는 일이라야 했다 알
       게 모르게 조금씩 서로의 그림자에 물들
       어가는 일이라야 했다 그렇게 한 결로
       풀어졌을 때, 흑암의 거대한 아궁이 속
       으로 함께 걸어가는 일이라야 했다.

       너를 바래다주고 오는 먼 밤, 제몫의
       어둠을 족쇄처럼 차고 앉은 하늘과 땅을

보았다. 개울은 개울의 어둠을 아카시아
　　　는 아카시아의 어둠을 틀어 안고 바윗덩
　　　어리처럼 딱딱하게 굳어가고 있었다 누구
　　　도 제 어둠의 단애 밖으로는 한 발짝도
　　　내딛지 못하고 있었다 한 어둠을 손 잡
　　　아주는 다른 어둠의 손 같은 건 볼 수
　　　없었다.　　　　　　　 - 유인서 시집 '그는 늘 왼쪽에 앉는다.' -

　이 시는 산문시라고 해야겠는데, 행과 연의 개념이 서툴거나 의도적으로 행과 연이라는 것을 무시하려고 애쓴 시의 한 예라고 하겠다. 예,1에는 산문시라고 하면서 연은 둘로 나누고는 있다. 그런데 필자의 아둔한 눈으로 보기에는, 1연과 2연 간에 별 연관이 없으므로 차라리 각각 별개의 시로 내놓았으면 좋을 법도 하고, 어느 한 연을 약해도 별 상관이 없을 법한 연이 굳이 이어져 있다고 보여진다. '낯설게 하기'를 의도해서인지, 행을 구분하면서 원고지에서처럼 조사나 어미를 의도적으로 어절을 쪼개어서 행 바꿈을 하기도 했고, 더구나 한 단어를 쪼개어서 음절 단위로 행 바꿈 하기도 했다. 물론 실험적인 시작 태도라고도 할 수 있겠고, 시로서의 미흡함을 숨기고 뭔가 있어 보이려고 노력한 시인의 몸부림일 수도 있겠다. 물론 쓰는 것은 나의 일이고 읽는 것은 당신들의 일이라고 던져버릴 수는 있겠다.

　여하튼 필자의 짧은 눈으로는 행과 연의 개념이 서툰 시로 보인다. 아무튼, 행을 간결하게 만들어서 재배열하고, 연을 재구성해서 몇 개의 연으로 재배치한다면, 시인이 의도한 시작 의도를 살릴 수는 없을까 하는 생각이 드는 시이다.

　그 외에 앞의 여러 장에서 예로 든 산문시들은 행과 연의 구분이 없이 산문으로 늘어놓고 있음을 보았다.

　　② 초현실주의, 다다이즘, 모더니즘 경향의 시

　　예,2　나는거울없는실내에있다.　거울속의나는역시외출중이다.　나는지금거울속의
　　　　　나를무서워하며떨고있다.　거울속의나는어디가서나를어떻게하려는음모를
　　　　　하는중일까.　　　　　　　　　　　　　　　　　　　　- 이상, 시제15호,1장 -

　이상은 우리 시에 초현실주의적인 시를 실험한 시인이다. 이 시는 띄어쓰기도, 행

의 구분도, 연의 구분도 없는 산문시이다. 지금까지 시라고 해왔던 시들에 쓰인 시어의 언어적 틀들을 파괴해보려고 노력한 실험적인 시이다. 그러니 행과 연을 의식할 리가 없다.

이렇게 초현실주의, 다다이즘, 모더니즘 등의 경향들을 추구하려 했던 시들은 기존의 시, 일반적인 시, 전통적인 시의 틀을 파괴하고자 하는 실험을 해왔으므로, 행과 연을 의식하지 않았지만, 우리는 효과적인 표현을 위해 음악성을 얻기 위해, 독자를 위해 행과 연을 적절히 활용하여 훌륭한 시를 만들어야 하겠다.

♣ **실습 :** 1. 자신의 애송시를 행과 연 구분 없이 이어서 써보고 낭송해보자.
         2. 자신의 창작시를 다각도로 행과 연에 변화를 주어서 써보고 낭송해보자.

3. 제목 붙이기

漢詩는 제목이 있었다. 그러나 고시조에는 "오우가" "어부사시사"처럼 제목이 있는 경우도 드물게 있었지만, 제목이 없었다. 그러나 현대시에 와서는 시에 제목이 있다. 정도의 차이는 있겠지만 대부분의 시의 제목은 시의 주제와 내용과 관련이 있다고 볼 것이다.

제목 붙이기를 생각하면, 먼저 제목 붙이기의 선후 문제를 생각해 볼 수 있겠고, 무엇을 제목으로 하는가를 생각해볼 수 있겠고, 시의 경향에 따라 시인에 따라서 제목이 그 시에서 기여하는 역할(중요도, 비중)을 생각해 볼 수 있을 것이다.

1) 제목 붙이기의 선후 문제

우리가 시를 지어보면 제목(제목까지가 아니면 주제나 내용)을 먼저 염두에 두고 시를 짓는 경우도 있고, 시상(詩想)이나 시구(詩句)가 떠올라서 시를 짓는 경우도 있고, 시를 지으면서 혹은 시를 다 짓고 나서, 제목을 붙이는 경우도 있다.

(1) 제목 먼저
제목을 먼저 선정하고 시를 지어야 한다고 주장하는 분이 있다. 왜 제목 선정이 먼저라고 말하는지 들어보자.

> 시를 쓰게 될 때는 의식 무의식 간에 주제를 선정하고 제목도 정해둘 필요가 있다.
> 적합한 제목이 생각나지 않을 경우에는 가제(假題)라도 정해둘 필요가 있다. 주제도 제목도 없이 무턱대고 써나가게 되면 초점이 흐려서, 산만해지기 쉽기 때문이다.43)

황송문은 시를 창작하려면 주제나 제목을 먼저 선정하고 창작해야 한다고 강조했다. 아니면 가제(假題)라도 정해두고 창작을 해야 한다고 했다. 그렇지 않으면 초점이 흐려져서 산만해진다고 했다. 필자도 이것이 일반적이고 순리라고 생각한다.

(2) 시 창작 먼저

T. S 엘리엇은 "전달해야 할 것은 시편(Poem)이 이루어지기 전에는 존재하지 않았다."라고 했다. 이 말은 시가 완성되어야만 그 시에서 전달할 내용과 주제가 형성된다는 말이다.

이렇게 제목과 주제 사이에 관련이 있다고 본다면, 시를 먼저 짓고 난 뒤에 제목을 붙여야 한다고 주장하는 입장임을 볼 수 있다. 또 다른 사람도 이런 주장을 하는 분들이 있다.

> 시가 먼저 생기느냐, 제목이 먼저 생기느냐 하면, 물론 시가 창조된 이후에 제목이 있어야 할 것은 순서상 당연한 일일 것입니다. 그런데, 실제상에 있어서 어떤 분은, 예를 들면 <가을>이라는 제목부터 먼저 생각해 가지고 시작하는 분이 있습니다. 말하자면 이것은 아이를 낳기 전에 이름을 짓는 것과 마찬가지로 본말 전도라고 할 것입니다. 그러므로, 이런 태도는 삼가야 할 것입니다.44)

김용호는 아이를 낳고 난 뒤에 이름을 짓는 것처럼 일도양단 간에 시 짓기가 먼저이고 제목이 뒤라고 단정하고 있다. 시 짓는 일이 먼저이고 제목 붙이는 일이 뒤라는 주장이다. 이치상 일견 그를 법도 하다. 그러나 과연 '제목 먼저 시 짓기 뒤'라는 창작 태도는 삼갈 일이라고 단언하는 주장은 전적으로 옳은 일일까?

---

43) 황송문, 현대시 창작법, 국학 자료원, p.114
44) 박명용, 현대시 창작방법, 국학자료원, p.224, 재인용

(3) 시관(詩觀)과 시 창작 태도에 따른 선후

단순히 선후 문제가 아니라, 그 시인의 시관과 시 창작 태도에 따라서, 선후 문제가 달라진다는 주장을 하는 경우도 있다.

> 자기 체험을 주로 언어의 논리적 의미를 통해서 남에게 전달하는 것을 시라고 생각하는 사람들이 있다. 이런 사람들은 인생론(人生論)이 시를 만들게 하는 가장 중요한 원인이 된다고 생각한다. …… 이런 휴머니스트인 시인들은 제목에 많은 관심을 기울인다. …… 인생의 온갖 체험이 휴머니스트로 하여금 시를 쓰라고 재촉할 때, 그러한 인생의 온갖 체험을 체험 그대로 거짓 없이 표현해서 전달코자 노력할 것이다.
> 이때 그 인생의 온갖 체험은 두 말할 나위 없이 시의 내용이 될 것인데, 이런 휴머니스트들은 시의 내용이 미리 정해져야 시를 쓸 수가 있을 것이고, 내용을 상징해서 한눈에 알게 하는 제목이 정해져야 붓을 댈 것이다. 내용과 제목을 비교하는 얼마 동안 이 시를 쓰기 전에 필요해 진다. 물론 위와 같은 시인들에 있어서도 미리 정한 제목이 마음에 들지 않는 경우가 얼마든지 있을 수 있다. 따라서 나중에 또는 시작 도중에 제목을 고치는 수도 있다.[45]

김춘수는 일반적인 서정 시인을, 자신의 체험을 바탕으로 한 자신의 인생관에 의한 인생론을 언어의 의미 전달 기능을 활용해서 표현하는 이들이라고 하면서, 이런 시인을 '휴머니스트'라고 명명하고 있다. 이런 휴머니스트 시인들에게는 제목이 중요하고 제목이 정해져야 시(실은 김춘수는 이런 시를, 산문을 시적으로 진술했을 뿐이지 시라고 할 수 없다고 하였음)를 쓸 수 있다고 하고 있다. 미리 정해진 제목과 내용을 바탕으로 시를 짓는다고 했다. 그러면서, 시작 도중에, 나중에 제목을 고칠 수는 있으되, 내용이 크게 빗나갈 수는 없다고 했다.

주로 낭만적인 시를 쓰는 시인, 서정적인 시를 쓰는 시인들은, 시의 제목을 표현하고자 하는 주제나 내용을 미리 염두에 두고 시를 짓는다는 말이다. 이렇게 김춘수는 휴머니스트들은 제목을 먼저 생각하고 시를 짓는다고 했다.

(4) 제목을 의식하지 않는 경우

김춘수는 형태주의(formalism) 시를 예로 들면서 제목이 필요 없다고 했다.

---

[45] 김춘수, 시의 이해와 작법 p.69 (자유지성사, 2003. 3, 19)

낡은 아코오딩은 대화를 관뒀습니다.

　　- 여보세요?

　　　폰폰 따리아
　　　마주르카
　　　디이젤 엔진에 피는 들국화

　　- 왜 그러십니까?

　　　　모래밭에서
　　　수화기(受話器)
　　　여인(女人)의 허벅지
　　　　　　낙지 까아만 그림자

　　비둘기와 소녀들의 랑데부
　　그 위에
　　손을 흔드는 파아란 깃폭들

　　나비는
　　기중기의
　　허리에 붙어서
　　푸른 바다의 층계를 헤아린다.　　　　　　　- 조향, 바다의 층계 -

　이 시는 일상적인 논리성으로부터 멀리 떠나 있다. 이 중의 5연은 각 행의 단어들을 높게 혹은 낮게 배치하고 있다. '모래밭', '수화기', '여인의 허벅지', '낙지 까만 그림자' 등이 이 시에서 차지하고 있는 높이대로 강하게(짙게) 혹은 약하게(희미하게) 시인의 의식의 흐름 속에서 명멸하는 것을 활자 배열을 통해서 시각적으로 보여주고 있다. 여기서 합리적이 아닌 순수한 이미지만의, 차원이 다른 가치체계가 나타나게 된다. 이러한 상태를 '형태주의'라 한다. 형태는 내용(인생 체험)과는 관계가 없기 때문에 형태주의는 인생론적 차원의 제목에 별로 관심을 가지지 않는다. 체험과 관계가 없다는 것은, 인생의 희로애락과 관계가 없다는 것을 뜻하는 동시에, 희로애락을 어떻게 처리하며 살아야 할 것인가 하는 윤리 문제와도 무관하다. 형태주의는 반(反) 휴머니즘의 차원에 서 있다. 형태주의 시는 제목이 있다고 하더라도 그림의 경우처럼 기껏해야 내용의 설명에 그치니까, 제목 따위는 붙이지 않아도 된다. 이 시의 제목은 '바다의 층계'로 되어 있는데 내용을 상징하고 있지 않다. 제목이 필요 없지만, 굳이 붙인 것은 독자를 위한 친절에 지나지 않는다.46)고 하며 형태주의 시는 제목이 필요하지 않다고 김춘수는 해설하고 있다.

이런 형태주의적 경향을 가진 시들처럼, "처음부터 제목이 염두에 없는(제목을 무시하는) 경우가 있다. 모더니즘적 경향을 보이는 시, 초현실주의적 경향의 시들은 주지적 경향을 보이면서, 보편적인 합리적인 내용과 정서 곧 의미의 효용성을 중하게 여기기보다 실험적인 창작 태도를 견지하면서, 순수한 이미지만의 또 다른 차원의 가치체계를 추구하기 때문에, 제목이 실은 필요가 없다.

그래서 그들은 시에 있는 허두(虛頭) 한 구를 제목으로 한다거나 '작품 1', 혹은 '2' 등으로 번호를 매겨두기도 한다. 이들은 시를 내용보다는 형식, 즉 시를 만들어 가는 과정을 보다 중하게 여기기 때문이다. 그들은, 제목은 내용과 관련이 있다고 여기므로, 내용보다는 이미지를 전달하려는 그들에게는 독자들에게 친절을 베푸느라고 기호 정도로 제목을 던져두는 정도로 족했다.

　　흰 식기(食器)
　　꽃
　　스푼
　　봄의 하오 3시
　　희다
　　희다
　　붉다
　　　　　　　　　　　　　　　- 키다조노 카즈에, 기호설(記號設) 일부 -

이 시도 일종의 순수시다. 이 시는 슬프다, 외롭다, 즐겁다, 아름답다든가 하는 경험의 세계가 논리적 질서를 따라 표현되어 있지 않다. 순수하게 시각적인 세계를 전개시켜 놓았다. 이 시의 제목이 '기호설(記號設)'이지만 제목을 보고 이 시의 내용을 짐작할 수는 없다. 이 시는 이미지만 던질 뿐 의미가 없다. 그러니 제목은 있을 뿐 역할이 없다.

---

46) 김춘수, 시의 이해와 작법, 자유지성사, p.73~74 참조

> 나는거울없는실내에있다. 거울속의나는역시외출중이다. 나는지금거울속의나를
> 무서워하며떨고있다. 거울속의나는어디가서나를어떻게하려는음모를하는중일까,
> — 이상, 시제15호 제1장 —

이 시는 이상의 '시제15호'라는 시의 1장이다. 이 시는 정서나 감각보다는 내부, 즉 의식을 분석하고 비판하고 있다. 전의식, 잠재의식의 세계를 보이고 있다. 제목을 '시제15호'라 한 것이나, 설령 제목을 '거울'이라 하나, '나'라고 하나, '음모'라고 하나 별 의미 없는 것이리라. 제목에 따라 주제를 염두에 두고 지은 시가 아니기 때문이다.

(5) 제목이 바뀌는 경우

시를 짓다 보면, A라는 주제로 시를 지어가다가 어휘 하나 선택으로, 혹은 생각의 변화로 인해서, B라는 주제로 주제가 바뀌는 경우가 있다. 예를 들면 '소박한 소망'을 주제로 시를 짓는데 전개 과정에 '내려놓음, 비움'이라는 주제로 바뀔 수도 있다. 혹은 다 짓고 나니 짓기 전에 생각한 제목보다 다른 제목이 더 어울리거나 시를 더욱 살리는 경우도 있다. 그럴 때에는 처음에 염두에 둔 제목을 바꾸는 경우도 있다.

(6) 제목 붙이기 전후 문제 소결(小結)

시 제목 붙이기의 전후를 주장하는 경우와 이 두 경우 외에 시의 제목을 무의미하게 여기는 경우를 살펴보았다. 서두에서 말한 것처럼 제목 붙이기의 전후 문제는 시인의 시관(詩觀)과 시 창작 태도와 시 하나하나의 개별 시들에 따라 달라질 수 있는 문제라고 할 것이다.

시를 짓는 과정은 경우에 따라, 사람에 따라 다를 수 있겠는데, 그런 과정들을 생각해 보면,

1) 제목 붙이기 → 구상 → 본문 집필 → 퇴고
2) 구상 → 본문 집필 → 제목 붙이기 → 퇴고
3) 구상 → 제목 붙이기 → 본문 집필 → 퇴고
4) 본문 집필 → 수정(재구상) → 퇴고 → 제목 붙이기

이와 같은 여러 시작(詩作) 과정들을 생각해 볼 수 있을 것이다.

필자의 경우, 시상(영감)이 떠오르는 때는 대개, 약간의 수정(퇴고)만 하면 될 정도로 여러 시행들이 떠오를 경우가 많았다. 이 시상을 놓치지 않고 즉시 잡아서 기록을

해두면 그 시상이 시가 되는데, 반면에 잠시 다른 일로 그 시상을 기록해 두지! 않아서(그 시상을 붙잡는 일에 소홀해서) 놓치고 나면, 다시 그 시상을 얻기가 어려웠음을 많이 경험했다. 그 시상은 시 전체일 경우도 있고, 시구 몇일 경우도 있고, 시행이 몇몇 개 떠오를 경우도 있었고, 주제나 소재일 수도 있었고, 제목일 경우도 있었다. 어떤 경우는 제목(주제) 아래 시 전체 내용(물론 퇴고는 거쳐야 하지만)이 떠오를 경우가 많았다. 제목과 주제 내용이 무관하지 않다는 입장이다. 나도 휴머니스트라고 폄하를 당하더라도 말이다.

결론을 내면 이러하다. 대부분의 시는 제목이 있고, 시인은 대부분 제목을 염두에 두고 시를 쓴다고 할 것이다. 제목을 뚜렷이 정해두지 않았거나 쓰는 과정에 바뀌거나 다 쓰고 나서 제목이 달라지는 경우라도 말이다. 제목의 선후 문제는, 그 시인의 시의 경향과 성향, 시인의 시관과 시인의 시작 태도, 시를 어떤 경우(계기)에 짓는가 하는 등등의 입장과 경우에 따라서 다양해질 수 있다고 해야 할 것이다. 그러므로 단적으로 양단간에 어느 것이 먼저이다. 라고 말하는 것은 바른 일이 아니라고 할 것이다.

2) 제목 붙이기

명심보감에 보면 하늘은 이름 없는 풀을 내지 않았다.(天不生無名之草)라는 말이 있다. 세상 만물에는 이름이 있다. 그 이름들을 보면 그 이름을 가진 사물의 속성이나 의미나 특성을 짐작하게 한다. 천지 만물은 그 이름을 통하여 자신의 존재와 의미를 드러낸다. 성명학에서는 이름이 정해지면 사람이 그 이름의 영향을 받는다고 하기도 하고, 사주팔자를 결정한다고도 한다.

이처럼 시에도 제목이 있다. 우리가 이름으로 그 사물을 이해하듯, 시를 볼 때 가장 먼저 그 시의 제목을 보게 된다. 제목은 곧 그 시의 얼굴인 것이다. 돌쇠나 마당쇠라는 이름을 가진 자가 고관대작이 되기를 기대하기는 어려울 것으로 보이듯, 시에서도 제목은 중요하다. 그 시의 제목이 그 시를 살리기도 하고 죽이기도 한다. 제목은 그 시의 일부이고, 어쩌면 그 시의 몸통이고 기둥이다.

그러면 제목을 정하면서 고려해 봄직한 몇 가지를 검토해보자.

첫째, 제목은 그 시의 내용과 일치하는가이다. 시는 주제를 드러내기 위하여 여러 부분이 통합되어서 하나의 전체를 이루기 때문에, 제목은 그 시가 가지고 있는 의미,

정서, 분위기 등에 알맞아야 하고 암시적이어야 한다.

둘째, 그 시의 제목만 보아도, 그 시를 읽어보고 싶을 정도로 참신하고 인상적이어야 한다.

셋째, 범위가 넓고 추상적인 것보다는, 구체적인 것이 독자의 감각을 자극하고 매혹을 느끼게 한다.

넷째, 보편적이고 상투적인 것은 가급적 피한다.

그러면 제목을 어떻게 붙이는지 여러 경우들을 보자.

(1) 주제의 제목화

시의 주제를 제목으로 삼는 경우가 일반적으로 많다. 대부분의 시는 그 시의 제목이, 그 시가 가진 의미, 정서 분위기 등을 드러내고 있다. 그래서 대부분의 시는 제목만 보아도 그 시의 의미, 정서 분위기 등을 짐작할 수 있다. 어쩌면 이것이 가장 정직한 제목이고, 모범 답이라고 보는 것이 옳지 않을까 하는 생각도 든다. 이럴 때, 그 시의 제목은 그 시와 일체를 이루는 것이 되고, 시 전체에 큰 영향을 주고, 근간이 되는 것이라고 하겠다.

> 주제와 제목은 물론 관련성이 있으나 표현에 있어서는 그 관련성이 직접적으로 나타날 수도 있고 간접적으로 나타날 수도 있으며, 전혀 알 수 없이 상징적으로, 또는 은유적으로 나타나는 경우도 있다.
> 그러나 주제나 제목은 직접적이거나 간접적이거나 또는 상징적이거나 은유적이거나 간에 그 작품의 내용과 무관할 수 없고, 또 무관해서도 안 된다는 점을 강조하고자 한다. 이것은 주제나 제목이 그 내용과 유기적인 상관관계를 유지해야 한다는 얘기다.[47]

시의 내용(주제)과 제목은 관련성이 깊다는 주장이다. 필자도 주제를 제목으로 하는 경우가 대부분이고 보편적이라고 생각한다.

엘리엇 T. S. Eliot의 '황무지(荒蕪地)'는 제1차 세계대전 후 유럽의 신앙 부재와 정신적 황폐를 상징적으로 표현한 장편시의 제목이다. 이 시의 주제는 황무지인데 주제를 제목으로 삼은 것이다. 소월의 '초혼(招魂)'도 정지용의 '향수'도 주제를 제목으로 삼은 것이다.

---

47) 황송문, 현대시 창작법, 국학 자료원, p.114

흔히 보이는 제목들로 사랑, 그리움, 행복 등은 관념어를 제목으로 한 것이고, 고향, 낙동강, 할머니, 다도해 등은 구체어를 제목으로 한 것들이다. 이들이 시에서 상징적으로 쓰였더라도 시의 내용과 관련이 있을 법한 제목들이다.

그런데, 이런 평범하고 진부한 것들은 가급적이면 제목으로는 사용하는 것을 피할 일이다. 하기는 봄, 가을, 엄마 같은 제목들이라 할지라도 시의 내용이 개성적이거나 참신하다면, 이런 제목들도 이전(以前) 시인들의 전유물로만 주어버릴 일은 아니기도 하다.

(2) 제제의 제목화

제재(題材)는 주제의 재료가 되는 것을 말하는데, 곧 시에 선택된 소재, 시의 중심이 되는 소재를 말한다.

소월의 '금잔디'라는 시의, '금잔디'는 제재를 제목으로 한 것이다.

잔디,
잔디,
금잔디,
深深山川에 붙는 불은
가신님 무덤가에 금잔디
봄이 왔네, 봄빛이 왔네
버드나무 끝에도 실 가지에.
봄빛이 왔네, 봄날이 왔네
深深山川에도 금잔디에.
― 김소월, 金잔디 ―

윤곤강의 '해바라기', 이육사의 '광야', 박목월의 '나그네', 김춘수의 '꽃', 박두진의 '해', 조지훈의 '승무', 서정주의 '국화 옆에서', 박남수의 '종소리', '새', 한하운의 '파랑새'와 같은 시들의 제목은 그 시의 주제를 드러내기 위해 선택된, 시의 중심이 되는 제재를 제목으로 한 시들이다.

(3) 단어, 어구, 문장의 제목화

제목을 붙이면서 그 시의 주제와 제재가 아닌, 그 시에 쓰인 시어 중에서 **단어 하나를 제목으로 하는 경우**가 있다.

나 보기가 역겨워
가실 때에는
말없이 고이 보내 드리우리다.

영변(寧邊)에 약산(藥山)
진달래꽃,
아름 따다 가실 길에 뿌리우리다.

가시는 걸음 걸음
놓인 그 꽃을
사뿐히 즈려 밟고 가시옵소서.

나 보기가 역겨워
가실 때에는
죽어도 아니 눈물 흘리우리다.

— 김소월, 진달래꽃 —

    소월의 '진달래꽃'은 시어들 중에서 하나의 단어를 제목화한 예라고 하겠다. 이 시의 주제를 '이별의 정한과 사랑의 승화'라고 본다면 제재는 '이별'이다. '진달래꽃'은 이 시에 쓰인 여러 소재들 중의 하나이다. 그중 하나인 한 단어를 제목화한 시이다.

나의 가는 곳
어디나 백일(白日)이 없을 소냐.

머언 미개적 유풍(遺風)을 그대로
성신(星辰)과 더불어 잠자고

비와 바람을 더불어 근심하고,
나의 생명과
생명에 속한 것을 열애하되,

삼가 애련(愛戀)에 빠지지 않음은
— 그는 치욕임일레라.

나의 원수와
원수에게 아첨하는 자에겐
가장 옳은 증오(憎惡)를 예비하였나니,

마지막 우러른 태양이
　　두 동공(瞳孔)에 해바라기처럼 박힌 채로
　　내 어느 불의(不意)에 즘생처럼 무찔리기로

　　오오, 나의 세상의 거룩한 일월(日月)에
　　또한 무슨 회한(悔恨)인들 남길쏘냐.　　　　　　　- 유치환의, 일월(日月) -

　유치환의 '일월(日月)'이란 제목의 시이다. 일월이라는 제목도 이 시에 쓰인 시어 하나를 제목으로 한 것이다. 물론 읽기에 따라서는 '일월(日月)'이 다른 시어들보다 비중이 높다고 볼 수도 있겠지만, '일월(日月)'은 이 시에서 주제도 제재도 내용도 대표하지 않는다.
　이런 제목을 택하는 시들 중에는, 시의 제목만 보면 무엇을 노래하고 있는지 쉽게 접근할 수 있는 것을 오히려 꺼리고, 독자들의 호기심을 자극하고, 단순성에서 벗어나고 모호성을 얻고 싶은 의도를 보인 것이라고 하겠다.
　다음으로는 시에 있는 **어구(語句)를 제목으로 하는 경우**도 있다. 박용철의 '떠나가는 배', 김윤성의 '어둠 속에 핀 꽃', 한용운의 '임의 침묵', 국효문의 '연꽃을 기다리며', 황금찬의 '찔레꽃 옆에서' 김동수의 '아침 숲에서' 신석정의 '임께서 부르시면' 김영랑의 '모란이 피기까지는' 조병화의 '해마다 봄이 오면' 등등 많은 시들에서 명사구, 부사구, 관형구 등 어구(語句)로 제목을 삼는 경우가 많다. 그리고 이런 경향은 점차로 그 비중이 높아가고 있다. 이 또한 단순성과 친절을 벗어나서, 신선함을 주고 충격을 주고 상상력을 자극하여 시에 무엇인가 있어 보이게 하려는 의도가 다분히 있다고 하겠다.
　다음은 **문장(文章)을 제목으로 한 경우**이다.
　이상화의 '빼앗긴 들에도 봄은 오는가' 신석정의 '아직 촛불을 켤 때가 아닙니다.' 김영랑의 '누이의 마음아 나를 보아라.' 신동엽의 '누가 하늘을 보았다 하는가.' 황지우의 '새들도 세상을 뜨는구나.' 강희안의 '이승과 저승이 따로 없을 것도 같다.' 윤석산의 '나는 왜 비속에 날뛰는 저 바다를 언제나 바다라고만 부르는 걸까' 등등에서 완전한 문장을 제목으로 하는 경우들을 볼 수 있다. 이러한 경우는, 대게 주제를 잘 설명하면서 정서를 잘 표현하는 효과가 있다.
　이런 풍조가 점차 늘어가고 있다. 그런데 아이러니하다고 할까? 불가사의하다고나 할까? 신춘문예에 당선된 시들을 보면 대게가 제목을 긴 문장으로나 수식어가 많은 어구로 된 것이 대부분이다. 참고할 일이다.

3) 제목의 역할(중요도)

 일반적으로 시의 제목은 그 시의 주제, 의미, 분위기, 정서 등과 관계를 맺고 있다. 제목이 주제를 담고 있거나 제재이거나 한 시들의 제목은 그 시에서 중요하고 큰 역할을 한다고 볼 수 있다. 반면에 시어 중에 한 단어를 제목으로 했다든지, 그 시에서 쓰인 한 어절이나 어구나 문장을 제목으로 한 시들의 경우, 제목들을 보면 정도의 차이는 있지만, 그 시에서 제목이 차지하는 비중이 미미한 것들을 볼 수 있다.
 제목을 잘 정한 시의 예를 보자.

 행복 레시피

  나는야!
  밥 때를 기다리는 여자

  제철 나물 풍성히 데쳐서
  조물조물 무쳐놓고
  생선 몇 마리 나란히 줄 세워서 굽고
  낙지 데쳐서 초간장 마련하고
  마늘 참기름 곁들인 불고기 굽고
  상추 풋고추 씻어놓고

  미역국 육개장
  사골곰국 잉어곰국
  황태국 콩나물국 아욱국 조개된장국을
  번갈아가며 끓여내면

  구수한 밥 냄새에 군침이 돈다.
  나는야!
  밥 때를 기다리는 여자!

  행복을 조리하는 여자.   - 이향선 -

 이 시의 제목은 '행복 레시피'이다. 이 시는 성실하고 소박한 가정주부의 일상적인 삶을 그린 내용이다. 시적 변용이나 기교도 보이지 않는다. 함축성을 얻으려는 노력도 보이지 않는다. 이 시의 주제는 '행복의 진정한 의미'라 할 것이다. 이 시는, 제목이 이 시를 살리고 있다. 제목이 이 시를 시가 되게 했다. 제목으로 인해서 시어들이 시어로서의 함축성을 띠게 된다. 서술적인 산문이 시의 제목으로 인해, 시가 되게 했다. 주부의 일상적인 삶이, 이 시의 주제를 만들어 내는 객관적 상관물이 되게 했다. 이렇게 제목이 시를 살리기도 죽이기도 한다.

제목과 작품 사이에 아무런 관련이 없는 시들도 있다.

눈물

남자와 여자와
아랫도리가 젖어 있다.
밤에 보는 오갈피나무,
오갈피나무의 아랫도리가 젖어 있다.

맨발로 바다를 밟고 간 사람은
새가 되었다고 한다.
발바닥만 젖어 있었다고 한다.   - 김춘수 -

김춘수는 이 시의 제목에 대하여 주제와 소재에서 아주 먼 제목이라고 말했다. 이런 시는 독자가 제목과 상관없이, 시를 스스로 파악하도록 한 것이라 할 것이다.
또한, 시에 '無題', '失題'라 하기도 했고, 이상은 '烏瞰圖'에서 '詩第 1號', '詩第 2號'처럼 번호를 붙인 경우도 있다. 이런 경우는 시인이 제목을 통해서 주제나 내용을 암시해야 할 필요성을 느끼지 않은 것이다.

처용단장(處容斷章)

　　Ⅰ의 Ⅱ

삼월(三月)에도 눈이 오고 있었다.
눈은
라일락의 새 순을 적시고

피어나는 산다화(山茶花)를 적시고 있었다.
　　미처 벗지 못한 겨울 털옷 속의
　　일찍 눈을 뜨는 남쪽바다.
　　그 날 밤 잠들기 전에
　　물개 숫컷의 우는 소리를 나는 들었다.
　　삼월(三月)에 오는 눈은 송이가 크고,
　　깊은 수렁에서처럼
　　피어나는 산다화(山茶花)의
　　보얀 목덜미를 적시고 있었다.
　　　　　　　　　　　　　　　　　　　　　　　　　- 김춘수 -

　김춘수의 처용단장(處容 斷章)이란 제목의 시의 일부이다. 이른바 '무의미시'이다. 외적으로는, 이 시가 중학교 2학년 문예반 학생이 '봄눈'이나 '남쪽 바다의 추억' 정도의 제목으로 지었음 직한 시로서, 그런대로 '눈 내리는 삼월의 남쪽 바다의 정경'이 인상적으로 형상화되어 있다고 하겠다. 그런데 처용 단장(處容 斷章)이라는 제목이지만 시에는 처용이 없다. 단장은 斷章이지 斷腸이 아니다. 서술적 이미지로 쉽게 쓰여졌을 뿐이고, 내면에 어떤 관념을 포함하고 있지도 않다. 다만 이미지만을 제시하고 있을 뿐이다. 제목도 이 시에서 하나의 이미지만을 던질 뿐이다. 굳이 제목이 처용 단장(處容 斷章)이어야 할 까닭이 없다. 던져진 이미지들에서 가슴에 부딪히는 울림, 심상만 느끼면 그뿐이다. 이런 시들에서는 제목이 그리 중요하지 않을 수도 있다.

　이런 효과를 노리고 있는지도 모르겠다. 어쩌면 평범하고 예사롭다고 할 정도의 시를, 이미지를 주로 담은 색다른 시로 보이게 하려는 의도에서였다고는 할 수도 있겠다.

♣ **실습** : 1. 여러 시인들의 시들에서 그 시와 제목과의 관계를 검토해보자.
　　　　　 2. 몇몇 자작시의 제목들을 바꾸어보고 제목의 역할을 생각해보자.

4. 작시(作詩)의 실제(實際)

　지금까지 우리는 시가 무엇인지를 알아보았고, 시 창작을 위한 많은 표현기법들을 세세하게 학습했고 익혀 왔다. 그리고 이런 학습 과정과 병행해서 그때그때 학습한 표현기법들을 적용하여 시를 지어보았다. 이제 우리가 지금까지 학습해 온 이론과 지식들을 활용하여, 자신이 표현하고 싶은 자신의 사상과 감정과 정서를 시로 표현해야 할 시간이 각자 학습자들 앞에 다가왔다.

혹자는 말하리라. 공부는 많이 했지만, 이렇게 많은 이론과 기법들을 어떻게 다 수용하며, 시 창작에 적용해서 시를 짓는다는 말인가? 라고.

이 책이 "실용 시 창작법"이라고 이름하면서 쉽게 자상하게 시 창작법을 이해시키고 습득하게 해왔다. 이제 학습자들이 공부하고 익혀 온 여러 표현기법들은 여러분들이 의식하지 않더라도, 시를 써가면서 점차적으로 자연스럽게 시 창작에 활용되어질 것이다. 마치 콩나물 독에 부은 물이 다 빠져나가 버리지만 콩나물은 자라는 것처럼, 비행기 조종사가 처음 비행 훈련을 시작할 때에는 그 많은 버튼들과 기기며 계기들을 보고 질려버리겠지만, 훈련을 거듭하고 조종 경험을 쌓아가게 되면, 이것들을 활용한 비행기 조종이 자연스럽게 되고, 어려움이 없어지는 것처럼, 학습자 여러분들도 학습해 오는 과정에서 자신도 모르게 시 창작의 역량이 향상되어 왔다. 그리고 앞으로도 점차적으로 향상되어 가고 있음을 스스로 느껴가게 될 것이다.

그리고 시에 관한 여러 이론과 기법들은 모든 시에 고루 다 담겨야 하는 것도 아니다. 시인에 따라서 그리고 개개인의 시인들도 작품에 따라서 그리고 경륜이 쌓여감에 따라서, 선호하는 그리고 적용된 시적 표현기법과 경향이 달라짐을 우리는 본다.

우리노 사신이 선호하는 표현기법을 살리고, 작품에 따라 효율적인 표현기법들을 적용하여 자신에게 알맞은, 그리고 그 시에 알맞은 경향과 기법을 활용할 일이다. 이런 창작활동들이 쌓이고 쌓이면, 자신만이 가지는 길(道), 가는 길을 찾아 세울 수가 있게 될 것이다.

이제, 지금까지 학습한 시에 관한 이론과 수많은 표현기법들을 활용하여, 본격적으로 자기 시를 써가야 할 때이다. 이 과정에서 더욱 유의하고 살피기를 바라는 몇 가지를 선정, 요약해서 재차 강조를 한다. 시를 써가면서 유념해 주기를 바란다.

1) 예비 단계

(1) 인생과 세계에 대한 경이에 찬 순수한 마음가짐을 가져라.
(2) 역사적인 문화와 유산(종교, 예술, 학문)에 대한 애정을 가지고 전통을 소중히 여기고 계승하려는 마음가짐을 가져라.

(3) 사물에 敬畏感을 가져라.
(4) 언어에 대한 사랑과 감수성을 가지려고 노력하고, 시적 언어, 함축적인 언어, 음악성 있는 언어(非指示的言語)를 찾고 구사하는 역량을 길러라
(5) 체험과 사색을 많이 하라.
(6) 多讀, 多商量, 多作하려고 노력하라.
(7) 다양한 표현 기교를 체득하라.
(8) 자신을 가져라. (自我尊重) - 자신과 자신의 시에 대한 신뢰와 자부심을 가져라

2) 실천 단계

(1) 시적 영감(靈感)을 잡아라. 시적 모티브(motif)를 잡아라. 상상(想像)을 하라. 착상이 떠올랐을 때에 포착해야지, 그 순간을 놓치게 되면 시 창작의 기회를 잃게 된다.
(2) 예리하고 날카로운 눈으로 사물을 보라. - 시인의 눈으로 - 맹수가 먹잇감을 찾듯 시가 될 만한 소재, 주제, 시어, 시구를 찾아라.
(3) 시는 개인의 내적 독백이다. - 주관적인 체험을 모든 인간이 공감할 수 있는 영혼의 전율에까지 깊이고, 높이고, 넓혀라.
(4) 形象化하라. - 시인이 체험에서 얻은 그 기억의 잔상들을 어떻게 형상화하느냐에 시의 의미가 있다. 자신의 감정과 정서를 꼭 알맞고 압축된 언어로 운율과 이미지에 의탁하여, 조화와 통일을 이루어 形象化하라.
(5) 말을 적게 하라.

　　머언 산 청운사(靑雲寺)
　　낡은 기와집

　　산은 자하산(紫霞山)
　　봄눈 녹으면
　　느름나무
　　속잎 피어나는 열 두 구비를

　　청노루
　　맑은 눈에

　　도는

구름. — 박두진, 청(靑)노루 —

이 시를 간결하게 압축하지 않고, 산문으로 풀어서 써보라. 시적 감흥을 가질 수가 없을 것이다. 시는 가급적 말을 줄여야 시적 깊이가 깊어진다.

(6) 설명하지 말고 그려라.

설명하지 말고 암시하라. 프랑스의 상징파 중 한 사람인 말라르메(Mallarmé)는 "시는 설명하면 그 재미의 4분의 3은 죽는다. 시는 암시해야 한다."라고 했다. 암시는 표현 기교(상징 등)에 의한 암시도, 리듬(언어의 음악성)을 통한 몽롱한 분위기의 연출로도 암시가 가능하다.

(7) 예찬만 하지 마라.
(8) 가능한 한 직설을 피하라. — 비유나 상징 등 다양한 표현 기교를 활용하라.
(9) 平凡 속에서 非凡을 추구하라.
(10) 보편성을 바탕으로 하되 나만의 시를 써라. — 고정관념을 일탈하라. 시에 보편성은 있어도, 그 누구의 시도 정답은 아니다.
(11) 평범한 눈, 아기의 눈, 마음의 눈, 예리한 눈을 모두 가져라.
(12) 자유 속에서도 형식을 갖추라. — 시도 언어 예술이다.
  · 기, 본, 결
  · 기, 승, 전, 결
  · 병렬식, 두괄식, 미괄식, 중괄식, 양괄식
  · 고저장단, 완급 조정(의미상, 리듬상, 호흡상)
  · 논리적 구조, 다양한 전개

3) 시를 쓴 뒤

(1) 투고하라. (도전)
(2) 등단에 도전하라. — 시 전문지 추천에 응모, 신춘문예 응모 등.
(3) 책을 내라. (동인지, 나의 시집)
(4) 중단하지 마라. (동인 활동, 문인회 입회, SNS 활동 등)

XVI 장. 등단(登壇)

등단(登壇)이라는 말은 '문단(文壇)에 오르다.'라는 말이다. 데뷔(début)하다라는 말이니, 문단에 처음으로 나타나다. 라는 말이다. 습작을 하던 사람이 비로소 시를 쓰는 사람들, 곧 시인의 반열(자리)에 오르다.라는 말이다. 곧 습작의 단계에 있던 사람이 작가(시인)의 지위를 얻어서, 글 쓰는 사람으로 나서다.라는 말이다. 비로소 시인의 자격을 부여받다.라는 말이다.

옛날에도 문필가로 선비로 인정을 받으려면 과거에 합격을 하거나 그렇지 못한 사람은 진사시(進士試)에라도 합격을 해야만 선비 노릇을 할 수 있었고, 하다못해 향시(鄕試)에서라도 이름을 올려야, 글하는 사람, 문필가, 선비 대우를 받을 수가 있었다. 그렇지 않으면 서생(書生, 글 읽는 사람) 취급을 받았다.

등단에는 사법고시나 행정고시처럼 국가에서 자격을 부여하는 제도가 있는 것은 아니다. 등단하는 과정에는 몇 가지 길이 있다.

1. 등단의 종류

1) 문예지 추천, 신인상

문예지 추천 제도는 80년대 초까지 시행해 오던 제도인데, 방법은 투고자가 연중 어느 때이고 시를 10~30편 정도를 잡지사에 보내면 잡지사에서 2, 3 명의 심사위원을 구성하여 심사케 하고, 수준에 도달했다고 판단되는 2, 3편을 추천했다. 추천은 2~3 년 동안에 2~3회 추천 과정을 밟았다.

간혹 시인들의 이력에 보면 'ㅇㅇ지 천료', 혹은 'ㅇㅇㅇ시인 추천으로 등단'이라는 표현으로, 추천받은 문예지나 추천해 주신 심사위원을 은근히 내세우는 경우를 볼 수 있다. 나를 인정해 주오. 라는 자부심에서이리라.

다음으로 신인상 제도가 있다.

　80년대 이후에도 추천 제도를 고수하는 문예잡지사도 있으나, 지금은 대부분 신인상 제도를 시행하고 있다. 신인상 제도를 시행하는 문예잡지사에서는 발간 때마다 신인상 응모자를 모집한다. 응모자는 자신이 등단하고 싶은 문예잡지사에 신인상 응모자로 응모하되, 그 잡지사가 요구하는 응모요건에 따라 요구하는 편수의 시를 제출한다. 그러면 그 문예잡지사에서는 심사위원을 복수로 위촉하고, 이 심사위원들에게 응모자들의 작품을 심사하게 한다. 심사 결과 응모자 중에 수준에 이른 응모자가 있으면, 작품을 선정하여 신인상을 수여한다. 등단이 되는 하나의 길이다.

2) 신춘문예

　등단을 희망하는 분들이 많이 선망하는 제도이다. 매년 연말에 이름 있는 신문사들에서 시행하는데, 대략 5편 정도의 시를 제출하라고 한다. 심사위원을 위촉하여 연(年) 1명의 시인을 선정(차석을 두는 경우도 있음)하고, 그를 그해 신춘문예 당선자로 하고, 그 응모자가 제출한 시들 중에서 1편을 선정하여, 이를 그해 신춘문예 당선작으로 발표하는 제도이다. 경쟁력이 높다는 단점이 있으나, 이것이 장점으로 인정되기도 하는 제도이다.

3) 동인 활동

　우리 문단의 초창기에는 이런 여러 제도적 장치가 없기도 했거니와, 제도가 생기고 난 뒤에도 제도적 등단 절차를 밟지 않고, 동인 활동을 통해서 문예지를 발간하거나 작품들을 문예지에 발표함으로써, 작가(시인)로 활동한 분들이 적지 않다. 그분들에게, '당신은 등단 절차를 밟지 않았으니, 작가(시인)가 아니오.' 라고 말하는 사람은 없다. 동인지에 작품을 발표하면서 동인 활동을 하고, 작품을 다양한 매체에 발표하여, 문단과 세인들의 인정을 받음으로써, 시인의 자격을 얻게 되고, 문인, 작가, 시인으로서의 자리를 인정받는 것이다. 어느 경우에서나 마찬가지이겠지만 이 경우에는 특히 작품이 그 사람을 문단에서 살아남게 해야만 한다. 그렇지 못하면 나왔다가 사라져갈 뿐이다.

4) 시집 출간

다음으로 등단을 하는 길은 시집을 출간하는 길이다. 그림을 그리는 사람들 중에는, 자기 그림이 국전에 입상하지 않았더라도, 전시회에 출품하거나 개인 전시회를 가짐으로써 화가가 된다. 호평을 받느냐 악평을 받느냐, 일류 화가이냐 하류 화가이냐, 당대에 인정을 받느냐 못 받느냐는 차치하고 그는 작품을 세상에 내어놓은 작가(화가)가 되는 것이다.

이처럼 자신의 시를 모아 시집으로 엮어서 강호에 내어놓음으로써, 나는 이렇게 글을 쓰는 사람이오. 보아주고 평해주고 질책해 주오. 하고 자신을 문단에, 세상에 내어놓는 것이다. 시인들이, 문인들이, 세인들이 관심을 갖든 갖지 않든, 높은 평을 받든 낮은 평을 받든, 지금 인정을 받든 후대에 인정을 받든, 그것은 시인 자신의 능력이고 몫이다.

나이 마흔이라도 장가를 가지 못하면 아이(총각)인 반면에, 나이가 어린 처녀, 총각도 결혼을 하면 어른이 되듯이, 시집(詩集)을 세상에 내어놓으면, 시 쓰는 사람으로 세상에 나서는 일이고 도전하는 일이다. 크든 작든 간에 시인으로서, 등단(登壇)을 하는 것이다.

※ **부록 (교재겸용)**

명시 감상

하상규 선

나는 행복합니다.[48]

아침이면 태양을 볼 수 있고
저녁이면 별을 볼 수 있는
나는 행복합니다.

잠이 들면
다음 날 아침 깨어날 수 있는
나는 행복합니다.

꽃이랑 보고 싶은 사람을 볼 수 있는 눈
아기의 옹알거림과
자연의 모든 소리를 들을 수 있는 귀
사랑하는 말을 할 수 있는 입.

기쁨과 사랑을 느낄 수 있고
남의 아픔을 같이 아파해 줄 수 있는
가슴을 가진 나는 행복합니다.

김수환 추기경

약해지지 마

있잖아, 불행하다고
한숨짓지 마

햇살과 산들 바람은
한쪽 편만 들지 않아

꿈은
평등하게 꿀 수 있는 거야

나도 괴로운 일

---
[48] '우리가 서로 사랑한다는 것' 중에서

많았지만
살아 있어 좋았어

너도 약해지지 마. 　　　　　　　　　　　　　　　　　　　　　　시바타 도요[49]

그래도 사랑하라.

사람들은…
불합리하고 비논리적이고 자기중심적이다.
그래도 사랑하라.

당신이 선한 일을 하면
이기적인 동기에서 하는 것이라고 비난받을지도 모른다.
그래도 좋은 일을 하라.

당신이 성실하면
거짓된 친구들과 참된 적을 만날 것이다.
그래도 사랑하라

당신이 정직하고 솔직하면 상처받을 것이다.
그래도 정직하고 솔직하라.

당신이 여러 해 동안 만든 것이 하룻밤에 무너질지도 모른다.
그래도 만들어라.

사람들은 도움이 필요하면서도 도와주면 공격할지도 모른다.
그래도 도와주어라.

세상에서 가장 좋은 것을 주면 당신은 발길로 차일 것이다.
그래도 가진 것 중에서 가장 좋은 것을 나누어 주어라. 　　　　　마더 데레사[50]

엄마는 그래도 되는 줄 알았습니다.

　　　　　　　　　　　　　　　　　　　　　　　　　　　　　　　　심순덕

　　본서 p.295에 있음

---

49) 1911년 일본 출생, 91세에 산께이 신문 '아침의 시'에 입선, 시를 쓰기 시작. 99세에 시집 '약해지지 마'를 출간. 장례비용으로 쓰기 위해 모은 돈까지 들여서 낸 시집이 100만 부 이상 팔렸다. -시집 '약해지지 마'에서
50) 인도 빈민가에서 행려자, 병자, 가난한 자를 돌보며 일생을 보낸 가톨릭 수녀(성인으로 추대됨)

(逆) 엄마는 그래도 되는 줄 알았습니다.

受講生[51]

본서 p.297에 있음

아직 곁에 계실 때

아직 곁에 계실 때
한 번 더 싱그으시
웃어드리세요

아직 곁에 계실 때
두 손을 꼬옥 잡고
한 번 더 눈길을 맞추어 드리세요

아직 곁에 계실 때
따스한 그대의 가슴으로
한 번 더 안아 드리세요

아직 곁에 계실 때
더 이상 아끼지 말고
한 번 더 사랑한다고 말씀 드리세요

아직 곁에 계실 때
아직 곁에
계실 때

김정한[52]

시어머니

내게 한을 가르쳐 주신 분
친정 엄마의 부재를 가르쳐 주신 분
내게 준 그 많은 아픔을 상상조차 않으시는 분
자기만의 세계에 빠져 우아하게 사시는 분

삼십 년을 돌고 돌아
마주보니
애잔하고 애처로운 그저 한 사람

---

51) 어느 학기 수강생이 실습과제물로 제출한, 심순덕의 '엄마는 그래도 되는 줄 알았습니다.'를 페러디한 시임.
52) 1958년 경남 삼랑진 출생. 2000년 '문예한국'으로 등단.

세월이 놓은 다리
시간으로 엮은 정
가족이란 그림 속에서
이제는
사랑하는 내 어머니 이인숙[53]

꽃피는 지하철 역
박승우

    본서 p.323에 있음

진악산

내 그대만 생각하여도
고향은 얼마나 아름다운가
반짝이는 햇살
계곡에 묻는 풍경소리
이슬이 흐르고
부처님의 미소처럼
산은 그렇게 서 있다
-나 무 아 미 타 불
관 세 음 보 살
아, 그대만 생각하여도
고향은 얼마나 자비로운가 박영하

꽃마리[54]
명제한의원원장[55]

    본서 p.206에 있음

보리피리
한하운

    본서 p.66에 있음

필연

우연히

---

53) 부산가톨릭대학교평생교육원 수강 제자의 습작시임.
54) 지칫과의 여러해살이 풀. 꽃의 직경이 2mm 이내이므로 길가에 피어 있어도 눈에 뜨이지 않아 지나치는 꽃임
55) 이름을 드러내지 않고 시를 좋아하고 시를 쓰는 한의원 원장의 시,

사랑하게 되었다고 말하지 말라
당신들 옆에는 철쭉이 만발하고 있었다

우연히
결혼하게 되었다고 말하지 말라
당신들 위에는 푸른 하늘이 승인하고 있었다

우연히
여행하게 되었다고 말하지 말라
당신들 주위로 사계절이 숨쉬고 있었다

우연히
행복하게 되었다고 말하지 말라
당신들 마음 속에는 참소망이 성장하고 있었다[56]

작자 미상

달이 떴다고 전화를 주시다니요

달이 떴다고 전화를 주시다니요.
이 밤 너무 신나고 근사해요
내 마음에도 생전 처음 보는
환한 달이 떠오르고
산 아래 작은 마을이 그려집니다.

간절한 이 그리움들을
달빛에 실어
당신께 보냅니다.

세상에
강변에 달빛이 곱다고
전화를 다 주시다니요.

흐르는 물 어디쯤 눈부시게 부서지는 소리
문득 들려옵니다.

김용택

호수(湖水) 1

얼골 하나야

---

[56] 시구를 반복하는 기법의 좋은 예. - (실습용) 그립습니다. 감사합니다. 고맙습니다. 사랑합니다. 웁니다. 노래합니다. 잊을 수가 없습니다. 또 한 장의 달력을 넘깁니다. 밖에는 바람이 붑니다. 뜰에는 새잎이 푸릅니다.

손바닥 둘로
폭 가리지만,
보고픈 마음
호수만 하니
눈 감을 밖에.   정지용

향수
                                                        정지용
　본서 p.95에 있음

만근(萬斤)인 줄 몰랐다.

거기 오래 당신 없어 고향집 쓰러질 듯
빈집 애처로워 제값이라 팔았는데
이상한 거리도 다 있다 고향이 없어진

고향을 잃어버린 남의 동네 서먹하다
하늘과 바람이며 갯바위나 파도까지
덤으로 팔아버렸다 어이없이 밑진 장사

그게 그렇게 고향 산천 떠받치는 줄 몰랐다
마당만 몇 평 값으로 팔았다 싶었는데
낡은 집 한 채 무게가 만근인 줄 몰랐다.   김소해

진달래꽃
                                                        김소월
　본서 p.205에 있음

가시리[57]

가시리 가시리잇고 나는
바리고 가시리잇고 나는
위 증즐가 대평성대(大平成代)

날러는 어이 살라고
바리고 가시리잇고 나는
위 증즐가 대평성대(大平成代)

---
57) 일명 '귀호곡' 고려가요

잡사와 두어리마라는
선하면 아니 오실세라
위 증즐가 대평성대(大平成代)

설온 님 보내옵나니 나는
가시는 듯 도셔오소서 나는
위 증즐가 대평성대(大平成代)

고려가요

엄마야 누나야

김소월

    본서 p.72에 있음

산유화

김소월

    본서 p.62에 있음

초혼

김소월

    본서 p.189에 있음

별 헤는 밤

윤동주

    본서 p.112에 있음

서시

윤동주

    본서 p.273에 있음

내 인생에 가을이 오면

내 인생에 가을이 오면
나는 나에게 물어볼 이야기들이 있습니다.

내 인생에 가을이 오면
나는 나에게
사람들을 사랑했느냐고 물을 것입니다.
그때 가벼운 마음으로 말할 수 있도록
나는 지금 많은 사람들을 사랑하겠습니다.

내 인생에 가을이 오면
나는 나에게
열심히 살았느냐고 물을 것입니다.
그때 자신 있게 말할 수 있도록
나는 지금 맞이하고 있는 하루하루를
최선을 다하며 살겠습니다.

내 인생에 가을이 오면
나는 나에게
사람들에게 상처를 준 일이 없었냐고 물을 것입니다.
그때 자신 있게 말할 수 있도록
사람들을 상처 주는 말과 행동을
하지 말아야 하겠습니다.

내 인생에 가을이 오면
나는 나에게
삶이 아름다웠느냐고 물을 것입니다.
그때 기쁘게 대답할 수 있도록
내 삶의 날들을
기쁨으로 아름답게 가꾸어 가야겠습니다.

내 인생에 가을이 오면
나는 나에게
어떤 열매를 얼마만큼 맺었느냐고 물을 것입니다.
내 마음 밭에 좋은 생각의 씨를 뿌려
좋은 말과 좋은 행동의 열매를
부지런히 키워야 하겠습니다.

- 윤동주 -

귀천(歸天)

천상병

본서 p.122에 있음

돌담에 속삭이는 햇발

김영랑

본서 p.74에 있음

국화(菊花) 옆에서

서정주(敍庭柱)

본서 p.75에 있음

승무(僧舞)

얇은 사(紗) 하이얀 고깔은
고이 접어서 나빌레라.

파르라니 깎은 머리
박사(薄紗) 고깔에 감추오고,

두 볼에 흐르는 빛이
정작으로 고와서 서러워라.

빈 대(臺)에 황촉(黃燭)불이 말없이 녹는 밤에
오동잎 잎새마다 달이 지는데,
소매는 길어서 하늘은 넓고
돌아설 듯 날아가며 사뿐이 접어 올린 외씨보선이여!

까만 눈동자 살포시 들어
먼 하늘 한 개 별빛에 모두오고,

복사꽃 고운 뺨에 아롱질 듯 두 방울이야
세사(世事)에 시달려도 번뇌(煩惱)는 별빛이라.

휘어져 감기우고 다시 접어 뻗는 손이
깊은 마음 속 거룩한 합장인 양하고,

이 밤사 귀또리도 지새우는 삼경(三更)인데
얇은 사(紗) 하이얀 고깔은 고이 접어서 나빌레라.

조지훈(趙芝薰, 1920~1968)

님의 침묵

한용운

본서 p.227에 있음

알 수 없어요

　바람도 없는 공중에 수직의 파문을 내이며, 고요히 떨어지는 오동잎은 누구의 발자취입니까.
　지리한 장마 끝에 서풍에 몰려가는 무서운 검은 구름의 터진 틈으로, 언뜻언뜻 보이는 푸른 하늘은 누구의 얼굴입니까.
　꽃도 없는 깊은 나무에 푸른 이끼를 거쳐서, 옛 탑 위의 고요한 하늘을 스치는 알 수 없는 향기는 누구의 입김입니까.

근원은 알지도 못할 곳에서 나서, 돌부리를 울리고 가늘게 흐르는 작은 시내는 굽이굽이 누구의 노래입니까.

연꽃 같은 발꿈치로 갓이 없는 바다를 밟고, 옥 같은 손으로 끝없는 하늘을 만지면서, 떨어지는 날을 곱게 단장하는 저녁놀은 누구의 시입니까.

타고 남은 재가 다시 기름이 됩니다.

그칠 줄을 모르고 타는 나의 가슴은 누구의 밤을 지키는 약한 등불입니까.

한용운

논개의 애인이 되어서 그의 묘에

날과 밤으로 흐르고 흐르는 남강은 가지 않습니다.
바람과 비에 우두커니 섰는 촉석루는 살같은 광음을 따라서 달음질칩니다.
논개여 나에게 울음과 웃음을 동시에 주는 사랑하는 논개여
그대는 조선의 무덤 가운데 피었던 좋은 꽃의 하나이다. 그래서 그 향기는 썩지 않는다.
나는 시인으로 그대의 애인이 되었노라.
그대는 어디 있느뇨. 죽지 않은 그대가 이 세상에는 없구나.

나는 황금의 칼에 베어진 꽃과 같이 향기롭고 애처로운 그대의 당년을 회상한다.
술 향기에 목맺힌 고요한 노래는 옥에 묻힌 썩은 칼을 울렸다.
춤추는 소매를 안고 도는 무서운 찬 바람은 귀신나라의 꽃수풀을 거쳐서 떨어지는 해를 얼렸다.
가냘핀 그대의 마음은 비록 침착하였지만 떨리는 것보다도 더욱 무서웠다.
아름답고 무독한 그대의 눈은 비록 웃었지만 우는 것보다 더욱 슬펐다.
붉은 듯하다가 푸르고 푸른 듯하다가 희어지며 가늘게 떨리는 그대의 입술은 웃음의 조운(朝雲)이냐 울음의 모우(暮雨)냐 새벽달의 비밀이냐 이슬꽃의 상징이냐.
빼비같은 그대의 손에 꺽이우지 못한 낙화대의 남은 꽃은 부끄럼에 취하여 얼굴이 붉었다.
옥같은 그대의 발꿈치에 밟히운 강 언덕의 묵은 이끼는 교긍(驕矜)에 넘쳐서 푸른 사롱(絲籠)으로 자기의 제명(題名)을 가리었다.

아아 나는 그대도 없는 빈 무덤같은 집을 그대의 집이라고 부릅니다.
만일 이름뿐이나마 그대의 집도 없으면 그대의 이름을 불러볼 기회가 없는 까닭입니다.
나는 꽃을 사랑합니다마는 그대의 집에 피어 있는 꽃을 꺾을 수는 없습니다.
그대의 집에 피어 있는 꽃을 꺾으려면 나의 창자가 먼저 꺾어지는 까닭입니다.
나는 꽃을 사랑합니다마는 그대의 집에 꽃을 심을 수가 없습니다.
그대의 집에 꽃을 심으려면 나의 가슴에 가시가 먼저 심어지는 까닭입니다.

용서하여요 논개여 금석같은 굳은 언약을 저버린 것은 그대가 아니요 나입니다.
용서하여요 논개여 쓸쓸하고 호젓한 잠자리에 외로이 누워서 끼친 한에 울고 있는 것은 내가 아니요 그대입니다.
나의 가슴에 「사랑」의 글자를 황금으로 새겨서 그대의 사당에 기념비를 세운들 그대에게 무슨 위로가 되오리까.

나의 노래에「눈물」을 낙인으로 찍어서 그대의 사당에 제종을 울린대도 나에게 무슨 속죄가 되오리까.

나는 다만 그대의 유언대로 그대에게 다하지 못한 사랑을 영원히 다른 여자에게 주지 아니할 뿐입니다. 그것은 그대의 얼굴과 같이 잊을 수가 없는 맹서입니다.

용서하여요 논개여 그대가 용서하면 나의 죄는 신에게 참회를 아니한대도 사라지겠습니다.

천추에 죽지 않는 논개여
하루도 살 수 없는 논개여
그대를 사랑하는 나의 마음이 얼마나 즐거우며 얼마나 슬프겠는가.
나는 웃음이 겨워서 눈물이 되고 눈물이 겨워서 웃음이 됩니다.
용서하여요 사랑하는 오오 논개여

한용운

논개

거룩한 분노는
종교보다도 깊고
불붙는 정열은
사랑보다도 강하다.
　아! 강낭콩꽃보다도 더 푸른
　그 물결 위에
　양귀비꽃보다도 더 붉은
　그 마음 흘러라.

아리땁던 그 아미(蛾眉)
높게 흔들리우며
그 석류 속 같은 입술
죽음을 입맞추었네!
　아! 강낭콩꽃보다도 더 푸른
　그 물결 위에
　양귀비꽃보다도 더 붉은
　그 마음 흘러라.

흐르는 강물은
길이길이 푸르니
그대의 꽃다운 혼
어이 아니 붉으랴.
　아! 강낭콩꽃보다도 더 푸른
　그 물결 위에
　양귀비꽃보다도 더 붉은
　그 마음 흘러라.

변영로

산양(山羊)

홀로 자빠져
옛날에 옛날에 잊어버렸던 찬송가를 외워 보는 밤
산양(山羊)과 같이 나는 갑자기 무엇이고 믿고 싶다.　　　　　　　　　　김기림

바다와 나비

아무도 그에게 수심(水深)을 일러준 일이 없기에
흰나비는 도무지 바다가 무섭지 않다.

청(靑)무우밭인가 해서 내려갔다가는
어린 날개가 물결에 절어서
공주처럼 지쳐서 돌아온다.

삼월(三月)달 바다가 꽃이 피지 않아서 서글픈
나비 허리에 새파란 초생달이 시리다.　　　　　　　　　　　　　　　　김기림

광야

까마득한 날에
하늘이 처음 열리고
어데 닭 우는 소리 들렸으랴

모든 산맥(山脈)들이
바다를 연모(戀慕)해 휘달릴때도
차마 이곳을 범(犯)하던 못하였으리라

끊임 없는 광음(光陰)을
부지런한 계절(季節)이 피여선 지고
큰 강(江)물이 비로소 길을 열었다

지금 눈 나리고
매화향기(梅花香氣) 홀로 아득하니
내 여기 가난한 노래의 씨를 뿌려라

다시 천고(千古)의 뒤에
백마(白馬)타고 오는 초인(超人)이 있어
이 광야(曠野)에서 목놓아 부르게 하리라　　　　　　　　　　　　　　　이육사

청포도

내 고장 七月은
청포도가 익어가는 시절

이 마을 전설이 주절이주절이 열리고
먼데 하늘이 꿈 꾸며 알알이 들어와 박혀

하늘 밑 푸른 바다가 가슴을 열고
흰 돛단배가 곱게 밀려서 오면
내가 바라는 손님은 고달픈 몸으로
靑袍를 입고 찾아 온다고 했으니

내 그를 맞아 이 포도를 따 먹으면
두 손은 함뿍 적셔도 좋으련

아이야 우리 식탁엔 은쟁반에
하이얀 모시 수건을 마련해두렴

이육사

황혼

내 골ㅅ방의 커-텐을 걷고
정성된 마음으로 황혼(黃昏)을 맞아드리노니
바다의 흰 갈메기들 같이도
인간(人間)은 얼마나 외로운 것이냐

황혼(黃昏)아 네 부드러운 손을 힘껏 내밀라
내 뜨거운 입술을 맘대로 맞추어보련다
그리고 네 품안에 안긴 모든 것에
나의 입술을 보내게 해다오

저-십이(十二) 성좌(星座)의 반짝이는 별들에게도
종(鍾)ㅅ소리 저문 삼림(森林) 속 그윽한 수녀(修女)들에게도
쎄멘트 장판 우 그 많은 수인(囚人)들에게도
의지할 가지 없는 그들의 심장(心臟)이 얼마나 떨고 있는가

『고비』사막(沙漠)을 걸어가는 낙타(駱駝)탄 행상대(行商隊)에게나
『아프리카』녹음(綠陰)속 활 쏘는 토인(土人)들에게라도,
황혼(黃昏)아 네 부드러운 품안에 안기는 동안이라도
지구(地球)의 반(半)쪽만을 나의 타는 입술에 맡겨다오

내 오월(五月)의 골ㅅ방이 아늑도 하니

황혼(黃昏)아 내일(來日)도 또 저 푸른 커-텐을 걷게 하겠지
정정(情情)히 사라지긴 시냇물 소리 같아서
한번 식어지면 다시는 돌아올 줄 모르나보다   이육사

깃발
          유치환

   본서 p.109에 있음

바위
          유치환

   본서 p.162에 있음

日月
          유치환

   본서 p.368에 있음

생명의 서(書)
          유치환

   본서 p.90에 있음

청송

새처럼 살고 싶어
푸른 솔숲을 찾아 왔더니
두고 온 바다 구름이
손짓을 하네.

미생微生은 고뇌에서
벗어날 수 없는가?

두고 온 푸른 숲 걱정에
두고 온 바다 구름 걱정에

또 다른 걱정이
어깨를 짓누르네.   하상규

솔향58)

솔향 모둔 바람은

---
58) 하상규의 시 「청송」에 화답한 시임.

골짜기에 가득하고

깊은 골 옹달샘에
약수는 넘쳐나니

높은 하늘 흰 구름
걸림이 없네.

약수 먹고 솔향 맡으니
이곳이 낙원일세.
근심 걱정 내려두고
청산과 같이 하세.

박순강

남자가

천만 개의 단어 중에
단 하나의 단어를 고르라신다면
'사랑합니다'

천만 개의 단어 중에
또 한 단어를 고르라신다면
'아름답습니다'

천만 개의 단어 중에
다시 또 한 단어를 고르라신다면
'맡깁니다'

그리고 또 천만 개의 단어 중에
또 한 단어를 고르라신다면
'의탁합니다'

천만 개의 단어 중에 중에…
천만 개의…

하상규

여자가

천만 개의 단어 중에
단 하나의 단어를 고르라신다면
'사랑합니다'

천만 개의 단어 중에
또 한 단어를 고르라신다면
'신뢰합니다'

천만 개의 단어 중에
다시 또 한 단어를 고르라신다면
'내려놓습니다'

그리고 또 천만 개의 단어 중에
또 한 단어를 고르라신다면
'행복합니다'

천만 개의 단어 중에 중에…
천만 개의… 하상규

목마와 숙녀

한 잔의 술을 마시고
우리는 버지니아 울프의 생애와
목마를 타고 떠난 숙녀의 옷자락을 이야기 한다.
목마는 주인을 버리고
그저 방울 소리만 울리며 가을 속으로 떠났다.

술병에서 별이 떨어진다.
상심한 별은 내 가슴에 가볍게 부숴진다.
그러한 잠시 내가 알던 소녀는 정원의 초목 옆에서 자라고

문학이 죽고 인생이 죽고
사랑의 진리마저 애증의 그림자를 버릴 때
목마를 탄 사랑의 사람은 보이지 않는다.
세월은
가고 오는 것
한때는 고립을 피하여 시들어 가고
이제 우리는 작별하여야 한다.

술병이
바람에 쓰러지는 소리를 들으며
늙은 여류작가의 눈을 바라다보아야 한다.

등대에
불이 보이지 않아도

그저 간직한 페시미즘의 미래를 위하여
우리는 처량한 목마 소리를 기억하여야 한다.

모든 것이 떠나든 죽든
그저 가슴에 남은 희미한 의식을 붙잡고
우리는 버지니아 울프의 서러운 이야기를 들어야 한다.

두 개의
바위틈을 지나
청춘을 찾은 뱀과 같이
눈을 뜨고 한 잔의 술을 마셔야 한다.

인생은
외롭지도 않고
그저 낡은 잡지의 표지처럼 통속하거늘
한탄할 그 무엇이 무서워서
우리는 떠나는 것일까

목마는
하늘에 있고
방울 소리는 귓전에 철렁거리는데

가을 바람소리는
내 쓰러진 술병 속에서 목메어 우는데 박인환

엄마 걱정

열무 삼십단을 이고
시장에 간 우리 엄마
안 오시네, 해는 시든지 오래
나는 찬밥처럼 방에 담겨
아무리 천천히 숙제를 해도
엄마 안 오시네, 배추잎 같은 발소리 타박타박
안 들리네, 어둡고 무서워
금간 창틈으로 고요한 빗소리
빈방에 혼자 엎드려 훌쩍거리던

아주 먼 옛날
지금도 내 눈시울을 뜨겁게 하는
그 시절, 내 유년의 윗목 기형도

한계

한밤중에 혼자
깨어 있으면
세상의
온도가 내려간다.
간간이
늑골사이로
추위가 몰려온다.

등산도 하지 않고
땀 한번 안 흘리고
내 속에서 마주치는
한계령 바람소리

다 불어버려
갈 곳이 없다.
머물지도 떠나지도 못한다.
언몸 그대로 눈보라 속에 놓인다.
※〈寒溪嶺 : 限界 동음이의어-pun〉

천양희

어느 호주 참전 용사의 시

그들은 늙지 않으리라.
남겨진 우리는 늙어가도

나이 듦도 그들을 괴롭히지 못하리라.
세월도 그들을 괴롭히지 못하리라.

해질녘 그리고 동틀 녘에
우리 그들을 기억하리라….

MY HEART LEAPS UP(무지개)

My heart leaps up when I behold
내 가슴은 뛰놀았지

A rainbow in the sky
하늘에 걸린 무지개를 볼 때이면

So was it when my life began
내가 어릴 때에도 그러했고

So is it now I am a man
내가 어른이 된 지금도 그러하다

So be it when I shall grow old,
내가 노인이 되었을 때에도 그러하리라

Or let me die!
그렇지 못하다면 나는 죽은 목숨이리

The Child is father of the Man
어린이는 어른의 아버지

And I could wish my days to be
나는 소망한다. 나의 삶의 날들이

Bound each to each by natural piety
매일 매일 자연의 경건함에서 벗어나지 않기를

워즈워스(W. Wordsworth)[59]

수선화

산골짜기 언덕 위 높은 하늘에
떠도는 구름처럼 이내 혼자서
지향 없이 떠돌다 보았어라.
한 무리 모여 있는 황금 수선화.
호숫가 수목이 우거진 그늘
미풍에 나부끼며 춤을 추었소.

은하수 물가 저 멀리
반짝이며 비치는 별들과 같이
구비진 포구의 언덕을 따라
끊임없이 줄지어 피어 있는 수선화
천만 송이 꽃들이
머리를 흔들면서 춤을 추었소.

---

[59] 워즈워스 (W. Wordsworth.1077~1850) 영국의 낭만주의 시를 대표하는 계관시인. 자연과 인생의 내면적인 교감을 노래함. 과거를 회상하는 시, 회상은 아름다움이다.

주위의 물결도 춤을 추건만
반짝이는 그 물결 어찌 따르리.
그처럼 즐거운 친구 속에서
어찌 시인인들 즐겁지 않으리.
나는 하염없이 바라보았소.
그 정경(情景)이 보배로움은 생각도 않고

헛된 생각에 깊이 잠기어
내 침상 위에 외로이 누웠을 때
고독의 축복인 마음의 눈에
홀연 번뜩이는 수선화.
그때 내 마음은 즐거움에 넘치고
마음은 황금 수선화와 함께 춤추었노라.

워즈워스(최창호 역)

서른셋의 나이

이토록 어둠침침하고
이토록 더러운
덧없는 인생길을
고달픈 발걸음을 옮겨
나는 이제 서른셋에 당도했다.
이들 세월이 나에게 남긴 것이 무엇이냐?
아무것도 없구나
- 아 ! 오직 서른셋의 나이뿐.

바이런(George Gordon Byron)[60]

미뇽의 노래

그대여 아는가 그 나라, 레몬꽃 피고
초록색 잎 사이로 황금빛 오렌지 불타고,
부드러운 바람은 푸른 하늘을 적시며
뮈르테(天人花)는 고요히 로르베르는 높이 솟은
그 나라를 아는가.
먼 나라! 그곳에
나 그대와 함께 가리, 사랑하는 사람아.
그대여 아는가 그 집을, 원주(圓柱) 늘어서고
높다란 지붕과 화려한 호올에
줄지은 대리석 조각의 눈매조차 그윽하고

---

60) 바이런(George Gordon Byron. 1788~1824) 영국의 낭만파 시인. 당대 최고의 시인, 사랑과 자유의 시인

귀여운 아이야, 와서 쉬라 말하는 듯
그 집을 아는가?
그 집에! 그곳에
나 그대와 함께 가리, 소중한 사람아.
그대여 아는가 그 봉우리, 그 구름 덮인 길
안개 잠긴 길에는 나귀 걸음 느리고
동굴 안에는 용이 살아 있고
바위 우뚝 솟고 물줄기 흐르는
그 봉우리를 아는가!
그 봉우리! 그곳에
우리 함께 가리라, 아버지 되신 분이여.

괴테(이동승 옮김)

동방의 등불

일찍이 아시아의 황금시기에
빛나던 등불의 하나 코리아
그 등불 다시 한번 켜지는 날에
너는 동방의 밝은 빛이 될지니.

마음에는 두려움이 없고
머리는 높이 쳐들린 곳
지식은 자유스럽고
좁다란 담벽으로 세계가 조각조각 갈라지지 않은 곳
진실의 깊은 곳에서 말씀이 솟아나는 곳
끊임없는 노력이 완승을 향해 팔을 벌리는 곳
지성의 맑은 흐름이
굳어진 습관의 모래 벌판에 길 잃지 않은 곳
무한히 펴져 나가는 생각과 행동으로 우리들의 마음이 인도되는 곳

그러한 자유의 천국으로
내 마음의 조국 코리아여 깨어나소서.

타고르(정종현 역)

키탄잘리[61]

1

    당신께서 나를 무한하게 만드셨습니다. 이것이 당신의 즐거움이십니다. 이 연약한 그릇을 당신은 비우시고, 또 비우셨습니다. 그리고는 새 생명으로 자꾸 채워 가셨습니다. 이 작은 갈대피리를 당신은 언덕과 골짜기를 넘어서 가져오시고, 그리고 영원히 새로운 곡조를 불어 넣

---

[61] 키탄잘리 GitanJali - '신에게 바치는 송가(頌歌)'라는 뜻임.

으셨습니다.
　당신의 성스러운 손이 닿자, 내 작은 가슴은 기쁨 때문에 분수를 잊어버리고 형용할 수 없는 말을 지껄입니다.
　당신의 끝없는 선물은 내 작은 손으로만 주어집니다. 세월이 흘러도, 당신은 그냥 부어주십니다. 그러나 아직 채워야 할 자리는 있습니다.
2
　당신이 나에게 노래를 부르라고 하신다면, 내 가슴은 자랑스러워 터질 것만 같습니다. 그리고 당신의 얼굴을 쳐다보고, 눈물이 고입니다.
　내 생활 속의 모든 거칠고 산란한 것들이 한 개 아름다운 조화로 용해될 것이며 나의 흠모하는 마음을 즐거운 새가 바다를 건너 날듯이, 날개를 펼 것입니다.
　내 노래에 당신이 즐거움을 느끼실 것을 알고 있습니다. 노래하는 사람으로서만, 내가 당신 앞에 나타난 것을 알고 있습니다.
　내 노래의 널리 퍼진 날개 끝으로, 내가 감히 도달하리라고 바랄 수 없었던 당신의 발에 부딪칠 것입니다.
　노래의 기쁨에 도취하여 나는 정신을 잃고, 나의 주님이신 당신을 친구라고 부를 것입니다.

타고르(조용만 역)

山中問答

問爾何事棲碧山(문이하사서벽산)
笑而不答心自閑(소이부답심자한)
桃花流水杳然去(도화유수묘연거)
別有天地非人間(별유천지비인간)

묻노니, 무슨 까닭으로 그대는 심산유곡에서 거처하는가.
다만 웃을 뿐 답하지 않으니, 마음이 한가롭네.
복사꽃 띄운 물만 아득히 흘러가나니
별천지가 따로 있어 인간 세상이 아니로고.

이백 (李白)

애너벨 리

퍽이나 오래된 이야깁니다.
바닷가의 한 왕국에
혹여나 여러분도 아실지 모를
에너벨 리라는 한 아가씨가 살았답니다.
날 사랑하고 내 사랑받는 것밖에는
다른 아무 생각 없이 사는 아가씨.

바닷가의 이 왕국에
그 애도 어린아이 나도 어린애
하지만 우리는 사랑보다 더한 사랑으로
서로 사랑했어요. 나와 애너벨 리는
하늘의 날개 돋친 천사님들도
우리를 부러워할 그런 사랑을.

바로 바로 그 때문, 그 옛날에
바닷가 이 왕국에서
오밤중 구름에서 바람이 불어닥쳐
나의 애너벨 리를 냉기로 휩싼 것은.
그래서 그녀의 대갓집 친척들이
그녀를 내게서 앗아가 버렸지요.
그리곤 바닷가 이 왕국의
무덤 속에 그 애를 가뒀답니다.

천국에서 절반도 행복하지 못한 천사들이,
그 애와 나를 시작하게 된 거지요.
맞아요! 바로 그 때문에
(바닷가 이 왕국에선 누구나 다 알아요.)
구름에서 바람이 불어닥쳐
내 애어벨 리를 차디차게 죽였답니다.

하지만 우리의 사랑은
나이 먹은 어른들, 똑똑한 어른들의 사랑보다도
훨씬 훨씬 강했어요.
저 하늘 위 천사들도 바다 밑 물귀신도
어여쁜 애너벨 리의 영혼과
내 영혼을 떼 놓을 수 없답니다.
달만 뜨면 언제나 찾아드는
어여쁜 애너벨 리의 꿈,
별만 뜨면 언제나 눈에 선한
애너벨 리의 빛나는 눈동자.
그래서 밤새도록 나의 애인, 나의 사랑,
나의 목숨, 나의 색시 옆에 누워 있어요.
바닷가의 그 애 무덤 속에서,
바닷가의 그 애 잠자리에서.

포(이상섭 역)

고양이

이리 오너라. 내 귀여운 나비야,

사랑하는 이 내 가슴에 발톱일랑 감추고
금속과 마노가 뒤섞인 아름다운 네 눈 속에
나를 푹 파묻게 해다오.

너의 머리와 부드러운 등을 내 손가락으로
한가로이 어루만질 때에
전율하는 너의 몸을 만지는 즐거움에
내 손이 도취할 때에

나는 내 마음 속의 아내를 그려 보네.
그녀의 눈매는 사랑스런 짐승
너의 눈처럼 아늑하고 차가워
투창처럼 자르고 뚫어

발끝에서 머리끝까지
미묘한 숨소리, 변덕스런 향기
그 갈색 육체를 감도는구나.

보들레르(김봉구 역)

이니스프리 호수의 섬

나 일어나 이제 가리라. 이니스프리로
거기 윗가지 엮어 진흙 바른 작은 오두막을 짓고,
아홉이랑 콩밭과 꿀벌통 하나
벌 윙윙대는 숲 속에 나 혼자 살으리.

거기서 얼마쯤 평화를 맛보리.
평화는 천천히 내리는 것.
아침의 베일로부터 귀뚜라미 우는 곳에 이르기까지.
한밤엔 보랏빛 환한 기색
저녁엔 홍방울새의 날개 소리 가득한 그곳.

나 일어나 이제 가리, 밤이나 낮이나
호숫가에 철썩이는 낮은 물결 소리 들리나니
한길 위에 서 있을 때나 회색 포도 위에 서 있을 때면
내 마음 깊숙이 그 물결 소리 들리네.

에이츠(윤삼하 역)

가을

가을밤의 사늘한 감촉 -

나는 밤을 거닐었다.
얼굴이 빨간 농부처럼
불그스름한 달이 울타리 너머로 굽어보고 있었다.
말은 걸지 않고 고개만 끄덕였다.

도회지 아이들같이 흰 얼굴로
별들은 생각에 잠기어 있었다.62)

흄

가을 날

주여, 때가 왔습니다. 지난 여름은 참으로 길었습니다.
해시계 위에 당신의 그림자를 얹으십시오.
들에다 많은 바람을 놓으십시오.

마지막 과실들을 익게 하시고
이틀만 더 남국(南國)의 햇볕을 주시어
그들을 완성시켜, 마지막 단맛이
짙은 포도주 속에 스미게 하십시오.

지금 집이 없는 사람은 이제 집을 짓지 않습니다.
지금 고독한 사람은 이후로도 오래 고독하게 살아
잠자지 않고, 읽고, 그리고 긴 편지를 쓸 것입니다.
바람에 불려 나뭇잎이 날릴 때, 불안스러이
이리저리 가로수 길을 헤맬 것입니다. 63)

릴케(송영택 번역)

삶이 그대를 속일 지라도

삶이 그대를 속일 지라도
슬퍼하거나 노하지 말라.
슬픈 날을 참고 견디면
즐거운 날도 오고야 말리니.
마음은 항시 미래를 바라니
현재는 한없이 우울한 것
모든 것 하염없이 사라지나
지나가 버린 것 그리움 되리니

푸시킨(출전 세계명시선, 1993))

---

62) 가을밤의 정경, 서정시, 모더니즘 시, 주지적, 감각적, 회화적, 감정의 절제와 시각적 이미지에 의한 회화적 묘사.
63) 낭만적, 종교적, 지성적, 비유 상징 대조의 기법, 가을에 느끼는 인간의 근원적인 고독

전시에 쓴 일곱 편의 사랑의 시

안전하고 깊은 이마의 이름으로
내가 바라는 눈의 이름으로
오늘 그리고 언제나
입맞추는 입의 이름으로

감추어진 희망의 이름으로
어둠 속의 눈물의 이름으로
미소 짓게 하는 탄식의 이름으로
두려움 주는 웃음의 이름으로

거리에 있는 웃음의
우리들 손을 결합시키는 애정의 이름으로
아름답고 좋은 땅위에서
꽃을 덮는 과일의 이름으로

감옥에 있는 남자들의 이름으로
어둠을 받아들이지 않았기에
박해받고 학살당한
우리의 모든 친구들 이름으로
이끌어내야 한다 분노를
일으켜 세워야 한다. 총칼을
어느 곳에나 쫓겨다니며
어느 곳에서나 결국은 승리할
죄없는 사람들의 고결한 모습을 그대로 지키기 위해   엘뤼아르

알바트로스

자주 뱃사람들은 장난삼아
거대한 알바트로스[64]를 붙잡는다.
바다 위를 지치는 배를 시름없는
항해의 동행자인 뒤쫓는 해조를.

바다 위에 내려놓자, 이 창공의 왕자들
어색하고 창피스런 몸짓으로

---

64) 몸길이가 91cm, 날개 길이가 약2.2m 정도이며, 부리는 분홍색 머리 위쪽과 목은 황금색 몸은 희색, 날개깃은 검정색이며 어린 새의 깃은 희색이다. 먼바다 생활을 하며, 우리나라에서는 철새인데 지금은 멸종위기의 새이다.

커다란 흰 날개를 노처럼
다소 가련하게 질질 끄는구나.

이 날개달린 항해자가 그 어색하고 나약함이여!
한때 그토록 멋지던 그가 얼마나 가소롭고 추악한가!
어떤 이는 담뱃대로 부리를 들볶고,
어떤 이는 절뚝절뚝, 날던 불구자 흉내를 낸다.

시인도 폭풍 속을 드나들고 사수를 비웃는
이 구름 위의 왕자 같아라.
야유의 소용돌이 속에 지상에 유배되니
그 거인의 날개가 걷기조차 방해 하네.

보들레르(옮긴이 김봉구)

장미의 속

어디가 이 속에 대한
밖인가요? 어떤 아픔 위에
그 아마(亞麻)의 천을 놓습니까?
어떤 하늘이
이 열린 장미의
이 무사무념(無思無念)의 장미꽃 호수 속에서
비추이고 있습니까. 보십시오.
장미꽃은 떨리는 손으로 결코 헝클어질 수 없다는 듯
풀어져 흐트러져 있군요.
장미꽃들은 제 몸들을 제가
가누지 못합니다. 너무 넘치거나
그 속의 공간에서 흘러나와
갈수록 쨍쨍한 대낮 속으로 들어가
마침내 온 여름을 한 칸의 방으로 만든답니다.
꿈속의 방입니다.

릴케(옮긴이 김주연)

후원자의 추천서

후원자 **하 광 룡**
법률사무소 원원 대표변호사
02) 6250-3003

　사람들은 누구나 세상을 살아가면서 감성적으로 빠져드는 본능이 있다. 이럴 경우 사람들은 음악이나 미술로 그 느낌을 표현하기도 한다. 그러나 음악이나 미술은 타고난 재능이 없으면 감동을 주는 표현을 할 수가 없다.
　그런데, 이런 감성과 느낌을 우리가 쓰는 언어라는 도구로 표현하는 것이 시라고 할 것이다. 그래서 시는 음악과 미술보다는 상대적으로 편리한 감성 표현의 방법이기도 하다.
　그러나 보통의 사람들은 막연히 시는 난해한 문학이라고 생각하는 선입견이 있고, 나의 느낌과 하고 싶은 말을 시로 쓴다는 것은 어려운 일이라 여기는 경향이 있다. 그리고 내가 쓴 글이 과연 시라고 할 수 있을 것인가? 라는 의문을 갖기도 하여, 시에 대한 깊은 관심과 소질을 가진 분이라도 시 쓰기를 두려워하고, 좋은 시가 될 수 있는 영감을 얻거나, 좋은 시어나 시상이 떠올랐음에도 시를 쓰는 것을 주저한다.
　이 책은, 위와 같이 시에 관심이 있거나 소질과 잠재력은 있으되, 쉽게 시에 접근하지 못하는 많은 사람들에게, 시라는 것이 도대체 어떤 것인지? 시를 쓰는 기법에는 어떤 것이 있는지? 떠오른 시상을 어떤 표현으로 어떻게 엮어야 하는지를 매우 쉽고 자상하게 가르쳐 주는 책이다. 명실공히 실용적인 '시 창작(詩創作)의 길잡이'이다.
　이 책을 읽는 분이면 누구나 '나도 시인이 될 수 있다!'라는 자신감을 갖게 될 것이다. 모쪼록 이 책을 접한 이 세상의 많은 분들이 자신의 느낌과 하고 싶은 말을 자신있게 시로 표현하고, 그 아름답고 풍요로운 감성을 많은 사람들과 공유하는 생활을 해나가기를 바라는 마음으로, 이 책의 출간을 재촉하고, 자청하여 후원을 하게 되었다.

사족 같지만, 이 책의 '저자'에 대한 소개를 특별히 하고 싶다.

저자는 막내인 나와 11살 차이가 나는 나의 장형이시다. 저자는 유소년 시절부터 어른 같은 형님이었다. 자식들을 위하여 필설로 다할 수 없는 고생을 하시는 부모님에 대한 절대적인 효도를 형님께서 몸소 실천하면서, 동생들을 보살피고 가르쳤다. 부모님을 대신하여 나의 초등학교 입학 전의 선행학습부터, 나의 초중등 시절의 영어를 비롯한 학과 공부는 물론이고, 노래, 웅변, 그림 그리기, 등 다양한 과외 지도를 도맡아 했으며, 진학이나 미래에 대한 나의 꿈을 구체적으로 키워주셨고, 어른이 되어서는 경제적인 지원도 아낌없이 하셨다. 따라서 형님은 부모님 못지않게 나의 인생에 커다란 영향을 끼친 분이다.

또한 저자는 스스로에게도 매우 충실한 삶을 사시는 분이다. 평생동안 어떠한 시간도 의미 없이 무료하게 허비하는 것을 본 적이 없다. 중등학교에서 교사로 근무할 때에는 지나치다 싶을 정도의 교육열로 제자들의 학업 능력을 최대치로 끌어올렸고, 인성 지도에도 진력하여 '참스승상'을 받을 정도였다. 그 바쁜 와중에도 문학박사 학위를 취득하여, 대학 강의도 하였으며, 교장으로 은퇴한 후인 요즈음에도 대학 강의는 물론이고, 문화연구 활동, 강연 활동, 출판 사업, 법원 조정위원, 사립학교 이사 등으로 왕성한 사회활동을 하고 있다.

이 책은, 저자가 현재 '부산대학교평생교육원'에서 시(詩) 창작법(創作法) 강의를 진행하면서 교재로 마련한 강의록을 바탕으로 한 책이다. 이 강의록을 동생인 내가 보고, 시 공부를 하게 되었고, 가족에게도 공부를 하게 한 결과, 이제 내외가 곧 등단할 일만 남게 되었다.

그래서 이렇게 쉽게 시 작법을 습득하도록 해주는 좋은 내용을 강의를 듣는 사람들에게만 기회를 줄 것이 아니라, 세상에 숨어 있는 많은 예비시인들에게도 공표할 것을 강권하였다. 그리고 나는 기쁜 마음으로 이 책의 출판을 후원할 것을 자청하였다.

이 훌륭한 책이 세상에 나옴으로써, 드러나지 않은 강호의 많은 시인들이 아름다운 시를 자신 있게 창작하게 되고, 이 세상을 마음껏 음미하게 되고, 나아가 세상을 더욱 밝게 하는 데에 기여하기를 소망한다. 이 일에 작은 힘을 더하는 듯하여 보람을 느낀다.

실용實用 시詩 창작법創作法

| 습작에서 등단까지 |

초판1쇄 발행 2022년 4월 8일
재판 발행 2024년 8월 26일
지은이 하상규
펴낸이 하상규
펴낸곳 새문화출판사

주소 부산광역시 동래구 호현길7-4
전화 051) 522-1607
핸드폰 010-5091-1607
전자우편 ha2677@hanmail.net
출판등록 2009년 12월 3일 제2009-000008호
인쇄 세종문화사 T. 051-463-5898

ISBN 979-11-974146-2-6   03810

정가 20,000원

이 책은 저작권법에 따라 보호받는 저작물이므로 무단전재와
무단복제를 금지하며, 이 책 내용의 전부 또는 일부 내용을 재사용하려면
사전에 저작권자와 새문화출판사의 동의를 받아야 합니다.
* 잘못된 책은 교환해 드립니다.